我が国の経済外交

2020

外務省経済局

「我が国の経済外交2020」の刊行に当たって

　「我が国の経済外交」は、日本の経済外交を包括的に把握できる資料として、2017年から刊行されています。経済界、論壇の皆様や関係省庁の幹部にも寄稿いただき、日本の経済外交の取組を、国民の皆様にわかりやすい形でお届けする書籍です。

　近年、国際社会はグローバル化の負の側面が表れ、保護主義の台頭、貿易紛争の頻発、多国間主義の動揺といった課題が出てきており、「令和」という新しい時代を迎えた2019年には、世界経済の成長率見通しがリーマンショック以来最低となりました。

　このような中、日本経済がその可能性を更に発揮できるようにするため、私も外務大臣就任以来、グローバルなサプライチェーン展開や、デジタル経済の広がりといった新たな経済活動にも対応できる、21世紀型のルール作りを主導してきました。

　この1年、我が国の経済連携の取組は大きく進展しました。2018年12月30日にはTPP11、2019年2月1日には日EU・EPA、そして、本年1月1日からは、日米貿易協定と日米デジタル貿易協定が発効し、世界経済の6割をカバーする自由な経済圏が日本を中心に誕生しました。EPAやFTAの内容は私達の日常生活にも深く関わっているものです。例えば、2018年12月30日に発効したTPP11の発効国との関係では、発効後11か月で牛肉輸出額が前年度比19％増となり、2019年2月1日に発効した日EU・EPAについては、発効後10か月でEUからのワイン輸入額が前年度比12％増となりました。

　昨年、我が国は初めてG20の議長国を務めました。メンバー国のGDPが世界経済の約8割を占めるG20において合意を作り上げることができれば、世界の政治経済の流れに影響を与えることができます。6月のG20大阪サミットでは自由貿易の推進やイノベーションを通じた世界の経済成長の牽引と格差への対処、環境・地球規模課題への貢献等、多くの分野でG20としての力強い意思を世界に発信することができました。また、私が主催した11月のG20愛知・名古屋外務大臣会合では、多角的貿易体制の維持・強化を進めていく上での喫緊の課題として、紛争解決制度を始めとするWTO改革の必要性について切迫感を共有しました。本年6月のWTO閣僚会議に向け、実質的な進展が得られるよう、我が国として加盟国間の議論を一層積極的にリードしていきます。

　我が国の経済力の維持・強化のため、経済外交が果たすべき役割は更に大きくなっていると考えます。外務省としても、海外市場に向けてビジネスを展開する多くの企業の支援のため、官民連携の推進、インフラや農林水産物・食品の輸出促進、日本産食品等の輸入規制の撤廃・緩和、投資や観光客の国内への呼び込み、資源エネルギー外交等に全力で取り組んでまいります。

　本年の「我が国の経済外交」では、特に、G20、日米貿易協定やTPP11等の経済連携、WTO改革、日本産食品の輸入規制撤廃等について「特集」で紹介しています。また、ニュースの見出しには出てこないことの多い、実務レベルの交渉当事者やNPO関係者、G20サミットの文化行事に参加された芸術家の方等からの特別寄稿も織り交ぜました。経済外交に関わった様々な関係者の思いを紹介しており、経済外交の動きをより身近に感じながらお読みいただけるのではないかと思います。さらに、日米貿易協定やG20サミットでの合意文書等、巻末の参考資料に厚みを加えることで資料的価値を高める工夫もしました。

　本書が日本経済の成長を下支えすべく外務省や経済外交が果たしている役割について皆様の理解を深める一助となることを期待しています。

令和2年2月

外務大臣　茂木敏充

目　次

第 1 章

総論：自由で公正かつ無差別な貿易・投資環境の実現に向けて

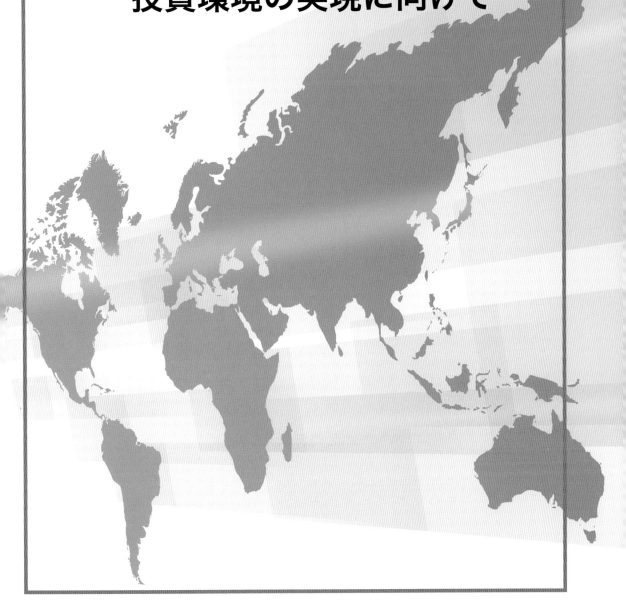

自由で公正かつ無差別な貿易・投資環境の実現に向けて

1 流動化する国際経済秩序

2019年は令和という新時代を迎えるとともに、冷戦終結30年という節目の年であった。1940年代の終わり、米国の外交官にして戦略家のジョージ・ケナンは世界のパワーセンターが米国・ソ連・日本・英国・中欧の5つであるとして冷戦の勝利には日米欧の連携が重要であることを喝破した[1]。冷戦後、世界の趨勢が市場経済をベースとした自由民主主義体制に収斂していくとの見立てもあったが、実際の歴史の歩みはそのようなものとはならなかった。経済面でグローバル化が進展し、市場が世界規模で統合される一方、多国間協調に対する信頼が揺らぎ、ナショナリズムが台頭して政治・経済・軍事の各分野における国家間の競争が顕在化しつつある。世界は「地政学の復権」とも呼べる状況を呈しており[2]、既存の国際秩序をめぐる不確実性が高まっている。国際経済外交の分野においても、貿易上の対立の激化、世界貿易機関（WTO）の紛争解決制度の機能不全、英国の欧州連合（EU）離脱を巡る混乱、といった様々な事態が発生している。

日本は、資源と市場を国外に依存しており、自由で開かれた国際経済システムの最大の受益国の1つである。国際情勢が厳しい中、日本は、国際経済システムの維持のために、従来以上に大きな責任と役割を果たさなければならない。この考えに基づき、日本は、アジア太平洋・米国・欧州のいずれとも高いレベルの自由化を進めて先進的なルールメイキングを主導するとともに、「国際経済協調の第一のフォーラム」であるG20の議長国を初めて務め、主要国の議論をまとめて国際協調のメッセージを打ち出す等、経済外交の分野で確かなプレゼンスを発揮した[3]。また、長年の懸案である日本産食品への輸入規制の撤廃・緩和や科学的知見に基づく鯨類の資源管理等についても着実な進捗を得た。さらに、日本企業がその力を存分に発揮できるように、新興国も含めた形で自由で対等な競争環境を確保すべく取り組んだ。

---

1) George F. Kennan, *Memoirs 1925-1950*, (Pantheon Books, 1967) p.359.
2) ロバート・カプラン『地政学の逆襲』（朝日新聞出版社、2014年）（原書は2012年出版）
3)「米国が抜けた後の環太平洋経済連携協定（TPP11）、日本と欧州連合（EU）の経済連携協定（EPA）の発効にこぎ着けた。世界で自国中心主義的な動きが目立つなかで、自由で公正な貿易ルールを重視する姿勢を示した意味は大きい。」（日経新聞2019年11月20日社説『最長政権に恥じない改革の総仕上げを』）「（ラグビーW杯の成功裏の開催に言及しつつ、）日本が全力で取り組めば何を成し遂げられるのかを思い起こさせた。日本はEUとの大規模な協定やTPP協定を締結しており、貿易面でも上手くやっていると感じている。（仮訳）」（フィナンシャル・タイムズ2019年11月6日記事"The case that Japan secured a good trade deal with the US"）

2 日本の経済外交戦略

日本は、安倍総理と茂木外務大臣の指揮の下、「自由で開かれた国際経済システムを強化するためのルールメイキング」、「官民連携の強化」及び「資源外交とインバウンドの促進」を主要な柱とし、経済外交の強化に精力的に取り組んできている。

第一に、「自由で開かれた国際経済システムを強化するためのルールメイキングの主導」については、日本の繁栄の基礎は、自由で開かれた国際経済システムの維持・強化にあり、この1年あまり、これまで日本が主導してきた多数国間及び二国間での貿易自由化とルール作りの努力が大きな成果として結実した。（第2章で詳述する。）

まず2018年12月30日には環太平洋パートナーシップに関する包括的及び先進的な協定（TPP11）、2019年2月1日には日EU経済連携協定（EPA）が発効し、2020年1月1日には、非常に厳しい交渉を経て妥結した日米貿易協定が発効した。これにより、TPP11、日EU・EPA、日米貿易協定と併せて世界経済の6割をカバーする自由な経済圏が日本をハブ（中心）として誕生した。

また、日米デジタル貿易協定は、この分野での高い水準のルールを示すものであり、日米両国が今後大きく拡大していくデジタル貿易に関する世界的なルール作りにおいて主導的な役割を果たしていく基盤となることが期待されている。

更に、東アジア地域包括的経済連携（RCEP）には、東南アジア諸国連合（ASEAN）及び日本、中国、韓国、オーストラリア、ニュージーランド、インドという、経済発展のレベルも政治体制も多様な16か国が交渉に参加している。アジア太平洋地域の多くの国が含まれ、世界の人口の5割、貿易額の3割を占めるこの地域に、自由で公正な経済圏が生まれる地政学的、経済的な意義は極めて大きい。2019年大きく交渉が進展したところ、引き続きRCEP協定の妥結に向けて、粘り強く努力していく。

一方、2019年は、WTOが国際貿易上の現下の諸問題に十分に対応できていないことへの危機意識を反映し、WTO改革の必要性が広く認識された1年でもあった。日本は、6月のG20大阪サミットにおいて、WTO改革への支持の再確認を含む首脳宣言を取りまとめ、改革に向けた動きを強力に後押しするとともに、電子商取引分野を始め、WTOにお

日EU定期首脳協議（2019年4月25日／写真提供：内閣広報室）

日米首脳会談（2019年9月25日、ニューヨーク／写真提供：内閣広報室）

G20大阪サミット（2019年6月28日／写真提供：外務省）

ける具体的なルール作りの議論を主導した。現在、WTO上級委員会が機能停止に陥るという前例のない事態に直面しており、こうした事態の打開を含め、2020年6月の第12回WTO閣僚会議（MC12）に向け、改革の諸分野で実質的な進捗が得られるよう、加盟国間の議論を一層積極的に主導していく。

2019年、日本は初めてG20の議長国を務め、6月に開催した大阪サミットは、国内で開催した史上最大規模の首脳会議となった。日本は議長国として、「差異」でなく「一致点」を強調することに重点を置き、結果として、「自由、公正、無差別で透明性があり予測可能な安定した貿易及び投資環境を実現し、我々の開かれた市場を維持するよう努力する」ことへの合意や前述のWTO改革への支持の再確認など、主要国のリーダーたちが一致して、主要な世界経済の課題に団結して取り組む姿を示すことができた。

日本としての主なメッセージは3つあった。第一に、急速に進展するデジタル化を踏

まえた国際的なルール作りや制度の必要性を確認した。2019年1月、安倍総理大臣がダボス会議において提唱した「信頼性のある自由なデータ流通」（DFFT：Data Free Flow with Trust）の考え方を共有し、サミットの機会に「大阪トラック」を立ち上げたが、これにより、デジタル経済、特にデータ流通や電子商取引に関するWTOにおける国際的なルール作りに政治的な弾みを与えた。

第二に、格差に対応し、包摂的で持続可能な世界を実現するための取組についても、活発な議論を行い、「質の高いインフラ投資に関するG20原則」策定や女性のエンパワーメントの促進など、様々なイニシアティブを打ち出した。

第三に、喫緊の地球環境課題に関しても共通の認識を確認した。イノベーションがもたらす価値に光をあて、「環境と成長の好循環」の実現の重要性をG20として共有したほか、海洋プラスチックごみによる追加的な汚染を2050年までにゼロにすることを目指す「大

阪ブルー・オーシャン・ビジョン」にも合意した。

8月末にフランスで開催されたG7ビアリッツ・サミットでは、これらの大阪サミットの成果も踏まえ、世界経済の成長、自由貿易の推進、地球規模課題等につき、基本的価値を共有するG7首脳間で議論を深めた。

また、11月に茂木外務大臣が主催したG20愛知・名古屋外務大臣会合では、日本のG20議長年の集大成として、WTO改革の切迫感の共有や、「大阪トラック」に基づいたWTO電子商取引に関するルール作りの必要性など、大阪サミットの際の成果を再確認し、来年以降の具体的な取組につなげるための「跳躍台」とすることができた。今後は、実際の行動に移していくための実行力が問われることになり、日本として引き続き2020年の議長国サウジアラビアとも連携しつつ、G20において、リーダーシップを発揮していく。

これらに加え、様々な国際機関と連携しながら日本のメッセージを効果的に発出していくことも重要である。この点、2019年はG20議長国として、日本が経済協力開発機構（OECD）との協力を更に深化させた年でもあり、2019年5月のOECD閣僚理事会には、外務大臣として5年ぶりに河野外務大臣（当時）が出席し、G20議長国としてのメッセージを強力に発信した。また、OECDの質の高い分析や提言等も参考として、G20での議論を更に深め、「G20・AI原則」や「質の高いインフラ投資に関するG20原則」等、充実した成果文書の発出に貢献した。

第二に、「官民連携の強化」も重要な柱である。新興国を中心とする海外の経済成長を日本経済に取り込むと同時に、ジャパン・ブランドの世界市場への浸透を図るという戦略の下、日本企業の海外進出支援や日本企業の国際競争力向上のための取組を推進してきて

いる。200以上にのぼる在外公館のネットワークを最大限活用するためにほとんどの在外公館で日本企業支援担当官を置き、各公館では、「開かれた、相談しやすい公館」を目指し、現地の事情に応じたきめ細やかでかつ実効的な支援を行っており、ここ数年は総計5万件以上にのぼる企業支援件数を数えるに至っている。さらに73か国の在外公館にはインフラの海外展開を担当するインフラプロジェクト専門官も設置している。日本企業の国際競争力の向上を支援するとともに、日本企業が活躍できるような自由で開かれた国際経済システムというレベルプレイング・フィールド（対等な競争環境）を確保・拡大していくことが必要となっており、外務省は関係省庁や日本貿易振興機構（JETRO）などの関係機関とも緊密に連携し、日本企業の海外進出を支援している。

第三の重要な柱は、「資源外交とインバウンドの促進」である。

日本はエネルギー源の大半を輸入に依存し、東日本大震災以降、1次エネルギー国内供給に占める化石燃料への依存度を9割まで高めており、その安定供給確保のための取組はますます重要になってきている。一方、現在、世界のエネルギー需給構造には、需要国のシフト、供給国のシフト、脱炭素化へのシフトという3つの大きな地殻変動が起きており、エネルギー供給源の確保だけでは十分でないことも事実である。つまり、資源国との包括的かつ互恵的な関係の強化、供給国の多角化、エネルギー資源の自由貿易や投資促進と市場の高度化の推進など、戦略的な資源外交を維持するとともに、脱炭素化に向けて鍵となる再生可能エネルギーの推進や将来的な（関連する機器の）廃棄問題への対処に関する外交を同時にすすめていくことが重要な柱となっていく。

第一章

日本は少子高齢化に直面しており、市場・購買力・労働力は縮小してきている。市場の縮小に伴い日本企業の海外進出が一層推進されてきているが、同時に、国内の空洞化を避けるためにもインバウンド政策の推進が重要課題となっており、対日直接投資の促進や外国人観光客の訪日促進に努めていくことが必要である。2018年には外国人労働者の受け入れを拡大する改正出入国管理及び難民認定法が成立したほか、外国人との共生社会の実現に向けた環境を整えることにより、「国を開き外の力を取り込む」政策を一層推進することとしている。2020年にはオリンピック・パラリンピックが東京で、2025年には大阪・関西で万国博覧会が開催されるところ、このような機会も活用しつつ、アウトバウンドとインバウンドの双方を車の両輪として、日本の成長戦略を実現していく。

31年ぶりに商業捕鯨が再開され、出港準備中の日新丸（写真提供：共同船舶株式会社）

これらに加え、日本が重視する経済外交の個別・具体的な分野での進展にも光を当てたい。

まず、第2章で特集する、東日本大震災後に諸外国・地域が導入した日本産食品等に対する輸入規制措置の撤廃及び風評対策は、政府の最重要課題の一つである。未だ規制を維持する国・地域に対して、総理、外務大臣、大使、外務省幹部等から、あらゆる外交機会を捉え規制撤廃の働きかけを重層的に実施し、また、日本産食品の安全性・魅力をPRする等、取組を抜本的に強化してきた。その結果、2019年はバーレーン、コンゴ民主共和国及びブルネイで規制措置が完全撤廃され、シンガポール、フィリピン、アラブ首長国連邦、マカオ、EU及び欧州自由貿易連合（EFTA）加盟国で規制措置が緩和されるなど、着実な進展を得ることができた。これにより、東日本大震災後に規制を導入した54か国・地域のうち、34か国・地域が規制を

東京電力福島第一原発事故を受けた諸外国・地域の輸入規制（撤廃の動向）（2020年1月末日時点）

撤廃年	国・地域名（撤廃月）
2011年	カナダ（6月）、ミャンマー（6月）、セルビア（7月）、チリ（9月）
2012年	メキシコ（1月）、ペルー（4月）、ギニア（6月）、ニュージーランド（7月）、コロンビア（8月）
2013年	マレーシア（3月）、エクアドル（4月）、ベトナム（9月）
2014年	イラク（1月）、豪州（1月）
2015年	タイ（5月）、ボリビア（11月）
2016年	インド（2月）、クウェート（5月）、ネパール（8月）、イラン（12月）、モーリシャス（12月）
2017年	カタール（4月）、ウクライナ（4月）、パキスタン（10月）、サウジアラビア（11月）、アルゼンチン（12月）
2018年	トルコ（2月）、ニューカレドニア（7月）、ブラジル（8月）、オマーン（12月）
2019年	バーレーン（3月）、コンゴ（民）（6月）、ブルネイ（10月）
2020年	フィリピン（1月）

計34か国・地域が規制を撤廃

撤廃したこととなる（2020年1月末日時点）。引き続き、被災地の復興を支援するためにも、一つでも多くの国・地域での早急な完全撤廃を目指し全力で取り組んでいく。

同じく我が国にとり重要な海洋資源関連では、2019年6月末、日本は国際捕鯨委員会（IWC）から脱退し、7月から領海及び排他的経済水域に限定して、科学的根拠に基づく適切な管理の下で捕鯨を行っている。日本の

捕鯨業は、IWCで採択され方式に沿って算出された、100年間捕獲を続けても資源水準に悪影響を与えない捕獲可能量の範囲内で行われている。IWC脱退後も日本はオブザーバーとして参加し、IWCとの共同調査を継続するなど、引き続き国際機関と連携し、科学的知見に基づく鯨類の資源管理に貢献していく。

3 日本の経済外交の今後

前述のとおり、2019年における日本のルールメイキング分野をはじめとする経済外交の取組は少なくない意義を持ち、日本の経済外交が世界的にも存在感を発揮した年であった。いみじくも、2019年の一連の大型経済関連会合の掉尾を飾ったG20愛知・名古屋外務大臣会合において、日本のG20議長国としての采配ぶりに対し、多くの外相から異

口同音に賛辞が寄せられたことが、それを裏打ちしている。

日本はアジア太平洋の国でありつつ、G7/G20のメンバーであり、米国とも欧州とも先進的なルールメイキングを行ってきた国として、デジタル経済のような新しい分野のルールメイキングを含むWTO改革を進め、多角的自由貿易体制を支えるために、引き続き、多数国間・複数国間・二国間の様々な取組を重層的に進めていく。

なお、『我が国の経済外交』が出版されて4年が経ち、日本の経済外交の全体像を包括的に描き出し、個々の施策の内容と意義を分かりやすく読者に示すとの試みは一定程度達成されたと考えられる。もちろん、経済外交を説明する努力は不断に継続されねばならないことは論を俟たないものの、それをいかなる方法で行うかを含め、我が国経済外交の探求と実践の歩みが止まることは決してない。

G20愛知・名古屋外務大臣会合夕食会（2019年11月22日／写真提供：外務省）

特別寄稿

日本の進むべき道、果たすべき役割

三村明夫
日本商工会議所会頭

　日本は今、政治・経済とも足元は比較的安定しているが、将来を見据えたときに、実は大きな岐路に立っているのではないだろうか、という気がしてならない。

　第一に、不透明感を増す世界情勢の中で、安全保障や自由貿易体制の維持などあらゆる分野で、日本の主体的な努力や関与が求められていることである。先の見通せない世界では、目先の動きに惑わされずに、安全保障面でも経済面でも、課題ごとに日本の国益とは何かを明確にした上で、軸をぶらさず・粘り強く、同じ考え方を持つ国と連携して対応していく必要がある。とりわけ経済外交においては、日本が主導的役割を果たすべきと期待されているが、今の日本にはそのような政治的安定性・意思・能力もあり、経済界としてもこの動きを強力にバックアップしていきたい。

　その意味で、日本が歴史上初めて主導的な役割を果たし、TPP11や日EU経済連携協定が発効に至ったことは、日本の経済外交の成果として、高く評価されるべきであろう。RCEP（東アジア地域包括的経済連携）も、世界の人口の約半分、GDPや貿易額の約30％をカバーするマルチの経済連携協定であり、かつ中国やインドを国際経済秩序の中に組み入れるという意義があることから、日本政府が調整役となってなんとか前に進めて欲しい。

　第二に、人手不足、国際競争力の低下、幸福度の低下等、日本の構造的な課題がますます深刻化していることである。とりわけ、人手不足は深刻な課題で、生産性の向上が急務である。ここでは、一人当たりGDPおよび生産性にもっと注目すべきである。我が国のGDPは世界3位の規模だが、一人当たりGDPでは世界27位。一人当たり労働生産性では、いつの間にか順位を大きく落とし、OECD加盟国36ヶ国中21位、G7の中では最下位となってしまった。

　こうした課題を解決し、我が国経済の持続的成長を確かなものとするには、資本蓄積を増加し、労働力人口を確保し、全要素生産性を引き上げることにより「日本の成長する力」すなわち「潜在成長率の底上げ」を粘り強く追及することが不可欠である。日本は今、人手不足、医療介護、地方の疲弊、インフラメンテの深刻さ等、多くの社会課題に直面しているが、そうした社会課題の多様さ・深刻さを、むしろ日本の強みとして逆手に取り、最新のデジタル技術の実装・普及等によりいち早く解決し、生産性や付加価値の向上につなげていくべきである。最新技術は、実装されることにより新たな課題が発見され、その解決を追求することにより普及がさらに進むという好循環も期待できよう。

　商工会議所としても、政府とも連携し、不確実な世界情勢の中にあっても、民間企業が将来に向けた様々な投資を勇気をもって実行できるような環境整備や各種支援を行うとともに、二国間・多国間経済委員会や経済ミッションの各国への派遣を通じて、人的交流拡大や、ビジネス上の具体的な課題解決のための提言を図り、日本の経済成長を後押しする国際貿易・投資環境整備に努めていく所存である。

第 2 章

特集：最近の経済外交の
主要テーマ

G20大阪サミットと関係閣僚会合

Yahoo!の調査では、2019年、大阪府で最も検索されたワードは「G20交通規制」だったようだ。サミットのために来日する要人警備の影響で、高速道路や一般道が大規模通行止めになったため、多くの人が検索した結果とされる。また、「G20大阪サミット」と聞いて、安倍総理の左右にトランプ大統領と習近平国家主席が座っている写真を思い出す方もいるかもしれない。

さらに、「大阪トラック」や「大阪ブルー・オーシャン・ビジョン」などの単語を聞いたことのある方もいらっしゃると思う。他方、G20大阪サミットがどのような意義を持ち、具体的にどのような成果が生まれたかについて、実はよく知らないという方も、まだ多いのではないか。例えば、コーヒー・チェーンでストロー使用が抑制されたり、SNS等を通じた個人情報流出の危険が指摘されたりといったニュースは、いずれもG20に関連している。そこで、この特集では、G20大阪サミットの諸成果と、その舞台裏を少しだけ紹介してみたい。

G20は、もともと2008年の金融・経済危機を受け、世界のGDPの8割以上を占める主要経済国が、国際経済体制を維持すべく開始した会議である。ある国のシェルパ（注：首脳の個人代表として準備プロセスを担当する各国の責任者）に言わせれば、G20は「その始まりの経緯から、危機対応の遺伝子を有している」ということになる。言ってみれば、G20は危機の時にこそ、存在意義が高まる集まりなのである。

2018年6月時点で関係者が皆共有していた「危機」は、多国間主義にあった。グローバル化による急速な変化への不安や不満が、時に保護主義への誘惑を生み出し、国と国の間に鋭い対立も生み出した。一方で、デジタル経済が驚くべき速度で発展する中、データの利活用はどのようなルールに基づくべきか、巨大IT企業の国際的な活動に対する規制や課税のあり方はどうあるべきかといった新たなルール作りは喫緊の課題であった。

このような状況で、G20の存在意義が問われていた。しかし、招待国・国際機関を含めれば参加主体は40近くにも達し、それぞれが多種多様な考えを主張するG20サミットを仕切って行くことは容易ではない。サミットが6月末に開催されたため、実質的な準備期間は7か月間と稀に見る短期決戦を強いられた議長国日本。その中でも日本は、「大阪首脳宣言」をサミットの成果文書としてまとめるにあたり、聞こえの良いフレーズをただ並べるのではなく、世界貿易、デジタル経済、環境・地球規模課題、女性活躍の推進などの国際社会の喫緊の課題について、具体的な解決策を見出したいと考えた。

サミット本番までの準備会合、電話会議等の各国とのやりとりは優に数十回を超え、最終的な「大阪首脳宣言」の交渉はサミットの数日前から連日未明まで行われた。それでも

特別寄稿

「G20 大阪サミット」ロゴマーク選考を振り返って

佐藤可士和
クリエイティブディレクター

　「G20大阪サミット2019」のロゴマークは、日本が初の議長国を務めたG20サミットを象徴するものであり、日本の魅力や特色を世界に向けてコミュニケーションする上で非常に重要な役割を果たすものである。公募により集まった1092点のロゴデザインの選考会は、多彩な有識者に審査委員を務めていただいた。朝原宣治氏（大阪ガス近畿圏部地域活力創造チームマネジャー、北京オリンピックメダリスト）、荻原奨氏（大阪外食産業協（ORA）会長）、田川欣哉氏（デザインエンジニア）、田中里沙氏（宣伝会議取締役、事業構想大学院大学学長）、松井一郎氏（大阪府知事）、森山明子氏（武蔵野美術大学教授）、吉田朱里氏（NMB48）。また、政府関係者として野上浩太郎氏（内閣官房副長官）、長谷川榮一氏（内閣広報官）、山上信吾氏（外務省経済局長）、そして私が座長を務めさせていただいた。

　厳正な審査を重ね、牛込幸男さんの作品が最優秀賞として選ばれた。多くの方に親しまれる富士山と桜、堂々としたG20 2019 JAPANのタイポグラフィで「日本らしさ」を端的にインパクトを持って発信している点が高く評価された。「富士山は、議長国日本から「世界の経済成長と繁栄」をもたらす象徴、また、裾野には「経済成長と繁栄」を告げる桜の花びらを咲かせました」と作者のコメントにもあるように、今回のG20サミットにかける議長国日本の思いが見事に込められている。

　G20サミットのロゴは、多岐にわたる使用シーンや単色での使用も想定しなければならない。パネルで大きく掲示したり、バッジのように小さくしてもディテールが潰れることなく同じイメージが保てる「デザインの耐久性」が高いことも選考の重要なポイントであった。

　商標登録の難しさもクリアすべきポイントである。現在世界経済では商標の争奪戦のような状況を呈している。ビジネスでの優位や社会での存在感を獲得する上で、ネーミングとロゴマークは最も重要なファクターと言える。人々はその記号を通して企業や商品、サービスや団体などの存在を認識するので、まさに存在そのものと言っても過言ではない。グローバル商標登録は非常に難しく、シンプルになればなる程、視認性は上がりコミュニケーション効率は高くなる反面、類似の危険性も高くなる。作者の故意の模倣意識がなくとも結果的に類似と判断されてしまうことはもはや避けられないような状況だ。今回の審査過程でも10数点まで絞った中で商標調査を行い、クリアしたものだけが最終審査に残った。ブランド社会がもたらす象徴的な状況である。

　また本ロゴは、前回2016年に開催された伊勢志摩サミットのロゴマークと色合いが共通しており、伊勢志摩サミットの成功を今回のG20サミットにつなげることが表現できているという論点もあった。国際社会のなかで日本の存在感をどう示していくかというブランディング視点は非常に重要である。ブランディングとは、コンテクストを作りコミュニケーション活動していくことである。単発のコンテンツだけではストーリーはできない。点をつなげてコンテクストを作っていくことは、今後の経済外交においても非常に重要な視点であると考えている。

合意には至らず、サミット最終日の閉会セッションが始まる直前までもつれ込んだ。一時は宣言の発出は無理かもしれないとの空気も立ちこめた中で、最終的に決め手となったのは、各国首脳からの安倍総理への厚い信頼、そして絶対に諦めることなく粘り強く交渉する日本の姿勢であった。

　サミット終了後、自国のレッドライン（注：各国がこれ以上は譲歩できないとする交渉ライン）を強硬に主張していた国を含め、全ての参加国が手のひらを返したように「日本でなければ首脳宣言をまとめることはできなかった」、「G20の存在意義を国際社会に改めて示すことができた」と惜しみない賛辞を送った。これまでの「地球儀を俯瞰する外交」の積み重ねの上に各国と築き上げた首脳レベルをはじめとする重層的な信頼関係の下で、意見の違いではなく、共通点や一致点を粘り強く見出し、議長国として力強いリーダーシップを発揮できたことが、大阪サミットを成功に導けた大きな要因であった。

　では、G20の首脳たちは、大阪で、一体どのように「危機」への対応策を描いたのか。

　第一に、「自由で公正」、「透明で無差別」、「開かれた市場」といった国際的な自由貿易の諸原則を再確認するとともに、デジタル経済時代の国際貿易・経済体制はいかにあるべきかという、今後の見取り図を一致して示すことができた。貿易紛争が相次ぎ、国際的な自由貿易体制のあり方が大きく問われる中、改めて世界の主要国が、自由貿易の原則を確認した意義は大きい。

　同時に、国際デジタル時代のルール作りを含め、WTO改革を推進し、新しい時代にふさわしい機関にしていくため、行動することにも合意した。

　さらに、あらゆるモノがデータ化され、データが価値を創造していく現状において、

G20大阪サミット：第3セッション（写真提供：内閣広報室）

特別寄稿

G20大阪サミット首脳夕食会の経験を教育へ　　辻　芳樹

学校法人辻料理学館理事長・辻調理師専門学校校長

　2019年、G20大阪サミット首脳夕食会の料理監修・調理協力を私ども辻調グループが担当させていただいた。東京以外で開催される日本最初のサミットが19年前の沖縄で、2000年以降の開催地は、北海道、三重県、そして大阪へと続くことになる。地方が国際社会の檜舞台へ。地方を世界へ広報する流れが加速し、国際社会へのPRを目的に、地方食材をふんだんに使うことが定番となった。しかし、今回のサミットで流れを変えた。大阪の地方色を出すのではなく、大阪から日本を発信することに努め、「食のゲートウェイ」としての大阪を意識した。メニューは北海道の海産物から始まり、沖縄県のフルーツのデザートでしめる構成にし、何よりもサミットでは初となる日本料理を提供した。辻調グループは、沖縄サミットの首脳晩餐会も担当したのだが、当時は問題にならなかった事柄にも対応を迫られた。具体的には、食物アレルギー、ムスリムやビーガンなどの宗教・哲学・信条といった食制限、オリンピックを前に義務化が決まっているHACCP（食品等事業者自らが食中毒菌汚染や異物混入等の危害要因（ハザード）を把握した上で、原材料の入荷から製品の出荷に至る全工程の中で、それらの危害要因を除去又は低減させるために特に重要な工程を管理し、製品の安全性を確保する衛生管理の手法）、意図的な異物の混入を防ぐ食品防御に対し事前にマニュアルをつくる点などが大きく異なった。特に今回のG20大阪サミットは、日本が今まで経験したことのない大きな国際会議である。前例がないこともあり、現場で判断を仰ぎながらの取り組みでは遅れが生じる。私たち自身が、想定される問題点を整理しながら取り組むことが必須だった。そういう意味で、首脳夕食会を教育機関である私たちが担当させていただいたのも、決して偶然ではなかったと思っている。本校には各分野の専門教員が在籍している。学外の研究者たちとのネットワークもある。事前の勉強会、マニュアル作りなどに主体的に取り組み、理論を整理し、行動指針を可視化しながら活動へ移すことは、教育機関の得意分野とするところだ。

　しかし、それでも頭を悩ませたのは食材調達だった。持続可能性に配慮した調達コードに取り組む必要があったのだ。資源管理上の制約から、国際的にも問題視されているマグロやウナギを使用しないことはもちろん、国際的な調達コードやそれに準じた食材を使用することが、国際的な会議やイベントでの慣例となっている。G20大阪サミットの首脳宣言にも薬剤耐性菌への対応に関するパラグラフがある。日本の外食産業は、国際社会では当たり前の、これらの対策・対応に遅れをとっている。それでも専門家の助言や事前の現地視察によって主要食材については対応することができた。

　私たちは、この経験を次世代の料理人育成に活かしていきたい。東京五輪、大阪・関西万博には、世界中から観光客が押し寄せてくる。前述した対応の遅れが国際社会からの批判にさらされないか懸念しているが、この解決方法の一つに教育がある。地球的課題解決に「食」というテーマが強く意識される時代において、国際社会では料理人の「技術者倫理」も求められている。40年前、私たちがフランスに教育機関を設立した際、渡仏した留学生は「小さな外交官」として受け入れられた。一つの食卓を演出するための専門職の異文化間教育。今回の取り組みは教育機関の役割を改めて見つめ直す機会にもなった。

G20大阪サミット議長国記者会見（写真提供：内閣広報室）

デジタル化がもたらす利益を最大化するための原則が必要である。それが、データの利活用は、自由で、かつ信頼のおけるものでなくてはならないという「データ・フリー・フロー・ウィズ・トラスト」の考え方である。データ利用はまず「自由」でなくてはならない。同時に、個人に関する情報や、知的財産が適切に保護されることで、「信頼」されなくてはならない。この原則に合意することで、日進月歩のデジタル経済を活用するための国際的な原則が形成された。

サミットの機会に、「大阪トラック」を立ち上げることで、WTOの電子商取引分野での交渉の場を中心に、国際的なデータ・ガバナンスに関する議論を加速化させることも決まった。「原則」に加え、ルール作りを促進するためのフォーミュラを策定したことで、今後の国際的な指針が整った。

第二に、ここ数年のG20で必ず最後まで調整が難航する気候変動問題。気候変動への対処の必要性については皆が同意するものの、経済成長を犠牲にすべきでない、各国それぞれの発展段階に合わせるべきだ、等の意見が相次いだ。日本は、「成長か環境か」といった二項対立を止揚し、イノベーションを活用し、ビジネス・チャンスを創り出すことで

「環境と成長の好循環」を実現するとの前向きなパラダイムを打ち出し、議長としてG20全体での合意を達成した。

国際的な対策が急務であった海洋プラスチックごみ問題に関しても、野心的な目標を目指しつつも、プラスチックの役割を全否定するのではなく、プラスチックごみの海洋流出の防止とイノベーションの活用に焦点を当てた。その結果、2050年までに海洋プラスチックごみによる追加的な汚染をゼロにすることを目指す「大阪ブルー・オーシャン・ビジョン」をG20で共有することができた。

さて、日本議長国下では、サミットとともに8つの閣僚会合が開かれた。閣僚会合は日本各地の様々な場所で開催され、地方の魅力発信に重要な役割を果たしたばかりでなく、大阪サミットの前に行われた閣僚会合の成果は、サミットの成果文書に適切な形で流し込まれ、サミット後の閣僚会合では、サミットでの議論をどう具体化するかを議論する場として、重要な役割を担った。特に、3つの点を特記しておきたい。

第一に、つくば貿易・デジタル経済大臣会合では、昨今の厳しい貿易情勢を背景に交渉は難航し、一部が議長声明になったものの、最終的にWTO改革の3本柱（第2章第4節

G20愛知・名古屋外務大臣会合：セッションで発言する茂木外務大臣（写真提供：外務省）

特別寄稿

G20大阪サミット2019での演奏を終えて

辻井伸行

ピアニスト

　2019年春、外務省の方から6月に大阪で開催されるG20において、各国の首脳の前で演奏してほしいとの要請を受けたとき、僕の心に浮かんだのは、優勝という幸運を得て、ピアニストとして、世界への扉を開くきっかけになった「ヴァン・クライバーン国際ピアノ・コンクール」のシンボルであり、冷戦時代にモスクワで開催された「第1回チャイコフスキー国際コンクール」でアメリカ人ながら優勝し、一躍アメリカのスターピアニストになったヴァン・クライバーン氏が、死の3週間前、お見舞いに訪れた僕に語ってくれた言葉でした。

(c) Yuji Horj

　「クラシック音楽の本当の魅力は、生演奏に耳を澄まさないと伝わらない。クラシック音楽に関心の無い人もコンサートホールに引き付けることができるような、人間としても、演奏家としても魅力的な存在になりなさい。」

　限られた空間であるコンサートホールではなく、大阪城の特設ステージで世界の首脳たちの前で歓迎の演奏をする、そして、その模様はテレビやネットを通じて世界各国に放映される。尊敬するクライバーン氏が僕に託してくれた役割を果たす重要な演奏にしなければいけないと心が奮い立ちました。

　演奏時間は10分ほどということで、僕はふたつの曲を演奏したいと思いました。ひとつは2011年の大震災のあと、被害にあわれて大変な思いをされているみなさんに、優しく寄り添い、音楽の力で励ますために作られた作品、そしてもうひとつは、障害があっても、夢に向かって努力を続ければこんなすごい演奏ができるんだということが伝わるような、技術的にも極めて高度な作品です。いろいろ考えてご提案したのが当日演奏した、菅野よう子さんの「花は咲く」と、リストの「ラ・カンパネラ」の2曲です。「花は咲く」の演奏のときには、ステージ奥に設置されたスクリーンで、震災のときに各国のレスキュー隊のみなさんが助けに来てくれた映像や、復興に向かって努力している被災地のみなさんの映像が流れるということを聞きましたので、その映像を想像しながら、追悼、祈り、復興に向かって努力を続けられているみなさんへの応援の気持ちを込めて演奏しました。「ラ・カンパネラ」は僕の得意な作品のひとつですので、思いっきり楽しみながら、コンサートのアンコールで演奏するときの集中力をもって精一杯演奏しました。演奏を終えたあと、各国首脳のみなさまからの大きな拍手は一生忘れることのない、僕のピアニスト人生にとって、とても大切な拍手の響きとして、今も僕の心に残っています。

　クライバーン氏が僕に託してくれた、人間としても、演奏家としても魅力的なピアニストになるために、そして、日本を代表するピアニストとして世界で活躍するために、これからも一生懸命努力を続けていきたいと思っています。2020年も、日本国内はもちろん、パリのシャンゼリゼ劇場やニューヨークのカーネギーホールなど、世界の著名なホールでの演奏が控えていますが、ひとつひとつの演奏会をG20のときと同じように、高い集中力をもって演奏してまいりますので、みなさま、ぜひコンサートホールにも足をお運びください。多くのみなさまと音楽の力を共有して、感動を分かち合いたいと心から願っています。

第二章

「WTO改革」参照）を含む、自由貿易の推進に向けた一致したメッセージが発出された。世界のGDPの8割以上を占めるG20の貿易・デジタル経済担当大臣が団結し、前年のG20ブエノスアイレスサミットからさらに踏み込んだメッセージを打ち出せたことは、大阪サミットにおける貿易の議論の成果、そして首脳宣言文書の深化につながった。

　第二に、海洋プラスチックごみ問題を始め、世界で環境保護に向けた危機意識が高まる中、G20史上初めての「環境大臣会合」を軽井沢において開催したのは、日本議長国下ならではの取組だった。ポイントはエネルギー大臣会合と合同開催した点である。ともすれば相容れないと言われる環境とエネルギー分野の関係者が、持続的な経済成長やエネルギーアクセスの確保という現実的な視点も持ち合わせる日本議長国下で共に議論し、その閣僚級の議論がサミットの議論の下地となった。

　第三に、日本の議長年の集大成として開催された愛知・名古屋外相会合では、大阪サミットの成果を再確認するとともに、来年以降の具体的な取組につなげるための「跳躍台」とすることができた。例えば、WTO改革やデジタル経済の国際的なルール作りについては、各国外相から異口同音に、技術革新の速度に遅れをとらぬよう、G20がスピード感を持って積極的な役割を果たす必要があるという点も確認することができた。また、セッションの合間には、SDGsに関連して、

Ｇ20愛知・名古屋外務大臣会合における議長国引継ぎ（写真提供：外務省）

地元高校生の代表者から、「教育格差の解消」に向けた若者らしい斬新な提言が提出された。各国外相も地元高校生の流ちょうな英語による提言発表に熱心に耳を傾けており、G20外相と地元高校生の交流の好機となった。

　安倍総理が述べたとおり、サミットが開かれた大阪は、「古くから交易によって栄えた商人の町であり、自由を尊び、イノベーションを生み出す進取の気風に富む」街である。貿易によって栄え、自由で開かれた国際体制が自国の繁栄にとって重要であることをよく知る日本が議長国として達成した成果は、今後、実施の段階に入る。2019年12月にG20議長国を引き継いだサウジアラビアの議長年にも、様々な課題が待ち受けているだろう。日本議長国下の成果がさらに発展するよう、日本は引き続きリーダーシップを発揮していく。

特別寄稿

W20設立の背景と成果への期待

目黒依子

W20Japan2019共同代表・上智大学名誉教授

　W20（Women20）は、2014年のG20ブリスベン・サミットで採択された「G20は2025年までに労働市場参加率の男女差を25％縮小する」という「25 by 25」宣言を履行することを目指す公式エンゲージメント・グループとして設立された。それに先立ち、経済成長と女性の参加についての議論がオーストラリア国立大学とブルッキングス研究所の共催で行われ、オーストラリアが議長国となる最初の'Policy Forum on Gender and the G20'の開催によりG20の「女性の経済的・社会的完全参加」がG20のアジェンダとなった。さらに、OECD Gender Recommendations を基にILO-IMF-OECD-WBG レポートが作成され、その結果、G20労働・雇用大臣会議から「25 by 25」が提言され、首脳宣言に取り入れられた[1]。W20はG20の議論と首脳宣言にジェンダー平等・女性の経済的エンパワーメントの促進による経済成長のための現実的な政策と実施成果を測る方策について提言を行うことを目的とする。トルコが議長国となった2015年に始まり、中国、ドイツ、アルゼンチン、そして2019年に日本がその役割を担った。

　W20設立以降、グローバル経済におけるガバナンスはジェンダー視点を前提とする方向に向かい、ジェンダー・ギャップ指数（WEF）や金融、教育・技能、税制、インフラ投資などへの女性のアクセスなどに関するジェンダー・ギャップ縮小の議論（2017年IMF-WB会議）が相次いだ。同じころG7でもジェンダー平等がアジェンダに入り、ジェンダー視点による経済環境へのロードマップ採択や、2018年と19年には議長国任命のジェンダー平等アドバイザリー評議会が設けられた。

　2019年W20 議長国としてW20日本運営委員会が2018年7月18日に設立された。その責務は、メンバー国の市民社会・研究者・ビジネス団体の連合組織や起業家から成るdelegatesの提言案調整とコミュニケの作成、コミュニケをG20議長に手交するW20サミットの開催、G20首脳宣言にW20コミュニケの提言が反映されるためのロビー活動が中心で、それらの活動の資金調達もNGOとしてのW20の責務とされている。運営委員会は、W20サミットを国際女性会議WAW!（2019/3/23-24）との同時開催とした政府案から逆算して日程と活動内容を決め、W20アルゼンチン・サミット参加、国内団体・メディアとの対話集会、国際団体・機関とのパートナーシップ構築、企業・財団のスポンサー協力促進、W20アルゼンチンからの議長国引継ぎ会合、G20シェルパとの対話、G20関連会議参加、W20delegates 会合開催（於OECD）、コミュニケ案作成と調整（webinar sessions）、国連CSWサイドイベント開催（国連代表部共催）などを集中的に実施し、W20 コミュニケを3月23日に安倍首相に手交した。6月29日のG20 大阪首脳宣言には、提言「25 by 25」の履行のモニタリング促進に資するべく各国の報告提出の確約や、女性の就業の主な障壁となる無償ケア労働の男女格差に取り組むこと、男女の賃金格差縮小、女性に対する偏見の削減、デジタル・金融へのアクセス、起業の推進・女性＆少女に対する暴力の根絶なども含め、W20の提言が大幅に反映されている。

　W20のミッションはSDGsと同調するもので、G20大阪首脳宣言に反映された提言の実施は、そのミッション達成に向けた大きな一歩となるはずだ。さらに、W20 KPIプロジェクトの成果[2]は、G20大阪首脳宣言の言葉をアクションにつなげる有益なツールとなるだろう。

1) P. Subacchi & S.H. Rimmer," New Frontiers in Gender-responsive Governance – Five Years of the W20, "Chatham House Research Paper, Nov. 2018.
2) 〈The OECD Report〉"From promises to action: Addressing discriminatory social institutions to accelerate gender equality in G20 countries" 及び〈The McKinsey dataset〉

第2節

日米貿易協定及び日米デジタル貿易協定

日米経済関係は、安全保障、人的交流と並んで、今や日米同盟を支える三要素となっており、引き続き日本の経済外交の主要な柱の一つである。日米経済関係は、1990年代にかけて個別分野の貿易摩擦を経てきたが、その後日本企業の積極的な対米直接投資が米国において多くの雇用を創出し、現地の経済に大きく貢献してきたことなどから総体的には安定したものとなっている。トランプ政権発足後で見れば、これまで累計で257億米ドルにのぼる日本の対米投資が発表され、雇用創出数は5万人を超え、日本は米国に対する最大の投資国である。その中で、2019年は、日米貿易交渉を開始し日米貿易協定及び日米デジタル貿易協定の締結に至る日米経済関係にとり画期となる年となった。

日米貿易交渉の開始は、近年の日本と米国の経済外交の展開の帰結でもあった。日本が大きな決断を持って参加したTPPから米国は2017年1月に離脱を表明した。日本としては、米国がTPPに復帰することが最善であるとの立場であり、米国に対してTPPへの復帰を求めてきた。一方、多数国間よりも二国間交渉を選好した米国は、米韓FTAの改正に合意し、北米自由貿易協定（NAFTA）の再交渉を進め、EUとも貿易交渉開始で合意した。また米国は、これらの交渉の過程で数量制限的な措置を打ち出し、さらに様々な場面で追加関税の発動を多用するなどの姿勢を強めてきた。このような状況に至り、米国

を自由で公正な貿易体制を基盤とするアジア太平洋の自由経済圏につなぎ止めるため、日本としても、TPPへの復帰という原則的な立場を主張するばかりでは不十分という観点などを踏まえ、米国との貿易交渉の開始を決定した。米側としても、日本が米国を除く11か国によるTPP11の締結を牽引し、また、EUとのEPAの締結にも至ったことにより、特に農産品の日本市場へのアクセスについてTPP諸国やEUとの関係で劣後する状況を克服したいという事情もあった（上記の経緯について第2章第3節参照）。

日米間の交渉はまさに国益と国益がぶつかる大変厳しいものとなった。2019年4月以降、5か月間で8回にわたり、茂木内閣府特命担当大臣（経済再生担当、当時）／外務大臣とライトハイザー米国通商代表による閣僚協議が集中的に行われ、9月の日米首脳会談において最終合意を確認した。既にTPP11、日EU・EPAが発効していたことも、こうした短期間での交渉決着の背景にあったと思われる。なお、交渉の過程で、物品貿易に加えて、日米間で早期に結果を生じ得るものとしてデジタル貿易についても協定交渉の対象となった。

日米貿易協定は、日米間で初めてGATT第24条に定められた「自由貿易地域」を設定するものとなった。長年関係者の間で困難であると認識されてきたこのような貿易協定が日米間で成立した歴史的な意義は小さくな

い。同時に、日米貿易協定・日米デジタル貿易協定は、投資、サービス、ルール等については、デジタル貿易に関するルール以外は含まれておらず、また、物品の関税についても、多くの品目で譲許していないことから、米国にとりTPPに復帰するインセンティブを残すものとなった。これは、米国がTPPに復帰することが最善という日本の原則的立場にも沿うものとなっている。

　本協定によって、世界のGDPの約3割を占める日米両国の二国間貿易が強力かつ安定的で互恵的な形で拡大するのみならず、既に発効しているTPP11、日EU・EPAを加えれば、世界経済の6割をカバーする自由な経済圏が、日本を中心として、誕生した。本協定は、我が国経済の更なる成長に寄与するのみならず、自由で、公正なルールに基づく世界経済の発展にも大きく貢献するものである。

　また、本協定は、日米双方にとってウィン・ウィンでバランスのとれた協定となっている。日本の農林水産品については、全て過去の経済連携協定の範囲内に収まっており、一方、米国にとっても、TPP11等が既に発効している中で他国に劣後しない状況を実現するものとなった。農林水産品について、これまでの貿易交渉でも常に焦点となってきたコメは調製品も含め完全除外、また林産品、水産品、さらにはTPPワイド関税割当対象の33品目などについては、全く譲許していない。また、米国への牛肉輸出に係る低関税枠が大きく拡大するほか、酒類に関し、容量規制等の米国非関税措置の改善も約束された。自動車・自動車部品については「関税の撤廃に関して更に交渉」と協定の米側附属書に明記し、その他の工業品についても、日本企業の輸出関心が高く貿易量も多い品目を中心に早期の関税撤廃・削減が実現する。このほか、自動車・自動車部品については、①米

茂木内閣府特命担当大臣（経済再生担当、当時）とライトハイザー米国通商代表との会談（2019年4月15日、ワシントンDC／写真提供：内閣官房TPP等政府対策本部）

国通商拡大法第232条の追加関税を発動しないことを両首脳間で確認したほか、②数量制限、輸出自主規制等の措置や③厳しい原産地規則など、グローバル・サプライチェーンを歪めるような措置を排除した点でも大きな意義がある。

　日米デジタル貿易協定は、この分野における高い水準のルールを確立し、日米両国がデジタル貿易に関する世界的なルールづくりにおいて主導的な役割を果たしていく基盤となるものになった。WTOにおいて電子商取引に関するルール作りが議論されている中で、本協定はこの分野の先進的なルールを規定しており、マルチの取組にポジティブな影響を与えることが期待される。電子的な送信に対して関税を賦課しないことやデジタル・プロダクトの無差別待遇、情報の国境を越える移転を妨げないことなどのTPP協定電子商取引章と同様の規定に加え、金融サービス提供者に対するコンピュータ関連設備の設置要求の禁止、アルゴリズムの開示要求の禁止、暗号の開示要求の禁止、SNS等のサービス提供者に対する民事上の責任に関する規定などデジタル分野の最新の状況に対応した規定を含んだものになっている。

　米国が引き続き中国との貿易摩擦やその他

日本・米国の経済外交を巡る関連の動き

2017年	
1月23日	トランプ米国大統領が、TPP離脱の大統領覚書を発出
8月16日	北米自由貿易協定（NAFTA）再交渉開始
2018年	
3月 8日	TPP11署名（チリ・サンティアゴ）
23日	米国による、米国通商拡大法第232条に基づく、鉄鋼に25％、アルミニウムに10％の関税措置の適用
5月24日	米国による、米国通商拡大法第232条に基づく自動車及び自動車部品に関する調査開始
7月 6日	米国が中国に対して追加関税措置を発動（以降複数回にわたり米中双方が追加関税措置を発動）
17日	第25回日EU定期首脳協議（東京）（日EU・EPA署名）
25日	米EU首脳会談（米国・ワシントンDC）（貿易交渉開始で合意）
8月 9日	茂木内閣府特命担当大臣（経済再生担当、当時）とライトハイザー米国通商代表との間の協議（FFR）第1回会合（〜10日、米国・ワシントンDC）
9月 3日	米韓両政府が、FTA改正議定書を含む米韓FTA改正交渉結果に係る改正8文書を発表
25日	茂木内閣府特命担当大臣（経済再生担当、当時）とライトハイザー米国通商代表との間の協議（FFR）第2回会合（〜26日、米国・ニューヨーク）
	米韓首脳会談の機会に、両国通商長官間で、米韓FTA改正議定書等に署名（米国・ニューヨーク）
26日	日米首脳会談（米国・ニューヨーク）（両首脳は、日米物品貿易協定（TAG）について交渉を開始することに合意し、共同声明を発出）
9月30日	米国・メキシコ・カナダ協定（USMCA）合意
11月30日	米国・メキシコ・カナダ協定（USMCA）署名（アルゼンチン・ブエノスアイレス）
12月30日	TPP11が発効
2019年	
1月 1日	米韓FTA改正議定書が発効
2月 1日	日EU・EPAが発効
4月15日	日米貿易交渉　閣僚協議（〜16日、米国・ワシントンDC）
25日	日米貿易交渉　閣僚協議（米国・ワシントンDC）
26日	日米首脳会談（米国・ワシントンDC）
5月17日	米国による、米国通商拡大法第232条に基づく、自動車等に関するEU及び日本等との交渉追求の決定
25日	日米貿易交渉　閣僚協議（東京）
27日	日米首脳会談（東京）
6月13日	日米貿易交渉　閣僚協議（米国・ワシントンDC）
28日	日米首脳会談（大阪）／日米貿易交渉　閣僚協議（大阪）
8月 1日	日米貿易交渉　閣僚協議（〜2日、米国・ワシントンDC）
21日	日米貿易交渉　閣僚協議（〜23日、米国・ワシントンDC）
25日	日米首脳会談（フランス・ビアリッツ）（両首脳は、日米貿易交渉について、農産品、工業品の主要項目について意見の一致を見たことを確認）
9月23日	日米貿易交渉　閣僚協議（米国・ニューヨーク）
25日	日米首脳会談（米国・ニューヨーク）（両首脳、日米貿易協定及び日米デジタル貿易協定が最終合意に達したことを確認、日米共同声明を発出）
10月 7日	日米貿易協定・日米デジタル貿易協定署名（米国・ワシントンDC）
12月10日	日米貿易協定・日米デジタル貿易協定の効力発生のための通告
2020年	
1月 1日	日米貿易協定・日米デジタル貿易協定が発効

の国・地域と厳しい貿易交渉を進めている中で、日米間でこれらの協定をウィン・ウィンな形でまとめたことは大きな意義がある。本協定の署名に当たり、トランプ大統領が「日米貿易協定と日米デジタル貿易協定は、両国にとって非常に大きな勝利。日本との関係が今以上に強固で良好だったことはない。」と評価したように、本協定は日米経済関係の安定、さらには日米関係の強化にも大きく貢献したと言えよう。

特別寄稿

日米貿易協定—2回目の対米交渉

渋谷和久

内閣官房TPP等政府対策本部政策調整統括官

　本年1月1日に日米貿易協定が発効した。筆者は、交渉責任者である茂木経済再生担当大臣（当時）を支えるスタッフの1人として、事務レベルも含め、ほぼすべての交渉に参加したが、実は筆者にとって、今回の対米交渉は3年半ぶり、2回目の経験であった。

　筆者は2013年7月、当時のTPP12交渉において、日本が最初に交渉会合に参加した時からTPP政府対策本部（当時は「等」はなかった）に在籍している。以来6年半、自他ともに認める「不動の本部職員」である。TPPはマルチとはいえ、物品貿易に関する関税交渉はバイで行う。当然、一番苦労したのは米国との交渉であった。

　当時、米国との通商交渉経験のある諸先輩方から、米国との交渉がいかに大変か、よく聞かされていたが、USTRとの実際の交渉は、まさにその通りであった。トランプ政権に限らず、米国の交渉官は常に「アメリカ・ファースト」であるし、「こんなことを言ったら相手が気を悪くするのでは」などということを全く考えない。しかし、日本も国益をかけて交渉しているわけで、いつの間にか、米国と同様の交渉スタイルで、他のTPP参加国から、「日米はがっぷり四つ」と評されるようになっていた。

　その米国がTPP12から離脱し、2018年9月の日米首脳会談で新たな交渉入りに合意、昨年4月、日米貿易協定交渉がスタートした。何の因果か、筆者にとっては同じポストで2回目の対米交渉である。しかも、交渉内容が前回と同じ物品貿易なので、先方の立場は熟知している。また縁あって、農水省や経産省の交渉担当幹部も、TPP12の時に一緒に苦労した仲間であり、日本チームには経験者が揃っていた。

　今回は実質半年で合意に至ったが、それはTPPの時の下敷きがあったから、ということは間違いなく言える。しかし、それでも交渉は厳しいものだった。閣僚協議では、ライトハイザー代表の厳しい発言に、重苦しい雰囲気になることがしばしば。それでも、茂木大臣は、冷静に、かつロジカルに1つひとつの論点を粘り強く説明。その姿勢に、米国が少しづつ柔軟になるのを感じた。それも、TPPの時の経験から、先方の発言をあらかじめ予測し、事前に大臣と綿密なシミュレーションを行ったのが、少しは役に立ったのかもしれない。

　日本より先に、USMCA交渉で苦労したメキシコ、カナダを含むTPP11各国の交渉官も、折に触れ、我々に激励やアドバイスをくれたのも支えになった。そういう意味では、TPP12、それに続くTPP11の交渉の蓄積があって、日米貿易協定交渉を行うことができた。在籍6年半も、それなりに意味があったものと自分に言い聞かせている今日この頃である。

第3節

TPP、日EU・EPA、RCEP

　世界的に保護主義への懸念が高まる中、日本は自由貿易の旗手として、自由で、公正なルールに基づく経済圏を世界へと広げる、主導的な役割を果たしてきた。この観点から、経済連携協定（EPA）や自由貿易協定（FTA）は重要な枠組みであり、日本は今後

も、TPP11協定の着実な実施・拡大、並びに日EU・EPAの着実な実施に向けて取り組むとともに、RCEP交渉を含む他の経済連携交渉を通じて、自由で公正な経済ルール作りを積極的に推し進めていく。

1 環太平洋パートナーシップに関する包括的及び先進的な協定（TPP11）

（1）　意義

　TPPは、成長著しいアジア太平洋地域において、参加国で、物品及びサービスの貿易並びに投資の自由化・円滑化を進めるとともに、知的財産、電子商取引、国有企業、環境等、幅広い分野で、21世紀型の新たな経済統合ルールを構築する野心的な取組である。世界で保護主義への懸念が高まる中、アジア太平洋地域に自由で公正な21世紀型のルールに基づく経済圏をつくりあげる意思を世界に示すことは、自由貿易を推進する観点から画期的な意味がある。

　「環太平洋パートナーシップに関する包括的及び先進的な協定」（Comprehensive and Progressive Agreement for Trans Pacific Partnership）（TPP11）は、人口約5億人、GDP約10兆ドル、貿易総額約5兆ドルの巨大経済圏を生み出し、実質GDPを約1.5％（約8兆円）押し上げ、雇用を約0.7％（約46万人）増加させると試算されている（内閣官房TPP等政府対策本部による2015年の試

算）。TPP11協定が発効してから約1年が経過したが、TPP11発効国との間の貿易が活発化している。協定発効後11か月（2019年1-11月）のTPP11発効国向けの牛肉輸出額については前年同期比＋19％増加している。TPP11発効国からの牛肉輸入額は前年同期比＋3％、豚肉輸入額は＋8％の伸びを示している。

　さらに、TPP11は単なる貿易自由化の枠組みにとどまらず、自由、民主主義、基本的人権、法の支配といった基本的価値を共有する国々との間で経済的な相互依存関係を深めるものである。これにより、日本の安全保障やアジア太平洋地域の安定に大きく貢献し、地域及び世界の平和と繁栄を確かなものにするという大きな戦略的意義を有している。

（2）　経緯

　日本は、2013年3月に安倍総理大臣が交渉参加を表明し、同年7月の第18回交渉会合から正式に交渉に参加した。

日本の交渉参加後、2回の首脳会合、8回の閣僚会合等の交渉を経て、2015年10月のTPP閣僚会合で大筋合意に至り、アジア太平洋地域の12か国（日本、オーストラリア、ブルネイ、カナダ、チリ、マレーシア、メキシコ、ニュージーランド、ペルー、シンガポール、米国、ベトナム）による「環太平洋パートナーシップ協定」（Trans Pacific Partnership Agreement）（TPP12）が、2016年2月に署名された。日本においては、2016年12月にTPP12の締結と関連整備法案が国会で承認・可決され、2017年1月にTPP12の国内手続の完了に関して、寄託国であるニュージーランドに対し通報を行い、TPP12を締結した。

こうした中、米国では2017年1月に就任したトランプ大統領が、TPP12から離脱する大統領覚書に署名し、米国通商代表部から、寄託国のニュージーランドを含む各国に対し、TPP12の締結国となる意図がないとの通知が発出された。TPP12の発効規定に基づけば、TPP12は米国抜きで発効することはできない。しかし、日本を含むアジア太平洋地域にとってTPP12が持つ経済的・戦略的意義は大きく、このため、日本は残る11か国によるTPPの早期発効を目指して、将来の米国復帰の可能性も念頭に置きつつ、早期発効の方策につき、2017年7月から事務レベルでスピード感をもって協議を積み重ねた。その結果、2017年11月にベトナムのダナンでTPP閣僚会合が開催され、日本はベトナムと共同議長を務め、11か国によるTPP11について大筋合意に達することができた。具体的には、TPP12の条文を組み込みつつも、米国の離脱に伴い一部条文を例外的に凍結することで、11か国でTPP11を前に進めることに合意した。

大筋合意後、日本は各国と緊密に協力しな

がら、残された継続論点への対応を進め、2018年1月の高級事務レベル会合においてTPP11の協定文及び凍結項目を最終的に確定させた。多くの困難な課題を克服し、2018年3月、チリのサンティアゴで11か国がTPP11に署名した。

米国がTPP12からの離脱を宣言し、2017年7月に11か国で事務レベルでの議論を始めてから、1年に満たない短期間で署名に至った。日本が中心となって11か国で実現できたことは、世界の成長センターであるアジア太平洋地域、さらに21世紀のグローバル経済にとって、極めて大きな成果である。一部の項目を凍結したが、元のTPP12のハイスタンダードな水準を維持することができ、バランスの取れた協定に署名することができた。そして、何よりも、11か国全てが合意できるバランスの取れた内容となったことが、大きな特徴である。署名後の、二国間会談などにおいて、この難しい交渉をまとめあげたことについて、シンガポールやベトナムをはじめ、各国から、TPP11実現における日本のリーダーシップへの高い評価や感謝の発言が相次いだ。

その後、日本は、メキシコに次いで2番目に国内手続を完了させ、2018年7月6日、寄託国であるニュージーランドに対し国内手続の完了の通報を行った。また、同年10月には、茂木経済再生担当大臣（当時）がTPP11参加各国在京大使等と会合を行い、国内手続の早期完了の重要性を訴える等、TPP11の早期発効についてもイニシアティブをとった。そうした中で、シンガポール、ニュージーランド、カナダに加え、オーストラリアも必要な国内手続及び寄託国への通報を終え、効力発生の要件である署名国の過半数の締結が完了した。これにより、TPP11は2018年12月30日に発効した。その後も

TPP第１回委員会（2019年１月19日、東京／写真提供：内閣官房TPP等政府対策本部）

2019年１月、ベトナムが７番目の締結国となった。

2019年１月19日、日本が議長国となって、日本で閣僚級によるTPP第１回委員会を開催した（茂木経済再生担当大臣（当時）が議長）。TPP第１回委員会では、運営に関する事項、TPP11協定の加入手続、国と国との間の紛争解決のパネルの手続規則、投資家と国との間の紛争解決手続のための行動規範の４つの文書が決定された。更に、10月には、ニュージーランド・オークランドにてTPP第２回委員会が開催され、TPP委員会の手続規則（会合の開催方法や議題の調整等、委員会活動の実施に係る手続規則）及び紛争処理のパネル議長の登録簿の２つの文書が決定された。

TPP11協定発効記念式典（2019年１月19日／写真提供：内閣広報室）

（3）　TPP11の今後の展望

TPP11協定第５条では、「国又は独立の関税地域は、この協定の効力発生の日の後、締約国と当該国又は独立の関税地域との間で合意する条件に従ってこの協定に加入することができる。」と規定されている。新たな国・地域の加入を通じて21世紀型の新たな共通ルールを広めていくことが、TPP11参加国の共通の考えである。日本は、様々な国・地域がTPP11への参加に関心を示していることを歓迎し、今後新規加入に関する具体的な議論を主導していく。

例えば、タイは2019年11月に日・タイ首脳会談が行われた際、プラユット首相からTPP11参加への前向きな姿勢が示された。また、英国についても2019年９月に茂木大臣とトラス英国国際貿易大臣との会談が行われた際、トラス大臣からTPP11への参加について関心が改めて示された。そのほか、台湾からも、TPP11への参加に係る関心が表明されている。日本としては、TPPからの離脱を表明した米国を含めて、できるだけ多くの国・地域がTPPに参加することが、最善であると考えており、関心を有する国・地域に対して、様々な情報提供など、できる限りの協力を引き続き行っていく。

世界的に保護主義的な風潮が広まる中で、TPP11の発効は、自由貿易を推進するとの世界に向けた力強いメッセージであり、アジア太平洋地域に自由で公正な21世紀型の貿易・投資ルールを広げていく上で大きな一歩となるものである。今後も、日本はTPPの実施及び参加国の拡大において引き続き主導していく。

2　日EU経済連携協定（EPA）

2019年2月1日、日EU経済連携協定（EPA）が発効した。本協定は、高いレベルの関税撤廃・削減を実現するのみならず、自由で公正なルールに基づく21世紀の経済秩序のモデルとなるものである。2013年4月の交渉開始から足かけ約6年、人口約6億人、世界GDPの約3割を占める巨大な経済圏が誕生した。

本協定により、日EU間の貿易・投資や人的な交流がこれまで以上に活発化するだけでなく、日EU双方の国民・市民の間の距離が縮まることも期待される。本協定の発効後、多くの小売店や飲食店で「日EU・EPA関連フェア」が開催されるなど、本協定は中小企業や消費者にも目に見えるメリットをもたらしている。

また、本協定の発効により、日EU関係は協力深化のための法的基盤を得て、新たな段階に進むこととなる。日EUは地理的には遠く離れているが、基本的な価値を共有する重要なグローバル・パートナーとして様々な分野で協力関係を構築してきた。日EU協力を更に発展させるため、本協定の下に設置された閣僚級の合同委員会を中心とし、分野別の専門委員会や既存の様々な枠組みも重層的に活用しながら、様々な諸課題に共に取り組んでいく考えである。

■　日EU経済連携協定（EPA）の概要

（1）　意義

EUは、日本にとって、自由、民主主義、法の支配、基本的人権、自由貿易といった基本的価値を共有する重要なグローバル・パートナーである。また、EUは、総人口約5億人（日本の約4倍）、世界のGDPの約22％（同約4倍）を擁する巨大市場であり、日本の輸出先国・地域中、中国・米国に次いで第3位（輸出総額の約11％）、輸入先国・地域中、中国に次いで第2位（輸入総額の約12％）、日本の対外直接投資残高では米国に次いで第2位（約26％）、対内直接投資残高では第1位（約44％、第2位の米国は約21％）を占める主要な貿易・投資相手である（いずれも2018年時点におけるもの）。

本協定の発効により、相互の市場開放等による貿易・投資の活発化、雇用創出、企業の競争力強化等を通じて日EU双方において経済成長が底上げされることが期待されている。具体的には、本協定により、日本の実質GDPは約1％（約5兆円）、労働供給は約0.5％（約29万人）増加することが見込まれている（内閣官房TPP等政府対策本部による2017年の試算）。日EU・EPAが発効してから約1年経過したが、ワインや乗用車を始めとする品目について、EUとの間の貿易が活発化している。協定発効後11か月（2019年2-12月）のEUからのワイン輸入額は前年同期比＋11％の伸びを示しており、EU向けの乗用車輸出額については同＋17％増加している。

このような経済上の意義に加え、本協定には重要な戦略上の意義もある。戦後、天然資

源に乏しい日本が経済成長を遂げることができたのは自由貿易体制があったからこそであり、かかる歴史的経験を踏まえ、日本は、自由貿易体制の維持及び貿易自由化の推進に力を注いできた。そのような日本が、世界で保護主義的な動きが広がり、新興国による市場歪曲的な措置等による影響が懸念される中、2018年末のTPP11協定の発効に引き続き2019年2月に本協定の発効を実現したことは、貿易自由化の旗手として世界に範を示し続けるとの日本の意思を全世界に対して示す力強いメッセージとなった。

日EU定期首脳協議（2018年7月17日／写真提供：内閣広報室）

(2)　発効に至る経緯

　本協定の交渉開始に至るまでには、高いEUの対外関税の引下げを求める日本側と、日本の様々な非関税障壁を問題視するEU側との間で、長年にわたる確執があった。しかし、EU側において、ユーロ危機の発生を受け本格的なEPA交渉に乗り出す機運が高まり、2011年、他に先んじてEU韓国FTAの暫定適用が開始されるようになると、日本国内においても、自動車等をEUに輸出する日本企業が韓国企業に比べて競争上不利となるおそれから、日EU・EPAの早期締結を求める声が高まった。

　こうした経緯を踏まえ、2013年4月、本協定についての交渉が開始され、4年を経た2017年7月に大枠合意に至り、2017年12月に交渉が妥結した。交渉妥結後は、早期署名・発効を目指して日EU双方で精力的に国内手続が進められ、2018年7月17日に開催された第25回日EU定期首脳協議の際、安倍総理大臣、トゥスク欧州理事会議長（当時）及びユンカー欧州委員会委員長（当時）の間で本協定は署名された。

　署名式は、当初安倍総理大臣が訪欧し、欧州委員会が所在するブリュッセルで実施される予定であったが、7月の西日本豪雨災害への対応に万全を期すため、総理訪欧は急遽中止せざるを得なくなったところを、一報を受けたトゥスク欧州理事会議長（当時）及びユンカー欧州委員会委員長（当時）が急遽予定を変更して訪日することとなり、東京で実施されることとなった。このエピソードは、本協定を成し遂げ強固な日EU関係を構築するとの日EU双方の並々ならぬ思いを物語るものとなった。2018年10月に行われた日EU首脳会談においては、本協定及び戦略的パートナーシップ協定（SPA）の早期発効に向け引き続き連携していくことが確認され、両協定の締結及び実施のための双方の国内手続を年内に終えられるよう、最大限努力することで一致した。その後、日本側においては2018年秋の臨時国会で本協定が承認され、EU側でも同年内に手続を終えた結果、2018年12月21日に外交上の公文の交換が行われ、協定の規定に従い、2019年2月1日に本協定は発効することとなった。

❷　日EU・EPAの実施

　2019年2月の発効後、本協定は順調に運用されている。発効から2か月後の4月10日、東京において本協定に基づく合同委員会の第1回会合が開催され、共同議長である河野外

特別寄稿

日本にとってのEPAの意義

浦田秀次郎

早稲田大学教授

　日本にとって最初の経済連携協定（EPA）はシンガポールとのEPAで2002年に発効した。EPAは世界貿易機関（WTO）で認められている地域経済統合の一形態で、締約国間の貿易に係る輸入関税を撤廃し、貿易を自由化する自由貿易地域・協定（FTA）を原型とし、投資の自由化、知的財産権の保護、競争政策におけるルール構築、様々な分野での協力などを含め、締約国間における幅広い経済関係の強化を目的とする包括的協定である。

　外務省のホームページによれば、日本は2020年1月時点で、シンガポール、メキシコ等との2国間EPA、東南アジア諸国連合（ASEAN）加盟国全体とのEPA、アジア太平洋に位置する11か国による環太平洋パートナーシップに関する包括的及び先進的な協定（TPP11協定）、欧州連合（EU）とのEPAなど、17のEPAを発効させており、16か国による東アジア地域包括的経済連携（RCEP）や日中韓FTAなど、4つのEPAを交渉中である。これらの中でTPP11、日EU・EPA、RCEPなどは主要な国を含み多くの国により構成されているEPAで、メガEPAと呼ばれている。

　日本にとってEPAは様々な目的を実現させるための重要な対外経済政策である。一つは日本企業による輸出と対外直接投資の推進である。日本の国内市場は少子高齢化で縮小傾向にあり、将来もこの傾向が続くことが予想されている。そのような状況の中で、日本経済を支える日本企業の成長・発展にとって海外活動の重要性が増している。EPAは日本企業にとって海外市場へのアクセスを拡大し、輸出や投資を増加させる。

　EPAは新たな経済分野におけるルール構築を通じて、日本企業の国際経済活動を推進する。従来、主要な国際経済活動はモノの貿易であり、そのような状況の下で、関税及び貿易に関する一般協定（GATT）が1947年に締結された。1995年にGATTを発展的に継承する形で設立されたWTOでは、サービス貿易や投資などの当時活発化していた国際経済活動の一部についてのルールが含まれるようになったが、近年、重要性を増している人やデータなどの国際移動についてのルールは未構築である。EPAは、同じような考えを持つ国同士の間での取り決めであり、合意形成は比較的容易であることから、新しい分野でのルール作りに有効である。

　EPAは日本市場を開放し、国内での構造改革を促すことで経済成長に貢献する。身近な例として、農業が挙げられる。牛肉などの畜産部門は高い輸入関税などで保護を受けてきたが、EPAによる関税率の低下によって競争が強化され、経営の効率化を余儀なくされている。関税率低下は経営の効率化で強い農業を可能にするだけではなく、価格低下により消費者に対して大きなメリットをもたらす。

　EPAによる市場開放とルール構築の日本の経済成長への貢献を見てきたが、同様のことが他のEPA締約国についても当てはまる。保護主義の台頭により世界の多くの国々の市場が閉鎖的になっている現状においてEPAは保護主義を抑制し、新たなルールを構築することで世界経済の成長に貢献する。また、EPAによる発展途上国での人材育成などの経済協力は、それらの国々の経済発展を推進するだけではなく、日本企業による活動の拡大を可能にする。EPAに関する日本にとっての課題はRCEPの早期発効と既存のメガEPAの参加国拡大である。

第二章

務大臣（当時）とマルムストローム欧州委員（貿易担当）（当時）の下で、本協定の運用状況の確認や、日EU間の貿易を一層促進するための今後の取組等に関する議論が行われた。また、同じく本協定の下に設置されている分野別の専門委員会や作業部会についても、それぞれ第1回会合を東京及びブリュッセルで順次開催し、各分野における本協定の着実な実施に向け、それぞれの実施状況や双方の関心事項を確認するとともに、今後の日EU間の取組や協力体制について議論を行った。

　専門委員会以外にも、本協定に関連して、日EU合同金融規制フォーラムが2019年10月に東京で開催され、本協定の下での規制上の協力枠組みや国際的フォーラムにおける協調の可能性について議論を行ったほか、2019年11月には、同じく東京にて、本協定の政府調達章の着実な実施のためのセミナーが開催された。

　また、本協定には中小企業章が設けられており、中小企業が協定を活用しやすくするための情報提供を行うことを定めている。これに基づき、対EU貿易において有用な情報を外務省HP上で提供しているほか、国内各地で本協定の活用を促進するセミナーを開催し、日本の事業者による積極的な活用を後押ししている。

❸　今後の日EU経済関係

　これまでにも、日EU間には、環境高級事務レベル会合、サイバー対話、宇宙対話、開発政策対話、エネルギー政策対話、ICT政策対話等、当局間の様々な政策対話が存在し、また、官民合同の取組として日EUビジネス・ラウンドテーブル等の協力の場が存在している。一方で、2019年4月10日の本協定に基づく合同委員会の際に行われた共同議長

基調講演を行う安倍総理大臣（写真提供：内閣広報室）

間の夕食会では、本協定を踏まえた日EUの今後の連携のあり方、いわば"beyond EPA"の課題についても協議が行われた。また、2019年4月25日の日EU定期首脳協議では、安倍総理大臣とトゥスク欧州理事会議長（当時）及びユンカー欧州委員会委員長（当時）との間で、本協定の発効により、日EU関係が新たな次元に移行したことが確認された。

　こうした流れを受けて、2019年9月27日、安倍総理大臣はユンカー欧州委員会委員長（当時）からの招待を受け、ブリュッセルで開催された「欧州連結性フォーラム」に出席し、基調講演を行ったほか、「持続可能な連結性及び質の高いインフラに関する日EUパートナーシップ」と題する文書に署名して、連結性分野での日EU連携を強化していくことを確認した。

　EUではその後、2019年12月に欧州委員会の新体制が発足し、発足直後に行われた安倍総理大臣とフォン・デア・ライエン欧州委員会委員長との電話会談では、同委員長から、日EU経済関係は「世界のロールモデル」であるとの評価がなされるとともに、連結性、地球規模課題、デジタルといった分野での今後の日EU協力強化への力強い意思が確認された。

　今後も、本協定の合同委員会の運用を中心

として、専門委員会等を通じて本協定の着実な実施を確保するとともに専門委員会等と既存の日EU間の対話枠組みとを有機的に関連させ、様々な課題に対処していく方策を世界に示し、世界の範たる日EU経済関係を更に拡大、強化していく考えである。

４　英国のEU離脱（BREXIT）

　英国は、2016年6月の国民投票の結果を受け、EUからの離脱を決定したが、日本政府は、「合意なき離脱」が回避され、日系企業

の経済活動や世界経済への影響が最小限となるよう、英EU双方に繰り返し要請してきた。また、英国のEU離脱に関する政府タスクフォース等を開催し、政府一体となって情報集約・分析を行うとともに、日系企業への情報提供等を行ってきた。2020年1月31日、英国はEUを離脱した。今後も関連動向を注視し、予見可能性や法的安定性の確保等、日系企業の円滑なビジネスの継続のため必要な対応を行っていく。

3　東アジア地域包括的経済連携（RCEP）

（1）　意義

　東アジア地域包括的経済連携（RCEP）はASEAN 10か国と日本、中国、韓国、オーストラリア、ニュージーランド及びインドの計16か国が参加する経済連携協定であり、実現すれば世界全体の人口の半分、GDPや貿易額の約30％を擁する経済圏が出現する。RCEPはASEANを中心とした地域経済統合の柱であり、物品貿易（関税撤廃等）に加え、サービス貿易、投資、知的財産、電子商取引、税関手続・貿易円滑化などの広範な分野で、地域における統一的なルール作りを目指している。

　日本は、日本以外のRCEP交渉参加国15か国のうち13か国との間で二国間もしくは多国間EPAを発効済であるものの、合わせて我が国貿易総額の約3割を占める中国及び韓国とはRCEPが初めての経済連携協定となる。RCEPを通じて中国や韓国を含めた貿易総額の約半分を占める国々との経済圏を構築することは、この地域の市場を包含し、日本の貿易・投資にも大きなメリットをもたらすものであり、「自由で開かれたインド太平洋」を実現する地政学的観点からも重要である。

RCEPの実現により、物品貿易、サービス貿易、投資、知的財産、電子商取引、税関手続・貿易円滑化等の地域共通のルール作りを通じたモノ・ヒト・カネ・情報の活発な往来の促進が実現される。また、RCEP域内で製造された部品を活用し、削減・撤廃された関税の下、貿易を活性化するとともに、国境を越えたサプライチェーン・ネットワークの構築・拡大が期待される。特に、多くの製造業が進出しているこの地域で、より効率的なサプライチェーンが形成される意義は大きく、RCEP地域の成長市場への中小企業を含む日本企業の進出を促進することにもつながる。

（2）　経緯

　2012年11月、ASEAN関連首脳会議のRCEP交渉立上げ式において、ASEAN諸国とFTAパートナー諸国の首脳がRCEP交渉立上げを宣言し、現代的で、包括的な、質の高い、かつ、互恵的な経済連携協定を達成することを約束した。

　2013年5月、ブルネイにおいて第1回交渉会合を開催して以来、19回の閣僚会合及び28回の交渉会合が開催されたが、RCEPは経

済の発展段階が異なる16か国による交渉であり、参加国の中には互いに既存のEPAやFTAを有さない国もあったことから、非常に複雑かつ困難な交渉となった。そうした中で、日本は、TPPや日EU・EPAなどの経験を生かし、特に電子商取引をはじめとした先進的なルール分野で議論を主導してきている。

　交渉は、特に2018年から2019年にかけて大きな進展が見られた。2019年8月から10月にかけては3か月連続で閣僚会合が開催され、同年11月のタイにおけるASEAN関連首脳会議の機会に開催されたRCEP第3回首脳会議において、16か国の首脳により、「2020年における署名」に言及した「RCEP交渉に係る共同首脳声明」（後述）が発出されるに至った。こうした流れの中で、交渉参加国の間では、2020年内のRCEP協定署名に向けた機運が高まっている。

（3）　今後の展望

　RCEP第3回首脳会議の共同首脳声明では、（インド以外の）15か国の、全20章[1]に関する条文ベースの交渉と、基本的にすべての市場アクセス上の課題への取組を終了したことに留意し、2020年における署名のために法的審査を開始することとなった。また、インドの未解決の課題の解決に向けてすべての交渉参加国が共に作業していくことに合意した。

　首脳会議の場で安倍総理大臣は、RCEPの戦略的・経済的意義を強調の上、デジタル化が急速に進むインド太平洋地域において、自

RCEP第3回首脳会議（2019年11月4日、タイ・バンコク
写真提供：内閣広報室）

由で公正な貿易体制を構築することを目指して、約7年間にわたり奮闘してきた結果、電子商取引、知的財産などの分野において、確固たるルールを構築することができたことを歓迎した。その上で、今後は16か国で、市場アクセスを含め、早期に交渉を妥結し、未来を見据えた世界最大の自由で公正な経済圏が完成されることを目指す、そのことが、日本の掲げる「自由で開かれたインド太平洋」の実現にも資すると信じていると述べた。

　日本としては、アジア太平洋地域全体での自由で公正な経済ルール作りのためには、多様な発展段階の国々からなるRCEPをできる限り質の高いものとしていくことが重要であると考えている。こうした考えの下、共同首脳声明を踏まえ、インドを含む16か国で早期に交渉を妥結し、RCEP協定の署名を2020年に実現させるべく、各国に対して安倍総理自身による首脳外交や、茂木外務大臣、梶山経産大臣による閣僚レベルの働きかけを行ってきており、引き続き主導的な役割を果たしていく。

---

1)　(1) 冒頭の規定及び一般的定義、(2) 物品の貿易、(3) 原産地規則（品目別規則に関する附属書を含む）、(4) 税関手続及び貿易円滑化、(5) 衛生植物検疫措置、(6) 任意規格、強制規格及び適合性評価手続、(7) 貿易上の救済、(8) サービスの貿易（金融サービス、電気通信サービス、自由職業サービスに関する附属書を含む。）、(9) 自然人の移動、(10) 投資、(11) 知的財産、(12) 電子商取引、(13) 競争、(14) 中小企業、(15) 経済及び技術協力、(16) 政府調達、(17) 一般規定及び例外、(18) 制度に関する規定、(19) 紛争解決、(20) 最終規定

第4節

WTO改革

1 改革の背景

(1)　ドーハ・ラウンドの停滞に伴う、ルール交渉機能の不全

天然資源に乏しい日本が、目覚ましい経済成長を遂げることができたのは、自由貿易体制のおかげであり、戦後、日本はGATT/WTOを礎とする多角的貿易体制の最大の受益者として現在の繁栄を実現してきた。多角的貿易体制の維持と強化は、EPA/FTA交渉が盛んに行われている現在も日本経済外交の柱であり、WTOを通じた自由貿易の推進の重要性は不変である。

1995年のWTO発足後、交渉の議題等をめぐって先進国と開発途上国で意見が対立し、新ラウンドの開始を予定していた1999年のシアトル閣僚会議（MC3）は失敗に終わったが、2001年にドーハで開かれた第4回閣僚会議（MC4）での合意により、ドーハ・ラウンド交渉（DDA：ドーハ開発アジェンダ）が開始された。DDA交渉では、交渉8分野の一括妥結を目指し、精力的に交渉が行われたが、2008年7月に交渉が決裂して以降、交渉は膠着状態に陥った。2011年12月には、ジュネーブで開催された第8回閣僚会議（MC8）で、部分合意等の可能な成果を積み上げる「新たなアプローチ」の採用が決定し、停滞するWTOでの交渉のてこ入れが図られた。

2014年11月にはWTO設立後初めての全加盟国を拘束する多国間協定である「貿易円滑化に関する協定」が採択され、2015年12月にナイロビで開催された第10回閣僚会議（MC10）では、日本が主導した、53の加盟国による情報技術分野201品目の関税撤廃を実現する情報技術協定（ITA）品目拡大交渉が妥結するなど、一定の成果は得ている。しかしながら、164にまで増えた加盟国のコンセンサス形成へのハードルは高く、DDA交渉は停滞している。

世界経済はWTO設立から25年の間に大きな構造変化を経験した。例えば、2001年にWTOに加盟した中国を始めとする新興国が経済発展を遂げ、先進国経済の相対的地位は低下している。また、1995年当時には想定されていなかった速度でインターネットを介した貿易、更には経済のデジタル化が進展し、「物品」の貿易とも「サービス」の貿易とも区別できない貿易実態が広がるなど、国際貿易が扱う分野・範囲は拡大している。ドーハ・ラウンドの停滞に伴うルール交渉機能不全を背景に、WTOはこうした国際経済の構造的変化に十分に対応できていない。

(2)　紛争解決手続の機能不全

WTO紛争解決制度は、加盟国の貿易紛争をWTOルールの下で解決するための制度であり、ルール交渉と並びWTO体制の中心的

な柱の一つであるが、こちらの柱も問題を抱えている。GATTの下での紛争案件数が1948年から1994年の間に314件（年平均6.7件）であったのに比べ、WTOの下では、1995年から2019年（12月現在）までの24年間で592件（年平均24.7件）に増加し、制度の重要性は増している。しかし、重要性が高まるにつれ、制度に対する加盟国の批判も強まっており、特にWTOの紛争解決で上訴審を担ってきた上級委員会に対しては、同委員会が本来の権限を越えた判断を行っている（「オーバーリーチ」）といった不満が加盟国から上がってきている。こうした批判等を背景に、上級委員会は任期を迎える委員の後任の選任について全加盟国の合意が得られず、2019年12月には機能停止に陥った（資料集参照）。

(3)　協定履行監視機能の不全

　WTOシステムは各国の貿易政策についての透明性と予見可能性を前提としており、各国に対し自国の貿易関連措置を通報することを義務付けているが、実態として、補助金など国内産業を保護する政策を中心に通報がなされていないケースが多く見られ、義務の履行状況は必ずしも芳しくない。このように、設立当初に想定されていた目的・機能が十分に果たされていないことから、通報義務の履行促進はWTO改革の重要な柱の一つと位置付けられている。

2　高まる機運と改革の動き

(1)　挑戦を受ける多角的貿易体制

　2017年12月にアルゼンチン・ブエノスアイレスで開催された第11回閣僚会議（MC11）は、開発等をめぐる加盟国の立場の相違が原因となり、2011年のMC8以来6年ぶりに閣僚宣言が発出されない閣僚会議となった。ルールに基づく多角的貿易体制への信頼の低下は、保護主義の高まりや不公正な貿易慣行の蔓延、さらには米中貿易摩擦などの諸問題をもたらしており、世界経済は混沌の中にある。こうした状況に対する国際社会の懸念は強く、2019年はWTOの改革の必要性が様々な多数国間のフォーラムで広く認識され、改革の機運が高まった一年となった。

　その中でも、日本の議長下で行われた一連のG20関連会合は、WTO改革の議論が大きく前進する場となった。G20大阪サミットに先立って行われたG20つくば貿易・デジタル経済大臣会合では、見解の相違もあったが、WTO改革に向け、G20としてサミットにつながる一致したメッセージが閣僚声明として発出され、特に紛争解決制度の機能に関し、行動が必要であるという点につき合意が形成された。

　G20大阪サミットでは、貿易をめぐる緊張が増大する中、自由、公正、無差別、開かれた市場、公平な競争条件といった自由貿易の基本的原則を首脳レベルで明確に確認した。紛争解決制度や電子商取引を含むルール作りといったWTO改革の推進に一致した上で、G20首脳として、「世界貿易機関の機能を改善するため、必要なWTO改革への支持を再確認」したことで、WTO改革に大きな政治的な後押しが与えられる形となった。

　G20大阪サミットを通じてWTO改革の機運は高まり、G7ビアリッツサミットでは，「WTOを徹底的に改めること」への期待がG7首脳から表明された。また、G20名古屋外相会合においても、WTO改革を直ちに進めるべきとの切迫感が共有され、2020年6月

G20愛知・名古屋外務大臣会合（2019年11月23日／写真
提供：外務省）

デジタル経済に関する首脳特別イベント（2019年6月28日／
写真提供：内閣広報室）

の第12回WTO閣僚会議に向けてG20が指導力を発揮すべきとの点が確認された。

　国際社会における気運の高まりを受け、現在様々な分野にわたるWTO改革が加速している。その議論は、現在の世界経済に即したルール作り、紛争解決制度の改革、協定履行監視機能の強化の3本の柱によって構成されている。

(2)　現在の世界経済に即したルール作り
ア　電子商取引〜ダボスから大阪〜

　「デジタル時代の「成長のエンジン」である、データの流通や電子商取引についてのルール作りを急がなければならない。」この考えの下、安倍総理は、2019年1月のダボス会議で、世界的なデータ・ガバナンスについての議論を進めるための「大阪トラック」を提唱した。その半年後、6月のG20大阪サミットの機会に、安倍総理は「デジタル経済に関する首脳特別イベント」を主催し、デジタル経済、特にデータ流通や電子商取引に関する国際的なルール作りを進めていくプロセスとして、「大阪トラック」の立上げを宣言した（資料集参照）。

　現在、この「大阪トラック」の後押しを受けて、WTOでは、デジタル経済のルール作りに向けた電子商取引交渉が進んでいる。デ

ジタル経済がもたらす利益を最大化し、一方で様々な課題に対応するには、従来のWTO協定のルールだけでは不十分であることが明らかになっている。この交渉は、変化を続けるデジタル化社会の貿易に安定と予見可能性を与えるのみならず、近年新たなルール作りに成功してこなかったWTOに新風を吹き込む、WTO改革の柱の一つでもある。今年6月にカザフスタンで行われる第12回WTO閣僚会議において実質的な進捗を達成することを目標に、現在、ジュネーブでは80か国以上の有志国による交渉が進んでおり、日本は共同議長国としてこれを主導している。この交渉の進捗は「大阪トラック」の道のりの中でも、重要なステップとなることが期待される。

イ　漁業補助金交渉

　違法、無報告、そして無規制の漁業（IUU漁業）が世界的な問題となっている中、持続可能な開発のための目標（SDGs）14.6において「2020年までに、過剰漁獲能力・過剰漁獲につながる補助金やIUU漁業につながる補助金を禁止し、これらの新たな導入を抑制する、過剰能力や乱獲につながる漁業補助金の禁止、IUU漁業につながる補助金の撤廃を行い、こうした補助金の新規の導入を控

える」という目標が定められた。このような国際的な流れを受け、WTOにおいても、2020年6月の第12回閣僚会合までの交渉妥結を目指し、現在も漁業補助金交渉が行われている。日本としても、交渉妥結に向け、積極的かつ建設的に交渉に参加してきている。

ウ　開発途上国の地位（特別の、かつ差異ある待遇）

　WTOでは、加盟国が開発途上国か否かを自己宣言できる仕組みになっており、中国を始めとする成長著しい新興国も、宣言さえすれば「開発途上国」としてWTO協定上の義務の免除（「特別の、かつ差異ある待遇（S&DT）」）が行われている状況にある。加盟国の3分の2を占める「開発途上国」に一律に免除が与えられていることを日本を含む先進国は問題視しているが、2018年から2019年にかけ、台湾、ブラジル、シンガポール及び韓国が現在及び将来の交渉におけるS&DTを放棄するなど、状況に変化は生まれつつある。S&DTは、真に必要な国に、真に必要な範囲で認められるべきであり、日本は本件の議論に引き続き建設的に関与していく。

（3）　紛争解決制度の改革

ア　韓国による日本産水産物等の輸入規制（DS495）

　2011年3月の東京電力(株)福島第一原子力発電所における事故後、韓国は日本からの食品・水産物・飼料等の輸入に係る規制を順次導入した。日本は、韓国側との協議や韓国側への情報提供、韓国専門家の現地調査の受入れなど、韓国側の不安や懸念に対応しつつ、日本産の食品の安全性には問題がないことを科学的根拠をもって説明し、規制措置の緩和・撤廃に向けた働きかけを重ねた。世界的にも漸次日本産食品等の輸入に係る規制の緩和・撤廃が進む中、韓国は措置の緩和・撤廃

の方針を何ら示さなかったことから、日本は、衛生植物検疫措置の適用に関する協定（SPS協定）に反する差別的で貿易制限的な措置であるとして、WTO紛争解決手続に訴えることとした。

　日本は、同手続に従い、2015年5月に協議要請を行い、韓国との間で二国間協議を実施したが、協議によっては問題の解決に向けた合意に至らなかったことから、2015年9月、第一審に当たるパネルでの審理を求めた。パネルは、2018年2月、韓国による東北8県産の水産物に係る輸入規制措置及び日本産の全ての食品に係る追加検査要求は、同一又は同様の条件の下における恣意的又は不当な差別に当たり、また、必要以上に貿易制限的であって、WTO協定に適合しないと判断し、韓国に対し措置の是正を勧告する内容の報告書を公表した。韓国は、こうしたパネル判断を不服として、2018年4月に第二審に当たる上級委員会に上訴した。

　2019年4月、上級委員会は、韓国が定める「適切な保護の水準」は、①年間1ミリ・シーベルト以下の被ばく量という数値基準以外に、②通常の環境における、③合理的に達成可能な最も低い放射線レベルという2つの要素を含むと認定した上で、パネルは、②及び③の分析を軽視しているとの理由で、韓国の措置の貿易制限性についてのパネルの判断を取り消した。また、日本産食品が恣意的又は不当な差別を受けているかを判断するには、各国内の生態系・環境面の事情等も検討されるべきであり、パネルの分析はこの点についても不十分であるとした（パネルの判断を取り消し）。

　もとよりパネルは、本事案は科学的な知見に依らざるを得ない側面が強いとして、国際機関の委員を含む5名の専門家の意見も検討し、綿密な事実認定を行った。しかしながら

韓国による日本産水産物等輸入規制
（WTO 紛争解決手続の結果）

第1審（パネル）

➢ 2018 年 2 月、パネル報告書公表。

➢ パネルは、日本及び韓国の主張、並びにパネルが選定した専門家 5 名（IAEA（国際原子力機関）や UNSCEAR（アンスケア：原子放射線の影響に関する国連科学委員会）など国際機関の委員を含む）の意見を検討。

➢ 我が国の食品安全管理にかかる取組により、日本産食品中のセシウム濃度が、国際的な基準（年間 1 ミリ・シーベルト）を踏まえて慎重に設定された数値基準値（100 ベクレル/kg）を下回ることを日本が立証したと認定。

➢ 韓国の輸入規制措置は、「必要以上に貿易制限的」であり、「恣意的又は不当な差別」にあたり、WTO・SPS 協定（衛生植物検疫措置の適用に関する協定）違反であると認定。

第2審（上級委員会）

➢ 2019 年 4 月 11 日、上級委員会報告書公表。

➢ 上級委員会は、パネルの判断は法的分析が不十分である（韓国の輸入規制措置における考慮すべき全ての事項を十分に考慮していない）と認め、韓国の輸入規制措置は WTO 協定違反とするパネルの判断を取り消した。

4 月 26 日、一部修正されたパネル報告書及び上級委員会報告書が WTO で採択。
→　結果が確定。

上級委員会は、このようにして明確な科学的根拠から導かれたパネルの判断を軽視するとともに、日本が訴えた韓国の規制措置のWTO協定整合性については合法とも違法とも判断しなかったことから、結果として、4年の歳月を費やしたのにもかかわらず、本件紛争の解決に資するものとはならなかった。本件上級委員会の判断に関するこのような問題については、日本のみならず、紛争解決手続を利用する他のWTO加盟国からも問題意識が表明されている（資料集参照）。

日本の主張が上級委員会で認められなかった背景として、本件が、放射性物質に関連する食品安全という、これまでWTO紛争解決手続で取り上げられたことのない案件であったことから、上級委員会が、輸入国側の主権国家としての裁量をより広く認める方向の判断を行った可能性はある。

いずれにせよ、本件における上級委員会の報告書は、被災地復興の努力に大きく水をさす極めて残念なものであった。加えて、争った措置の協定整合性について判断しなかった。その内容はWTO紛争解決制度自体への信頼を大きく揺るがすものとなり、日本はこうした問題意識に基づき、紛争解決制度改革の議論に積極的に参加している。

上級委員会の判断は、上記のとおり本件紛争の解決に資さないものであったが、日本産食品中のセシウム濃度が国際的な基準を踏まえて韓国により設定された数値基準値を下回る旨のパネルの事実認定については、争いなく確定している。日本は、輸入規制を継続している国・地域に対し、これらパネルの事実認定についての説明を行いつつ、措置の緩

韓国による日本産水産物等輸入規制
（WTO紛争解決機関（DSB）会合（2019年4月26日）の結果概要）

1 我が国の発言要旨

① 上級委員会は、明確な科学的根拠から導かれたパネルの判断を軽視。
② 上級委員会報告書は、紛争解決に資するものとなっていない。（分析不十分としてパネルの判断を取り消した一方、韓国による輸入規制措置の協定整合性の判断には入っていない。）
③ 上級委員会報告書は、被災地復興の努力に大きく水を差すものであり、極めて残念。
④ 日本産食品の安全性についてのパネルの事実認定については争いがなく、我が国は、輸入規制を継続している国・地域に対し、引き続き早期の措置の撤廃を求めていく。
⑤ 不当な輸入規制の除去に向け取り組むとともに、現在行われている紛争解決制度に関する議論にも建設的に関与していく。

2 第三国の発言要旨（日本の立場に理解を示したもの）

米国　パネルの結論を上級委員会が取り消したことは遺憾。日本から輸入される水産物が安全でないと結論付けることは不適切。

カナダ　食品安全に関するWTO協定上の判断をパネルや上級委員会が行うには事実関係の考慮が重要。上級委員会は韓国による措置のWTO協定整合性について何ら判断しなかった。満足すべき解決が得られなかったことに留意。

EU　日本の失望を理解。上級委員会は、分析に法的な過ちがあるとしてパネルの判断を取り消した後、分析を完了できなくなることがあり、EUもしばしばこのような状況に陥る。現行の紛争解決制度には制度に内在する欠点がある。

サウジアラビア　日本に専門家を派遣し、調査した結果、日本産食品の安全性が確認されたため、輸入規制措置を解除している。日本産食品は安全。

コロンビア　加盟国は厳に必要以上に貿易を制限しないよう十分注意する必要性を心に留めるべき。CODEXから逸脱して衛生植物検疫措置を導入している加盟国があることを懸念。

合計で10を上回る加盟国（上記のほか、ブラジル・ペルー等）から、我が国の立場や問題意識に対する支持・理解が表明された。（韓国の主張を明示的に支持する発言はなし。）

3 上級委員会報告書とパネル報告書（一部修正）の採択
（上記やりとりの後、二つの文書が採択された。）

和・撤廃についてあらゆる機会をとらえて働きかけを行っている（「第2章第5節」参照）。

イ　上級委員会改革に向けた取組

WTO紛争解決制度はいわゆる二審制をとっており、第二審として最終的な裁定を行う上級委員会は、7名の委員で構成され、3名で一事案の審理を担当する。

上級委員会については、米国等一部の国から越権行為等に関する懸念が提起されており、これにより2017年以降、上級委員の選任手続がブロックされ、一部空席が続いていた。また、これらの国々以外の加盟国の間にも、かねてより、上級委員会が明確かつ迅速に案件を解決するという本来の役割を果たせていないことへの懸念があった。日本も、DS495を通じ、紛争解決に資さない判断を下した上級委員会の問題点に対し強い懸念を抱いている。

こうした状況を受け、2019年1月から、上級委員会問題について集中的に議論を行うため、WTO一般理事会非公式プロセスが開始された。様々な国が論点の提起や改善案の提出を行う中、日本も同年4月、オーストラリア、チリと共に上級委員会の改革案を提出（資料集参照）し、その後の議論にも積極的に貢献してきている。

ウ　上級委員会の機能停止と今後の取組

2019年12月9日〜11日のWTO一般理事会において非公式プロセスの議論の結果を集約した解決案が示されたが、コンセンサスに至らず、上級委員会は、12月10日をもって、現職委員（当時）3名（インド、米国、中国）のうち、2名（インド、米国）の任期が切れ、新規案件の審理が事実上不可能な状況

特別寄稿

岐路に立つWTO

小田部陽一

元在ジュネーブ国際機関日本政府代表部特命全権大使

1. 2015年12月、WTOの会議場で、"Happy Birthday Sweet Sixteen" の曲が流されたのは、ナイロビ閣僚会議に向けて、自分が、WTO発足20周年についての文書交渉に当り、「ニール・セダカを唱う状況ではない」と強調した後であった。右閣僚会議では、2001年よりのドーハ・ラウンド交渉につき、実質的に終止符が打たれることとなり、既にWTOは、危機に直面していた。

   その後、米国トランプ政権による一連の貿易措置、右への対抗措置が発動される状況下で、ようやく危機感が共有され、首脳レベルよりも、WTO改革が焦眉の急とされるに至ったが、首脳よりの指示にも拘わらず、ジュネーブでの交渉が結着しないことは、歴史が語っている。

2. 経済関係の国際機関では、かつてOECD、IMFも危機に面したが、前者は、like mindedの加盟国構成、後者は、クォーター（出資比率）に基づく投票権により、息を吹き返したが、WTOでは、全く国内政治経済社会情勢の異なる164にものぼるメンバー間でのコンセンサスでの合意形式は、至難の業である。全てのメンバーが拒否権を有している。では、どうするか？

3. (1) 交渉の在り方の反省

   アゼベド事務局長も、常に述べているが、GATT時代以来の "single undertaking/交渉全体の法的バランス" の追求が無理な事は、ドーハ交渉で示された。ラミー前事務局長時代、WTOの主要大使が密かに集った本音での議論の結果の一つであった。とは言え、"hostage taking/人質取り" は、現場での交渉現状である。さて、では？

   (2) 有志メンバーによる取組み

   WTOの大原則である最恵国待遇との関係で、参加外のメンバーの只乗り問題が生ずるが、市場アクセス以外についての国内規制は、殆どの場合、各国制度での差別化が現実的でないところ、WTOでの全体合意の先駆けとなり得る。

   (3) ソフトロー的アプローチ

   デジタル経済を始めとする急速な世界経済環境の展開の下で、悠長な伝統的なルールメーキングは、時代遅れのところ、WTOでも、法的拘束性はなく、従って、紛争解決手続きに持ち込み得ないとは言え、指針、ガイドライン形式を考える時期に来ている。OECDでの国際課税についての "BEPS（税源浸食と利益移転）" の作業は、OECD、G7、G20を活用し、国際規範に結実しつつある。

   (4) 途上国メンバー地位

   WTOでは、自己申告により、殆どのメンバーが、交渉時を含め義務履行を免れており、米国の主張はもっともである。他方、総論の世界では、結着困難であり、漁業補助金等の各論交渉での追い詰めを期待する。

4. WTOの主要任務の紛争処理機能も危機にある現在、多角的貿易体制、WTOの中核的役割との総論の状況ではなくて、先ずは、6月の閣僚会議がWTOの生き残りの意地の示し所となる。ビートルズ、ストーンズ夫々による "Fool on the hill"、" Can't always get what you want" の含蓄をWTOメンバーが、噛みしめねばならない。

若宮外務副大臣のWTO非公式閣僚会合への参加（2019年11月5日／写真提供：外務省）

となった。

　持続的・恒久的な紛争解決制度の実現は、日本を始め全加盟国にとって喫緊の、かつ重要な課題である。機能する紛争解決制度があってこそ、多角的貿易体制の礎であるWTOが、現在の世界経済の課題に対応し、国際社会の反映と安定を築くことが可能となる。こうした信念に基づく強い決意の下、日本は、紛争解決制度を含むWTO改革に、引き続き積極的に取り組んでいく。

(4)　協定履行監視機能の強化

　WTOシステムは各国の貿易政策についての透明性と予見可能性を前提としており、各国に対し、自国の貿易関連措置を通報することを義務付けているが、実態として補助金など国内産業を保護する政策を中心に通報がなされていないケースが多く見られ、義務の履行状況は必ずしも芳しくない。このように、設立当初に想定されていた目的・機能が十分に果たされていないことから、通報義務の履行促進はWTO改革の重要な柱の一つと位置付けられている。

　日本は、協定の履行監視機能強化に向けた「通報制度」の改革提案を米国、EU等と共に提出する（資料集参照）など、積極的に議論を主導している。日本としては、提案の主導国として米国及びEU等と共に提案の趣旨・目的を丁寧に説明することで、加盟国の支持を集め、早期に改革を実現することを目指している。

若宮外務副大臣とアゼベドWTO事務局長との会談（2020年1月24日／写真提供：外務省）

特別寄稿

デジタル貿易促進に向けたJEITAの取り組み

千原通和

電子情報技術産業協会（JEITA）通商副委員長

　現在、AIやIoT、ブロックチェーンなどの革新的なデジタル技術が進展し、社会のあり方が大きく変わろうとしています。このデジタルトランスフォーメーション（デジタル革新）の波は止まることなく、人類社会が次のステージへ向かうきっかけとなると考えられています。

　私たちJEITAは、IoTで人とモノがつながり、新しい価値が生み出されることで様々な社会課題を解決する社会、データがイノベーションを生み、イノベーションによって高度化される社会、すなわち「Society 5.0」の実現に向けて、デジタル産業界のみならず、あらゆるセクターと協働しています。

　JEITAは、これまでデジタル分野の経済発展と貿易促進に向けて海外のカウンターパートとの連携を深めてきましたが、特に、2019年をデータ流通についての節目の年としてとらえ、様々なアクションを起こしました。日本のリーダーシップの下で開催されるG20サミットと貿易・デジタル経済大臣会合の場が、デジタル社会の持続的発展に向けた取り組みについての国際的な議論の進展が期待できる非常に重要な機会になると考えたからです。

　まず5月には世界のデジタル産業界（20団体）と協調し、G20貿易・デジタル経済大臣会合に向けた提言を公表しました。産業、経済、ならびに、社会の持続的発展にデジタル産業界が貢献すべく、イノベーションと国境を越えたデータの自由な流通の促進と、プライバシー保護を強化し、国家安全保障およびデータセキュリティを高めることの重要性、AIなどの最先端技術の発展と実装を促して社会生活の向上に資するために取り組むべき方向性について提言しました。

　6月8、9日、つくば市で「G20貿易・デジタル経済大臣会合」が開催されましたが、これに先立つ6月7日に、JEITAはtechUK, ITI（米国）、DIGITALEUROPEとともに、このG20大臣会合に出席する日本、EU、米国、英国の政府代表の参加を得て、官民ハイレベルラウンドテーブルを開催しました。私たちデジタル産業界からは、5月に発表した共同提言の主要な論点であるセキュリティとプライバシーが確保されたデータの自由な流通の促進（DFFT）、人間中心の責任あるAIの社会実装の促進、WTOにおける電子商取引交渉の早期開始について、政府代表に生の声を届けるとともに、官民で意見を交わしました。本ラウンドテーブルで議論された内容は、G20貿易・デジタル経済大臣会合およびG20サミットの成果文書に盛り込まれました。

　さらに、10月にスイス・ジュネーブのWTO本部にて開催されたパブリックフォーラムにおいては、6月のG20サミットにて安倍総理が提唱した「大阪トラック」の実現に向けた活動の一環として日本政府が主催したワークショップに登壇するとともに、米国のカウンターパートとセッションを共催し、今後の電子商取引、デジタル貿易促進のための国際的ルールメーキングの必要性について訴えました。

　わたしたちJEITAは、デジタル技術と国境を越えたデータの流通が、全ての国において成長、発展、起業家精神、雇用創出、イノベーションを後押しするものと信じ、今後も国内外において官民で協力しながら世界に発信していく所存です。

第二章

日本産食品に対する輸入規制措置撤廃への取組及び輸出促進

1 東日本大震災後の日本産食品等に対する輸入規制

2019年4月11日、東日本大震災・東電福島第一原発事故後に韓国政府が順次導入した日本産食品等に対する輸入規制措置に関して、WTO上級委員会は、韓国の措置は恣意的又は不当な差別に当たり、必要以上に貿易制限的であるとしたパネルの判断を取り消す決定を行った。

2011年3月の東京電力福島第一原発事故後に54か国・地域が導入した日本産食品に対する輸入規制措置の早期撤廃及び風評被害対策は政府の最重要課題の一つであり、政府一体となって取組を行ってきた。関係国・地域との協議や働きかけを重ね、日本の食品の安全性について科学的根拠に基づき説明し、早期撤廃を要請してきた。また、一般消費者の不安を払拭すべく、透明性の高い情報発信にも努め国際的にも理解を得てきた。各国・地域が日本の食の安全性確保の取組に理解を示し、緩和・撤廃が進む中、韓国は規制措置の緩和・撤廃の方針を全く示さなかったため、WTO紛争解決手続に訴える決断をした。この点については第2章第4節2(3)ア（韓国による日本産水産物等の輸入規制（DS495））にて詳細に述べた通りである。

同節でも述べたとおり、本件上級委員会の判断は、韓国の措置是正に結びつかない内容であり、漁業関係者を始めとする、被災地復興に取り組む日本国民全ての努力に大きく水を差す、極めて残念なものであった。外務省としても、一刻も早い規制の完全撤廃に向け全力で状況を打破しようと、2019年4月以降、本件に関する取組をより重層的なものにすべく、省内の体制強化も含め抜本的な見直しを行った。

具体的には、各国・地域との会談及びG20、アフリカ開発会議（TICAD）、国連総会、東南アジア諸国連合（ASEAN）関連会合等国際会議の場等のあらゆる外交機会を捉え、総理及び関係大臣はじめハイレベルから、改めて、我が国が本件を最重要課題の一つとしてどれだけ重要視しているかという点及び日本の食の安全性が科学的根拠に基づき十分に確保されている点につきデータを示しつつ丁寧に説明した。また、2019年4月の上級委員会報告書の公表が日本産食品に対する不安を煽り、新たな風評被害を生まぬよう、報告書の公表直後から、関係国・地域に対し、本報告書の内容について丁寧な説明を行った。特に、日本産食品中のセシウム濃度が国際的な基準を踏まえて韓国により設定された数値基準値を下回るとのパネルの事実認定については争いなく確定している点等をよく説明し、科学的根拠に基づく規制措置の早急な撤廃を改めて求めてきた。さらに、外務省経済局から国際経済担当大使を規制維持国・地域に派遣し、農林水産省とも連携しつつ現地で直接

東京電力福島第一原発事故を受けた諸外国・地域の輸入規制（現状）

2020年1月末日時点

カテゴリー	アジア大洋州	北米	中南米	欧州	中東	アフリカ	計
輸入停止を含む規制	韓国 台湾（＊5） 中国 香港 マカオ 5か国・地域						5か国・地域
限定規制（条件付きで輸出可）（＊1）	インドネシア 仏領ポリネシア シンガポール 3か国・地域	米国（＊1） 1か国	0か国	EU（28か国）（＊2） アイスランド スイス ノルウェー リヒテンシュタイン ロシア 6か国・地域	ア首連 レバノン イスラエル 3か国	エジプト モロッコ 2か国	15か国・地域
規制撤廃	ミャンマー（2011.6） ニュージーランド（2012.7） マレーシア（2013.3） ベトナム（2013.9） 豪州（2014.1） タイ（2015.5）（＊3） インド（2016.2） ネパール（2016.8） パキスタン（2017.10） ニューカレドニア（2018.8） ブルネイ（2019.10） フィリピン（2020.1） 12か国・地域	カナダ（2011.6） 1か国	チリ（2011.9） メキシコ（2012.1） ペルー（2012.4） コロンビア（2012.8） エクアドル（2013.4） ボリビア（2015.11） アルゼンチン（2017.12） ブラジル（2018.8） 8か国	セルビア（2011.7） ウクライナ（2017.4） 2か国	イラク（2014.1） クウェート（2016.5） イラン（2016.12） カタール（2017.4） サウジアラビア（2017.11） トルコ（2018.2） オマーン（2018.12） バーレーン（2019.3） 8か国	ギニア（2012.6） モーリシャス（2016.12） コンゴ（民）（2019.6） 3か国	34か国・地域

（「輸入停止を含む規制」と「限定規制」を合わせて20か国・地域）

（＊1）輸入停止を含まないが証明書要求等の措置を講じている国・地域を「限定規制」と分類している（ただし、米国については、輸入停止を含む措置が含まれているが、対象品目は日本の出荷制限品目を基準としているため、「限定規制」に分類。）。なお、各カテゴリーの中でも規制の内容や対象地域・品目は国・地域ごとに異なる。

（＊2）EUは、EU加盟28か国で同一の規制が課されており、1地域としてカウント。

（＊3）タイは野生動物（イノシシ、ヤマドリ、シカ）の肉を除いて規制を撤廃。

（＊4）下線を引いている国・地域は、震災後に一定の規制緩和が実現したことのある国・地域。

（＊5）台湾では、福島県、栃木県、群馬県、茨城県、千葉県で生産・加工された全ての食品（酒類を除く）が輸入停止対象とされており（他42都道府県の産品は証明書の添付が求められる等の限定的な規制）、2018年11月、上記の5県に対する輸入停止措置の継続が公民投票により成立。関連法令は、公民投票結果の確定から2年間にわたり、同結果に反する政策を採ってはならない旨規定している。

（参考：各国の輸入規制の国際法上の根拠）
WTOの衛生植物検疫措置の適用に関する協定（SPS協定）上、各加盟国は、科学的な原則に基づき、人の生命又は健康等を保護するために必要な措置をとることができる。国際的な基準等に基づいて措置を取るのが原則とされているが、科学的に正当な理由がある場合等には、国際的な基準より厳しい措置を取ることも可能とされている。

働きかけを行うとともに、現地の日本大使から先方政府への働きかけもきめ細かく実施した。同時に東京においても、規制維持国・地域の駐日大使等を外務省へ召致し、経済局幹部から農林水産省とともに規制撤廃を改めて強く働きかけた。

こうした取組の結果、2019年にはバーレーン（3月）、コンゴ民主共和国（6月）、ブルネイ（10月）で、2020年にはフィリピン（1月）で規制が完全撤廃され、震災後から規制を完全撤廃した国・地域は合計34になった。また、その他にも、2019年にはア

ラブ首長国連邦が水産物、野生鳥獣肉以外の全ての福島県産食品に対する規制を撤廃（7月）、マカオが9都県産の野菜、果物及び乳製品への輸入停止措置を解除し、その他食品に対する添付書類を簡素化（10月）、また、EU及びEFTA加盟国が検査証明書の対象地域及び品目を縮小（11月）する等、関係国・地域で緩和が実現した。また、シンガポールについては、10月の首脳会談の場でリー首相から安倍総理大臣に輸入停止解除の方針が直接伝えられ、2020年1月に施行されるに至った。

第二章

外務省としては、引き続き、関係省庁と緊密に連携しながら、輸入規制措置を維持している国・地域に対し、規制を速やかに撤廃するようあらゆる機会を捉えて、粘り強く働きかけを行っていく。（諸外国・地域の規制措置の状況については2020年1月末日現在。表参照。）

2 東日本大震災後の風評被害払拭に向けた取組

また、外務省では、輸入規制の撤廃のみならず、諸外国・地域における風評被害の払拭や復興状況に関する理解促進のための取組も、関係省庁・機関、日本企業、地方自治体等と連携しながら重点的に行っている。

例えば、2019年6月には欧州連合日本政府代表部の大使公邸にてEU諸機関の関係者、EU加盟国の常駐代表、各国のEU代表部大使等を対象にしたレセプションを開催し、福島県人会の協力を得て福島県産の日本酒等を提供し、その魅力や復興の現状、食品の安全性のPRを行った。

国内では、2019年7月、福島県との共催で「ふくしま復興フェア」を開催した。各国大使を含む駐日外交団や外国商工会議所等も招待し、福島県産の果物、加工食品、菓子、飲料、銘酒等の展示・販売及び観光PR等を行った。参加した外交団等からは、「自国も桃の産地であることから、ぜひ食べ比べをしたい」「福島が復興のために頑張っているこ

とを本国で語りたい」「本日購入したものをお土産に、輸出規制解除に向けて本国に働きかけたい」といったコメントがあるなど、福島の現状を正しく認識・理解してもらい、福島県の魅力を発信・応援する良い機会となった。

また、実際に関係者に現地を訪問してもらう取組にも力をいれており、11月27、28日には駐日大使等を対象に福島県と共催で福島訪問を実施し、食の安全性や魅力の理解促進のため関連施設の視察や関係者との意見交換等を行った。参加者からは「農産物の安全に対する意識の高さ、高度な技術と熱心な取組は素晴らしいと感じた」、「（この視察を通じて）県が高い安全基準を課していることがわかり、感銘を受けた」「（リンゴ狩りを体験して）福島のりんごがこれほど甘くて美味しいことを初めて知った。本国のみんなにも伝えたくて早速SNSにアップした」「正しい理解が広まり、風評被害が一刻も早くなくなるよ

EU代表部公邸でのガーデンパーティの様子（2019年6月13日，ブリュッセル／写真提供：外務省）

ふくしま復興フェアの様子（2019年7月17日，東京／写真提供：外務省）

駐日各国大使の地方視察（福島県）でのリンゴ狩り体験（11月27，28日，福島県／写真提供：外務省）

令和元年度「外国メディア向けプレスツアー」事業における福島プレスツアー，福島県農業総合センターの視察（2019年10月1日，福島県／写真提供：外務省）

う、自分も力になりたい」などのコメントも聞かれた。

　さらに、外国メディアの記者及びテレビ番組制作チームの日本への招へいや在京外国メディア関係者向けのプレスツアーを通じ、日本産食品の安全性や復興状況に関するブリーフィングや被災地の取材機会を提供する等多角的なアプローチに努めている。

　引き続き、諸外国・地域が維持する輸入規制措置の撤廃及び風評被害を早急に払拭し、東日本大震災からの復興及び日本産農林水産物・食品の輸出拡大に全力で取り組んでいく。

3　日本産農林水産物・食品の輸出促進に向けた取組

　日本の食産業は、人口減少に伴うマーケットの縮小や、農林漁業者の減少・高齢化の進行など厳しい状況に直面している。一方、農林水産政策研究所の試算によると、2015年に890兆円であった世界の食市場は、2030年には1,360兆円になると見込まれている。海外において食の需要が拡大すると見込まれる中、輸出拡大を通じた海外需要の獲得とそれに対応する供給体制の構築により、日本の農林水産業・食品産業の維持拡大を図ることが重要である。

　日本の農林水産物・食品の輸出額は、2019年に9,121億円となり、7年連続で増加しており、さらなる輸出拡大に向けて政府一体となり取り組んでいる。近年の取組として、輸出に意欲ある生産者・事業者を支援するた

め、2018年8月に「GFP（農林水産物・食品輸出プロジェクト）」を立ち上げており、GFPコミュニティサイトの開設、輸出診断、ネットワーキングイベントの開催等を実施している。

　また、これまで農林水産物・食品の輸出に関する課題として、輸出先国による食品安全等の規制について、担当省庁が複数にまたがることにより、輸出先国との協議や証明書発行、施設認定に時間を要し、輸出に取り組む事業者の負担となっていた。このような課題に対応するため、2019年11月に成立した「農林水産物及び食品の輸出の促進に関する法律」に基づき、2020年4月に農林水産大臣が本部長を務める「農林水産物・食品輸出本部」が設置され、この本部において、輸出を

第二章

特別寄稿

世界に広がる日本の食と農林水産物

塩川白良
農林水産省食料産業局長

　我が国の食産業は、人口減少に伴うマーケットの縮小や、農林漁業者の減少・高齢化の進行など厳しい状況に直面しています。一方、農林水産政策研究所の試算によると、2015年に890兆円であった世界の食市場は、2030年には1,360兆円になると見込まれています。海外において食の需要が拡大すると見込まれる中、輸出拡大を通じた海外需要の獲得とそれに対応する供給体制の構築により、我が国の農林水産業・食品産業の維持拡大を図ることが重要です。農林水産物・食品の輸出については、2012年には5,000億円を下回っていた輸出額が、2019年に9,121億円となり、7年連続で増加しています。

　一方、輸出拡大のための課題となっているのが、輸出先国が課す輸入条件に対して戦略的に協議を行うことや、国内の事業者が輸出を円滑に行うための環境整備といった、輸出先国の輸入規制への対応です。これまで、担当省庁が複数にまたがることにより、食肉加工施設の認定等の手続に時間を要し、事業者の負担になる場合がありました。なお、2011年の東日本大震災による東京電力福島第一原発事故に伴う輸入規制については、外務省をはじめ関係省庁と連携した働きかけの結果、規制を設けた54の国・地域のうち34の国・地域が規制を撤廃しましたが、依然として20の国・地域が規制を続けています（2020年1月末日現在）。

　こうした課題への対応強化のため、本年4月1日からは、昨年11月に成立した「農林水産物・食品の輸出の促進に関する法律」に基づいて農林水産省に設置される「農林水産物・食品輸出本部」の下で、外務省、厚生労働省、財務省、総務省、経済産業省、国土交通省等が一丸となって、輸入規制等の緩和・撤廃に向けた輸出先国との協議や、輸出証明書発行や施設認定等の手続を円滑化するための環境整備等を行っていきます。これにより、輸出可能な国や農林水産物・食品の幅を広げるとともに、輸出先国の規制等に適合した農林水産物・食品の生産を拡大していきます。

　2018年8月に立ち上げたGFP（農林水産物・食品輸出プロジェクト）については、登録は既に2,000件を超えており、無料で輸出の可能性を診断する「輸出診断」や、関係者が集まり意見交換する「超会議」を東京、大阪、北海道、福島、鹿児島にて開催しています。また、輸出向けの産地づくりのための事業を活用して、全国で28の事業者が輸出先国のニーズや規制に対応した産地形成に取り組んでいます。

　2018年12月にはTPP、2019年2月には日EU・EPAが発効しましたが、経済連携協定の発効は、高品質で、安全な我が国の農林水産物や食品の輸出を拡大するチャンスをもたらします。日EU・EPA発効後のEU向けの牛肉の輸出は200億円（発効前の34.8％増）、TPP発効後のベトナム向けの牛乳・乳製品の輸出は76億円（発効前の29.7％増）となっています（2020年2月時点（速報値））。また日米貿易協定では、牛肉の低関税枠の拡大を確保しました。これらの協定も活用して輸出促進に取り組んでいきます。

戦略的かつ効率的に促進するための基本方針や実行計画（工程表）を策定し、進捗管理を行うこととなった。今後、この本部の下で、関係大臣等が一丸となって、輸出先国に対する、輸入規制等の緩和・撤廃に向けた協議、輸出証明書発行や施設認定等の輸出を円滑化するための環境整備、輸出に取り組む事業者の支援を実施し、輸出を加速していく。

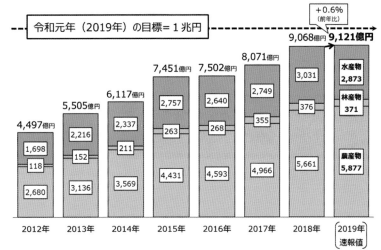

2018年までの農林水産物・食品輸出額

令和元年（2019年）の目標＝1兆円

+0.6%（前年比）

	2012年	2013年	2014年	2015年	2016年	2017年	2018年	2019年速報値
合計	4,497億円	5,505億円	6,117億円	7,451億円	7,502億円	8,071億円	9,068億円	9,121億円
水産物	1,698	2,216	2,337	2,757	2,640	2,749	3,031	2,873
林産物	118	152	211	263	268	355	376	371
農産物	2,680	3,136	3,569	4,431	4,593	4,966	5,661	5,877

財務省「貿易統計」を基に農林水産省作成

4 外務省の取組

　政府全体として2019年の輸出額1兆円目標の達成及びその後の更なる輸出拡大に向け取り組む中、外務省としても、全世界にある在外公館等の施設や各地で築いた人的ネットワーク等の強みを活かし、関係省庁・機関、日本企業、地方自治体等と連携しながら、日本の食の魅力発信、さらには実際のビジネスに結びつけることを目的とした取組を行ってきた。

　外務省は2015年12月、農林水産物・食品の輸出促進や食産業の海外展開支援を推進するため、「日本企業支援担当官（食産業担当）」を輸出重点国やTPP参加国を中心とした54か国・地域、58の在外公館に設置した。食産業担当は、現地の関係機関（JETRO等）、商工会及び進出日本企業等との連携、日本食レストランを含む関連企業等からの関連の情報収集、在外公館施設を活用した和食のプロモーションイベント等の実施といった役割を担っており、日頃から、関係機関等との連携を密にしながら、現地事業者へのヒア

リングや現地ニーズの把握といった情報収集、イベントの企画等において中心的な役割を果たしている。

　例えば、在インド大使館では「日本食の夕べ」と題して、現地のホテル関係者、輸入業者、メディア関係者等を対象とした大規模な日本食プロモーションイベントを開催した。現地の日本食レストラン等の協力も得て、300名を超える来場者に対し、日本食、日本茶、泡盛や焼酎等も含めた日本産酒類の魅力を紹介した。

　また、在米国大使館では、日本酒を文化として紹介する映画"Kampai! For the Love of Sake"の上映会を開催し、上映後に実際に日本酒の試飲会を開催することで日本酒に対する効果的な理解促進に取り組んだ。日本酒の関連企業の協力も得て、現地のインポーター、ディストリビューター、レストラン経営者、ソムリエやバーテンダーといった関係者約540人を招待したイベントは大盛況であった。

第二章

「日本食の夕べ」の様子（2月21日，インド・デリー／写真提供：外務省）

6月28日　首脳夕食会の様子（6月28日，大阪／写真提供：外務省）

日本酒映画の上映会と試飲会の様子（2019年2月26，27日，アメリカ／写真提供：外務省）

G20愛知・名古屋外務大臣会合の茂木外務大臣主催夕食会の様子（2019年11月20日，名古屋／写真提供：外務省）

　さらに、2019年は日本で様々な国際行事を主催したが、特に6月のG20大阪サミット及び11月のG20愛知・名古屋外務大臣会合等では、地元の産品はもちろん福島県産の日本酒や米を始めとして、被災地も含めた日本の安全で魅力あふれる食品を紹介する絶好の機会として、各国・地域の政府関係者や報道関係者へのPRに努めた。

　さらに、在外公館では日本産農林水産物・食品の輸出に取り組む日本企業や関係事業者からの相談にも積極的に対応している。特に食産業担当は、海外に進出している日本の食産業関連企業からの相談体制の強化という役割を担っていることから、外務省ホームページに各在外公館等の食産業担当の氏名及び連絡先を公表し、特定国・地域への輸出や海外展開に関心を有する事業者が、当該国・地域の食産業担当に直接コンタクトを取れるようにしている。現地の食産業担当は、日常的に、基礎的な現地情勢の収集はもちろんのこと、事業進出・展開を目指すにあたって必要な現地における食品関連の制度・規制やその他現地情勢に関する照会や日本食イベントの開催等に関する相談を受け付け、個別に対応している。2018年度は、全在外公館で、このような食産業分野の日本企業支援を約4,100件実施した。

　引き続き、外務省は世界各地の在外公館及び本省一体となって、関係省庁、地方自治体及び関係の事業者等と密接に連携しながら、諸外国・地域による輸入規制措置の緩和・撤廃に全力で取り組み、安全で魅力あふれる日本産食品に対する理解を広め、輸出拡大に尽力していく。

第 3 章

分野別政策

自由で開かれた国際経済システムを強化するためのルールメイキング

1 経済条約の交渉

Ⅰ EPA/FTA (TPP、日EU・EPA、RCEPを除く)

(1) 交渉中のEPA/FTA

ア トルコ

❶意義

　トルコは、歴史的に親日国であることに加えて、欧州、中東、中央アジア・コーカサス地域、アフリカの結節点に位置する地政学的に重要な国であり、2013年5月の安倍総理大臣のトルコ訪問の際に、両国関係は「戦略的パートナーシップ」に位置付けられた。

　トルコは、豊富で、質の高い労働力を有し、周辺地域への輸出のための生産拠点として注目すべき国である。また、消費市場としても有望であることなどから、日本企業の進出は活発になってきており、その分野は、商社、製造業、金融、食品等、多岐にわたっている。

　両国の経済界からも包括的かつ高水準のEPAの早期締結に高い期待感が示されている。交渉分野は、物品貿易のほか、原産地規則、税関手続、衛生植物検疫（SPS）、貿易に関する技術的障害（TBT）、投資、サービス貿易、自然人の移動、知的財産、電子商取引、政府調達、競争、補助金、国有企業、労働、ビジネス環境の整備等の幅広い分野が対象となっている。トルコは、EUとの関税同盟のほか、これまでに20以上の国・地域と自由貿易協定を締結しており、日・トルコEPAには、これらの国・地域に対する日本企業の競争条件を整備し、また、日本企業の進出を後押しすることを通じてトルコ経済の発展に貢献することが期待される。

❷経緯

　日・トルコEPAは、2014年1月の日・トルコ首脳会談において交渉を開始することで一致し、2014年12月の第1回交渉会合以降、2018年までに12回の交渉会合が開催され、2019年10月には第17回交渉会合が開催された。

❸今後の展望

　2019年7月、安倍総理大臣はG20大阪サミット出席のために訪日したエルドアン・トルコ共和国大統領と会談し、日・トルコEPAの早期妥結に向けて更に交渉を加速することを確認し、2019年11月のG20愛知・名古屋外務大臣会合の際に行われた日・トルコ外相会談においても、茂木外務大臣とチャヴシュオール外務大臣との間で、早期妥結に向けて引き続き協力することを確認した。

　日・トルコEPAは、貿易・投資のみならず、両国間の戦略的パートナーシップを強化する上でも重要であり、引き続き精力的な交渉を続けていく。

イ　日中韓自由貿易協定（FTA）

❶意義

日中韓FTAは、日本にとって主要な貿易相手国である中国（第1位、約21%）及び韓国（第3位、約6%）を相手とするものであり、3か国のGDP及び貿易額は、世界全体の約2割、アジアの約7割を占める。アジア太平洋地域の活力を取り込み、日本の経済成長を維持・増進していくためにも、中韓との間で自由貿易を進める意義は大きい。日中韓の3か国はRCEP交渉にも参加しているが、日本にとって主要な貿易相手国である中国、韓国と集中的に交渉を行うことにより、独自の価値を有する、包括的な、質の高い互恵的な協定を目指している。これにより、日本にとって主要な輸出品である工業製品等の関税引下げといったメリットに加えて、アジア太平洋地域におけるルール作りに貢献し、幅広い三国間協力を発展させることが期待される。

❷経緯

日中韓FTAは、日中韓サミット等の機会に示される3か国首脳のリーダーシップにより交渉が進展してきた。3国間の民間共同研究プロジェクトの成果に基づき、2009年10月の日中韓サミットにて日中韓FTA産官学共同研究の立ち上げを目指すことが決定され、翌年から共同研究が開始された。その後、2011年5月の日中韓サミットの首脳宣言において共同研究の加速化につき一致したこともあり、2011年12月の第7回共同研究会合をもって共同研究を終了し、2012年3月には報告書が公表された。共同研究委員会は、①包括的かつ高いレベルのFTAを目指すこと、②世界貿易機関（WTO）ルールと整合的であること、③バランスの取れた成果を目指すこと、④センシティブ分野に然るべく配慮しつつ建設的かつ積極的に交渉を行うこと、の4つを日中韓FTA交渉の指針的原則とすることを提言した。

2012年5月の日中韓サミットにて、3か国首脳は、日中韓FTAの年内の交渉開始につき一致した（なお、日中韓FTAの先がけとなる日中韓投資協定については、同サミットの機会に署名が行われ、2014年5月に発効した）。これを受け、2012年6月から9月の3回にわたる日中韓FTAに関する事務レベル会合を経て、2012年11月のASEAN関連首脳会議の機会の日中韓経済貿易大臣会合において日中韓FTA交渉の開始が宣言され、2013年3月には第1回交渉会合が開催された。以来、2018年までに13回の交渉会合が開催され、2019年4月には日本、同年11月には韓国で、それぞれ第15回及び第16回交渉会合が開催され、市場アクセス及びルール分野の個別具体的な議論が行われた。

❸今後の展望

これまでの交渉会合では、包括的かつ高いレベルのFTAを目指すとの3か国共通の目標の下、物品貿易を始め、投資、サービス貿易、競争、知的財産、電子商取引といった広範な分野について協議を行ってきている。

2019年12月の第8回日中韓サミットでは、日中韓の首脳により、16か国によるRCEP交渉を基盤とし、独自の価値を有する、包括的な、質の高い互恵的な協定を実現することを目指し、日中韓FTA交渉を加速させていくことが、共同首脳声明で再確認された。

ウ　コロンビア

日・コロンビアEPAは2011年11月に共同研究を開始し、2012年12月から交渉が開始された。

日本とコロンビアは補完的貿易関係にある。2016年には和平合意を達成し、更なる経済成長が見込まれる中、安定した投資環境を有し、開放経済を推進するコロンビアとの関係強化が、日本経済にとっても今後ますま

す重要になっていく。

　また、コロンビアが各国（米国、カナダ、EU、韓国等）とのFTA/EPAを締結しており、日本も競争環境を整える必要性が高まっている。さらに、日・コロンビアEPA締結による二国間関係の強化は、国際場裡における協力強化や太平洋同盟（メキシコ、コロンビア、ペルー及びチリ）との協力の促進にもつながることが期待される。

⑵　交渉中断中のEPA/FTA
ア　韓国

　韓国とは、それぞれお互いにとって第3位の貿易相手国である。韓国とのEPAは、安定的な経済枠組みを提供し、将来にわたり両国に利益をもたらし得るとの考えに基づき、2003年10月の日韓首脳会談の合意により交渉を開始したが、2004年11月の第6回交渉を最後に中断されている。

イ　湾岸協力理事会（GCC）

　GCC諸国は、石油・天然ガスの資源国として、また、インフラ等の輸出を展開する市場として重要な地域の一つである。2006年4月に発表した共同声明において、日GCC・FTAの交渉開始を正式に発表した。2006年5月に正式交渉の開始に向けた準備会合を開催し、交渉の枠組みに関する文書を採択した。2006年9月に日GCC・FTAの正式交渉を開催し、物品貿易、サービス貿易、関税手続等各分野についての交渉や、物品及びサービスの両分野における双方の立場に関する協議が行われた。

　その後、2007年1月の第2回正式交渉に加え、非公式の中間会合が4回開催されたが、GCC側がFTA政策全体の見直しを開始したため、2009年以降、交渉が中断している。

ウ　カナダ

　基本的価値を共有し、相互補完的な経済関係にあるカナダとは、2012年3月の日・カナダ首脳会談において、日・カナダEPA交渉を開始することで一致した。

　カナダは原油、天然ガス、鉱物の資源に恵まれ、日本はこれらの資源に加え様々な食料も輸入しており、カナダとの経済連携はエネルギー、鉱物及び食料の安定供給に寄与する。

　これまで、日本とカナダは2014年11月までに7回交渉会合を行ってきたが、以後交渉が中断している。

⑶　署名・発効済のEPA/FTA
ア　シンガポール

　日・シンガポールEPAは、2002年1月に署名され、同年11月に発効した日本が最初に締結したEPAである。

　物品貿易の分野では、本協定の発効により、シンガポール側では、ビール等酒類4品目の関税が撤廃されたことで全品目における関税が撤廃されることになった。また、サービス貿易分野では、両国間でWTOの約束水準を超えた自由化を約束した。これによって、両国間で、金融サービス、海上運送サービス、流通サービス、医療・社会事業サービスといった分野で、一層、自由化が推進された。

　さらに、2007年9月に発効した改正議定書により、物品貿易、金融サービスの分野について更なる自由化が約束されるとともに、物品の原産性を認定する基準が緩和され、特恵関税が適用されやすくなった。

　本協定による関税撤廃の効果もあり、日本からシンガポールへの輸出額は、2008年のリーマンショック時を除いて、おおむね増加傾向が続いている。

イ　メキシコ

　日・メキシコEPAは、2004年9月に署名され、2005年4月に発効した。メキシコにと

ってはアジア諸国との間の唯一のEPAである。

　日本からメキシコへの自動車、自動車部品等の鉱工業品、メキシコから日本への農産品の輸出を中心に貿易総額はEPA発効前の2004年に比べ約2.3倍に増加した。また、進出日本企業数は、2004年は約310社であったのに対し、2017年は1,182社と約3.8倍に増加し、日本はメキシコにとってアジア諸国で最大の投資国である。

　こうした実績を踏まえつつ、岡本外務大臣政務官（当時）を日本側共同議長とする第9回合同委員会を4年ぶりに開催し、日・メキシコEPAの諸課題及び両国の通商上の関心事項についてメキシコ側と意見交換を行った。

　また、2019年5月には辻外務大臣政務官（当時）のメキシコ訪問に際し、日・メキシコEPAに基づき設置された第11回ビジネス環境整備委員会に共同議長として出席し、民間団体と討議を行った。

ウ　マレーシア

　日・マレーシアEPAは、2003年12月の日・マレーシア首脳会談での合意に基づき、2005年12月に署名、2006年7月に発効に至った。

　本協定は、マレーシアにとって初めてのEPAであり、マレーシア政府の「東方政策」を発展させた新時代の連携の象徴となり、二国間の貿易投資拡大・自由化の枠組みを提供している。本協定発効により、貿易総額の約97％で関税が撤廃され、サービス貿易の自由化及び関連分野の連携強化が図られている。

　また、本協定は、日・シンガポール、日・メキシコに続く日本にとって3番目に発効したEPAであり、以降の東アジア地域のEPA交渉の進展にとって大きな推進力となった。

エ　チリ

　日・チリEPAは、2007年3月に署名され、

同年9月に発効した。チリは、開放的な経済政策を推進しており、日本にとって銅、モリブデン等の鉱物資源の重要な供給国である。本協定により、貿易総額の約92％の関税が10年以内に撤廃された。具体的には両国のほぼすべての鉱工業品の関税、また、チリから輸入されるさけ、ますの関税が10年以内に撤廃された。チリから輸入されるワインの関税は2019年4月1日に撤廃された。日本の2018年の対チリ輸出は、本協定発効前の2006年比で約62％増加した。輸入は銅鉱石、冷凍太平洋さけを中心に増加している。また、本協定には、投資保護の強化や、ビジネス環境整備の規定がある。

　2017年10月、日・チリEPA第4回委員会を開催し、日・チリEPAの順調な運用の下で両国間の貿易投資が拡大していることを評価した。また、両国の経済連携に関する方針等について意見交換を行った。

オ　タイ

　日・タイEPAは、2007年4月に署名され、同年11月に発効した。双方の主な関心事項である鉱工業品・農林水産品等に関する市場アクセス改善や、サービス・投資等の各分野における包括的な連携推進などが盛り込まれている。

　国際的な経済状況により変動はあるが、たとえば2018年のタイとの貿易総額は約6.3兆円で、本協定発効前の2006年と比べて4割近く増加している。主な貿易品目としては、日本の輸出に関しては機械及びその部品、鉄・鉄鋼などが、同じく輸入に関しては機械及びその部品、加工肉などがある。

　2017年に発効10周年を迎えた本協定は、日・タイ間の貿易拡大とそれを通じた両国の経済発展に重要な役割を果たしている。

カ　インドネシア

　日・インドネシアEPAは、2007年8月に

第三章

署名、2008年7月に発効した。

　関税の撤廃・削減のみならず、サービス貿易の自由化や資本や人の自由な移動を規定する本協定は、積極的に活用され、双方の経済関係の深化に寄与しており、インドネシアにとって日本は輸出入の両面で主要な貿易相手国の一つとなっている。発効後の日本の対インドネシア投資も大幅に増加した。また、本協定は日本が初めて外国人看護師・介護福祉士候補者の受入れ制度を導入したEPAである。2019年末までにインドネシア人看護師・介護福祉士候補者は2,780人が訪日している。

キ　ブルネイ

　2007年6月に署名され、2008年7月に発効した日・ブルネイEPAは、エネルギー資源の安定供給等に貢献している。貿易では、2018年に貿易総額の約99.9％が無税となった。例えばブルネイの2007年時点の自動車の関税率は20％、電気・電子製品は5〜20％等であったが、これらの関税は撤廃された。また、日本のEPAとしては初めてエネルギーに関する章を設けている。エネルギー分野において規制措置を取る際の既存の契約関係への十分な配慮及び相手国への通報・協議の実施や、環境への配慮、二国間の協議メカニズムを規定している。日・ブルネイEPA発効後、日本企業による投資は、石油ガス関連分野が多かったが、2018年には、水素精製工場や水産加工工場の建設といった石油ガス分野にとどまらない投資も行われている。

ク　ASEAN

　日・ASEAN包括的経済連携（AJCEP）協定は、ASEAN 10か国を対象にした日本初の複数国間のEPAである。2004年11月の首脳間での合意に基づき、2005年4月に交渉を開始して以来、11回の正式交渉会合を経て、2007年11月に首脳間で交渉妥結が確認

され、2008年12月から順次発効している。

　日本の対ASEAN貿易総額は約25兆円（2018年）であり、対世界貿易の15.2％を占めている。また、近年では東アジアにおいてASEANが日本にとって最大の直接投資先となっている。AJCEP協定は、このように緊密な関係を有するASEANとの間で物品貿易の自由化・円滑化を図るとともに、様々な分野での協力等を促進することにより、日・ASEAN間の戦略的関係を強化する等の重要な意義がある。

　また、原産地規則における累積規定が日本及びASEAN域内で適用されること等により、日・ASEAN間で行われている経済活動の実態により即した形での産業競争力強化に資するとの意義もある。

　なお、2010年10月に開始した投資及びサービス貿易分野についての交渉は、2013年12月の日・ASEAN特別首脳会議においてルール部分についての実質的な合意が確認され、その後、残された技術的論点の調整やサービス分野の市場アクセス交渉を実施した結果、サービス貿易分野については2015年11月に、投資については2016年9月に首脳間で交渉終了を確認した。その後、条文の法技術的確認等の調整を行い、2019年2月27日に日本、3月2日にASEAN 9か国、4月24日にベトナムによって署名された。

ケ　フィリピン

　日・フィリピンEPAは、2006年9月の日比首脳会談において署名が行われ、2008年12月に発効した。フィリピンにとっては初の二国間EPAである本協定は、両国間の物品、人、サービス、資本の自由な移動を促進し、双方の経済活動の連携を強化するとともに、知的財産、競争政策、ビジネス環境整備、人材養成、情報通信技術や中小企業等の分野での二国間協力を含む包括的経済連携を

推進することを目的としている。人の移動については、フィリピン人看護師・介護福祉士候補者の受入れを規定しており、2019年末までに2,595人が訪日している。

コ　スイス

　日・スイスEPAは、日本が最初に欧州の国と締結したEPAであり、2009年2月に署名され、同年9月に発効し、2018年11月に第4回合同委員会が開催された。貿易総額の99％以上の物品の関税を発効後10年以内に撤廃することが合意され、鉱工業品については双方ともほぼ全ての品目の即時関税撤廃、農林水産品については、日本側はインスタントコーヒー、アロマオイル等、スイス側は清酒、盆栽等の関税について即時撤廃を行った。また、日本のEPAとして初めて、電子商取引章が設けられたほか、原産地証明制度における認定輸出者による申告制度が導入された。また、アンブレラ条項（国と投資家との間で結ばれる投資契約において、相手国が負う義務を協定上の義務として約束する条項）等投資保護の強化の規定がある。なお、スイスへの進出日本企業は、2009年128社から、2018年193社に増加している。

サ　ベトナム

　日・ベトナムEPAは、2008年12月に署名、2009年10月に発効した。日・ベトナムEPAは、ベトナムにとっては初めての二国間EPAであり、関税の撤廃・削減、サービス貿易の自由化及び関連分野の連携強化を図ることにより、日・ベトナム間の貿易の拡大、投資活動の促進及び経済関係全般の強化に貢献するものとして有意義な協定である。日・ベトナムEPAでは、貿易総額の約92％を協定発効後10年間で関税撤廃することで合意された。日本側は鉱工業品ではほぼ全ての品目について即時関税撤廃したほか、農水産品で改善を行い、ベトナム側は自動車部

品、鉄鋼製品等の鉱工業品等で改善を行った。また人の移動については、本協定発効後、病院・介護施設で就労・研修を行うため、これまでベトナム人看護師・介護福祉士候補者は892人が訪日し、これまでに71人及び182人が、それぞれ日本の看護師及び介護福祉士の国家試験に合格している。

シ　インド

　日・インド包括的経済連携協定は、2011年2月に署名され、同年8月に発効した。インドは、アジア第3位の経済規模を有し、近年著しい経済成長を続けており、本協定により、両国間のビジネス機会の拡大が図られている。本協定では、発効後10年間で貿易総額の約94％の品目の関税が撤廃され、また、相手国企業のためのビジネス環境整備等を目的とする連絡事務所の指定・維持に係る規定が置かれている。

　2018年12月には、日・インド包括的経済連携協定に基づき設置された第5回合同委員会が開催された。

　本協定により、両国間の経済関係の更なる強化が期待されており、実際、日本の対インド直接投資額は、2011年度の1,814億円から2018年度には4,040億円にまで増大している。

ス　ペルー

　日・ペルーEPAは、2011年5月に署名され、2012年3月に発効した。ペルーは、安定した自由主義経済政策を堅持する中南米の主要国の一つであり、本協定は、投資促進や関連分野の整備等により、ビジネス・チャンスを拡大するものとなっている。貿易では、2022年までに貿易総額99％以上の品目が関税撤廃される。例えば、対ペルー輸出の主要品目である自動車、バイクの関税率は、協定発効前の2010年にいずれも9％であったが、自動車は即時〜10年、バイクは9年で撤廃さ

第三章

れることとなった。

EPA発効前（2011年）と比較して、2018年には対ペルー輸出は21.7％増となり、ペルー進出日系企業も39社（2011年10月時点）から75社（2018年10月現在）に増加している。2018年には、日本企業による投資として、ケジャベコ銅鉱山及びヤナコチャ金・銅鉱山開発事業が発表され、貿易・投資関係が進展している。

セ　オーストラリア

日・オーストラリアEPAは、2014年7月に署名、2015年1月に発効した。

オーストラリアは現在、日本にとって世界第5位の貿易相手国である。本協定は、貿易、投資、知的財産、競争、政府調達等、幅広い分野をカバーしており、アジア太平洋地域のルール作りに資する高い水準が確保されている。貿易については、本協定締結により、協定発効後の10年間で貿易総額の約95％が関税撤廃されることとなった。

2018年11月16日の安倍総理大臣によるオーストラリア訪問時に採択された日・オーストラリア共同プレス声明では、同協定の成果が強調され、同協定の下で更に二国間経済関係を深化させることへの希望が表明された。

2019年2月には、日・オーストラリアEPAに基づき設置された第3回合同委員会が東京で行われ、これまでの成果や日・オーストラリア間の貿易を一層促進するための今後の取組等について議論が行われた。

ソ　モンゴル

日・モンゴルEPAは、2015年2月に署名され、2016年6月に発効に至った。本協定はモンゴルにとっては初のEPAである。日本にとっては、貿易の拡大やエネルギー・鉱物資源分野等における投資環境の改善を通じて、モンゴルとの「戦略的パートナーシップ」を一層強化し、さらにモンゴルにとって

は民主化・市場経済化に寄与するものである。今後も中長期的な高成長が見込まれるモンゴルの経済成長を日本の経済成長に取り込む上で意義深い協定である。

2018年12月には、日・モンゴルEPAに基づき設置された協力に関する小委員会第1回会合が開催され、日・モンゴルEPAの発効後、日・モンゴル間の貿易を一層促進するために、日本とモンゴルがそれぞれ推進してきた取組や、今後の課題等について議論した。また、EPAを着実に実施するため、このような意見交換を継続していくことで一致した。

2　投資協定

（1）　意義

投資協定とは、投資規制をできる限りなくし、投資が自由に行える環境を整え、投資家及び投資財産を保護するための協定である。投資協定を締結することにより、日本企業にとっての予見可能性を高めるとともに、投資先の政府による不当な扱いを抑止することができ、もって投資活動の拡大、深化が促される。

こうした投資協定は、投資受入国にとっても、投資環境を保証することで外国からの投資を誘致し、国内雇用の創出や、新たなビジネスモデル、技術等を取り込む契機となるため、投資母国と投資受入国双方に利益をもたらす枠組みである。

日本企業が海外展開を行う上で、投資受入国において日本企業の投資が守られることは重要な要素である。投資受入国が政治的・経済的に不安定なために、不合理な法律の改正や、土地の強制収用等が発生するおそれがあることは、海外展開を検討する個別企業にとって大きなハードルとなる。このため、日本政府は、海外における日本企業の投資環境を整備し、また、日本市場に海外からの投資を

呼び込むため、投資協定の締結に積極的に取り組んでいる。

（2）　概要

　従来、二国間投資協定は、投資受入国による収用や法律の恣意的運用などのリスクから企業の投資財産等を保護する目的で締結されてきた。これら「保護型協定」は、投資受入国がいったん受け入れた投資財産に保護を与える規定を主な内容とするが、これに対し、投資財産の保護のみならず、外資規制等の投資の参入障壁の除去といった、投資の設立段階を含めた規定を盛り込んだいわゆる「自由化型」の協定も増加している。

　投資協定に含まれる要素は協定ごとに様々であるが、主要な要素として、投資受入国が協定に反する形での投資財産の収用（国有化）をしないよう義務づける「収用及び補償」、外国投資家を同様の状況にある国内投資家と同等に扱う「内国民待遇」や、最も有利な待遇が与えられている第三国の投資家と差別をしないという「最恵国待遇」、投資受入国が投資家に対して一定の待遇を与えることを義務づける「公正かつ衡平な待遇」、「特定措置の履行要求の禁止」（外国投資家の投資及び事業活動の条件として一定の要求をしないよう義務づけるもの）などの条項がある。また、紛争処理制度として、投資受入国が協定に違反したことが疑われる場合、投資家が投資受入国を相手として国際仲裁に付託することを可能にする条項（ISDS条項）、投資受入国が個別の投資契約に違反した場合においても、国際仲裁に付託することを可能とする条項などもある。これらの条項により、日本企業が投資受入国の不当な処遇により損害を受けるリスクを低減することが可能とな

るため、日本は、交渉相手国に対し、質の高い投資協定の締結を求めて交渉を行っている。

（3）　日本における投資関連協定の現状

　投資協定は、1962年に西ドイツとパキスタンとの間で世界初の投資協定が発効したことを皮切りに、世界各国で締結が進められている。日本については、1978年にエジプトとの間で初の投資協定が発効し、以降、様々な国及び地域との間で投資関連協定（投資協定及び経済連携協定（EPA）の投資章）を締結してきた。このように、投資分野は、エネルギー分野の投資のルールを定めるエネルギー憲章条約を除き、貿易におけるWTO協定のような多数国間協定がないため、二国間・地域間協定が中心となってルール整備が進められてきた。

　日本は、2019年12月現在、発効済みの投資関連協定が44本（投資協定30本、経済連携協定（EPA）14本）、署名済み・未発効となっている投資関連協定が5本（投資協定3本、EPA 2本）あり、これらによって76の国・地域をカバーしている。また、正式交渉中の23本（投資協定19本、EPA 4本）の投資関連協定が全て発効すると、94の国・地域をカバーすることとなる。

　投資協定交渉の状況としては、交渉開始順に、アンゴラ、アルジェリア、カタール、ガーナ、モロッコ、タンザニア、コートジボワール、バーレーン、トルクメニスタン、ジョージア、セネガル、キルギス、ナイジェリア、ザンビア、エチオピア、タジキスタン、EU[1]、パラグアイ、アゼルバイジャンとの間で、正式交渉が進められている。2019年5月には日・アルメニア投資協定が発効している。

第三章

1）EUとは、投資保護規律・投資紛争解決について交渉中。

また、投資章を含むEPAの締結交渉も進められている。2019年2月には日EU・EPAが発効するとともに、2019年2月から4月にかけて日・ASEAN包括的経済連携（AJCEP）協定第一改正議定書が署名された。その他、RCEP、日・トルコEPA、日中韓FTAの交渉においても、投資分野のルールに関する議論が行われている。

(4)　今後の方針

2016年5月11日に、外務省を含む7省庁（総務省、法務省、外務省、財務省、農林水産省、経済産業省、国土交通省）で今後の投資関連協定の締結方針を定めた「投資関連協定の締結促進等投資環境整備に向けたアクションプラン」を策定した。このアクションプランにおいては、2020年までに100の国・地域を対象とする投資関連協定の署名・発効を目指すことが定められた。

同アクションプランの実現に向け、2017年5月15日付で、外務省経済局内に、投資関連政策を一元的に立案・実施する投資政策室を設置し、投資関連協定の交渉先の選定を含む戦略的立案を担うとともに、各地域を所管している局課とも連携しながら、投資関連協定の交渉促進に取り組んでいる。また、投資政策室では、G7、G20、OECD、APEC、国連貿易開発会議（UNCTAD）、国際商取引法委員会（UNCITRAL）、投資紛争解決国際センター（ICSID）などにおける投資関連の国際的な議論に日本が効果的かつ積極的に貢献できるよう、総合調整を行っている。このような取組を通じ、投資関連協定締結促進のための政府横断的な交渉体制を整備・強化し、日本が関与する投資活動の更なる活性化につながるルール作りや環境整備を積極的に推進していくこととしている。

今後とも、既に交渉中の各国に加えて、①日本から相手国・地域への投資実績と投資拡大の見通し、②日本の産業界の要望、③日本の外交方針との整合性、④相手国・地域のニーズ、事情等の同アクションプランの基準を踏まえて、新たな交渉相手国の選定を行っていく。

更に、投資関連協定の締結交渉に当たっては、産業界の具体的なニーズや相手国の事情等に応じながら、投資市場への新規参入段階から無差別待遇を要求する「自由化型」の協定を念頭に、ISDS条項の挿入も含め、可能な限り質の高い協定の締結を追求し、スピード感を重視した柔軟な交渉を行う。

日本としては、自由で公正な市場を、アジア太平洋地域をはじめ世界に広げていくための中核的な役割を果たし、包括的で、バランスのとれた、高いレベルの世界のルール作りの牽引者となることを目指している。

3　租税条約

(1)　意義

租税条約とは、課税関係の安定（法的安定性の確保）、二重課税の除去及び脱税・租税回避の防止を目的とする条約である（狭義の租税条約）。また、狭義の租税条約のほか、二国間の租税に関する情報の交換を主たる内容とする条約（租税情報交換協定）、多数国間の情報交換・徴収共助等を内容とする税務行政執行共助条約がある（広義の租税条約）。

租税条約の主たる目的の一つは、二重課税の除去である。多くの国では、自国の企業・人については、国内で生み出した所得だけでなく国外で生み出した所得も含めた全世界所得に対して課税し（この考え方を「全世界所得課税」という。）、外国の企業・人についても、国内で生み出した所得に対しては課税していることから（この考え方を「源泉地国課税」という。）、ある企業・人が国外で所得を

生み出した場合、当該国外所得に対して自国の税務当局と所得を生み出した外国の税務当局から二重に課税されることになる。また、誰を自国の企業・人と認定するかの基準や、所得が国内で生み出されたと認定する基準も国により異なることから、双方の国から自国の企業・人と認定された場合、又は、双方の国から所得が国内で生み出されたと認定された場合、やはり二重に課税されることになる。一つの経済活動が、国境を跨ぐために重複して課税されることは、経済活動をする者にとって経済的な不利益をもたらすとともに、予測可能性を損なうものであり、国際的な経済活動を停滞させる要因となる。そこで、日本は、二重課税を除去し、国際的な経済活動を行う日本企業及び日本人が不当な不利益を受けることがないよう、租税条約の締結を促進している。

　租税条約のもう一つの目的は、国際的な脱税・租税回避の防止である。脱税・租税回避の防止は、税負担の公平性を担保し、国家の財源を支えるために不可欠である。経済取引の国際化が著しい昨今にあっては、国家間で租税に関する情報の交換・共有を進めることが、国際的な脱税・租税回避に対抗する上で非常に有効な手段となる。そこで、日本は、国際的な脱税・租税回避の防止を通じて、公平な税負担を実現するため、税務当局間の情報交換を可能とする租税条約の締結を促進している。また、近年は、海外への財産の移転などによる国際的な租税徴収の回避にも対抗する観点から、相手国の租税について相互に徴収を支援する仕組み（徴収共助）も規定することが多くなっている。

(2)　OECDモデル租税条約等

　租税条約（狭義）の大半は二国間条約であってその内容は個別に決定されることとな

る。しかし実際には、OECD（経済協力開発機構）が策定しているモデル条約（OECDモデル租税条約）が国際標準として位置付けられており、OECD加盟国を中心に、租税条約を締結する際のモデルとして広く用いられている。OECDモデル租税条約は、1963年の草案公表以降、10回以上の改訂を重ねており、情報交換規定の拡充や仲裁制度の導入など、その時代の経済状況・国際関係に応じて改訂が行われている。

　また、国連も、OECDモデル租税条約より広く源泉地国課税を認めたモデル租税条約を策定しているほか、米国等のように、独自のモデル租税条約を策定・公表している国もある。

(3)　日本の租税条約
〈締結状況〉

　日本は、1954年に初の本格的な租税条約として日米租税条約に署名して以降、各国と租税条約の締結を進めており、2019年12月31日現在、76条約等（135か国・地域に適用）の租税条約ネットワークを有している。日本の対外直接投資残高を基準として見た場合、その約99％をカバーしている。

〈日本が締結している租税条約〉

　日本が締結している租税条約は、OECDモデル租税条約がベースとなっている。もっとも、OECDモデル租税条約は累次の改訂が行われているため、その内容は締結年次によって異なっている。近年は、最新のOECDモデル租税条約との乖離が大きくなった二国間租税条約について、最新のOECDモデル租税条約に沿った規定に改正することが多く行われている。また、2003年に行われた日米租税条約の全面改正以降は、二国間の健全な投資・経済交流を一層促進する観点から、源泉地国課税の大幅な減免

や、本来意図しない形で条約の特典が与えられないようにするための規定（濫用防止規定）を取り入れた条約を多数締結している。

〈2019年の動き〉

　2019年には、ベルギーとの新租税条約（全面改正）、米国との租税条約の改正議定書、クロアチアとの租税協定及びエクアドルとの租税条約が発効したほか、「税源浸食及び利益移転を防止するための租税条約関連措置を実施するための多数国間条約」（BEPS防止措置実施条約）が日本について発効した。また、アルゼンチンとの租税条約、ウルグアイとの租税条約、ペルーとの租税条約、ジャマイカとの租税条約及びウズベキスタンとの新租税条約（全面改正）が署名された。さらに、2019年9月にはモロッコとの租税条約、同年11月にはセルビアとの租税条約の締結交渉が実質合意に至っているほか、同年3月にはチュニジアとの間で、同年5月にはギリシャとの間で、同年6月にはナイジェリアとの間で租税条約の締結交渉を開始し、同年5月にはフィンランドとの間で租税条約の改正交渉を開始している。

❶ベルギー

　ベルギーとの新租税条約は、1970年に発効（1990年及び2013年に一部改正が発効）した現行の租税条約を全面的に改正するものであり、2016年10月に署名され、2019年1月に発効した。本条約では、事業利得に対する課税の改正により、恒久的施設に帰属する利得は、本支店間の内部取引を網羅的に認識し、独立企業原則を厳格に適用して計算することを規定した。また、投資所得（配当、利子及び使用料）に対する課税の更なる減免を規定したほか、条約の濫用防止措置、相互協議手続における仲裁制度及び租税債権の徴収共助の導入並びに租税に関する情報交換の拡充を行った。

（投資所得に対する課税の限度税率又は免除）

	現行条約	改正後
配　当	5％（親子会社間・ベルギー法人支払配当） 10％（親子会社間・日本法人支払配当） 15％（その他）	免税（親子会社間） 免税（年金基金受取） 10％（その他）
利　子	10％	免税（企業間受取等） 10％
使用料	10％	免税

❷米国

　米国との租税条約の改正議定書は、2004年に発効した現行の租税条約の一部を改正するもので、2013年1月に署名され、2019年8月に発効した。本改正議定書では、投資所得（配当及び利子）に対する源泉地国（所得が生ずる国）における課税の免除の対象を拡大するとともに、相互協議手続における仲裁制度の導入及び租税債権の徴収共助の拡充を行った。

（投資所得に対する課税の限度税率又は免除）

	現行条約	改正後
配　当	免税要件：持株割合50％超 保有期間12か月以上	免税要件：持株割合50％以上 保有期間6か月以上
利　子	免税（金融機関受取等） 10％（その他）	免税

❸クロアチア

　クロアチアとの租税協定は、2018年10月に署名され、2019年9月に発効した。本協定では、事業利得については、企業が進出先国に支店等の恒久的施設を設けて事業活動を行っている場合に、その恒久的施設に帰属する利得に対してのみ、進出先国において課税することができること、及び恒久的施設に帰属する利得は、本支店間の内部取引を網羅的に

認識し、独立企業原則を厳格に適用して計算されることを規定した。また、投資所得（配当、利子及び使用料）については、源泉地国（所得が生ずる国）における課税の限度税率又は免除を規定したほか、協定の濫用防止措置、相互協議手続、租税に関する情報交換及び租税債権の徴収共助の導入を行った。

（投資所得に対する課税の限度税率又は免除）

配当	利子	使用料
免税（親子会社間） 5％（その他）	免税（政府受取等） 5％（その他）	5％

❹エクアドル

エクアドルとの租税条約は、2019年1月に署名され、同年12月に発効した。本条約では、事業利得については、企業が進出先国に支店等の恒久的施設を設けて事業活動を行っている場合に、その恒久的施設に帰属する利得に対してのみ、進出先国において課税することができることを規定した。また、投資所得（配当、利子及び使用料）については、源泉地国（所得が生ずる国）における課税の限度税率又は免除を規定したほか、条約の濫用防止措置、相互協議手続、租税に関する情報交換及び租税債権の徴収共助の導入を行った。

（投資所得に対する課税の限度税率又は免除）

配当	利子	使用料
5％	免税（政府、銀行受取等） 10％（その他）	10％

❺アルゼンチン

アルゼンチンとの租税条約は、2019年6月に署名された。本条約では、事業利得については、企業が進出先国に支店等の恒久的施設を設けて事業活動を行っている場合に、その恒久的施設に帰属する利得に対してのみ、進出先国において課税することができることを

規定した。また、投資所得（配当、利子及び使用料）については、源泉地国（所得が生ずる国）における課税の限度税率又は免除を規定したほか、条約の濫用防止措置、相互協議手続、租税に関する情報交換及び租税債権の徴収共助の導入を行った。

（投資所得に対する課税の限度税率又は免除）

配当	利子	使用料
10％（親子会社間） 15％（その他）	免税（政府受取等） 12％（その他）	3％（ニュース） 5％（著作権） 10％（その他）

❻ウルグアイ

ウルグアイとの租税条約は、2019年9月に署名された。本条約では、事業利得については、企業が進出先国に支店等の恒久的施設を設けて事業活動を行っている場合に、その恒久的施設に帰属する利得に対してのみ、進出先国において課税することができること、及び恒久的施設に帰属する利得は、本支店間の内部取引を網羅的に認識し、独立企業原則を厳格に適用して計算されることを規定した。また、投資所得（配当、利子及び使用料）については、源泉地国（所得が生ずる国）における課税の限度税率又は免除を規定したほか、条約の濫用防止措置、相互協議手続、同手続における仲裁制度、租税に関する情報交換及び租税債権の徴収共助の導入を行った。

（投資所得に対する課税の限度税率又は免除）

配当	利子	使用料
5％（親子会社間） 10％（その他）	免税（政府受取、金融機関間等） 10％（その他）	10％

❼ペルー

ペルーとの租税条約は、2019年11月に署名された。本条約では、事業利得については、企業が進出先国に支店等の恒久的施設を設けて事業活動を行っている場合に、その恒

久的施設に帰属する利得に対してのみ、進出先国において課税することができることを規定した。また、投資所得（配当、利子及び使用料）については、源泉地国（所得が生ずる国）における課税の限度税率又は免除を規定したほか、条約の濫用防止措置、相互協議手続、租税に関する情報交換及び租税債権の徴収共助の導入を行った。

（投資所得に対する課税の限度税率又は免除）

配当	利子	使用料
10%	免税（政府受取等） 10%（その他）	15%

❽ジャマイカ

ジャマイカとの租税条約は、2019年12月に署名された。本条約では、事業利得については、企業が進出先国に支店等の恒久的施設を設けて事業活動を行っている場合に、その恒久的施設に帰属する利得に対してのみ、進出先国において課税することができることを規定した。また、投資所得（配当、利子及び使用料）については、源泉地国（所得が生ずる国）における課税の限度税率又は免除を規定したほか、条約の濫用防止措置、相互協議手続、同手続における仲裁制度、租税に関する情報交換及び租税債権の徴収共助の導入を行った。

（投資所得に対する課税の限度税率又は免除）

配当	利子	使用料
5%（親子会社間） 10%（その他）	免税（政府受取等） 10%（その他）	2%（設備） 10%（その他）

❾ウズベキスタン

ウズベキスタンとの新租税条約[1]は、1986年に発効した現行の租税条約（「所得に対する租税に関する二重課税の回避のための日本国政府とソヴィエト社会主義共和国連邦政府との間の条約」）をウズベキスタンとの間で全面的に改正するもので、2019年12月に署名された。本条約では、事業利得に対する課税の改正により、恒久的施設に帰属する利得は、本支店間の内部取引を網羅的に認識し、独立企業原則を厳格に適用して計算することを規定した。また、投資所得（配当、利子及び使用料）に対する課税の更なる軽減を規定したほか、条約の濫用防止措置及び租税債権の徴収共助の導入並びに租税に関する情報交換の拡充を行った。

（投資所得に対する課税の限度税率又は免除）

	現行条約	改正後
配当	15%	5%（親子会社間） 10%（その他）
利子	免税（政府受取等） 10%（その他）	免税（政府受取等） 5%（その他）
使用料	免税（著作権） 10%（その他）	免税（著作権） 5%（その他）

❿BEPS防止措置実施条約

「税源浸食及び利益移転を防止するための租税条約関連措置を実施するための多数国間条約」（BEPS防止措置実施条約）は、経済協力開発機構（OECD）におけるBEPSプロジェクト[2]において策定された税源浸食及び利益移転（BEPS）を防止するための措置のうち租税条約に関連する措置を、本条約の締約国間の既存の租税条約に導入することを

---

1) 新租税条約は、ウズベキスタン以外の一部の旧ソ連構成国と日本との間で適用されている現行の租税条約（日・ソ租税条約）には影響しない。

2) 近年のグローバルなビジネスモデルの構造変化により生じた多国籍企業の活動実態と各国の税制や国際課税ルールとの間のずれを利用することで、多国籍企業がその課税所得を人為的に操作し、課税逃れを行っている問題（BEPS）に対処するため、OECDが立ち上げたプロジェクト。G20（財務大臣・中央銀行総裁会議）の要請により策定された15項目の「BEPS行動計画」に沿って、国際的に協調してBEPSに有効に対処していくための対応策について議論が行われ、2015年9月に「最終報告書」がとりまとめられた。

目的とする条約である。本条約は、日本を含むおよそ100か国・地域が参加した交渉によって策定され、2016年11月に採択された。日本は、2017年6月に、67か国・地域が出席してパリで開催された署名式において本条約に署名した。2018年7月、この条約は先に受諾書等を寄託した5か国・地域について発効しており、以後、受諾書等を寄託した国・地域について順次発効する。日本は、2018年5月の国会承認を経て、同年9月、日本が本条約に拘束されることに同意することを表明するための受諾書をOECD事務総長に寄託した。これにより、本条約は、日本について、2019年1月1日に発効した。2019年12月現在、90か国・地域が署名、36か国・地域が締結している。

2 国際機関における取組

1 経済協力開発機構（OECD）

(1) OECDの機能・役割

経済協力開発機構（OECD）と聞くと、多くの人が「先進国クラブ」というイメージを持っているかもしれない。実際に、現在のOECDの加盟国は36か国であり、国連や世界貿易機関（WTO）等の主要な国際機関と比較すると加盟国の数は少なく、現在の加盟国は日米や欧州の主要国を中心に、いわゆる「先進国」がその多くを占めている。また、例えば、教育分野でしばしば参照されるPISA（Program for International Student Assessment）と呼ばれる国際的な学習到達度に関する調査について、OECDから公表がある毎に耳目を集めることがしばしばであるが、OECDが全体としてどのような活動を行っているかについて、即座に答えられる人はそう多くはいないであろう。

実際のところ、OECDは現在、安全保障を除くほぼ全ての経済・社会分野に活動領域を広げるとともに、加盟国の枠を越えて、非加盟国やG20、APEC等の国際フォーラムへのアウトリーチを精力的に行っている。

OECDの活動についてより詳しく見ると、その活動は大きく「シンクタンク」としての役割と「スタンダード・セッター」としての役割の2つに大別できる。第一に、OECDは、約2,000人の分析官を擁する「世界最大のシンクタンク」として、マクロ経済、貿易、投資、租税、農業、工業、競争、贈賄、環境、科学技術・イノベーション等、経済・社会の幅広い分野において、加盟国政府や民間企業、市民社会等からのインプットも踏まえつつ、様々な政策課題について、客観的な根拠に基づく分析を行っている。またそれだけでなく、これらの調査・分析に基づく具体的な政策提言を加盟国等に対して行っている。これが、OECDがしばしば、「シンク・ドゥー・タンク（Think Do Tank）」と言われるゆえんである。その一例として、OECDが加盟国を中心に定期的に行っている経済審査が挙げられる。2019年4月のグリアOECD事務総長の訪日時に公表された対日経済審査報告書では、アベノミクスに支えられ、日本の1人当たり実質経済成長率が2012年以降加速し、OECD諸国平均に近づいたとする一方で、人口の高齢化と高水準の政府債務という相互に関連し合う課題に直面しているとし、財政健全化や労働市場改革、コーポレート・ガバナンスを含む生産性向上に向けた取組等の必要性が示された。

第二に、OECDは、ルールや国際的な基準・規範を形成する場、つまりスタンダー

ド・セッターとしての役割を担っている。これまでOECDは、各委員会・作業部会における加盟国間の議論を通じて、OECD外国公務員贈賄防止条約、OECDモデル租税条約、OECD資本移動自由化規約と貿易外取引自由化規約、輸出信用アレンジメント、多国籍企業行動指針といった、国際経済のガバナンスにおいて極めて重要な多国間条約やその基礎となる文書、ガイドラインや規約等を策定してきた。また、加盟国は、これらの法的枠組み（legal instruments）に基づく加盟国間のレビューや、学習のプロセスであるピア・レビュー及びピア・ラーニングを通じて、議論を積み重ねていくことで、高いレベルの基準や規範を形成してきた。このスタンダード・セッターとしてのOECDの役割は、OECDが価値を共有する国の集まりであるという特性によって支えられており、この特性が、先進的な新たな課題について高いレベルのルールや規範・基準の形成を可能とし、ひいては国際社会における公平な競争条件（レベル・プレイング・フィールド）の確保

に貢献しているといえる。

(2)　OECD閣僚理事会

　OECDでは1年に1度、OECDの最高意思決定機関である理事会に、加盟国の関係閣僚が参加する「閣僚理事会」が開催される。OECDにおける最重要会議とされる閣僚理事会に、日本からは、例年関係省庁の複数の政務レベルが出席するほか、これまでに議長国を2回、副議長国を10回それぞれ務める等、積極的な貢献を行ってきた。

　2019年5月に開催された閣僚理事会は、「持続可能な開発のためのデジタル化の活用」をテーマとし、現在急速に進むデジタル化による世界経済の変容や、デジタル化が開発（SDGs）、貿易、教育・雇用、イノベーション等にもたらす機会と課題について、議長国スロバキア、副議長国のカナダ及び韓国の下、活発な議論が行われた。

　日本からは、河野外務大臣（当時）、世耕経済産業大臣（当時）、田中内閣府副大臣（当時）等が閣僚理事会に出席し、国際貿易

2019年OECD閣僚理事会（2019年5月22-23日、パリ／写真提供：外務省）

やデジタル化等の課題に関する日本の考え・立場を高いレベルで発信した。特に、河野大臣からは、データ流通を含むデジタル経済、質の高いインフラ投資、イノベーションを活用したSDGsの達成に向けた取組、自由で開かれた貿易、公平な競争条件の確保、WTO改革の重要性等について、日本の考えや問題意識を発信したほか、東南アジアの将来的なOECD加盟の重要性を強調した。そして、これらの日本の主張の多くが、閣僚理事会の成果文書としての「議長声明」に反映され、その後に続くG20関連閣僚会合、G20大阪サミットに向けて弾みをつけることができた。

（3）　OECDの対外関係を巡る議論と今後
❶OECDの対外関係の歴史

　OECDの対外関係の歴史は、国際社会におけるその役割の再定義の模索の歩みといえる。第二次大戦終結後、米ソ対立に基づく冷戦構造が成立すると、1948年、西欧16か国は、欧州復興計画（マーシャル・プラン）の受入れ機関として、欧州経済協力機構（OEEC：Organization for European Economic Cooperation）を発足させた。その後、欧州地域の復興が進んだ1961年に、米国及びカナダを加える形で、OECDとして発展的に改組された。その後、欧米地域以外から日本（1964年）、豪州（1971年）、ニュージーランド（1973年）が加盟を実現し、OECDは欧州の戦後復興のための地域組織から、世界の重要な経済・社会問題について、その優れた分析と提言に基づき、世界の主要経済圏である西側先進国が貿易や投資等に関するルール形成と政策調整を行う場となった。

　その後、1989年、米ソ両首脳は冷戦体制の終焉を宣言し、欧州の東側ブロックが瓦解したこと、また、世界経済において新興国の台頭が顕著となったことで、OECDの欧州における東方拡大と新興国の加盟への道が拓かれた。東欧諸国は、EUを始めとする欧州先進国経済圏への統合を進める中で、EUとOECDへの加盟を目指すようになり、チェコ（1995年）、ハンガリー、ポーランド（1996年）、スロバキア（2000年）、スロベニア、エストニア（2010年）、ラトビア（2016年）、及びリトアニア（2018年）がOECD加盟を果たした。また、90年代にはメキシコ（1994年）と韓国（1996年）が、2010年には、チリとイスラエルがOECDへの加盟を実現した。これに加え、2019年12月現在、コスタリカの新規加盟審査が行われている。また、コロンビアは2018年7月に加盟が承認され、国内批准手続きが進められている。

　加盟国拡大の一方で、OECD諸国が世界のGDPに占める比率は、2000年の約8割から2016年には6割程度にまで低下してきている。経済のグローバル化がますます加速し、新興国の台頭により世界経済が多極化する中で、加盟国だけでは対応できない問題が生じてきており、OECDの役割にも変化が生じている。すなわち、幅広い経済・社会分野における調査・分析、また、それらに基づく政策提言、ルールや国際的な規範・基準の設定といった従来の役割に加えて、特に、OECDのルールや規範・基準を、経済分野におけるグローバル・ガバナンスにおいて重要な位置づけを占める新興国を含む非加盟国を巻き込む形で形成し、また、それらを非加盟国の経済・社会構造にも反映させていく役割が期待されている。同時に、このような活動を通じて、グローバル・ガバナンスにおけるOECDの影響力（impact）や有用性（relevance）、正当性（legitimacy）をいかにして維持・強化していくかが、OECDにとっての目下の課題となっている。

❷対外関係のアプローチ

　OECDのグローバル・ガバナンスにおける影響力、有用性、正当性を維持・強化するためのアプローチは2つある。一つは、加盟国の拡大である。急速に世界経済においてプレゼンスを増す新興国をOECDに新規加盟国として迎え入れ、これらの新興国が、加盟国としてOECDスタンダードを受け入れ、その形成に携わっていくことで、OECDの影響力、有用性、正当性を維持・強化しようとするものである。

　もう一つは、OECDによる対外関係活動（アウトリーチ）の強化であり、OECDが実施するセミナー、ピア・レビュー、ピア・ラーニング等を通じて、OECDの知見やスタンダードを非加盟国や非加盟国が多く存在する地域に浸透させ、国内制度の改革に繋げることで、OECDの影響力・有用性を維持・強化していこうとするものである。OECDでは、既に2000年代以降、アウトリーチの強化を進めており、キー・パートナー国制度、地域プログラム、国別プログラム等の様々なスキームを有している。キー・パートナー国制度は、ブラジル、中国、インド、インドネシア、南アフリカの5つの非加盟国を対象に、過去10年ほどにわたってOECDが漸進的に協力実績を積み重ねてきた制度であり、OECDがこれらの5か国との協力に優先的にリソースを振り分けているほか、これら5か国によるOECDの各種委員会への関与において、様々な便宜が図られている。地域プログラムは、対象地域として、日本が重視する東南アジアのほか、南東欧、中東・北アフリカ、中南米カリブ等があり、これらの地域ごとの優先課題を特定し、それらの分野における政策対話を進めて、参加国がOECDの知見を得て国内改革等の参考とするとともに、OECD事務局としてもこれらの参加国の経験をインプットして研究等に活かしている。国別プログラムは、特定国を対象として、国内改革等にOECDの知見やインストゥルメントを活用する観点から実施されているテーラーメード型のプログラムであり、これまでにペルー、カザフスタン、モロッコを対象に実施されているほか、2018年秋から3年間にわたるタイ国別プログラムが実施されている。

　またOECDは、上記のような独自のスキームに加えて、G20やG7、APEC等との連携も強化し、これらの国際フォーラムとの協力を通じて、OECDが体現する高いスタンダードやルールの普及に努めている。

　加盟国の拡大とアウトリーチはそれぞれ異なる強みと限界を有する。加盟国の拡大は、新規加盟国に対して、OECDの高いレベルのルールやスタンダードをパッケージとして約束させ、その実施についてOECDの委員会等における相互審査（ピア・レビュー、ピア・プレッシャー）の枠組みに取り込むことから、OECDの影響力、有用性、正当性の向上に資する一方、野放図な拡大は、OECDのスタンダードや議論の質の低下や加盟国数の増加による組織運営の非効率性をもたらすおそれがある。これに対して、アウトリーチは、OECDの野放図な拡大がもたらす前述のようなリスクを排除しつつ、非加盟国に対してOECDの知見やスタンダードを漸進的に普及させていくことが可能である一方、一定程度非加盟国側の選好に基づく「選択的関与」とならざるを得ないという意味で自ずと限界がある。

❸加盟国拡大を巡る議論─「戦略的熟考」

　2016年の閣僚理事会において、OECDの将来の規模とメンバーシップについて「戦略的熟考（strategic reflection）」を行うことが決定されたことを受けて、2016年11月から、

理事会の下に大使級の作業グループが設置され、約半年間にわたって活発な議論が行われた。2017年6月の閣僚理事会には、この議論の結果をまとめた作業グループ議長報告書が提出された。

　同報告書のポイントは次のとおりである。第一に、これまで加盟審査を開始する国の特定に当たって唯一の参照基準であった「登レポート」の4基準[1]が、引き続き有効であることが再確認された。第二に、2007年の閣僚理事会で決定された、キー・パートナー国や戦略的優先地域としての東南アジア諸国との関与強化の重要性が再確認された。第三に、OECDの影響力と有効性などの決定要因は「規模」ではなく、OECDの取組の「質」やOECDスタンダード等の国際的な実施にある点が強調された。第四に、将来の「規模」の目安として、現加盟国に当時審査中であった3か国、キー・パートナー国やその他の関心を表明している国等を踏まえ、「50か国」という具体的な数字を示した。

　さらに、上記の報告書のポイントに加え、より重要な点として、加盟審査開始の候補国を評価するための「枠組み」が、報告書のアネックスとして採択された。この「枠組み」は、「登レポート」の基準をより具体化し、例えば、OECD自由化規約、OECD外国公務員贈賄防止条約、BEPS（税源浸食及び利益移転）包摂的枠組み等への加入状況や加入に向けた進捗状況等、候補国の加盟審査開始に向けた準備状況等を評価するための客観的なベンチマークを提供するものである。この「枠組み」が採択されたことで、今後の加盟審査開始の決定に当たっては、加盟国間で、

より客観的で透明な形で候補国を評価し検討することが可能となることが期待される。

❹東南アジアへのアウトリーチ

　現在、OECD加盟36か国のうちアジアの加盟国は日本と韓国のみであるが、特に東南アジア地域は世界の成長センターであるほか、日本企業が多数進出している地域であり、この地域にOECDの知見やスタンダードを普及させ、投資環境の整備や競争条件の改善等につなげることは、世界の持続的成長のみならず、日本企業支援の観点からも重要である。このような背景で、日本は従来OECDの対東南アジア地域へのアウトリーチを支援してきており、日本が議長国を務めた2014年のOECD閣僚理事会では、安倍総理出席の下、「東南アジア地域プログラム」が立ち上げられた。

　東南アジア地域プログラムでは、OECDとOECD加盟国が、東南アジア諸国の国内改革とASEAN統合プロセスを支援すべく、租税、投資、教育・スキル、中小企業、規制改革、ASEAN連結性・インフラ開発における官民パートナーシップ（PPP）、貿易、イノベーション、ジェンダー、競争政策の10分野で、「対等な立場で関わり、互いに耳を傾け、学びあう」ことを原則に、東南アジア諸国と政策対話を進めている。日本はプログラムの発足以来、インドネシアと共にプログラム運営グループの共同議長を務め、他の参加国と協調しつつ、プログラムを主導してきた。一方、「ASEAN経済共同体（AEC）ブループリント2025」にも見られるように、ASEAN側もOECDを戦略的協力機関と位置づけ、統合プロセスにおける知見及び専門知

第三章

1）「登レポート」とは、2004年に登誠一郎OECD代表部大使（当時）を中心に、新規加盟の基準の在り方をOECDの性質に照らして包括的に検討した文書。市場原則や民主主義の価値を共有しているかどうか（like-mindedness）、世界経済において重要なプレゼンスを有するか否か（significant player）、OECD加盟国との間で相互利益をもたらすか否か（mutual benefit）、地域的多様性等の観点からどう評価できるか（global consideration）の4つの基準を提示した。詳細は、【http://www.oecd.org/global-relations/globalrelationsstrategy/37434513.pdf】にて参照可。

識の共有への期待を表明している。

2018年3月には、日本及びインドネシアの共同議長の任期を締めくくるにあたり、東京にて東南アジア地域プログラム閣僚会合が開催された。同会合の共同コミュニケでは、①同プログラムを通じた東南アジアへの関与の戦略的重要性を確認し、②貿易・投資の推進、質の高いインフラ、質の高い教育・訓練へのアクセス拡大、女性の経済的エンパワーメント、中小企業のビジネス環境整備の重要性等を強調し、③インフラの開放性、透明性、経済性、被援助国の財政健全性の確保等、国際的に共有されたスタンダードや原則に則った質の高いインフラ投資の推進が必要不可欠である旨言及された。そして、河野外務大臣（当時）からは、東南アジアからの将来的なOECD加盟も見据え、同プログラムを通じた協力推進の決意の表明がなされた。

このように、日本はOECDの東南アジア地域へのアウトリーチを全面的に支援してきた。今後も、東南アジア地域プログラムや国別プログラムを効果的に活用しながら、同地域からの将来的な加盟審査開始も見据えつつ、引き続き、同地域の経済統合や国内改革を後押ししていくことが重要である。

❺G20との連携

OECDは近年、OECDのスタンダードの国際的な普及等のため、様々な国際フォーラムとの協力を強化しており、なかでも中国やインド等の新興国をメンバーに擁するG20との連携を重視している。協力分野の例としては、経済の電子化に伴う国際課税原則の見直し、鉄鋼の過剰生産能力問題への対処、コーポレート・ガバナンスに関する原則策定等が挙げられる。

昨年、日本が議長国を務めたG20において

は、日本はOECDと緊密に連携し、G20大阪サミットや関連閣僚会合の準備過程において、OECDはその分析や知見の提供を通じて議論の深化・促進に大きな役割を担ったほか、「質の高いインフラ投資に関するG20原則」、「G20・AI原則」等、数多くの成果文書の作成にも貢献した。本年のG20を通じて、日・OECD関係も一層緊密なものになったといえる。

❷　WTO/TRIPS、WIPO

（1）　WTO/TRIPS
❶TRIPS協定

GATTのウルグアイ・ラウンド交渉の成果として、1995年1月1日にWTO設立協定が発効した際に、物品及びサービスの貿易に関する協定と並ぶ重要な附属書として、「知的所有権の貿易関連の側面に関する協定（TRIPS協定）」[2] が発効した。

国際経済活動の拡大に伴いモノ・サービスの国際的取引が拡大する中、知的財産の保護が十分でなければ、不正商品や海賊版の製造・流通が国際的に横行し、正常な経済活動や研究開発のインセンティブが阻害されてしまう。TRIPS協定は、このような状況を解決すべく、知的財産権の適切な保護とその権利の公平・適正な手続による行使を通じて、国際貿易の歪曲と障害を軽減させることを目的としている。

このような問題の具体的な解決策として、TRIPS協定にはそれまでの既存の知的財産に関する条約とは異なる以下の特徴的な規定が設けられている。①知財関連条約において、初めて最恵国待遇が明記された。②「工業所有権の保護に関するパリ条約」、「文学的及び美術的著作物の保護に関するベルヌ条

2）Agreement on Trade-Related Aspects of Intellectual Property Rights

約」及び「集積回路についての知的所有権に関する条約（ワシントン条約）」がそれぞれ定める実体規定を本協定の中に取り込んだ上で、より高度な保護水準を定めた。③国際条約において初めて知的財産権の権利行使に関する具体的な手続についての規定を設けた。④TRIPS協定に違反した場合に、紛争解決機関への提訴を通して違反措置の是正を求めること及び是正勧告に従わない場合に制裁措置を行うことを可能にする手続を設けた。

なお、後発開発途上国（LDC）にとっては、高度な法的義務を規定したTRIPS協定を直ちに適用することは困難であることから、TRIPS協定の義務の履行まで10年の経過措置を認めることで調整を図ったが、現在、本経過措置は2021年7月1日まで延長されている。

❷最近の動き

TRIPS理事会では、公衆衛生との関係、生物多様性条約（CBD）との関係及び地理的表示（GI）の追加的保護の拡大等について議論がなされている。

公衆衛生との関係では、2001年のドーハ閣僚宣言に基づき、医薬品の生産能力が十分でない国でマラリア等の感染症等の問題が生じた場合に、製造能力を有する国がこれらの諸国への輸出目的で医薬品を生産するために特許の強制実施権を活用することを可能とすべく、2005年の一般理事会においてTRIPS協定改正議定書が採択された。その後、2007年に日本が受諾するなど当該改正議定書の受諾国は漸増し、2017年1月、加盟国の3分の2が受諾したことで発効した。また、医薬品に関するLDCに対する経過措置（TRIPS協定第2部第5節及び7節の延長）やTRIPS協定第70条8及び9の義務免除は、2015年10月のTRIPS理事会及び関連する非公式会合を経て、それぞれ同年11月のTRIPS理事会

再開会合及び同年11月の一般理事会において、2033年1月1日までの延長及び免除が決定されている。

GIの追加的保護については、EUを中心とした国が、ワイン・スピリッツに限られていたTRIPS協定第23条レベルの保護を全産品（農産品のみならず鉱工業品も含む）へ拡大する等の提案を行っているものの、米国等を中心とした国々との対立が深く、議論の進展は見られていない。

⑵　WIPO

❶世界知的所有権機関（WIPO）

WIPOは、「工業所有権の保護に関するパリ条約」及び「文学的及び美術的著作物の保護に関するベルヌ条約」の事務局を前身とし、1970年に発効した「世界知的所有権機関を設立する条約」により設立された、特許権、意匠権、商標権、著作権等の知的財産保護に関する国連の専門機関である。本部をジュネーブに置き、加盟国は日本を含め、192か国（2019年12月時点）である。2006年には、WIPOの外部事務所であるWIPO日本事務所が東京に設立され、日本でWIPOが提供するサービスの利用促進を図ると共に、WIPOのアジア太平洋部と連携し、調査研究、能力開発等の活動に取り組んでいる。

WIPOは、加盟国及び他の国際機関との協力を通じて、世界的規模での知的財産保護を促進するため、知的財産に関する新たな国際条約の策定、開発途上国に対する知的財産分野の技術協力やセミナー及びシンポジウムを通じた能力向上の支援、知的財産に関する条約の管理・運営（国際出願の受理・公報発行等）を主に行っている。予算は、国際出願業務の管理・運営に係る手数料収入で全体の9割以上を占めている点が特徴的である。日本は、国際特許出願数において世界第3位であ

る他、日本の分担金及び任意拠出金（WIPO
ジャパン・ファンド）は加盟国中最大であ
り、セミナーや人材派遣などのWIPOの開
発途上国協力活動を積極的に支援している。

❷最近の動き

〈条約への加入〉

　2015年2月、日本はWIPOが所管する「意
匠の国際登録に関するハーグ協定のジュネー
ブ改正協定」の加入書をWIPOに寄託し、
同年5月から国内でも同協定に基づく意匠の
国際登録制度の利用が可能となった。

　また、2016年3月には、「特許法条約（PLT）」
及び「商標法に関するシンガポール条約
（STLT）」の加入書をWIPOに寄託し、同年
6月から特許権及び商標権の取得等に関する
統一された手続により、日本企業等が日本を
含む加盟国で特許権及び商標権の取得等を容
易にできるようになった。

　2018年10月、日本は、「盲人、視覚障害者
その他の印刷物の判読に障害のある者が発行
された著作物を利用する機会を促進するため
のマラケシュ条約（略称：視覚障害者等によ
る著作物の利用機会促進マラケシュ条約）」
の加入書をWIPOに寄託し、2019年1月1日
から同条約は我が国について効力を生ずるこ
ととなった。同条約を締結することは、日本
の視覚障害者等の方々による国内外の著作物
の利用の機会を更に促進するとともに、視覚
障害者等の方々による著作物の利用の機会の
促進に関する国際的な取組に貢献するとの見
地から有意義である。

〈WIPOにおける主要な議論〉

　意匠の出願手続等に関する意匠法条約（仮
称）の条文案の議論においては、技術支援に
関する規定及び意匠出願における伝統的知
識・伝統的文化表現の出所開示要件を巡り加
盟国間で意見が対立しているため、条約の採
択に向けた外交会議の開催に向けて調整が継

続している。

　また、放送機関の権利の保護に関する新た
なルール作りの検討が1998年以来行われて
おり、各国は総じて早期の条約採択について
前向きな姿勢であるものの、放送機関が行う
インターネット上の送信を条約の保護対象と
するか等について各国の意見が対立してお
り、意見の懸隔を埋めるべく交渉が続いてい
る。

❸　国際貿易センター（ITC）

　国際貿易センター（ITC）は、多角的貿易
体制を支える世界貿易機関（WTO）の前身
であるGATTから1964年に派生し、その
後、貿易開発機関（UNCTAD）が出資を行
って設立された国際機関である。開発途上国
の貿易関連能力の向上を通じて経済発展と貧
困削減を目指す「貿易のための援助（Aid
for Trade＝AfT）」に特化した国際機関であ
り、開発途上国の民間企業育成支援、人的資
源開発や輸出促進機関との連携等、民間セク
ターへの支援を通じ、貿易の拡大や経済発展
につなげる活動を行っている。他の国際機関
の多くがベーシック・ヒューマン・ニーズに
係る支援を主体とする中で、ITCは途上国の
経済的なエンパワーメントを通じた持続的・
自立的な開発の促進に重点を置き、他の機関
とは一線を画する独自の役割を果たしてい
る。また、女性企業家に対する支援を通じた
女性の経済的エンパワーメントの促進や、
IT技術を活用した輸出振興支援等において
も積極的な取組を行っている。

　日本は、2007年から、アフリカや中東地
域の伝統的なデザインを活用したアクセサリ
ーやハンドバッグ等の企画・生産・販売を通
じて、女性の職業訓練、雇用確保を促し、貧
困コミュニティの女性の自立支援と貧困削減
を目的とする、エシカルファッションプロジ

ェクト（The Ethical Fashion Initiative）に出資している。

　また、2019年からは、開発途上国の女性起業家と国外の投資家及び輸入者との間のビジネス関係構築を包括的に支援することを目的とするSheTradesプロジェクトに出資している。本プロジェクトでは、マーケティングやブランディングを中心としたトレーニング及び見本市での商談支援が実施され、さらに開発途上国の起業家が、自社の宣伝、取引先の開拓及び連絡のための各種オンライントレーニングを受講することができる。

　ITCのゴンザレス事務局長は、2016年、2017年及び2019年に日本で開催された国際女性会議（WAW！）に出席し、総理大臣表敬や外務大臣等外務省関係者との面会を行うとともに、女性中小企業家が世界貿易において直面する課題について他の参加者とともに議論した。

4　国連貿易開発会議（UNCTAD）/国連後発開発途上国・内陸開発途上国・小島嶼開発途上国担当上級代表事務所（UN-OHRLLS）

（1）　国連貿易開発会議（UNCTAD）
〈設立の経緯と目的〉

　1960年代に「南北問題」が顕在化し、開発途上国の経済的困難が国際的な協力によって解決されない限り、世界の平和や繁栄はあり得ないとの考えの下、1962年7月に、貿易と開発に関する会議の開催を求める「カイロ宣言」が採択された。これに基づき、国連経済社会理事会及びその準備委員会での審議を経て、1964年3月より国連貿易開発会議（UNCTAD）が3か月にわたってジュネーブで開催された。同年12月の国連総会は、上記会議の勧告に基づいてUNCTADを総会の機関として設置する決議を採択した。

　UNCTADは貿易と開発、資金、技術、投資及び持続可能な開発の分野における相互に関連する問題を統合して取り扱うための国連の中心的な場であり、途上国の貿易、投資、開発の機会を拡大し、グローバリゼーションから生じる問題に直面する途上国を支援し、対等な立場で世界経済へ統合することを目的としている。

〈活動内容〉

　UNCTADは、貿易と開発に関連する課題について、①加盟国間のコンセンサス形成、②調査・研究及び政策分析、③技術支援を3つの柱として活動している。具体的には、①については、4年に1度開催される総会及び年に1度の貿易開発理事会を始めとして、コンセンサス形成のための様々な意見交換の場を設けている。②については、年に1回、貿易開発報告書（TDR）、世界投資報告書（WIR）、デジタル経済報告書（Digital Economy Report）、後発開発途上国（LDC）報告書等の分析報告書を出版するほか、多数の出版物を発行している。③については、貿易、投資、金融等様々な分野における開発途上国の能力向上のための技術支援プロジェクトを実施している。2020年10月にバルバドスで第15回UNCTAD総会が開催される予定。

〈日本とUNCTADの関係〉

　日本は1964年の設立時より加盟。2019年10月時点で、7人の邦人職員が勤務している。日本は、UNCTADの最高意思決定機関の総会及び貿易開発理事会を始め様々な作業部会・委員会に参加し、ステートメントや成果文書交渉の調整等を通じて、UNCTADにおける意思決定に日本の意向をしっかりと反映させるよう努めている。

（2）　後発開発途上国・内陸開発途上国・小島嶼開発途上国担当上級代表事務所（UN-OHRLLS）

〈設立の経緯と目的〉

2001年5月に開催された第3回国連後発開発途上国（LDC）会議において、LDCがフォローアップの所管をUNCTADから国連内に移すことを主張した。それを受け、同年10月の国連総会第2委員会において、ニューヨークにLDC、内陸開発途上国（LLDC）及び小島嶼開発途上国（SIDS）のための上級代表事務所を設置することの事務総長報告が提出され、第56回国連総会において事務所設置の決議案が採択され、設置された。

UN-OHRLLSの主な目的は、LDC、LLDC及びSIDSのための行動計画※をフォローアップすることである。

※「2011〜2020年のLDCのための行動計画（イスタンブール行動計画）」、「2014〜2024年のLLDCのためのウィーン行動計画」、「SIDS行動のための加速化モダリティ（SAMOAパスウェイ）」

〈活動内容〉

UN-OHRLLSは、各行動計画フォローアップの実施に関する調整、監視、レビュー、政策提言、国連経済社会理事会への報告を行っている。そのほか、LDC等に関する独自の分析報告書を複数出版している。

なお、LDC等に関する調査分析や技術支援等の活動は、関連する国連機関が各機関のマンデートに基づき行うこととなっている。

SIDSについては、2019年9月、2014年にサモアで採択されたSIDSの10年間の行動計画「SAMOAパスウェイ」の中間レビュー・ハイレベルラウンドテーブルが国連総会のマージンで開催され、今後5年間に向けた成果文書が採択された。また、LLDCについても、「2014〜2024年のLLDCのためのウィーン行動計画」が採択されてから5年が経過

した2019年12月、ニューヨークにおいて中間レビュー会合が開催され、過去5年間の進展を話し合うとともに、今後の5年間に向けた成果文書が採択された。

〈UN-OHRLLSと日本の関係〉

日本は、UN-OHRLLSの様々な会合に出席し、成果文書や報告書等に日本の意見を反映させるために年間を通して、調整に努めている。

5　食料関連国際機関

（1）　国連食糧農業機関（Food and Agriculture Organization of the United Nations、略称FAO）

〈FAOの概要〉

FAOは食料・農業分野における国連の筆頭専門機関である。世界各国の国民の栄養水準・生活水準の向上、食料・農産物の生産・流通の改善、農村住民の生活条件の改善を通じた、世界経済の発展と人類の飢餓からの解放を目的とし、1945年に設立された。2018年末現在、196か国（2準加盟国を含む）及びEUが加盟している（日本は1951年に加盟）。

FAOの組織は、加盟国が構成する運営組織（理事会、委員会等）と、運営組織による意思決定を実行する事務局からなる。事務局は、本部をイタリアのローマに置き、事務局長は、中国出身のチュー・ドンユィ（屈冬玉（くつ・とうぎょく））氏が務める。途上国を中心に活動する地域事務所・地域支所・国別事務所と、主要ドナー国や国際機関等との連携に取り組む連絡事務所があり、日本には連絡事務所の一つが横浜市に設置されている。

〈FAOの活動〉

FAOの主要な機能は、①食料・農業に関する国際的ルール（条約、基準、規範等）の策定、②情報の収集・伝達・分析や統計資料

の作成、③中立的で国際的な協議の場の提供、④開発途上国への技術助言・技術協力である。これらの機能を発揮し、人類の飢餓からの解放という目的を実現するため、戦略枠組みを策定し、これに基づき活動している。

2018〜19年事業予算計画（通常予算）では、約10億米ドルの予算が計上され、特に、貧困撲滅、持続可能な農業生産への支援、栄養と食料安全を含む食料システムや技術協力プログラム等に重点配分された。また、FAOは通常予算に加え、任意拠出金（2018〜19年はFAOの予算総額の約6割を占める見込み）により事業を実施している。

〈日本にとっての意義〉

日本は、国際社会の責任ある一員として、上記のFAOの活動を支えている。特に、日本は第2位の分担金負担国であり、主要ドナー国の一つとして、途上国に対する食料・農業分野での開発援助の実施や、世界規模での持続可能な農業生産と責任ある投資の拡大を通じた世界の食料安全保障の強化に大きく貢献している。これは、ひいては、食料の多くを輸入に依存する日本の食料安全保障の強化に資するものである。

また、FAOは食料・農業分野の国際的なルールメイキングも担っており、これに積極的に関与・貢献することは、日本の食料安全保障の確保につながる重要な外交手段である。FAOは、WTOの「衛生植物検疫措置（SPS）協定」において示される国際基準のうち、①植物検疫措置（IPPC）、WHOと合同で②食品安全に関する国際基準（Codex：FAO/WHO合同食品規格計画コーデックス委員会）の策定を主導している。

更に、日本としてはFAOの持つ技術的・専門的知見の活用も図っており、2019年5月10日から11日に開催されたG20新潟農業大臣会合では、グラツィアーノ事務局長（当

第4回日・FAO年次戦略協議（2020年1月21日、東京／写真提供：外務省）

時）が出席し、また、同年8月28日から30日に開催されたTICAD7には、屈事務局長が出席し、農業のテーマ別会合でスピーチを行うなど、議論に貢献している。

〈FAOとの連携強化の現状〉

日本は、FAOの重要性に鑑み、日・FAO関係の抜本的強化に取り組んでおり、連携・パートナーシップの更なる強化を図るために、2017年から年次戦略協議を開催している。2020年1月には、4回目の開催となる年次戦略協議を外務省において実施し、FAOを代表してグスタフソン事務局次長ら、日本側は外務省と農林水産省の合同チームが出席した。同協議では、昨年1月の前回協議からの両者の取組を振り返り、日本のFAOへの財政貢献、日本国内におけるFAOの活動及び成果の認知度向上、FAOにおける日本人職員による貢献等の進捗状況を確認し、両者のパートナーシップをさらに前進させることで一致した。更に、両者は、屈事務局長が出席した昨年8月のTICAD7を振り返るとともに、本年日本で開催される東京栄養サミット2020について意見交換を行い、持続可能な開発目標（SDGs）の達成に向け、さらなる協力を深めることとした。

FAOの国内での認知度の向上と日本人職

日本の支援によりFAOが実施したプロジェクトで設置された
野菜苗生産施設（2019年6月16日、シリア・ダマスカス
写真提供：外務省）

員の増強を図るため、大学生・大学院生や研究者、社会人等の一般国民を対象とした講演会やセミナーも開催している。2019年には計3回セミナーを実施したほか、FAO駐日連絡事務所や関係機関などが実施し、FAOの活動を広く知らしめるイベント等に協力を行った。

2019年3月に都内で開催された講演会では、日本担当FAO親善大使をお迎えして、SDGsの達成に向けて議論するとともに、食品ロス削減に寄与する料理の紹介などが行われた。また、10月の世界食料デー月間の際に都内で開催されたシンポジウムでは、世界的な食品ロス削減の取組にリーダーシップを発揮しているFAOとともに、食品ロス削減の取組への理解を促進し、SDGsの達成に向けた国際的な貢献の可能性について議論を行った。また、同年12月（於：東京）には、FAOの日本人職員の協力を得て、セミナーを開催し、国際機関での勤務に関心を有する参加者へのキャリアアドバイスなどを行った。

日本の関心事項を踏まえた案件がFAO側により積極的に形成されたこともあり、2019年3月に中東・アフリカなどの計15か国に対してFAOを通じた計約1,027万ドルの支援を

実施した。また、FAOは日本が国際機関と連携して行う無償資金協力においても重要なパートナーであり、2019年にはインド洋アフリカ諸国（ケニア、コモロ、セーシェル、マダガスカル及びモーリシャス）に対する水産資源管理能力向上のためのプロジェクトの実施を決定した。

（2）　国際穀物理事会（International Grains Council、略称 IGC）
〈IGCの概要〉

1995年の国際穀物協定は、穀物貿易に係る国際協力を促進するための「穀物貿易規約」と、開発途上国への食料援助のための「食糧援助規約」の2つの法的文書から構成されており、IGCは穀物貿易規約の運用機関である。穀物の貿易と国際協力を促進し、国際穀物市場の安定に寄与することを目的とし、穀物の生産量（生育状況を含む）や穀物の貿易に関連する市場情報のみならず、穀物生産・消費・在庫・貿易等に関する各国政府の施策やその変更等に関しても情報交換を行う。世界の主要な穀物輸出・輸入国が加盟（2019年11月現在、計27か国及びEU。穀物の主要貿易国のうち、ブラジル及び中国が未加盟）。事務局は英国のロンドンにある。事務局長は2006年2月から12年間にわたり日本出身の北原悦男氏が務めた後、2018年2月からフランス出身のアーノルド・ペティ氏に引き継がれた。
〈IGCの活動と、日本にとっての意義〉

IGCは、小麦、とうもろこし、大豆、米の日々の穀物相場や中期予想に加えて、穀物の貿易価格に大きな影響を与えるフレート（外航船の運搬料）の分析及び長期的な相場トレンドを示すインデックスを用いた分析も行っている。2017年からは新たに豆類も調査対象に加えるなど、幅広い情報提供を行うプラ

ットフォームとして機能しており、毎年多数の関連レポートにより、情報発信を行っている。IGCは、穀物の主要貿易国からの情報提供を受けるとともに、独自でも情報収集を行っており、特定の輸出国又は輸入国の立場に依らない第三者の立場でのフェアな分析が行われている。この情報を利用し他国と意見交換等を行うことで、世界及び日本の食料安全保障に影響を与える穀物市況と今後の課題等について情報を得ることが可能となっている。特に、日本は総穀物需要の7割以上、自給率の高い米を除けば9割以上を輸入に依存しており、IGCの情報は日本の食料安全保障上、非常に重要といえる。

(3)　国際コーヒー機関（International Coffee Organization、略称ICO）

〈ICOの概要〉

　ICOは、コーヒー産業が全ての関係者にとってより良い運営環境になることを目指し、市場経済下で世界的にコーヒー産業を強化し、かつその持続可能な拡大を促進することを目的として設立された。現在、加盟国は日本を含む48か国及びEU（2019年11月現在）。事務局はイギリスのロンドンにあり、事務局長はブラジル出身のジョゼ・セッテ氏が務めている。

〈ICOの活動と、日本にとっての意義〉

　ICOは、コーヒーに関する政府間及び官民の協議を実施し、コーヒーの国際的な市場構造や生産・消費の長期的傾向に関する理解や、コーヒーに関連する問題を、民間セクターも含めて協議する場を提供している。毎年3月及び9月には理事会を開催するとともに、不定期に世界コーヒー会議を開催している。また、持続可能なコーヒー生産や、害虫対策などの取組、コーヒー価格のマーケットレポートの作成などを行っている。コーヒー豆

は、近年、価格の変動が大きい状況であり、コーヒーを輸入に頼り、また、一部の大手数社を除けばほとんどが中小企業からなるコーヒー業界にとっては、政府及び横断的組織である一般社団法人全日本コーヒー協会がICOに参加し、情報収集するとともに意見表明することは有益である。

6　エネルギー関連国際機関

(1)　国際エネルギー機関（International Energy Agency、略称IEA）

〈IEAの概要〉

　IEAは、第一次石油危機後の1974年に、キッシンジャー米国国務長官の提唱を受けて、経済協力開発機構（OECD）の枠内における機関として設立された、全てのエネルギー資源に関する市場・情勢分析や政策提言等を行う唯一の国際機関である。IEAは、OECD加盟国（2019年末現在36か国）であり、かつ備蓄基準（前年の当該国の1日当たり石油純輸入量の90日分）を満たすことを参加要件としている。2018年2月にメキシコが新たにIEAに参加し、同年末時点の参加国数は30か国となった。現在、チリ及びリトアニアのIEA参加に向けた手続が行われている。また、コロンビアがIEA参加の意思を表明している。事務局長はトルコ出身のファティ・ビロル氏が務めている。

　IEAは、エネルギー安全保障の確保（Energy security）、環境保護（Environmental awareness）、経済成長（Economic development）、世界的なエンゲージメント（Engagement worldwide）の「4つのE」を共通目標に掲げ、エネルギー政策全般に関する幅広い活動を展開している。具体的な活動分野には、①石油・天然ガス供給途絶等の緊急時への準備・対応、②石油・天然ガス・石炭・再生可能エネルギー・電力等の市場分析・中長

期の需給見通し、③エネルギー源の多様化、④非メンバー国との協力促進等がある。

〈IEAの活動と、日本にとっての意義〉

石油供給の大半を外国に依存する日本にとって、IEAの緊急時対応システムは供給途絶の際への備えとして極めて重要なものとなっている。IEAによる過去の協調行動としては、2011年のリビア情勢等への対応として石油備蓄を放出した例などがある。また、IEAはエネルギー政策全般にわたる知見について国際的に高い評価を得ており、特にメンバー国のエネルギー政策全般に係る国別詳細審査等を通じてIEAが行う政策提言や、毎年発行されている旗艦出版物『世界エネルギー展望』（World Energy Outlook、略称WEO）は、日本のエネルギー政策の企画・立案・実施にとり有益である。

〈IEAの将来戦略と非メンバー国との関係強化について〉

ビロル事務局長は、IEAが目指すべき将来像として、OECDの枠にとらわれない「真に国際的なエネルギー機関」という理念とともに、それを実現するためのビジョンとして、①エネルギー安全保障の更なる強化、②クリーンエネルギー及び省エネルギーに関する国際的ハブとしてのIEA、③IEAに参加していない新興国との協力関係の強化（アソシエーション制度の構築）を掲げている。

特に、③「IEAに参加していない新興国との協力関係の強化」については、世界のエネルギー消費に占めるOECD諸国の割合が年々縮小し、中国やインド等の新興国のエネルギー消費が顕著に拡大し続ける現状を踏まえ、IEAはこれらの国々との関係強化に向けた精力的な協議を実施している。その結果、IEAと非参加国との協力イニシアティブである「アソシエーション制度」が構築された。アソシエーション制度への参加国は、2019年12月現在、中国、インドネシア、タイ、シンガポール、モロッコ、インド、ブラジル、南アフリカの8か国であり、2019年12月の第27回IEA閣僚理事会において、アソシエーションの先を求める国のための「戦略的パートナーシップ」の立上げに向けたインドとの協議開始が合意された。

(2)　国際エネルギー・フォーラム（International Energy Forum、略称 IEF）

〈IEFの概要〉

IEFは、石油・ガス等の産出国と消費国の閣僚レベルが、エネルギー市場の安定や中長期的な見通し等について非公式な対話を行う枠組みである（注：国際約束に基づき設立された国際機関ではない）。産消対話を行うことにより、産消国双方が相互に理解を深め、健全な世界経済の発展やエネルギー需要と供給の確保のために安定的かつ透明性のあるエネルギー市場を促進することを目的としている。

2003年12月から常設の事務局がサウジアラビアのリヤドに設置されている。2019年11月現在の加盟国は70か国であり、事務局長は中国出身のスン・シアンシェン氏が務めている（任期：2020年7月まで）。

〈IEFの活動と、日本にとっての意義〉

日本は、化石燃料の大半を海外に依存する世界第5位のエネルギー消費国であり、消費国としてIEFを活用し、産出国側と共通理解を深めることで、エネルギー安全保障を強化する必要がある。また、石油市場の透明性を確保するためにIEFが取り組んでいる「国際機関共同データイニシアティブ（Joint Oil Data Initiative、略称 JODI）」を、データの質の向上と参加国の拡大の観点から一層充実させていくことが不可欠である。

また、事務局のホスト国であり、IEFに積

極的な貢献を行っているサウジアラビアは、日本にとって最大の原油供給国でもある。IEF常設事務局へ協力の姿勢を示すことは、サウジアラビアとの二国間関係を強化する上でも意義がある。

(3) 国際再生可能エネルギー機関 (International Renewable Energy Agency、略称IRENA)

〈IRENAの概要〉

IRENAは、2011年4月、再生可能エネルギー（太陽、風力、バイオマス、地熱、水力、海洋利用等）の普及・持続可能な利用の促進を目的として設立された。事務局本部はアラブ首長国連邦のアブダビにあり、同年10月、ドイツのボンにイノベーション・テクノロジー・センター（IRENA Innovation Technology Center、略称IITC）が開所した。2019年12月現在、159か国とEUが加盟している。事務局長はイタリア出身のフランチェスコ・ラ・カメラ氏が務めている。

〈IRENAの活動と、日本にとっての意義〉

IRENAは、再生可能エネルギー利用の分析・把握・体系化、政策上の助言提供、加盟国の能力開発支援等を行っている。気候変動に関するパリ協定の採択・発効等、昨今国際的な機運の高まりが見られる再生可能エネルギーの普及・利用を進め、適切なエネルギー・ミックスの実現を国際的に推進する母体であり、また日本の優れた再生可能エネルギー技術を対外発信する場としても有益である。日本はIRENAと協力して、開発途上国の能力構築研修等を実施するとともに、民間企業とも連携する形でのセミナーの開催等を行ってきている。

また、日本は、設立後4期連続で理事国に選出（全21か国、任期は2年）され、半年ごとに開催される理事会において、事業計画・予算案の検討、総会準備、年次報告書の審議、事務局長の選出に係る審議等、IRENAの具体的な運営に貢献している。

〈IRENAとの連携強化の現状〉

2018年1月にアブダビで開催された第8回総会では、日本の外務大臣として初めて出席した河野外務大臣（当時）がスピーチを行い、再生可能エネルギーの時代の到来を受け、日本として技術とイノベーションの力で世界に貢献していくと発言したほか、脆弱な立場にある国への支援や、「福島新エネ社会構想」の国際発信にも言及した。また、2019年1月の第9回総会では、辻外務大臣政務官（当時）がスピーチを行い、気候変動問題に対する国際社会の取組の機運が一層高まり、また再生可能エネルギーの発電コストが近年劇的に低下したことにより、世界全体として再生可能エネルギーの更なる導入拡大が求められている中、日本としても再生可能エネルギーの「主力電源化」という方針の実現に向け取り組んでいると述べた。

(4) エネルギー憲章条約 (Energy Charter Treaty、略称ECT)

〈ECTの概要〉

1994年、エネルギー憲章条約（ECT）は、1991年の「欧州エネルギー憲章」（注：市場原理に基づく改革の促進、エネルギー分野における貿易及び投資等の企業活動を促進することを内容とする政治宣言）の内容を実現するための法的枠組みとして策定された（1998年発効、日本は2002年に受諾）。2019年12月現在、旧ソ連（ロシア・ベラルーシを除く）、東欧、EU諸国等50か国及びEU・ユーラトムが条約を締結している。

2015年5月、エネルギー憲章に関連するプロセスを近代化するため、欧州エネルギー憲章の内容を基礎とする「国際エネルギー憲

第三章

章」（政治宣言）が採択され、2019年12月現在、日本を含む90近い国・機関が署名している。エネルギー憲章会議（最高意思決定機関）により設置される事務局がベルギーのブリュッセルにあり、事務局長はスロバキア出身のウルバン・ルスナック氏が務めている。

〈ECTの活動と、日本にとっての意義〉

ECTは、主としてエネルギー原料・産品の貿易及び通過の自由化並びにエネルギー分野における投資の保護・自由化等について規定している。

日本とECTとの関係では、長期的、安定的な資源開発に向けた投資・貿易環境の整備に貢献することで、日本のエネルギー安全保障の強化に寄与し、また、締約国において日本企業の投資を保護・促進することが期待される。今後は、エネルギー需要の拡大が見込まれるアジア、アフリカ等の地域にもECTへの加入を促すことが、日本のエネルギー安全保障上重要な課題である。また、世界のエネルギー市場が大きく変化する中で、発効から20年以上が経過したECTの近代化について締約国間で検討を進めてきた結果、2019年12月のエネルギー憲章会議第30回会合に

おいて、近代化に係る交渉の開始が決定された。

(5)　太陽に関する国際的な同盟（International Solar Alliance、略称ISA）

ISAは、2015年11月の気候変動枠組条約第21回締約国会議（COP21）開催期間中に、国際社会における太陽エネルギーの利用拡大を目的にインド政府がフランス政府とともに立ち上げた国際協力の枠組みである。加盟国は太陽エネルギーの利用について情報共有し、資金調達、イノベーション、研究開発、能力開発等の分野で協力を行う。2017年12月6日にISAの設立に関する枠組協定が発効し、日本は2018年10月に東京において、同協定の受諾書をインド政府に寄託した。同協定には、2019年12月現在、84か国が署名済みで、うち日本を含む63か国が締結済みである。

日本は、ISAを通じ、日本の技術やイノベーションについて積極的に発信することを目指し、エネルギー転換・脱炭素化に向けた国際連携を進めていく。

3 国際会議における取組

1　G20/G7

(1)　G20サミット

❶G20サミットとは

2008年9月のリーマンショック後の経済・金融危機に対処するため、従来のG20財務大臣・中央銀行総裁会議を基に、主要先進国・新興国の首脳が参画するフォーラムとして発足した。2009年9月のピッツバーグ・サミットにおいて、持続可能な経済成長の実現に向けて、G20を国際経済協調の第一のフォーラ

ムとして定例化することに合意され、2011年以降は年1回開催されている。G20は、メンバーの多様性ゆえにG7に比べて合意形成が容易でない反面、加盟国のGDP合計が世界の8割以上を占める重要なフォーラムとなっている。

❷G20大阪サミット

6月28日及び29日、大阪にてG20大阪サミットが開催された。

安倍総理は議長として、「世界経済、貿易・投資」、「イノベーション（デジタル経

特別寄稿

G20大阪サミット事務局長の任を終えて　　　　赤堀　毅

外務省総合外交政策局参事官／元外務省経済局G20サミット事務局長

　G20大阪サミットは全関係者の努力により成功裏に終了しました。トランプ大統領の「素晴らしく、よく運営されたサミットを主催した安倍総理に祝意を表す。パーフェクト！」とのツイートや某国大使の「スタッフの献身を高く評価。首脳の訪問は時計仕掛けのように円滑だった。」との礼状で全ての努力が報われました。

　38の国・機関の首脳、約7千名の代表団、約6千名の報道関係者が関与し、130以上の会談が行われたG20大阪サミットは日本主催のサミットとして最大規模と最高水準となりました。

　まず心がけたのは記録映像も見てG20の先例を研究し、G7の経験も活かし、基本をしっかり押さえることです。首脳会議場の円卓、19の二国間会談室のレイアウト、迎賓の手順等、議長たる安倍総理にも相談しながら作り上げました。安倍総理の外交経験が豊かで各首脳から尊敬されていたことが極めて有益であったと言えます。

　最大の課題は交通対策でした。市民生活への影響が必要最小限になるとの大方針でしたが、車列の通行のため高速道路の規制が必要となりました。外務省・大阪府警の広報、安倍総理や河野外務大臣（当時）による要請に市民・関係業界が応じ、交通総量5割削減が実現しました。会議の安全・円滑な運営のため、3万2000人の警察官の活躍が決定的に重要でした。

　ロジも外交です。会議前3ヶ月は各代表団の要望に関する交渉が続きました。ハンドブック、回章、数次の説明会等で先例、物理的制約、首脳が主役であることなどを含めわかりやすく説明し、代表団及び報道関係者合わせて1万3千人に概ね期待通りに動いてもらえました。

　付加価値として、日本、関西、大阪の効果的発信を目指しました。夕食会は大阪城公園内の大阪迎賓館を有効活用しました。台風一過、大阪の象徴たる天守閣を背景とする狙い通りの集合写真が世界中に配信され効果絶大でした。夕食に先立ち野村萬斎さん、辻井伸行さん、中丸美千繪さんの出演で、日本文化の奥深さと広がりを紹介できました。辻井さん演奏の「花が咲く」の背景映像は東日本大震災からの復興と各国からの支援への感謝をテーマに心を込めて完成させたものです。

　沖縄サミット経験者の辻芳樹さんと田崎真也さんの協力も得て、夕食会、ワーキングランチ、代表団・報道関係者用の食事等で日本の優れた料理や飲料を楽しんでもらいました。夕食会では首脳毎に母国語で詳しいメニューを用意しました。

　会場内に設置した広報展示館が目標以上に盛況でした。のべ6千名強が、日本の先端技術や環境問題への取り組み、オリンピック・パラリンピック、震災復興、観光、大阪・関西の文化・産業等の多数の展示を取材・報道しました。

　自然災害、テロ、サイバー攻撃を含むあらゆる事態を想定し対策を講じました。専用機の故障や救急車の出動等にはその都度冷静に誠実に対応できたと思います。最後の首脳が大阪を離れた後ようやく安心できました。あらゆる準備を入念に行った結果、運も味方したのだと思います。外務省G20サミット事務局の同僚をはじめ、各省庁、関西・大阪の自治体、経済団体、関係企業、協力団体・個人を含むすべての関係者の貢献に謝意と敬意を表します。

大阪城西の丸庭園内の施設にて安部総理を案内（2019年4月20日／写真提供：内閣広報室）

第三章

済・AI）」、「格差への対処、包摂的かつ持続可能な世界」及び「気候変動・環境・エネルギー」をテーマとした各セッションで、意見の対立ではなく共通点を見出すべく、議論を主導した。

各セッションの概要は以下のとおりである。

第１セッション：世界経済、貿易・投資

冒頭、安倍総理から、世界経済における貿易と地政学をめぐる緊張の増大を指摘し、G20として、これらの下方リスクに対処し、必要な行動をとるべきであると訴えた。その上で、グローバル化、高齢化、デジタル化に対処していくべきこと、また、自由、公正、無差別な貿易体制を維持・強化していくべきであり、特に、（ア）上級委員会を含む紛争解決制度、電子商取引を含む新しい時代のルール作りを始めとするWTO改革、及び（イ）国際貿易・投資の基盤としての公平な競争条件

の確保の重要性を指摘した。

各首脳からは、現下の貿易をめぐる状況が、経済成長に及ぼす影響やWTO協定と整合的な形で解決されるべきことなどの指摘に加え、WTO改革のモメンタムをG20として政治的に後押ししていくべきことなどについて、多くの指摘がなされた。

第２セッション：イノベーション

安倍総理から、イノベーションは経済発展と社会的課題の解決を両立する鍵であると述べ、データの自由な流通を確保するための「信頼性のある自由なデータ流通（Data Free Flow with Trust：DFFT）」の考え方を提示した。また、「大阪トラック」を通じ、WTOでの電子商取引を始めとするルール作りを進めていきたいと述べた。さらに、AI等の先端技術の活用にも「信頼」が不可欠であると強調し、G20・AI原則の重要性についても言及した。

Ｇ20大阪サミット（2019年6月28日、大阪／写真提供：内閣広報室）

特別寄稿

2019年G20大阪サミットの開催について

吉田真治

大阪府スマートシティ戦略準備室長／元2019年G20大阪サミット関西推進協力協議会事務局長

　昨年6月28・29日、G20サミットが我が国で初めて大阪で開催されました。2018年2月の大阪開催決定をうけ、地元大阪・関西をあげて万全の準備を進めるため、同年3月には大阪府、大阪市、経済団体等で構成する「2019年G20大阪サミット関西推進協力協議会」が設立されました。サミット成功のためには、各国首脳をはじめ来阪者にとって安全・安心で円滑な会議環境を整えるとともに、地元住民・事業者の経済・社会活動にできるだけ支障を来さないことが何よりも重要でした。とりわけ今回のサミットは大都市での開催であり、規制に伴う大規模な交通渋滞の発生が懸念され、これを回避するために交通総量を50％削減するという高い目標が設定されました。目標達成のためには住民や事業者のみなさまのご理解ご協力が不可欠であり、説明会をはじめ、テレビCM、新聞折り込み等様々な手法を通じて、ご協力のお願いをさせていただきました。おかげをもって削減目標が達成されるなど、大きな混乱なく来阪者をお迎えすることができました。みなさまのご協力にあらためてお礼申し上げます。

　また、世界から注目を集めるサミットは、大阪・関西の魅力や強みを世界に発信する絶好の機会でした。本会議前日には協議会主催の歓迎レセプションを開催し、首脳をはじめとする各国代表団に、大阪産（もん）など大阪・関西の食材を使った料理や先端技術等を楽しんでいただきました。

　また、本会議場のあるインテックス大阪内に設置した「大阪・関西魅力発信スペース」でも、海外メディアのみなさんに大阪・関西の食の魅力や先端技術を体感いただきました。また、サミット開催前にも外国人記者を対象にしたプレスツアーを開催しました。こうした取り組みを通じて、海外の新聞・雑誌に大阪・関西の記事が多数取り上げられ、世界に大阪・関西の魅力を発信することができたと思っております。

　地元大阪・関西としてはサミット開催を通じて、多くの経験を得ることができたと実感しております。

　1点目は「ブランド」の確立です。大阪が大規模な国際会議やイベントを安全・安心に開催することができる都市であることを世界に認めていただけたと思います。2点目は「多様な魅力」の発信。大阪・関西の歴史・食をはじめ、ライフサイエンス等の先端技術を世界に知っていただけました。3点目は「おもてなし」。安全安心な会議環境をはじめ、レセプションや地元住民のみなさんによるクリーンアップ、協議会が設置した「G20大阪サミット宿泊予約センター」を通じた宿泊先の提供などにより、来阪者に大阪・関西の「おもてなし」を体感いただけたと思います。そして、4点目は関係機関との「連携」。国、警察、経済界等との連携によりサミットの成功につながる円滑な対応ができたと思っております。

　サミット開催で得られた貴重な経験やノウハウ。これを2025年大阪・関西万博、今後のMICE[1] 誘致などにつなげることで、大阪・関西のさらなる都市格の向上と発展を実現するとともに、ひいては日本全体の成長・発展に貢献していきたいと考えております。今後ともご指導、ご支援のほどよろしくお願いいたします。

1) 企業等の会議（Meeting）、企業等の行う報奨・研修旅行（インセンティブ旅行）（Incentive Travel）、国際機関・団体、学会等が行う国際会議（Convention）、展示会・見本市、イベント（Exhibition/Event）の頭文字のことであり、多くの集客交流が見込まれるビジネスイベントなどの総称。

第三章

各首脳から、経済成長や社会的課題の解決におけるイノベーションの役割や、デジタル経済の国際的なルール作りの重要性について発言があった。また、「信頼性のある自由なデータ流通」の考え方が参加者間で共有された。

さらに、テロリストによるインターネットやソーシャル・メディアの悪用の深刻化に関する議論を受け、「テロ及びテロに通じる暴力的過激主義によるインターネットの悪用の防止に関するG20大阪首脳声明」が発出され、デジタル産業との協調などについて認識を共有した。

第3セッション：格差への対処、包摂的かつ持続可能な世界

安倍総理から、イノベーション、人口動態の変化やジェンダー不平等がもたらす格差にしっかり対処すべきであると指摘し、今後の課題や日本の取組を説明した。また、包摂的かつ持続可能な世界の実現のため、途上国の債務問題、質の高いインフラ投資、ユニバーサル・ヘルス・カバレッジ（UHC）を含む国際保健、防災・教育、科学技術イノベーション（STI）等の活用によるSDGsの達成に向けた取組等の重要性を指摘した。加えて、社会的インパクト投資や休眠預金を含む多様で革新的な資金調達の在り方を検討し、日本が国際的議論の先頭に立っていきたい考えを述べた。

その後の議論では、各首脳から、女性のエンパワーメント、教育格差、途上国支援、貧困、持続可能な開発について、自国の取組に加え、SDGsの達成を始めとする開発分野における国際協力の重要性等が指摘された。

第4セッション：気候変動・環境・エネルギー

安倍総理から、気候変動・エネルギー及び海洋プラスチックごみ対策といった喫緊の地球環境問題への対処におけるイノベーションの活用の重要性を指摘するとともに、パリ協定の本格運用に向けた長期戦略を紹介しつつ、脱炭素社会という究極の目標実現に向け、世界のモデルとなるべく努力して取り組んでいくことを述べた。また、2050年までに海洋プラスチックごみによる新たな汚染をゼロとすることを目指す「大阪ブルー・オーシャン・ビジョン」の実現に向け、日本としても、途上国の廃棄物管理に関する能力構築及びインフラ整備等を支援していくことを表明した。さらに、スペースデブリ（宇宙ごみ）の増加問題について、国際社会が協力して取り組む必要があると指摘し、日本が世界に先駆けて大型デブリ除去プロジェクトを開始し同分野における取組を主導していく考えを述べた。

その後の議論では、各首脳から様々な指摘があり、特にパリ協定の実施の重要性について多くの指摘がなされた。また、再生可能エネルギー活用の必要性も指摘された。

閉会セッション：次期議長国としての発言

サミットの成果文書として「大阪首脳宣言」を採択し、安倍総理から、自由、公正、無差別な貿易体制の維持・発展の重要性、データの自由な流通を含むデジタル経済におけるルール作り、海洋プラスチックごみ対策、女性のエンパワーメントを始めとする諸課題について、G20として一致して力強いメッセージを発信できたと総括した。

その後、次期G20議長国を務めるサウジアラビアから来年のリヤド・サミットに向けた抱負が述べられ、最後に安倍総理から、世界経済をリードするG20として、今般採択された大阪首脳宣言に基づき、自由で開かれた、包摂的かつ持続可能な未来社会の実現に向けた協力を継続していきたいと総括し、閉会した。

❸G20愛知・名古屋外務大臣会合

11月に開催されたG20愛知・名古屋外務

特別寄稿

G20愛知・名古屋外務大臣会合での提言発表を終えて　　中山朋美、柴田真依、伊東克洋

愛知県立時習館高等学校

　今回「G20愛知・名古屋外務大臣会合」において、各国外務大臣の皆様に向けて提言を発表するという貴重な機会をいただき、ありがとうございました。

　提言の作成に際しては、本校および愛知県内の3校（名古屋大学教育学部附属高等学校、名古屋市立名東高等学校、中部大学春日丘高等学校）の生徒計12名で、議論を重ねました。海外経験の有無や関心のある分野が各々異なる中、主題を決める際には様々な意見が出ました。その中で私たちは、個々の考えや価値観を尊重し、共有することに努めました。その結果、「教育格差を解消し、すべての人が教育を受けることができる世界の実現」というテーマで意見が一致しました。同世代の高校生と忌憚なく意見を交わすことを通して、一つの事象を多角的に捉えることの大切さを学びました。

　また、外交を司る外務大臣の方々が集まる場で発表を行うことから、会合に参加する国はもとより、他の国や地域をも意識した提言を作成することを目標としました。しかし、教育事情は国や地域によって全く異なること、また「教育格差」と一口に言っても、政治・経済の情勢、貧困や児童労働の問題、設備や施設の不足等、複数の要因が関わることにより、様々な形の格差が生じていることを知り、議論が停滞したこともありました。そのような苦労がありながらも、提言をまとめることができたのは、12名が共通の目標の下、協力して取り組んだからこそだと感じています。

　そして迎えた会合当日、発表を控えた私たちの前には、各国の外務大臣の方々が輪を描くように座っておられました。これまでに味わったことのない緊張の中、提言を発表し、茂木外務大臣に提言書を手渡す私たちを、皆様は温かな眼で見守ってくださいました。中には、提言を発表する際、メモをとりながら耳を傾けてくださる方もいました。その姿を目の当たりにした時、私たちが提言に込めた思いが世界に届いたように感じられ、達成感で心が満たされたことを覚えています。

　今回、世界全体を念頭に置いた提言を作成した経験から、外務大臣としての責務が如何に重大なものであるかを、その一端ではありますが、知ることができたと感じます。外交に関わる仕事を日々遂行し、それを言葉にのせて世界に発するためには、自国は勿論のこと、世界の未来をも考えることが必要だということを学びました。また、教育格差について考える機会をいただき、様々な事情を抱えているが故に、学びたくても学べない同世代の子どもたちが世界に多くいるということ、その一方で私たちは、日々多くの人の支えを受けながら、学ぶことができているということを、改めて認識するに至りました。

　世界が抱える幾多の課題の解決に直接携わることは、私たち高校生には難しいかもしれません。しかし、その課題に目を向け、自らの意見を発信し、周囲の人々と分かち合うことは私たちにもできることで、それが世界を変える契機になりうるのだと、一連の取組を通して学びました。この経験から得た学びと自信を糧に、国際的に活躍できる人材を目指して今後も努力を重ねる所存です。

第三章

大臣会合では、(1)自由貿易の推進とグローバル・ガバナンス、(2)SDGs、(3)アフリカの開発、をテーマとした議論が行われた。また、会合の中では、地元高校生による「教育格差」をテーマとした提言がなされた。

本外務大臣会合は、茂木外務大臣の議長の下、大阪サミットや、TICAD7の成果を確認し、今後の実施に向けた具体策を議論するための「跳躍台」となった。閉会セッションでは、G20議長国のシンボルである木槌が次期議長国であるサウジアラビアに引き継がれた。

(2)　G7サミット

❶G7サミットとは

G7サミット（主要国首脳会議）とは、フランス、米国、英国、ドイツ、日本、イタリア及びカナダ（議長国順）の7か国並びに欧州連合（EU）の首脳が参加して毎年開催される国際会議である。冷戦終結後、ロシアも加わる形でG8サミットが開催されてきたが、ウクライナ情勢を受け、G7首脳がG8サミットへの参加を停止したことにより、2014年以降はロシアを除く7か国及びEUの首脳によるG7サミットとなっている。

❷G7ビアリッツ・サミット

2019年8月24日〜26日、フランスのビアリッツにてG7サミットが開催された。議長のマクロン大統領が掲げた「不平等との闘

G7ビアリッツ・サミット（2019年8月25日、フランス・ビアリッツ／写真提供：内閣広報室）

い」のテーマの下、世界経済・貿易や外交・安全保障に関するG7首脳間の率直な議論に加え、アフリカ、環境、デジタル化の議題では、アウトリーチ国や国際機関、市民社会の参加も得て、多角的な視点から意見交換を行い、成果文書として、首脳が合意した事項を簡潔にまとめた「G7ビアリッツ首脳宣言」等を発出した。

安倍総理は、国際社会の牽引役として、自由、民主主義、法の支配、人権といった基本的価値を共有するG7が結束し、日本が議長を務めたG20大阪サミットの成果の上に、下振れリスクに対する機動的対応を含む世界経済の成長、自由貿易の推進、気候変動といった地球規模課題、北朝鮮やイランといった外交・安全保障上の課題についてもG7首脳間の率直な議論をリードした。

全体の概要は以下のとおりである。

セッション：外交・安全保障

北朝鮮、中東情勢、中国、ロシア・ウクライナ、アマゾンの森林火災等について、率直な議論が行われた。

（ⅰ）　北朝鮮

北朝鮮に関しては、安倍総理が議論をリードし、G7の優先課題の一つとして、議論が行われた。G7として、全ての大量破壊兵器及びあらゆる射程の弾道ミサイルの完全な、検証可能な、かつ不可逆的な廃棄（CVID）の実現を追求していくことの重要性について一致し、そのために国際社会として関連国連安保理決議の完全な履行を徹底し、引き続き米朝プロセスを後押ししていくことを確認した。拉致問題についても、安倍総理から、早期解決に向けた理解と協力を呼びかけ、賛同を得た。

（ⅱ）　中東情勢

喫緊の課題であるイランを始めとする中東情勢について議論した。安倍総理から、自身

のイラン訪問も踏まえ、中東における緊張緩和と情勢の安定化に向けて外交努力を継続していくことを述べ、G7として、イランの核保有を認めず、地域の平和と安定のため、引き続き緊密に連携していくことを確認した。

またシリアについて、安倍総理から、国連主導の政治プロセスの重要性を強調し、G7各国は、現地の人道状況に関する強い懸念を共有した。

（ⅲ）　中国

アジア情勢について議論する中で、香港の状況を含む中国の最近の情勢についても議論が及んだ。G7として、中国が、地域及びグローバルな課題を解決するため、建設的な役割を果たすよう促していくことが重要である旨一致した。

セッション：世界経済・貿易

世界経済が様々な下振れリスクに直面する中で、リスクに備え、世界経済を支えるために、必要とあらば機動的かつ万全の政策対応をとることが不可欠であるとの認識を共有した。

安倍総理からは、多角的自由貿易体制が直面する2つの課題として、(1)自由競争から「取り残されている」と感じている人々の不安に正面から向き合う包摂性を意識した政策運営、(2)WTOのルールを改革し、ルールに対する信頼を取り戻すことの重要性を指摘した。更に、「信頼性のある自由なデータ流通（DFFT）」の考え方に基づくデータ流通に関するルール作りが重要であることを強調した上で、G20大阪サミットの際に立ち上げた「大阪トラック」の下、WTOでのルール作りを後押しし、来年6月の第12回WTO閣僚会議までに実質的な進捗を達成できるよう、閣僚に指示することを呼びかけた。

G7として、WTO改革等を通じてルールを時代に即したものとし、自由で開かれた経済を推進していくことを確認するとともに、データ・セキュリティについて議論を継続することを確認した。また、デジタル化の進展に伴う国際課税制度の現代化について、2020年までに国際的な解決策に合意できるよう引き続き取り組むことに合意した。

セッション：不平等との闘い

（ⅰ）　教育、雇用、保健等

教育、雇用労働、保健等でどのように不平等と闘っていくべきか議論が行われた。安倍総理からは、G7は不平等に起因する様々な課題に直面しているが、急速に進むグローバル化とデジタル化は、経済成長の利益を人々が包摂的に享受するチャンスを提供すること、また、その鍵は教育であると述べ、全ての人々に対し、人生のあらゆる段階において、技術革新を先取りした教育や職業訓練の機会を提供する必要性を強調した。

また、保健に関する不平等については、マクロン大統領の呼びかけに応え、日本は、世界エイズ・結核・マラリア対策基金（グローバルファンド）の第6次増資に8億4,000万ドルをコミットした点を強調した。

本セッションの議論を取りまとめた「不平等との闘いに関する議長総括」が発出され、様々な分野での不平等是正の取組の必要性に言及するとともに、大阪トラックを含め、デジタル経済・データの潜在性を活用するための政策討議を促進することに合意した。

（ⅱ）　ジェンダー平等

「ジェンダー平等アドバイザリー評議会」の委員等から、ジェンダー平等や女性のエンパワーメントの法的枠組等の改善等の重要性につきプレゼンテーションが行われ、G7首脳間で幅広い議論を行った。

議論を踏まえ、「ジェンダー平等及び女性のエンパワーメントに関するG7宣言」が採択され、(1)ジェンダー平等のための法的・

第三章

政策的枠組の改善及び法律の執行、(2)紛争下の性的暴力の防止のための基金創設等の取組、(3)途上国での女児教育と職業訓練等の実施等が確認された。

セッション：アフリカとのパートナーシップ

リビア、サヘルの治安・開発支援、及びマクロン大統領が優先事項とする(1)女性起業家支援、(2)デジタル化、(3)透明性及び腐敗との闘いについて、アフリカのアウトリーチ国5か国の首脳とともに議論が行われた。リビア情勢に関し、軍事的解決はなく、国連主導の政治プロセスの進捗が重要であり、その実現のための環境醸成に向けてG7として取り組むことについて首脳間で一致した。安倍総理は、TICAD7を横浜でエルシーシ・エジプト大統領と共催する旨紹介した。また、サヘル地域の情勢の改善には、若者への職業訓練・雇用機会の拡大、気候変動に伴う干ばつに対応することが重要と述べ、日本が実施した2,300万ドルの支援を紹介するとともに、引き続き支援を進める旨強調した。

成果文書の「G7とアフリカのパートナーシップのためのビアリッツ宣言」では、TICAD7に向けた期待が示されるとともに、アフリカ女性起業家支援イニシアティブ（AFAWA）への賛同、デジタル格差解消に向けた取組、「質の高いインフラ投資に関するG20原則」に留意した公共調達における透明性向上の重要性等につき一致した。また、サヘル地域の長期的な開発課題に関する各国の取組をまとめた「サヘル・パートナーシップ行動計画」も発出され、2020年の「東京栄養サミット2020」を通じた栄養改善への期待が記載された。

セッション：気候、生物多様性、海洋

8つの招待国（南アフリカ、オーストラリア、チリ、インド、ブルキナファソ、エジプト、ルワンダ及びセネガル）、国際機関が参加し、国連事務総長や環境団体・企業の代表がプレゼンテーションを行った。

安倍総理からは、気候変動分野では、G20大阪サミットで確認したように、非連続的なイノベーションが脱炭素社会の目標を実現する鍵であり、日本が策定した長期戦略を踏まえ、「環境と成長の好循環」の実現に向けて努力すること、海洋プラスチックごみ問題解決のため途上国の廃棄物管理人材育成に積極的に協力していくことを述べた。

本セッションの議論を取りまとめた「気候、生物多様性、海洋に関するビアリッツ議長総括」では、大阪サミットで共有した海洋プラスチックごみ対策に関する「大阪ブルー・オーシャン・ビジョン」を首脳間で歓迎するとともに、「生物多様性憲章」を承認した。

セッション：デジタル化

4つのアウトリーチ招待国（南アフリカ、オーストラリア、チリ、インド）及びOECDが参加し、開かれた自由で安全なデジタル化を促進するための取組につき、議論が行われた。

安倍総理は、G20大阪サミットで採択した「テロ及びテロに通じる暴力的過激主義によるインターネットの悪用の防止に関する首脳声明」に沿って、プラットフォーム企業等も交え議論すべきと述べた。また、「G20 AI原則」の下、官民が緊密に連携しつつ、具体的なルール作りを進めるべきであり、日本も「AI戦略」の下で得られる知見や経験を共有したいと述べた。

本セッションの議論を反映した「開かれた自由で安全なデジタル化による変革のための戦略」では、インターネットが民主主義に与える影響、テロ等によるインターネット悪用の防止、DFFTの考え方、5G・サプライチェーンのセキュリティ対策、AIの研究成果・ベストプラクティス共有の必要性等が確

認された。

❷　アジア太平洋経済協力（APEC）

⑴　APECとは

APEC（Asia-Pacific Economic Coopera-tion アジア太平洋経済協力）は、アジア太平洋地域の21の国・地域（APEC用語では「エコノミー」）が参加する経済協力の枠組みである。アジア太平洋地域は、世界人口の約4割、貿易量の約5割、GDPの約6割を占める「世界の成長センター」であり、APECはこの地域の貿易や投資の自由化・円滑化に向け、地域経済統合の推進、経済・技術協力等の活動を行っている。国際的なルールに則り、貿易・投資の自由化・円滑化と連結性の強化によって繁栄するアジア太平洋地域は、日本が志向する「自由で開かれたインド太平洋」の核である。日本がAPECに貢献することは、日本自身の経済成長や日本企業の海外展開に非常に大きな意義がある。

⑵　設立経緯

1980年代後半、外資導入政策等によるアジア域内の経済成長、欧州、北米における市場統合が進む中、アジア太平洋地域に、経済の相互依存関係を基礎とする新たな連携・協力が必要との認識が高まった。1989年、日本からの働きかけもあり、ホーク・オーストラリア首相（当時）はアジア太平洋地域の持続的な経済発展及び地域協力のための会合の創設を提唱した。

これを受け、米国、ASEAN等においてもアジア太平洋経済協力構想の実現に向けた機運が高まり、同年第1回APEC閣僚会議（於：キャンベラ）が開催された。その後、毎年閣僚会議が開催され、1993年、クリントン米国大統領（当時）の提案により初めて首脳会議（於：シアトル）が開催された。

⑶　APECの原則

APECは、「協調的自主的な行動」と「開かれた地域協力」を基本的な原則としている。「協調的自主的な行動」とは、参加国・地域を法的に拘束しない、緩やかな政府間の協力の枠組みの下で、参加各国・地域の自発的な行動により取組を進めることを示している。このためAPECでは、野心的な目標に取り組みやすく、「交渉」を行う場ではないことから、自由な発想で貿易や投資の自由化・円滑化を議論することが可能となっている。

また、「開かれた地域協力」とは、APECの活動を通じて得られた自由で開かれた貿易や投資といった成果が、域内のみにとどまらず、域外の国・地域とも共有されることを示している。APECは、これら二大原則の下、貿易や投資の自由化・円滑化の模範となる国際慣行やルールが国際社会全体に普及するよう努めている。

⑷　APECの特色

APECの特徴の一つにビジネス界との緊密な連携が挙げられる。ABAC（APECビジネス諮問委員会）は、APECに参加する21の国・地域の各首脳が任命したビジネス界の代表で構成されるAPEC唯一の公式民間諮問団体であり、ビジネスの観点から、APEC域内の貿易・投資の自由化を一層促進するための政策をAPECの首脳や閣僚に提言している。また、APEC首脳会議では、ABAC委員とAPEC首脳が直接対話する機会が設けられている。

これにより、APECは、ビジネスの具体的なニーズを踏まえ、APEC域内の貿易・投資の自由化・円滑化の課題について地に足のついた取組を行うことが可能となっている。例えば、ABACからの提言を受けて導入され

たAPECビジネス・トラベル・カード（ABTC）は、その具体的な成果の一つである。同カード保持者は、短期商用目的で域内の国・地域に渡航する場合、査証なしで、専用レーンを利用した入国審査を受けることができる。（ただし、カナダ及び米国への入国については、専用レーン利用のみ可。査証は必要。）

(5)　具体的活動内容

APEC首脳会議は、年に1度、アジア太平洋地域の主要な国・地域の首脳が一堂に会する場であり、域内の問題のみならず、重要かつ喫緊の国際経済問題を首脳レベルで議論できる貴重な機会となっている。議長は1年ごとに交代し、これまでの成果や議論を引き継いでいく。日本は、1995年（大阪）及び2010年（横浜）に議長を務め、2010年首脳宣言では、APECの将来像とそこに至る道筋

を描いた「横浜ビジョン」が採択された。毎年、首脳会議を目指して、各分野の閣僚級会合が開催されるほか、年4回開催される高級実務者会合（SOM）の下、多くの専門家レベルの関連会合（各種委員会、分野別作業部会等）が開催されており、日本も多数の省庁から参加している。

各種関連会合における議論とともに、APECの活動として特に重要なのは、貿易や投資の自由化・円滑化に資する優良事例を域内で共有することであり、そのための能力構築プロジェクト（セミナー、ワークショップ、官民対話、研究、出版等）が、各種関連会合開催の機会に数多く実施されている。

2019年は116件のプロジェクトが新たに承認され、随時実施されている。各種プロジェクトの実施はAPECにおける最も重要な活動の一つとして認知されている。各プロジェクトは、SOMが開催される際、同会合の直

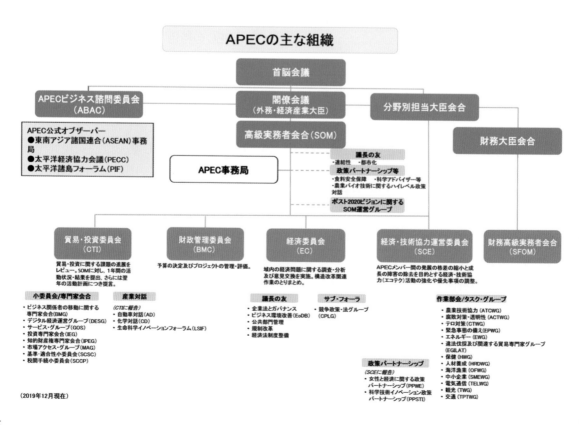

前に開催されることが多く、そのテーマは、貿易、投資、税関、インフラ等の分野のみならず、食料安全保障、環境、交通、保健、女性、テロ、防災等、多種多様な分野に及んでいる。また、幅広い知見を共有する観点から、APEC参加国・地域の行政機関のみならず、非参加国・地域の行政機関のほか、国際機関、企業、大学、研究所等の関係者にも広く門戸を開いている。

〈Win-Winの協力〉

　こうしたプロジェクトのうち、特に開発途上国・地域を対象とした能力構築支援は、当該国・地域の貿易や投資の自由化・円滑化に寄与するものであるが、当該国・地域の利益のみならず、貿易や投資に関するシステム・手続の共通化という点で、日本企業の便益にも資する側面を有している。こうした観点から日本は、1994年インドネシアAPECボゴール閣僚会議において、人づくりを含む協力を域内全体の発展につなげることを目的として「前進のためのパートナー（PFP：Partners for Progress）」構想を提案した。また、日本が議長を務めた1995年日本（大阪）APECでは、村山総理大臣（当時）のイニシアティブにより、能力構築プロジェクトを支援するための基金「貿易・投資の自由化・円滑化（TILF：Trade and Investment Liberalization and Facilitation）」を創設し、同基金への拠出を通じて数多くのプロジェクトを支援している。

(6)　近年の主要議論

❶多角的貿易体制の支持

　APECは、主にWTOで取組が進められている多角的貿易体制を強く支持し、保護主義との闘いに強くコミットしてきた。また、情報技術協定（ITA）の合意やITA拡大交渉開始（2012年）・合意（2015年）を後押しす

るとともに、APEC環境物品リストに合意（2012年）するなど、緩やかな協力の枠組みの中で自由に発言できる空気を最大限に利用する形で、貿易自由化交渉の推進に努めている。また、昨今のWTOの機能改善・改革についてAPECとしても後押しすべきとの議論がなされており、2019年のAPEC貿易担当大臣会合においても、WTOの機能を改善するための行動が必要であることに合意した。

❷アジア太平洋自由貿易圏（FTAAP：Free Trade Area of the Asia-Pacific）構想

　FTAAP構想は、APEC参加国・地域から成る自由貿易圏の設立を目指すものであり、2004年チリAPECの際、ABACにより提言された。APEC域内を全てカバーする自由貿易協定は、域内の貿易や投資の自由化・円滑化というAPECの目的に合致する上、APECでの議論にふさわしい野心的な目標であることから、2010年日本（横浜）APEC首脳宣言で「FTAAPへの道筋」が採択され、TPP11やRCEPなどの地域的取組を基礎としてさらに発展させることにより、包括的で質の高い自由貿易協定が追求されることとなった。更に2014年中国APECで、「FTAAPの実現に関連する課題にかかる共同の戦略的研究」の開始が決定され、その研究成果を踏まえ、2016年ペルーAPECにおいて、「FTAAPに関するリマ宣言」が結実した。同宣言では、①TPP11やRCEPなどを道筋とし、FTAAPを質が高く包括的で次世代貿易・投資課題を組み込むものとするとの原則を再確認し、②能力構築を支援する作業計画に着手すること、③2018年及び2020年に、FTAAPの実現に向けた進捗を首脳に報告すること等が確認された。TPP11が2018年12月末に発効したこと、RCEP協定の早期妥結に向けて交渉が進められていることは、質が

高く包括的なFTAAPを実現する観点からも重要な意義がある。

〈競争政策への理解を深めるための取組〉

近年、貿易に影響を与える企業の反競争的行為に各国政府がいかに適切に対処していくかが重要な課題となってきている。日本が議長を務めた2019年のG20大阪サミットの成果文書においても、貿易や投資においてレベル・プレイング・フィールド（公平な競争条件）を確保することの重要性が確認されている。

日本は、包括的で高水準の自由貿易協定を目指すのであれば、伝統的な関税撤廃等だけでなく、反競争的行為の規制を規定する「競争章」が重要であることを啓発する観点から、過去3回（2017年8月ベトナム・ホーチミン、2018年8月パプアニューギニア・ポートモレスビー、2019年8月チリ・プエルトバラス）にわたり、「競争章」に関するワークショップを開催している。2019年のワークショップでは、FTAやEPAの競争章における「望ましい要素」と「選択的な要素」につき、特に規制の側面からの好事例を紹介し、その定着を図るとともに、FTAやEPAの政策決定者及び交渉担当者の能力構築支援を図った。

❸連結性

（a）継ぎ目なくかつ包括的に連結・統合されたアジア太平洋は、一つの共同体としてのAPECを実現する上で重要であり、この地域の経済的繁栄と強靱性強化に貢献する。2014年中国APEC首脳会議で採択された「2015-2025年APEC連結性ブループリント」では、インフラ等の「物理的連結性」、規制・手続等の「制度的連結性」、国境を越えた教育・観光等の「人と人との連結性」の3つの柱の強化がうたわれた。特に「物理的連結性」の強化においては、インフラ投資を行う国だけ

ではなく受入国にとってもウィン・ウィンとなる形でインフラを普及させることが不可欠であり、そのためには、開放性、透明性、経済性、対象国の債務持続可能性といった国際スタンダードを確保していくことが重要であるというのが日本の立場である。

（b）こうした国際スタンダードの重要性をAPECにおいても浸透させるため、「質の高いインフラ投資に関するG20原則」の紹介、APEC域内のインフラ担当省庁局長級会合を開催し、質の高いインフラに関する好事例を共有するなど様々な取組を行っている。中でも、2018年には日本の主導で、こうした国際スタンダードを「APECインフラ開発・投資の質に関するガイドブック」（改訂）としてAPECで作成した。さらに、フィリピン、ベトナム、インドネシアと協力し、各エコノミーのインフラ投資に関連する法制度のピア・レビューを進め、質の高いインフラの定着に向けた能力構築事業を実施している。

❹デジタル貿易

デジタル技術を活用したビジネスは、イノベーションの促進や中小企業躍進のためのツールなどの観点から将来に向けて大きな可能性を秘めている。こうした新しい課題に取り組みやすい環境にあるAPECにおいても、デジタル貿易についての各国・地域の現状調査や官民を交えたセミナー開催等様々な取組が行われ、日本もセミナー等の主催や、有識者の派遣等を通じた貢献を行っている。個別の課題への取組としては、データの自由な流通と個人情報の保護を両立させるための制度「越境プライバシールールシステム（CBPRs）」に関する取組が行われており、また、越境電子商取引に係る関税不賦課の恒久化についての取組を後押しすべく議論が行われている。2019年のチリAPECでは、新たにデジタル経済運営グループが設立された。今

後、APECにおいてデジタル貿易や電子商取引に関する議論が加速化することが期待される。

❺女性の活躍

近年、経済成長に欠かせない要因として女性の活躍への関心が高まっている。2019年チリAPECでは、APEC史上初めて女性の包摂的成長が優先課題の一つとして取り上げられ、アジア太平洋地域における女性の経済参加をさらに推進するための政策措置を促す「女性と包摂的成長のためのラ・セレナ・ロードマップ」が発出された。

また、APECにおいて、1996年に始まった「女性リーダーズネットワーク（WLN）」は、APEC域内の包摂的な経済の発展のためには女性の新たな経済機会の創出が不可欠であるとの認識の下、女性と経済に関する閣僚と民間参加者が一堂に会する会合として2012年に「女性と経済フォーラム（WEF）」と名を変え、毎年開催されている。2019年10月、ラ・セレナ（チリ）において「経済への女性の包摂の推進」をメインテーマとするWEFが開催され、経済への女性の統合における既存の課題に対処するためのイニシアティブ及び未来と変化する経済状況への対策について積極的議論が行われた。日本は「2020年までに管理職に占める女性の割合を高めるための個別行動計画（IAP）」を2015年に提案し、積極的に取組を推進している。

❻ポスト2020ビジョン

1994年のインドネシアAPEC首脳会議において採択された「ボゴール宣言」では、アジア太平洋地域における自由で開かれた貿易及び投資を2020年までに実現するとの目標を定めている。この目標の達成期限が迫る中、2017年のベトナムAPEC首脳宣言において、「ポスト2020ビジョン」を形成するため、有識者で構成されるAPECビジョン・

グループ（AVG）が設立された。

AVGには各国・地域が1名のメンバーを指名しており（日本からは浦田秀次郎・早稲田大学大学院教授がメンバー）、2018年に活動を開始し、2019年12月に、高級実務者に対して最終レポートを提出した。同レポートも参考に、2020年マレーシアAPECにおいて、高級実務者がビジョンを策定し、首脳に報告することとなっている。

（7）　2019年チリAPEC

❶2019年のチリAPECでは、「人々をつなぎ、未来を構築する」という全体のテーマの下、①デジタル社会、②統合4.0、③女性、中小企業及び包摂的成長、④持続可能な成長という4つの優先課題に沿って年間を通じて様々な会合の場において議論が行われた。

❷2019年G20議長を務めた日本は、デジタル経済や海洋プラスチックごみ、女性のエンパワーメント等に関するG20の成果をAPECの場でも共有し、APEC議長のチリと連携して相乗効果を図った。また、5月に開催された貿易担当大臣会合等の場において、日本は「自由で開かれたインド太平洋」の核であるアジア太平洋地域全体の成長と発展に向けて、自由貿易の旗手として引き続き貢献していくことを表明した。貿易担当大臣会合では、APECのWTO支持の推進、地域経済統合の推進、デジタル時代における包括的かつ持続可能な成長の強化等について議論が行われ、4年ぶりに共同声明が採択されるという前向きな成果があった。

❸2019年の首脳会議は、同年10月30日にピニェラ・チリ大統領から治安等国内情勢を理由に中止が発表され、開催されない運びとなった。他方、首脳会議の直前に開催が予定されていた最終高級実務者会合については同年12月7日にシンガポール（注：APEC事務

局の所在地）において開催され、主な成果文書として、女性と包摂的成長、IUU漁業及び海洋ごみに関する3つのロードマップが承認された。また、同会合後、議長チリが「2019年APECホストエコノミー首脳（注：チリ大統領）による声明」を発出した。

4 対米経済外交

(1) FOIPの維持・推進に向けた協力

自由で開かれたインド太平洋（FOIP）の維持・推進に向けた経済面における日米協力として、「インフラ」「エネルギー」「デジタル」の3分野における協力を重点的に推進している。これらの協力をハイライトする形で、2018年11月のペンス米国副大統領の訪日時に日米共同声明、2019年5月の日米首脳会談の機会にファクトシートを公表した。

❶インフラ分野

JICA、JBIC、NEXIが、米国海外民間投資公社（OPIC）と締結した協力覚書に基づく日米協力案件の形成に向けて取り組んでいる。この他、2019年4月、日米豪インフラ協力にかかる合同ミッションをパプアニューギニアに派遣。更に、2019年6月のG20大阪サミットにおいて、「質の高いインフラ投資に関するG20原則」が承認されたことを受け、本原則を普及・定着させるため、第三国への能力構築プログラムやセミナーの開催等において、日米で協力を進めている。

❷エネルギー分野

2019年に日米戦略エネルギーパートナーシップ（JUSEP）会合を計3回開催。同年8月、第7回アフリカ開発会議（TICAD7）において、サブサハラ・アフリカにおける日米エネルギー協力拡大に向けた協力覚書に署名したほか、日米メコン電力パートナーシップ（JUMPP）の枠組みを立ち上げ、メコン地域における日米エネルギー協力の具体化に向けた議論を進めている。

❸デジタル分野

2019年に日米戦略デジタル・エコノミー・パートナーシップ（JUSDEP）作業部会を立ち上げ、計3回開催。デジタル分野における日米協力の具体化に向け、議論を進めている。同年11月には、「インド太平洋地域におけるスマートシティの発展に関する日米共同声明」を公表し、スマートシティ分野において日米協力を推進していくことを確認した。

(2) 日米間の投資と雇用創出

直接投資面における日米関係は極めて緊密である。日米の市場は双方にとって重要かつ魅力的であり、投資関係は継続的に拡大してきた。今日では、米国は日本にとって最大の直接投資先であると同時に最大の対日直接投資国となっている。日本は米国に対して累積で4,844億米ドルを投資してきた。2018年現在、日本は、米国における3番目の直接投資国（第1位は累積投資額5,609億米ドルの英国、第2位は累積投資額5,112億米ドルのカナダ）である。

また、現地における雇用創出は、地域経済の活性化に直結するとともに日米関係の強化に大きな役割を果たしている。米国商務省の統計によると、2017年現在、日本企業は米国において約89万人の直接雇用を創出しており、近年においても米国への直接投資は引き続き旺盛である。

(3) 民間部門間の対話の促進

日本の企業や経済団体と米国の幅広い関係

日米投資関係

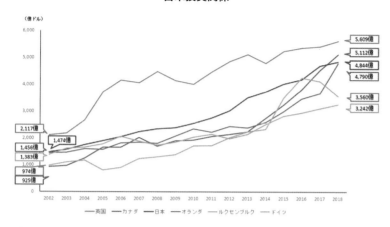

（注１：2018年の米国への累積直接投資額上位6カ国による米国への累積直接投資額の推移）
（注２：投資額は大型案件の有無にも左右される）

出典：米国商務省経済分析局のデータを元に外務省作成。

日系企業による米国の主な州別の雇用創出（2017年）

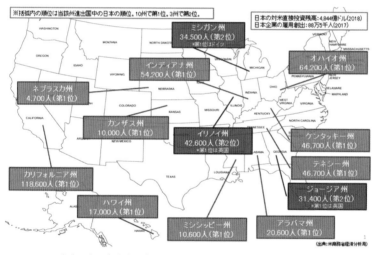

出典：米国商務省経済分析局のデータを元に外務省作成。

者との間では、対話や要人往来が積極的に行われており、日米経済関係の強化・発展に多大な役割を果たしている。

　毎年開催されている代表的な会合の例として、日米財界人会議は、2019年9月17日から18日まで、ワシントンDCにて第56回会合が行われた。日本政府からは杉山駐米日本大使等が出席し、日米経済関係の多岐にわたる分野について議論した。

　地域部会である日本・米国中西部会は、第51回日米合同会議を2019年9月8日から10日まで、東京にて開催した。日米の財界関係者を始め、米国からは中西部5州から州知事や州政府幹部等が、日本からは河野外務大臣（当時）、在シカゴ総領事、在デトロイト総領事等が出席した。

　日本・米国南東部会は、第42回日米合同会議を2019年10月20日から23日まで、ジョージア州サバンナにて開催した。日米の財界関係者を始め、米国からは南東部7州から州

東京五輪の開催を祝うピクニック・綱引き（2019年9月15日、米国オレゴン州ヒルズボロ市／写真提供：ポートランド領事事務所）

知事や州政府幹部等が、日本からは杉山駐米大使等が出席した。

⑷　グラスルーツからの日米関係強化

　2017年、日本企業の雇用創出や、日本の文化・伝統に対する理解の裾野を広げ、良き企業市民としての企業活動をさらに支援すべく、「グラスルーツからの日米関係強化に関する政府タスクフォース（「各地各様のアプローチ」）」を立ち上げた。日本企業の地域貢献をふまえた事業から、日本の文化行事ま

で、規模も少人数のものから大規模イベントまで、幅広く実施し、それぞれの地域の特性にふさわしい事業を展開する「各地各様のアプローチ」を採用しており、2018年度には過去最多の337件の取組が実施され、延べ110万人の参加者を得た。

　2019年の取組の具体例として、オレゴン州では、東日本大震災以降、漂流物清掃ボランティアを実施している現地日本人商工会及びNPO団体を交え、東京五輪の開催を祝うピクニック・綱引きを実施。参加した市長や一般市民に、現地の日本企業が経済活動のみならず、ボランティア活動を通じても地域貢献していることを印象づけた。また、アイオワ州では、現地政府・経済関係者等と、現地の日本企業及び農業関連施設の視察や意見交換を行う「草の根キャラバン」を実施し、地元に貢献する日本企業の認知を高め、農産品の貿易相手国として日本は良きパートナーであるとの情報発信ができた。

　今後も、広大で多様性に富む米国の各地域の特徴や訴求対象の関心に応じた「テイラー・メイド」のアプローチをオールジャパン（官民連携）で強化していく。

5　日中経済関係

〈緊密な貿易・投資関係〉

　日中間の貿易・投資などの経済関係は、緊密かつ相互依存的である。2019年の貿易総額（香港を除く。）は、約3,039億米ドルであり（前年比4.3％減）、中国は、日本にとって13年連続で最大の貿易相手国となっている。また、日本の対中直接投資は、中国側統計によると、2018年は約38.1億米ドル（前年比16.5％増（投資額公表値を基に推計））と、中国にとって国として第4位（第1位はシンガポール、第2位は韓国、第3位は英国）の

規模となっている。

〈2019年の主要な進展〉

　2019年は経済分野においてもハイレベルの往来や協力関係が強化された。4月には、第1回日中イノベーション協力対話（次官級）が開催され、日中双方で、イノベーション政策を紹介し、各種交流・協力に関して意見交換を行うとともに、イノベーション協力の環境整備として知的財産分野における取組が重要であるとの認識を共有した上で、両国の知的財産分野の政策を紹介し、営業秘密の

保護、強制技術移転の懸念排除（中国技術輸出入条例（TIER）や外商投資法をめぐる最近の動向等）、海賊版対策などの課題について意見交換を行った。また同月に日中経済パートナーシップ協議（次官級）が北京において開催され、日本は、国際ルール・慣行に則った貿易・投資の推進や中国におけるビジネス環境の改善、日本産食品の輸出拡大、知的財産の保護強化、模倣品対策・海賊版対策の強化等につき中国側に提起した。更に同月に行われた第5回日中ハイレベル経済対話（閣僚級）では、マクロ経済政策等、二国間経済協力及び交流、日中ハイレベル経済対話の下での重要な協力（日中第三国市場協力や日中イノベーション協力対話）、地域・世界経済及び地球規模課題への対応等について幅広く議論を行った。6月のG20大阪サミットの際に行われた、習近平国家主席との日中首脳会談で、国際スタンダードの下、「競争から協調へ」との精神に則って、第三国市場、イノベーション及び知的財産保護、食品・農産品を含む貿易・投資、金融・証券、医療・介護、省エネ・環境、観光交流等、潜在力のある分野における互恵的な実務協力を強化するとともに、自由で公正な貿易体制を発展させていくことで一致した。更に9月1日には、「社会保障に関する日本国政府と中華人民共和国政府との間の協定（日・中社会保障協定）」が発効した。これまで、日中両国の企業等からそれぞれ相手国に一時的に派遣される被用者（企業駐在員等）等には、日中両国で年金制度への加入が義務づけられているため、年金保険料の二重払いの問題が生じていた。この協定の規定により、派遣期間が5年以内の一時派遣被用者は、原則として、派遣元国の年金制度にのみ加入することとなった。12月には、日中韓サミットの際に、習主席、李克強国務院総理それぞれと日中首脳会談を実施し、経済・実務協力等様々な分野の協力を更に強化していくことで一致した他、安倍総理から、習主席に対し、公平な競争原理の実現とともに、自由で公正な貿易体制の発展に共に努力していきたいことを伝え、また、李総理に対し、法制度の運用改善、更なる市場開放、日中金融協力の強化等を通じ、ビジネス環境の改善に力強く取り組むことを期待すると述べた。

〈日本産食品の輸入規制問題等〉

中国政府による日本産食品・農産物に対する輸入規制については、6月の習主席との日中首脳会談を始め、9月の日中外相会談、11月の王岐山国家副主席による安倍総理表敬や同月及び12月の安倍総理と李総理との会談、12月の安倍総理と習主席との会談等、あらゆる機会を通じて、中国側に対して科学的根拠に基づく評価を促すとともに、規制の撤廃・緩和の働きかけを行った。食品については、11月25日、日本産牛肉の輸出再開のための重要なステップの一つである「動物の衛生及び検疫における協力に関する日本国政府と中華人民共和国政府との間の協定（日中動物衛生検疫協定）」の署名が行われた。また、マカオとの関係では、10月24日、マカオ政府は9都県産（宮城、茨城、栃木、群馬、埼玉、千葉、東京、新潟及び長野）の野菜、果物及び乳製品について、マカオ政府が指定する書類の添付を条件に輸入停止を解除すると発表した。

宣伝事業では、11月1日から12月27日にかけて、中国各所において「地域の魅力海外発信支援事業」を実施し、日本各地の食に係る魅力のある産品のアピール活動を実施した。

〈民間経済交流〉

民間レベルの経済交流も活発に行われた。7月に東京で開催された日中企業家及び元政

府高官対話（日中CEO等サミット）開催時、9月に日中経済協会、日本経済団体連合会（経団連）及び日本商工会議所の合同ミッションが訪中した際には、日中の主要企業の経営者らの間で意見交換が行われ、李克強国務院総理を始めとする中国政府要人との会談が行われた。

〈人的往来〉

中国からの訪日者数は2013年から増加を続けている。2019年の訪日者数は約959万人（日本政府観光局（JNTO）確定値）に達し、過去最高を記録した。2018年は、1年間で日中両国合わせて約1,107万人の往来があったが、2019年はさらにそれを上回る見込みである。団体観光から個人観光へのシフトが一層進み、また、要件が緩和された数次査証の利用者（いわゆるリピーター）も増えていることから、訪日観光の目的地及びニーズは多様化していると考えられる。また、新規就航や増便による航空座席供給量の増加や、2019年1月から開始した査証発給要件の更なる緩和の効果等の諸要因により、今後も相互往来人口の増加が見込まれる。

〈米中貿易摩擦〉

米国と中国は、世界第1位と第2位の経済大国であり、米中間で安定的な経済関係が構築されることは、日本のみならず、世界全体の持続的な経済成長に直結する。この観点から、日本政府としては、米中両国が対話を通じ、建設的に問題解決を図ることを期待している。

2018年5月、米中関係は、双方が更なる追加関税措置を発動したことで緊張化したが、6月の大阪サミットの際に米中首脳会談が行われ、双方間で協議を継続していくことで一致した。その後、協議が再び難航し、9月には新たな追加関税措置が発動されたが、12月13日、米中双方は「第一段階の合意」に達したと発表し、双方間では合意文書の署名に向けた調整が行われた。

6 知的財産の保護

(1) 知的財産保護の意義

革新的な製品・サービスをめぐる競争が激化する中、今後とも日本が持続的な経済成長を遂げていくためには、技術革新が持続的に生み出されるよう、企業や大学等における知的創造活動を刺激・活性化することに加え、その成果を知的財産として適切に保護することで、知的財産創造のインセンティブを確保するとともに、知的財産の有効活用を進めることが不可欠である。

このような知的財産には、発明、考案、物品のデザイン（意匠）、商品・サービスに利用する標章（商標）、文芸、美術、音楽等の著作物、営業秘密、植物の新品種等が含まれる。

(2) 日本の知的財産戦略のあゆみと外務省の取組

2002年、小泉総理大臣（当時）の施政方針演説における「知財立国宣言」を皮切りに、同年の知財戦略会議の開催、知財戦略大綱の制定、知的財産基本法の成立等、日本の知財立国に向けた取組は急速に進展した。翌2003年からは、毎年、政府として実施すべき行動項目を網羅した「知的財産の創造、保護及び活用に関する推進計画（後の『知的財産推進計画』）」が、内閣総理大臣を本部長とする「知的財産戦略本部」の決定により発表されている。2019年も、「知的財産推進計画2019」が6月に決定された。

知的財産基本法に定められた施策のうち、

外務省関連の取組としては主に、「日本産業の国際競争力の強化及び持続的な発展」（第4条）、「権利侵害への措置等」（第16条）、「国際的な制度の構築等」（第17条）が挙げられる。これをもとに、外務省では、日本産業界の国際競争力の強化及び持続的な発展に向け、海外市場での権利侵害への対応を行うとともに、国際的な制度の構築に取り組んできている。

（3）　海外市場での権利侵害への対応

　海外では、各国ごとに独立した異なる知的財産制度が存在するため、日本の個人や企業が事業展開先の国で必ずしも適切な知的財産の保護を受けられるとは限らない。特に知的財産保護制度が未整備な国では、権利の登録が円滑に行われないケースや、模倣品や海賊版による侵害行為に対する権利行使に際して不当な扱いを受けるケースがあり得る。

　こうしたケースに備えて、外務省は、世界の約220か所にあるほぼ全ての在外公館に「知的財産担当官」を配置し、知的財産関連相談窓口を明確にするとともに、在外公館長を先頭に全館が一体となって、本国の関連機関や任国政府と連携をとりつつ迅速に、これら問題を抱える日本企業の支援にあたっている。外務本省及び在外公館が、日本企業から海外における侵害事例や侵害のおそれのある状況について相談を受けると、まず関係機関と連絡を取りつつ、事実関係や関連法制度について調査する。その後、当該国の知財保護制度等に関する情報提供を行ったり、各国独自の経済・社会環境を踏まえて、必要に応じ相手国政府等関係当局への申入れを行ったりしている。2018年度は、約311件の知的財産に関する日本企業の支援を行った。

　さらに、在外公館の知的財産担当官を集めた知的財産担当官会議を毎年開催し、各国に

おける被害や在外公館の対応状況の把握、適切な体制構築に関する意見交換やベスト・プラクティスの共有等を行い、知的財産権侵害への対応を一層強化している。2018年度はアラブ首長国連邦及びタイで知的財産担当官会議を実施し、それぞれにつき、周辺国から7及び10の公館が参加したほか、現地日本企業及び日本貿易振興機構（JETRO）の関係者も参加し、模倣品対策等の取組が紹介されるとともに、日本企業が抱える課題が共有され、よりよい日本企業支援のあり方について議論がなされた。

（4）　国際的な制度の構築

　外務省のもう一つの重要な業務として、国際的な協議や制度構築の場への積極的な関与を通じて、日本の知的財産が海外で適切に保護され、活用されるための環境整備を行うことが挙げられる。

❶国際機関での取組

　国際機関での取組には、知的財産を扱う国連機関である世界知的所有権機関（WIPO）、世界貿易機関（WTO）において知的財産を扱うTRIPS理事会及び植物新品種の保護に関する国際同盟（UPOV）を通じた取組が挙げられる。

❷多数国間での取組

　知的財産に関する国際的取組を推進する他の手段として、多数国間の枠組みを利用することが挙げられる。例えばG7/G8サミットでは、過去に何度もその成果文書の中で、十分で効果的な知的財産制度の重要性について触れている。2005年のグレンイーグルズサミットでは、「模造品・海賊版の削減のための行動に関する声明」を発表し、小泉総理大臣（当時）より、知的財産権侵害物品の拡散防止のための法的枠組み策定の必要性を提唱した。その後、日本が推進役となって関心国

RCEP交渉会合知的財産作業部会の様子（写真提供：外務省）

の間で同法的枠組みについての交渉を進めた結果、2011年、「偽造品の取引の防止に関する協定（ACTA：Anti-Counterfeiting Trade Agreement）」が採択され、日本において8か国が署名した。翌2012年には、EUとその加盟国及びメキシコも署名し、日本は同年10月に受託書を寄託、本協定最初の締約国となった。

　G7/G8以外にも、例えばアジア太平洋経済協力（APEC）では、通常年2回、議長国において知的財産専門家会合（IPEG）が開催され、日本を含む各政府の知財関係者が集まって、それぞれの制度や取組について情報共有を行ったり、共同でプロジェクトを実施したりしている。2019年は2月及び8月に、チリで同専門家会合が開催され、日本もこれに参加し、各種制度や取組について発表し各国と意見交換を行った。こうした活動を通じて、各国・地域の知財当局関係者や政策立案者が様々なテーマのベスト・プラクティスに着想を得たり、啓発されたりすることで、アジア太平洋地域の知的財産保護環境が改善されたり、新たな協力案件の実施へとつながったりすることが期待できる。

❸各国との協力

　日本との貿易が特に盛んで日本企業が多く

進出する国や地域に対して、または日本企業が侵害を受けている具体的事例があり、こうした状況がなかなか改善されないような場合に、二国間や複数国間の閣僚や高級事務レベル等の協議の中で知的財産問題について取り上げ、解決策を追求している。このようにハイレベルで知的財産問題について取り上げることで、制度改革やより公正な判断が促されるケースもある。

　特に、地理的に近く同じ文化圏である中国や韓国との間では、日本の地名や日本の有名な商標（周知・著名商標）が不正な目的で登録されたり（冒認商標登録）、日本の著作物の海賊版が流通したりといった知的財産侵害案件が頻発する深刻な事態が続いたことから、日中ハイレベル経済対話や日中経済パートナーシップ協議、日韓ハイレベル経済協議といった両国の協力枠組みの中で、知的財産問題を協議してきている。2019年4月には、中国との間で第1回日中イノベーション協力対話を開催し、イノベーション協力の環境整備として知的財産分野における取組が重要であるとの認識を共有し、両国の知的財産分野の政策の紹介とともに、営業秘密の保護、強制技術移転の懸念排除（中国技術輸出入条例（TIER）や外商投資法を巡る最近の動向等）、海賊版対策などの課題について意見交換した。

　一方、日本と同程度の高い知的財産保護レベルを有する欧米先進諸国との間では、各種協議の枠組みを、知財保護に関する対外的メッセージ発信の場として利用することも行われている。例えば、日米間では過去に、日米経済対話の枠組みの中で、日米間が様々な国際フォーラムの場で知財保護環境の強化のために協働したことを発表している。また日EU間でも、過去に「知的財産権に関する日EU対話」と称した一連の会合や、「知的財

産権の保護と執行に関する日EU行動計画」と称する協力枠組みの設置を通じて、ともに先進的な知識集約経済を擁する国及び地域として、知的財産権に関する利害の共有が行われてきた。

❹通商関連協定等における取組

　日本は、自由貿易協定（FTA）や経済連携協定（EPA）等の二国間・複数国間協定に関する交渉を通じて、日本の産業界等の具体的要望を十分に踏まえつつ、交渉相手国の知的財産制度の整備や実効的な法執行の確保等を促し、TRIPS協定等の規定を上回る水準の知的財産の保護が達成されるよう、積極的に働きかけてきた。日本はこれまでに、シンガポール、メキシコ、マレーシア、チリ、タイ、インドネシア、ブルネイ、ASEAN、フィリピン、スイス、ベトナム、インド、ペルー、オーストラリア、モンゴルの15の国又は地域とEPAを締結しており、程度の差はあるものの、これら全てにおいて知的財産の十分で効果的な保護について触れている。

　また、2016年2月に署名された環太平洋パートナーシップ（TPP）協定は、2017年1月の米国の離脱表明後、同年11月に米国を除く11か国による新協定（TPP11）について大筋合意し、2018年12月に発効した。知的財産分野については、医薬品や著作権に関する項目を含め11の項目を凍結することで合意する一方、商標権の取得の円滑化等のための国際協定の締結義務、先発医薬品の特許保護とジェネリック医薬品との調整規定（いわゆる「パテント・リンケージ」）、地理的表示（GI）の保護に関する規定、営業上の秘密を含む各種知的財産の強力な権利行使に関する規定といった知的財産の高い保護水準を担保する規定は維持された。

　さらに、2018年7月に署名され、2019年2月に発効した日EU・EPAでは、TRIPS協定よりも高度又は詳細な規律を定める観点から、十分かつ効果的な実体的権利保護を確保するとともに、知的財産に関する制度の運用における透明化、知的財産権の行使（民事上の救済に係る権利行使手続及び国境措置に係る権利行使）、協力及び協議メカニズム等について規定し、知的財産権の保護と利用の一層の推進を図る内容となった。GIについても、農産品及び酒類GI（「日本酒」など）の保護のための双方の制度と保護の対象を確認し、TRIPS協定第23条とおおむね同等の高いレベルでの相互保護を規定した。

　現在交渉が進行中の東アジア地域包括的経済連携協定（RCEP）、日中韓FTA、日・トルコEPA等の交渉においても、関係者が一丸となり、日本の知的財産保護のために最良の結果を引き出すための努力が続けられている。

7 国際経済紛争への対応

　国際貿易体制に係る経済外交は、例えば二国間であれ、多数国間であれ、協定を結んで終わりではない。できあがった協定の履行を確保する観点から、国際経済紛争を処理することも経済外交の重要な柱の一つである。ここでは、国際経済紛争の処理に関し、2つの制度（WTO紛争解決制度及び投資紛争の解決の仕組み）につき解説する。

（1）　WTO紛争解決制度
❶総論

　WTO紛争解決制度は、加盟国間のWTO協定上の貿易紛争を解決するための制度であり、個別の紛争をWTOルールに従って解決

することに加え、WTOのルールの明確化を通じ、WTO協定に基づく多角的自由貿易体制に安定性と予見可能性をもたらしており、WTO体制を支える主要な役割を担っている。また、WTO紛争解決制度では、GATT時代の紛争解決手続を整備した諸手続に加え、例えば、①一方的措置の禁止[1]、②ネガティブ・コンセンサス方式の採用[2]、③各種期限の設定、④上訴制度[3] 等が導入された。このように整備された制度の下、WTO設立以来2019年に至るまで継続的に案件が手続に付され[4]、パネルや上級委員会により出された判断に基づく是正勧告の実施についても、継続的な監視が行われてきた。

上級委員会は、2017年以降、任期の切れた委員の後任委員の選任プロセスが開始できなくなり、2019年12月、残っていた3人のうち2人の委員の任期が満了したことを受け、機能停止に陥ることとなった。上級委員会については、これまでの機能の在り方が定められたルールに合っていないといった批判が提起されるなどしてきたほか、紛争の明確かつ迅速な解決に資する判断が行われていないケースもあり、適切な在り方をめぐる議論が重ねられている。日本は、上級委員会を含むWTO紛争解決制度の適切な機能を確保すべく、積極的に議論に参加している。

❷日本のWTO紛争解決案件

WTO紛争解決への関与の形態には2つある。一つは、当事国（申立国又は被申立国）として紛争解決手続に臨むことである。これ

までに日本が申し立てた事案（紛争解決機関（DSB）の勧告・裁定に至ったもの）は、その多くで日本の主張が認められる形で解決している。

二つ目の形態は、第三国参加である。WTO紛争解決では、事案に利害関係を有する加盟国は、当事国でなくとも第三国として参加し、意見を述べることができる。手続の目的はあくまで当事国間の紛争の解決であるが、第三国参加は、個別事案の勝敗とは別に、システム全体の観点等からルールの解釈や適用の在り方に関心を持つ国にも開かれた制度である。日本は、WTOルールの適切かつ効果的な運用を期す観点から、積極的に多くの事案に第三国参加し、議論に貢献している。

❸日本の当事国事案の最近の動き

・韓国による日本産水産物等の輸入規制措置（DS495）

韓国は、2011年3月の福島第一原子力発電所の事故を受け、8県産50種の水産物等の輸入禁止を始めとした日本産食品の輸入規制を実施。2013年9月には、同発電所における汚染水問題を受け、日本産水産物等の輸入規制を強化した。2015年8月、日本はWTOに対しパネル設置要請を行い、同年9月にパネル設置。2018年2月、韓国の措置はWTO協定に整合しないとするパネル報告書が公表された。同年4月、韓国はパネル報告書を不服として、上級委員会へ上訴。2019年4月、上級委員会報告書が公表され、日本産食品中の放

---

1) GATT時代には、他国の措置が協定に違反していると考えた国が、一方的にこれに対抗する措置をとることが禁止されていなかった。
2) WTOにおける意思決定の一つの方式であり、加盟国が全会一致で採択に反対しない限り勧告案を可決する（すなわち、全加盟国が異議を唱えない限り採択される）方式を指す。GATT時代はこの制度がなく、通常のコンセンサス方式がとられていたため、訴えられた国が自らに不利な勧告の採択をブロックすることができた。
3) 上級委員会は、個人の資格で任命される7人の委員により構成される。7名のうち3名の上級委員が、個々の事件を担当する。日本人では、WTO設立当初から2000年まで松下満雄東大名誉教授が、2000年から2007年まで谷口安平京大名誉教授が、2008年6月から2012年まで大島正太郎元駐韓大使・元ジュネーブ代表部大使が、それぞれ上級委員を務めた。
4) 1995年から2019年（12月10日現在）まで592件。

WTO紛争解決制度における我が国の当事国案件 （2020年1月現在）
（※パネル／上級委判断に至った全22案件のうち、16件で我が国の主張が認められている。）

（注）以下において、下線は、我が国が訴えられた案件。また、申立国が複数のケース及び同じ問題につき複数の協議要請が行われたケースは「1案件」として記載。

〈我が国の主張が認められた案件〉
・日本のフィルム流通関連措置（96年米国が協議要請、98年パネルは日本の措置のWTO協定違反を認定せず。）
・インドネシアの国民車制度（96年協議要請、97年パネル違反認定。）
・カナダの自動車輸入制度（98年協議要請、00年上級委違反認定。）
・米国の1916年アンチダンピング法（99年協議要請、00年上級委違反認定。）
・米国の熱延鋼板に対するダンピング防止税措置（99年協議要請、01年上級委違反認定。）
・米国のバード修正条項（00年協議要請、03年上級委違反認定。）
・米国の鉄鋼セーフガード措置（02年協議要請、03年上級委違反認定。）
・米国のゼロイング及びサンセット・レビュー（04年協議要請、07年上級委違反認定。）
・ECによるIT製品の関税上の取扱い（08年協議要請、10年パネル違反認定。）
・カナダの再生可能エネルギー発電分野に関する措置（10年協議要請、13年上級委違反認定。）
・中国のレアアース輸出規制に関する措置（12年協議要請、14年上級委違反認定。）
・アルゼンチンによる輸入制限措置（12年協議要請、15年上級委違反認定。）
・中国の日本産高性能ステンレス継目なし鋼管に対するAD措置（12年協議要請、15年上級委違反認定。）
・ウクライナ対自動車セーフガード措置（13年協議要請、15年パネル違反認定。）
・ブラジルの税制恩典（15年7月協議要請、19年上級委違反認定。）
・韓国による日本製空気圧伝送用バルブに対するダンピング防止措置（16年3月協議要請、19年9月上級委違反認定。）

〈我が国の主張が認められなかった案件〉
・日本の酒税制度（95年EC、カナダ、米国が協議要請（3件）、96年上級委違反認定。）
・日本のりんご等農産品に関する輸入検疫（97年米国が協議要請、99年上級委違反認定。）
・米国の表面処理鋼板に対するサンセット・レビュー（02年協議要請、03年上級委は米国の措置のWTO協定違反を認定せず。）
・日本のりんご火傷病に対する検疫措置（02年米国が協議要請、03年上級委違反認定。）
・日本の韓国産DRAMに対する相殺関税措置（06年韓国協議要請、07年上級委違反認定。）

〈主要論点において上級委が措置の協定違反の有無を判断しなかった案件〉
・韓国による日本産水産物等の輸入規制（15年5月協議要請、18年パネル違反認定、19年4月上級委がパネルの判断を取り消し。）

第三章

射性物質濃度が韓国において国際的基準を踏まえて慎重に設定された数値基準値を下回るとのパネルの判断は争いもなく確定したが、結論において上級委員会は、パネルの法的分析が不十分であるとして、主要な論点について、パネルの判断を取り消しつつ、韓国の措置のWTO協定整合性については明示的に判断しなかった。

・ブラジルの税制恩典措置（DS497）
　ブラジルは、自動車分野及び情報通信分野において内外差別的な税制恩典措置を導入し、また、同国における輸出企業に対しても企業の輸出実績等を条件とする税制恩典措置

を導入した。2015年9月、日本はWTOに対しパネル設置要請を行い、2017年8月、ブラジルの措置がWTO協定に整合しないとするパネル報告書が公表された。同年9月、ブラジルはパネル報告書を不服として上級委員会へ上訴し、2018年12月、ブラジルの自動車政策及び情報通信分野の措置がWTO協定に整合しないとする上級委員会報告書が公表された。2019年1月、DSB会合において上級委員会報告書及びパネル報告書が採択され、ブラジルに対し、措置をWTO協定整合的なものとするよう是正勧告が行われた。

・韓国による日本産空気圧伝送用バルブに対す

るダンピング防止措置（DS504）

2014年2月、韓国は、日本製空気圧伝送用バルブに対するダンピング調査の開始を公表し、調査の結果、2015年11月には、同製品に対するダンピング防止課税措置を実施すると最終決定を発表した。2016年6月、日本はWTOに対しパネル設置要請を行い、2018年4月、韓国の措置はWTO協定に整合しないとするパネル報告書が公表された。同年5月、日本はパネル報告書のいくつかの論点について上級委員会へ上訴したところ、同年6月、韓国もパネル報告書には不服であるとして上訴。2019年9月、上級委員会は、韓国の措置はWTO協定に整合せず是正が必要だとするパネルの判断を踏襲しつつ、パネルの検討には不適切な部分があったとする日本の主張を認容する報告書を公表。同月、DSB会合において、韓国に対し措置をWTO協定整合的とするよう是正勧告がなされた。

・インドによる鉄鋼製品に対するセーフガード措置（DS518）

インドは、鉄鋼製品の輸入増加により同国内産業が重大な損害を受けており、また、重大な損害のおそれがあるとの最終決定に基づき、2015年9月から発動していた暫定措置に続き、2016年3月、確定措置としてのセーフガード措置を開始した（当該セーフガード措置は2018年3月13日で終了。）。2017年3月、日本はWTOに対しパネル設置要請を行い、同年4月パネル設置。2018年11月、インドの措置はWTO協定に整合しないとするパネル報告書が公表された。同年12月、インドはパネル報告書を不服として上級委員会へ上訴し、上級委員会手続が継続中であったが、2019年12月上級委員会が機能停止に陥ったことを受け、本件手続は停止中である。

・韓国による日本産ステンレス棒鋼に対するダンピング防止措置（DS553）

韓国は、2004年7月から、日本製ステンレス棒鋼に対しダンピング防止税を賦課。その後、2010年、2013年、2017年の3回にわたり、措置の延長を決定した。これに対し、2018年9月、日本は、韓国側のいわゆるサンセット・レビュー（措置の延長決定のための調査）には問題があるとしてWTOに対しパネル設置要請を行い、同年10月パネル設置。現在パネル手続中。

・インドによるICT製品の関税上の取扱い（DS584）

インドは、2014年以降、WTO協定上無税（0％）を約束している情報通信技術（ICT）製品を対象に関税引上げ措置を実施。これに対し、2019年5月、日本はインドによる措置のWTO協定整合性について懸念を有する立場から、WTO協定に基づく二国間協議を要請した。

・日本による対韓国輸出管理運用の見直し（DS590）

2019年7月、日本は、フッ化ポリイミド、レジスト及びフッ化水素の3品目の韓国向け輸出及びこれらに関連する製造技術の移転（製造設備の輸出に伴うものも含む。）について、従前の包括輸出許可制度の対象から外し、個別に輸出許可申請を求める制度に切り替えた。これに対し、同年9月、韓国は、日本による上記の運用見直しがWTO協定に違反するとして、同協定に基づく二国間協議を要請。同年10月と11月に計2回の協議を実施した後、同年11月、韓国側は本件に係るWTO紛争解決手続を日韓当局間の輸出管理政策対話が正常に行われる間中断すると発表。同年12月、3年半ぶりに輸出管理政策対話（年7回）が行われた。

・韓国による自国造船業に対する支援措置（DS571）

近年、韓国は、2015年10月以降の金融支

WTO 紛争解決制度の手続概要

二国間協議要請

↓

二国間協議 ── 原則30日以内 ── 60日

↓

小委員会（パネル）設置要請 ── パネリストの選任から報告書配布まで原則6か月（最大9か月）

↓

パネルの検討・報告書配布

（注）左記のとおり、紛争解決手続は二国間協議実施後、問題が解決しなければパネル（第一審）にて審理が行われ、パネル判断に不服があれば当事国は上級委員会（第二審）に上訴することができる。

ただし紛争当事国は、手続のいずれの段階においても、相互に満足すべき解決が得られたことをもって手続を終了することが可能。

↓

上訴（パネル報告書に不服の場合） ── 原則60日以内（最大90日）

↓

上級委員会の検討・報告書配布

↓

DSBによるパネル・上級委報告書の採択及び勧告 ── 勧告の履行に争いがある場合

↓

勧告内容の履行　　履行審査パネル・上級委

↓

対抗措置

援を含め、韓国造船業に対して各種支援を実施。これに対し、2018年11月、日本はWTO協定に基づく二国間協議を要請。同年12月ソウルにて協議を実施。

❹具体的手続の流れ

WTO紛争解決の流れは、上図のとおりである。外務省は、日本が関わる案件の一連の手続の国内における調整役を担うとともに、日本政府の見解（意見書、ステートメント等）のWTOへの作成・提出、口頭聴聞手続への対応等を行っている。

(2)　ISDS条項に基づく投資紛争解決

❶総論

投資関連協定（二国間・多数国間の投資協定及び投資に関する章を含む経済連携協定等）は、外国投資家による投資の保護及び自由化に係る投資受入国の義務を定めている。

投資関連協定では、外国投資家と投資受入国との間で問題が生じた際に紛争を解決するための制度として、ISDS（Investor - State Dispute Settlement）条項を設けている（ISDS条項は、日本が締結済の投資関連協定のほぼ全てに含まれている。）。ISDS条項に規定される手続は、投資受入国の司法手続に加えて国際仲裁という選択肢を作ることによって、例えば投資受入国の国内裁判所の中立性・公平性に不安がある場合に、自己の権利保全等を求める外国投資家に対し、国際仲裁によって中立・公平な判断を得る機会を付与することを目的にした制度である。こうした紛争解決の仕組みを制度的に担保することで、外国からの投資が促進されることも期待できる。

世界では、少なくとも983件の投資紛争が国際仲裁へ付託されてきた（2019年7月末時

点）。これまでに提訴された件数が多い国は、アルゼンチン、スペイン、ベネズエラ、チェコなどである。

❷ISDS条項に基づく紛争解決手続の概要

　投資紛争が発生した場合、多くの協定では、外国投資家は一定の期間、投資受入国との間で協議による紛争解決に努めることとされている。その努力が問題の解決につながらなかった場合、外国投資家は、投資受入国との紛争を国際仲裁に付託することができる。

　国際仲裁に請求を付託する場合、外国投資家は、使用する仲裁規則を選択する。主な仲裁規則としては、投資紛争解決国際センター（ICSID）と国連国際商取引法委員会（UNCITRAL）の規則が挙げられ、およそ9割の投資仲裁においてこれらのいずれかの規則が採用されてきた（2019年7月末時点）。

　ISDS手続による紛争解決を上記(1)のWTO紛争解決制度と比べた場合の重要な違いは、次のとおり。まず、加盟国が申立てを提起するWTO紛争解決制度とは異なり、ISDS手続では外国投資家（個人又は企業）が申立人となり、投資受入国を訴える。また、協定違反の判断が下された場合、WTO紛争解決制度では違反措置の是正が求められるのに対し、投資仲裁では、基本的には、国側が敗訴した場合に投資家に対する原状回復又は損害賠償を求められるに留まり、措置の是正（投資受入国の法令や政策の変更）が求められるわけではない。

❸投資仲裁の具体例

　ケムチュラ対カナダ事件（2010年）では、カナダ政府が農薬の一種である流動性リンデンの国内販売・輸入を禁止したところ、カナダの子会社等を通じて同製品を生産・販売していた米国企業ケムチュラ社が、カナダ政府の措置に関し、NAFTA違反であるとして訴えを提起した。仲裁廷は、カナダの措置は健康保護を目的とした正当な規制権限であること等を理由として、米国企業の訴えを棄却した。

　フィリップモリス対オーストラリア事件（2015年）は、オーストラリアのタバコ簡易包装法に関し訴えが提起された事件である。この事件では、フィリップモリス社は、オーストラリアが同法を導入することが予見可能になった後に、香港・オーストラリア投資協定のISDS条項を利用することを主要な目的として、同社のスイス法人が保有していた子会社（オーストラリア法人）を香港法人の子会社にした。仲裁廷はこの行為を投資家側による権利の濫用であるとし、訴えを却下した。

　外国投資家が勝訴した事例としては、例えば、ウェナホテル対エジプト事件（2000年）がある。この事件では、ホテルの賃貸契約を結んでいた英国企業とエジプト国有企業の間で契約をめぐる紛争が生じ、エジプト国有企業関係者が実力行使によってホテルを占拠するに至ったが、エジプト政府は何ら対応せず、占拠は1年間継続した。仲裁廷は、これをエジプト政府による英・エジプト投資協定違反であると認定し、エジプト政府に対し、被害額約2,060万米ドルを英国企業に支払うよう命じた。このように、投資仲裁は、投資受入国が外国投資家を不当に処遇したときに、外国投資家の利益を保護する有益な手段の一つとなる。

❹外務省の取組

　ISDS条項は、海外に進出した日本企業の利益を保護、増進するとともに、投資紛争を適切に処理するという日本の経済外交における重要なツールの一つといえる。同時に、政府としては、日本に投資する外国投資家から問題を提起されることを含めあらゆる可能性に対応するとの観点に立ち、必要な体制整備も行っている。具体的には、外務省は、2016

年の組織改編により、WTO紛争解決の分野で多くの業務実績を積んできたWTO紛争処理室を発展的に改組し、国際経済紛争処理室を設置、WTO紛争解決に加え、投資仲裁への対応も担い得る組織とすべく、先例研究、情報収集等を手始めに、経済分野の協定に基づく様々な紛争の解決に対応する体制の一層の強化・拡充を図っている。

8 2025年大阪・関西万博

(1)　日本における国際博覧会

　1851年のロンドン万国博覧会以後、欧州を中心に開催されてきた国際博覧会は、日本では1970年にアジア初の万博が大阪で開催され、「人類の進歩と調和」をテーマに、それまでの最多となる6,400万人もの来場者を得て好評のうちに幕を閉じた。時代はまさに高度成長の絶頂期にあり、1964年の東京オリンピックとともに、この博覧会は戦後日本の発展ぶりと新たなイメージを国際社会に向けて発信する絶好の機会となった。その後、1975年に沖縄海洋博、1985年につくば科学博、1990年に大阪園芸博、2005年に愛・地球博が開催された。そして2018年11月23日、パリで開催された博覧会国際事務局（BIE）総会において、2025年国際博覧会が再び大阪・関西で開催されることが決定した。

(2)　大阪・関西万博が目指すもの

　2025年大阪・関西万博が掲げるテーマは「いのち輝く未来社会のデザイン（Designing Future Society for Our Lives）」である。このテーマの下で行われる一連の活動は、2015年9月の国連サミットで採択された「持続可能な開発目標（SDGs）」の達成に向けた取組と合致するものである。2025年は、SDGsの目標年である2030年の5年前であり、その達成に向けた取組を加速させる機会となる。

　サブテーマには3つの「Lives」が設定された。具体的トピックとして、「Saving Lives」では、公衆衛生の改善による感染症対策、防災・減災の取組による安全の確保、自然との共生による環境の保護等が、「Empowering Lives」では、ICTを活用した質の高い遠隔教育の提供、スポーツや食を通じた健康寿命の延伸、AIやロボット技術の活用による人間の可能性の拡張等が、「Connecting Lives」では、パートナーシップ・共創の力、通信技術によるコミュニケーションの進化、データ社会のあり方等が挙げられる。

　コンセプトは「People's Living Lab」である。会場を新たな技術やシステムを実証する「未来社会の実験場」と位置づけ、多様なプレーヤーによるイノベーションを誘発し、それらを社会実装していくためのSociety5.0実現型会場（超スマート会場）とする。例えば、人の流れをAIなどでコントロールすることによる会場内での快適な過ごし方の実現や、キャッシュレス、生体認証システム、世界中の人と会話できる多言語システムの実装等が想定される。また、来場者だけでなく、

テーマ	いのち輝く未来社会のデザイン
サブテーマ	(1) Saving Lives（いのちを救う） (2) Empowering Lives（いのちに力を与える） (3) Connecting Lives（いのちをつなぐ）
コンセプト	People's Living Lab（未来社会の実験場）
会場	大阪府大阪市此花区夢洲（約155ha）
開催期間	2025年4月13日〜10月13日
入場者（想定）	約2,820万人

会場予想図（写真提供：経済産業省）

5GやVR等を活用して会場に来られなくても様々な出会いと発見を得られ、世界にアイデアを発信できる仕組みも計画し、未来社会のデザインを共創することを目指す。

その会場となるのが、大阪市内の臨海部に位置する夢洲である。この人工島の上に配置されるパビリオンは世界80億人が共創する未来社会の姿を映し出す鏡となる。

(3)　2025年に向けて

2018年に大阪での開催が決定され、2019年には2025年の万博開催に向けた体制整備が始まりつつある。まず、2018年11月の開催決定後、12月21日に国際博覧会担当大臣が任命され、関係閣僚会議が設置された。2019年1月30日には、経済界、大阪府・市により「一般社団法人2025年日本国際博覧会協会」が設立され、中西宏明・日本経済団体連合会会長が会長に就任した。また、国際博覧会条約の規定に基づき、国際博覧会を開催する法人を公式に認めるとともに、当該法人による開催国の義務の履行を保証するため、政府は「平成37年に開催される国際博覧会の準備及び運営のために必要な特別措置に関する法律」を制定し（4月19日成立、5月23日施行）、この法律に基づき、5月31日、2025年の国際博覧会の準備及び運営に係る業務を実施する法人として、（一社）2025年日本国際博覧会協会（10月21日に公益社団法人として認定）を指定した。

更に、2019年6月21日の「成長戦略フォローアップ」でも示されているとおり、BIEによる我が国の開催計画（登録申請書）承認後、できるだけ多くの国の参加を得るべく、2020年ドバイ万博の機会を活用して、参加招請活動を行う。また、本万博のテーマに関連する国際会議等において、本万博の魅力・情報を世界に発信する。

世界の多くの国や国際機関が参加する国際博覧会は国内外から多数来場するため、日本の魅力を世界に発信する絶好の機会となる。また、開催地のみならず、日本各地を訪れる観光客が増大し、地域経済が活性化する「起爆剤」ともなる。大阪・関西の地に世界の叡智とベスト・プラクティスを集め、現代の複雑な諸課題の解決の源泉とすることを目指すとともに、世界中の人に「夢」や「驚き」を与え、日本全体を元気にするような国際博覧会にするため、引き続きオールジャパンの体制で取り組んでいく。

会場予想図（写真提供：経済産業省）

第2節
官民連携の推進による日本企業の海外展開支援

1 在外公館が一体となった日本企業の海外展開の推進

　現在、多くの日本企業が海外市場に向けて国際ビジネスを展開している。新興国を中心とする海外の経済成長の勢いを日本経済に取り込む観点からも、政府としても日本企業の海外進出支援を一層重視している。外務省は、関係省庁とも協力しながら、様々な手段を用いて日本企業の国際競争力向上の後押しや海外のビジネス環境整備に努めるとともに、現地の在外公館等でも様々な形で個々の日本企業の活動を支援している。

(1)　日本企業の海外での活動を支援

　外国に拠点を構える日系企業の数は近年増加し、2018年10月現在77,651拠点を数えた。海外でビジネス活動を行うには、現地の政治経済情勢、進出先の各種規制、治安を始め生活環境などの正確な把握が重要となる。法律や商習慣を異にする海外でビジネスを進める上では、思わぬトラブルに直面することもある。実際、世界各地の日本大使館や総領事館などに寄せられるビジネス関連の相談件数は、2018年度で約5.6万件に上っている。

　このような状況を踏まえ、外務省では、本省・在外公館が一体となり、日本企業の海外展開推進に積極

的に取り組んできている。2015年9月には、経済局内に「官民連携推進室」を設置し、企業支援のための情報収集や指針策定、企業等からの照会への対応、広報業務など、日本企業の海外展開に向けた官民連携業務を総括している。また、世界各地のほぼ全ての在外公館に「日本企業支援窓口（日本企業支援担当官）」を設置し、個別企業からの相談・支援要請などに積極的に対応している。更に73か国の在外公館にはインフラの海外展開を担当する「インフラプロジェクト専門官」を、54か国・地域の在外公館等には農林水産物・食品の輸出や食産業の海外展開を後押しするための「日本企業支援担当官（食産業担当）」を設置し、細やかな対応に努めている。

　これらの取組に際しては、関係省庁とも連携した支援を進めており、国際協力機構（JICA）、日本貿易振興機構（JETRO）、日本貿易保険（NEXI）、国際協力銀行

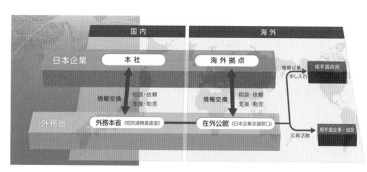

日本企業への支援体制

（JBIC）、中小企業基盤整備機構（中小機構）などの関係機関とも緊密に連携し、多様なビジネス案件に対応できる体制を整えている。

更に、海外における邦人の安全対策に資するよう、海外安全ホームページや「たびレジ」等を通じた危険情報やスポット情報といった海外安全情報の発信や、各種セミナー、本省においては海外安全官民協力会議、在外公館においては安全対策連絡協議会の開催など、様々な情報の提供・共有や相談対応を行っている。

(2)　現地情勢に応じた柔軟なサポート

在外公館では大使や総領事が先頭に立ち「開かれた、相談しやすい公館」をモットーに、各地の事情に応じたきめ細やかな具体的支援を目指し、企業の個別相談や広報の支援も行っている。在外公館の「日本企業支援窓口」では、現地事情に詳しい担当官が個別企業からの相談・支援要請などに対し、ビジネスの種類や地域情勢に応じた柔軟な対応・支援を行うことを目指している。

詳細な現地情報の提供やアドバイスを始め、現地要人や現地企業との人脈形成や広報活動への助言、トラブル解決などのための現地企業や相手国政府への働きかけ・申し入れなど、在外公館ならではの人脈を活かした効果的なサポートをすることも可能である。また、一部の在外公館では、現地に駐在する日本人弁護士等による、現地の法制度等に関するセミナーや、個別企業に対するコンサルティング等を通じた情報提供を行っている（2019年度は、アジア地域を中心に、12か国16公館で実施）。

(3)　在外公館"ジャパン・ブランド"のPR

海外に所在する公館が開催するイベントや展示会などで、日本企業の製品・技術・サービスや農林水産物などの"ジャパン・ブランド"をPRすることも、日本企業支援の重要な取組の一つである。外務省は、日本企業の商品展示会や地方自治体の物産展、試食会等のPRの場として、更に、ビジネス展開のためのセミナーや現地企業・関係機関との交流会の会場として、大使館や大使公邸等を積極的に提供している。

例えば、在スイス大使館では、日本企業の協力を得て、水素自動車を中心とする環境に資するハイブリッド車を展示することにより、日本の自動車産業における技術力をアピールするイベントを大使館にて開催した。在バーレーン大使館は、大使公邸にて、2019年3月に東日本大震災による日本産食品の輸入規制が撤廃されたことを受け、日本企業の協力を得て、和食・日本食材をPRするイベント「Taste of Japan」を実施した。

水素自動車の紹介（2019年5月23日：スイス／写真提供：外務省）

和食・日本食材のPRイベント（2019年6月、バーレーン／写真提供：外務省）

外務省の「地方の魅力発信プロジェクト」では、例えば、2019年1月に長崎県がデュッセルドルフ（ドイツ）で、2月に日本酒造組合中央会がニューヨーク（米国）で、4月には佐賀県がフィリピンで、大使あるいは総領事公邸などの公館施設を活用し、各地方の物産・観光等のプロモーション等を実施した。

毎年、世界各国にある日本の在外公館が開催する天皇誕生日祝賀レセプションでは、現地政府関係者や企業関係者向けに日本製品や日本産品の展示・紹介を行っている。また、東京の外務省飯倉公館では外務大臣と地方自治体首長の共催で、外交団、駐日外国商工会議所や外国プレス特派員等を招いた地方自治体のPRイベントを実施している。2019年1月には三反園鹿児島県知事と、2月には中村愛媛県知事と、11月には河野宮崎県知事と、12月には荒井奈良県知事とレセプションを共催し、観光、農産品、工芸品の魅力を紹介する様々なブースを設けるとともに、ステージ・パフォーマンスも行うなど、各県の多様な魅力をアピールした。

また、日本の魅力を総合的に発信する拠点として、世界3都市（サンパウロ、ロサンゼルス、ロンドン）に設置したジャパン・ハウスでは、日本の優れたデザインや高い技術力に裏打ちされた製品を展示するなど、日本製

外務大臣及び奈良県知事共催レセプション（雅楽のパフォーマンスの様子）（2019年12月11日／写真提供：外務省）

品の最新情報の発信や販路開拓の拠点として活用されている。

⑷　ODAを活用した支援

発展著しい新興国や開発途上国の経済成長を取り込むことは、日本経済の今後の成長の重要な要素となる。日本の企業は世界に誇れる多くの優れた製品・技術を有しており、また、開発途上国では、こうした日本企業の製品・技術を活用し、自国の経済社会開発に役立てたいとの期待が高い。

外務省・JICAは、ODAを活用して、日本企業の海外展開を積極的に後押ししている。具体的には、企業からの提案に基づき、開発途上国の課題解決に貢献し得るビジネスモデルの検討に必要な基礎情報の収集・分析のための調査（基礎調査、中小企業のみ対象）、技術・製品・ノウハウ等の活用可能性を検討し、ビジネスモデルの素案を策定するための調査（案件化調査）や技術・製品やビジネスモデルの検証、普及活動を通じた事業計画案を策定するための事業（普及・実証・ビジネス化事業）を支援している。

このほかにも、日本企業が関与して施設建設から運営・維持管理までを包括的に実施する公共事業を支援する無償資金協力（事業・運営権対応型無償資金協力）、日本企業の優れた技術を活用した製品を、無償資金協力を通じて開発途上国に供与する取組等を推進している。

更に、開発途上国における民間セクターが行う開発効果の高い事業に対して直接資金を提供することで、開発途上国の貧困の削減等の持続的開発や成長加速化等を支援（海外投融資）しているほか、官民連携（PPP）形態を想定したインフラ事業の促進を図るため、民間企業の発案に基づく事業形成調査を支援している（協力準備調査（PPPインフラ事

業))。

このように、日本企業の持つ優れた技術を多様化する開発途上国の課題解決に活かすため、近年、ODAを民間セクター動員の触媒として活用し、企業との連携を強化してきている。

(5) 邦人・日本企業の安全確保

日本企業の海外展開に当たっては、安全確保が不可欠である。2016年7月に発生したバングラデシュでのダッカ襲撃テロ事件では7人の日本人が犠牲となり、1人が負傷した。近年は、欧州やアジア等へもテロが広がるなど、懸念すべき傾向が続いている。

外務省は、海外安全ホームページや外務省海外旅行登録ツール「たびレジ」等を通じて、安全に係る情報を適時適切に発出している。特に、「たびレジ」は、出張等で短期間海外に渡航する際に行き先やメールアドレスを登録することで、現地の安全に関する最新の情報が、日本語によるメールで登録者に届く仕組みとなっており、登録すれば本社においても出張者と同一の情報を受け取ることができる。また、登録した情報は、テロや自然災害などが発生した際に現地の大使館等が安否確認を行う場合にも利用される。外務省は、ユーザーの使いやすさ向上や、海外安全対策キャンペーンを通じた広報の強化など、「たびレジ」の登録促進に向けた様々な取組を行っている。

外務省では、「海外安全官民協力会議」(国内)及び「安全対策連絡協議会」(在外)を開催し、企業との間で海外安全対策における連携を強化してきている。また、危機管理専門家による最新のテロ情勢、一般治安情勢、危機管理体制等に関する情報を提供する「官民合同実地訓練」、「国内安全対策セミナー」、「在外安全対策セミナー」等も実施している。

ダッカ襲撃テロ事件を受け、改めて在外邦人の安全対策に関する施策の点検・検討を行い、2016年8月に報告書を公表した。この報告書に基づき、国民への適時適切かつ効果的な情報伝達に係る施策のほか、中堅・中小企業や短期旅行者など、安全対策の面で相対的に弱い立場にあり、安全情報に接する機会が限られる人々への対応を強化している。特に、中堅・中小企業の海外における安全対策については、同年9月に、外務省が中心となり、日本企業の海外展開に関する組織が参加する「中堅・中小企業海外安全対策ネットワーク」を立ち上げた。外務省は、日本各地で安全対策セミナーを行うなど、幅広い企業関係者に対して、安全対策に関するノウハウや情報を効率的に共有するとともに、各企業が抱える安全面における懸念や問題点を迅速に把握・解決することを目指している。加えて、企業向け安全対策の基本的な内容を分かりやすく解説した「ゴルゴ13の中堅・中小企業向け海外安全対策マニュアル」を2017年3月より外務省海外安全ホームページに掲載し、同年6月末より、全13話を1冊にまとめた単行本を全国で配布している。更に、2018年4月より、同マニュアルの動画版を作成・公開している。

国際協力事業に従事する関係者の安全対策については、2016年7月、外務大臣の下に「国際協力事業安全対策会議」を設置した。有識者の意見も踏まえ、同年8月30日に同会議の「最終報告」として新たな安全対策を策定した。「最終報告」は、企業関係者を含むより広範な国際協力事業関係者の安全確保に万全を期すことを目的に、(1)脅威情報の収集・分析・共有の強化、(2)事業関係者及びNGOの行動規範、(3)ハード・ソフト両面の防護措置、研修・訓練の強化、(4)危機発生後の対応、(5)外務省・JICAの危機管理意識

の向上・態勢の在り方についてまとめたものである。以降、国際協力事業安全対策会議を常設化し、外務省、JICA、政府関係者、企業関係者及びNGO関係者等の出席を得て適時に会合を開催して情報共有及び議論を行う

等、「最終報告」で取りまとめられた安全対策措置を実施している。外務省及びJICAは、引き続き「最終報告」の内容を着実に実施し、国際協力事業関係者の安全対策を一層強化していく。

2 インフラシステムの海外展開の推進

(1) 官民連携の推進を通じたインフラシステム輸出

　新興国や開発途上国を中心としたインフラ需要は膨大であり、今後も更に市場の拡大が見込まれており、このようなインフラ需要を国際展開戦略のもとに積極的に取り込むことは、日本の成長戦略上極めて重要である。このような中、日本企業も海外進出を進めてきているが、インフラシステムの海外展開は熾烈な国際競争に直面しており、また、新興国等におけるインフラ開発は事業リスクが高く、現地政府の影響力も強いため、民間企業のみで太刀打ちすることは困難な場合も多い。このため、一義的には民間企業主体による判断や取組を前提とするものの、日本政府としてもあらゆる施策を総動員して民間企業を支援するといった官民連携の推進が重要になってきている。

　このような問題意識のもと、政府の取組のあり方を検討するため、2013年3月に、関係省庁が一丸となってインフラシステム輸出に取り組むことを目的に、内閣官房長官が議長を務め、副総理兼財務大臣、総務大臣、外務大臣、経済産業大臣、国土交通大臣、経済再生担当大臣兼内閣府特命担当大臣（経済財政政策）が構成員を務める経協インフラ戦略会議が発足した。同会議では、これまでに計44回の会合を開催し（2019年12月現在）、特定の国・地域や、環境、都市開発（スマートシティ）等の個別の分野を取り上げているほ

か、「質の高いインフラパートナーシップ」や「質の高いインフラ輸出拡大イニシアティブ」を通じた開発資金の供給拡大、円借款の迅速化や海外投融資支援、戦略的広報の実施等といった質的・量的な支援策の拡充に向けた「インフラシステム輸出戦略」の策定及びフォローアップ等について議論し、発表している。

　経協インフラ戦略会議においては「インフラシステム輸出戦略」が策定され、2013年5月の初版作成後、フォローアップを通じて累次改定がなされてきている。2019年の改定版においては、官民一体の競争力強化、受注獲得に向けた戦略的取組、幅広いインフラ分野への取組、質の高いインフラの整備等を通じてアジア・中東・アフリカを始めとする各地域内や地域相互間の物理的・制度的・人的連結性の強化を支援し、当該地域の開発を促進することにより、関係国の経済・社会的な基盤強化や対象地域の安定と繁栄の確保を進めるとともに、日本企業の効率的な経済活動に向けた支援を行い、幅広いインフラ分野に取り組みながら日本企業のビジネス展開を後押ししていくことなどへの方針が示されている。

　このような官民連携の方針の下、政府は、2010年に約10兆円だったインフラシステムの受注を2020年に約30兆円まで増加させることを目標として掲げており、最新の統計である2017年の受注額は約23兆円と目標達成

第三章

に向け順調に推移している。官民連携推進の具体的施策としては、例えばトップセールスの精力的な展開を行ってきており、各国の政府要人に対し、日本企業が関与するインフラシステムを直接売り込むべく、2018年に安倍総理大臣が行ったトップセールスは29件に上る。また、総理や大臣の外国訪問には、日本企業が経済ミッションとして同行することもある。相手国政府の首脳や閣僚に対し、日本企業が事業の強みや魅力を直接訴えることで、大型プロジェクトの受注や販路拡大への後押しとなることが期待されている。例えば、ロシアに関しては2018年12月に東京において開催された第14回貿易経済に関する日露政府間委員会の際に、日本企業連合（双日・JATCO・JOIN）が旅客ターミナル整備・運営事業への参画に関し、ハバロフスク空港会社との間で株主間契約を締結する等の着実な成果をあげている。

　また、政府によるインフラ輸出の最前線である在外公館には、インフラプロジェクト専門官を設置（2019年12月現在73か国、95在外公館等に設置）し、現地における情報を収集・集約するとともに、各国政府要人や外国企業への働きかけ、日本企業及び政府関連機関との連絡・調整を行っている。加えて、特

第14回貿易経済に関する日露政府間委員会（2018年12月18日／写真提供：外務省）

定の在外公館においては、外部のコンサルタントをインフラアドバイザーとして起用し、在外公館の情報収集能力の強化にも努めている。また、外務省は、開発途上国の「質の高い成長」に日本の優れた技術・制度・ノウハウ等を活かすため、ODAを活用して、日本方式の国際展開の推進、中小企業等の海外展開支援、官民連携（PPP）インフラ事業、民間連携事業、現地の産業人材育成などを推進している。さらに、円借款や海外投融資の制度改善も進めており、世界のインフラ需要により積極的かつ迅速に対応するための取組を行っている。

(2)　「質の高いインフラ」の国際社会への浸透

　日本は、開放性、透明性、経済性、債務持続可能性といった国際スタンダードに則った「質の高いインフラ」は日本の経済成長のみならず相手国の持続的な経済発展に貢献するWIN-WIN関係の構築に資すると考えており、このような考えに対する国際社会の認識を深めるため、G7、G20等の国際会議の機会において、「質の高いインフラ」の重要性を訴えている。2019年6月に開催された日本議長下のG20大阪サミットにおいては、「質の高いインフラ投資に関するG20原則」がG20各国の首脳間で承認された。また、8月に開催されたG7ビアリッツ・サミットにおいても、同原則に対するG20首脳の承認に留意した。

　2019年8月に行われたTICAD7では、連結性強化に向けた質の高いインフラ投資に関する日本の取組として、3重点地域（東アフリカ・北部回廊、ナカラ回廊、西アフリカ成長の環）を中心とした「G20原則」を踏まえた質の高いインフラ投資の推進、通信網・郵便網・インフラの強化・整備、アフリカ開発

銀行との共同イニシアティブ（EPSA4）等による官民連携でのプロジェクトの推進を行っていく考えが説明された。また、債務持続可能性の確保のための取組としては、延べ30か国の担当者へ公的債務・リスク管理研修の実施、ガーナ、ザンビア等への債務管理・マクロ経済政策アドバイザー派遣、IMF・世銀の各信託基金への新たな資金拠出等による債務国の能力構築に向けた技術支援の紹介が行われた。

　また、9月に安倍総理大臣の出席の下ブリュッセルで開催された欧州連結性フォーラムでは、「持続可能な連結性及び質の高いインフラに関する日EUパートナーシップ」を確立し、EUとの間で対等な競争条件を促進するために共働すること、また、自由で、開放的で、ルールに基づく、公正で、無差別かつ予測可能な、地域的及び国際的な貿易・投資、透明性のある調達慣行、債務持続可能性と高い水準の経済、財政及び金融、社会及び環境上の持続可能性の確保を促進する意図を確認した。

　更に、11月にタイで開催された一連のASEAN関連首脳会議を通して、安倍総理大臣は、地域のインフラ開発について開放性等

質の高いインフラ投資のためのG20原則

原則1：持続可能な成長と開発へのインパクトの最大化
原則2：ライフサイクルコストからみた経済性
原則3：環境への配慮
原則4：自然災害等のリスクに対する強じん性
原則5：社会への配慮
原則6：インフラ・ガバナンス

の国際スタンダードの必要性を強調しつつ、日本として質の高いインフラ整備を推進していく旨を表明した。日・ASEAN首脳会議では、「『質の高いインフラ投資のためのG20原則』等の国際スタンダードに沿って質の高いインフラを促進し、地域の連結性を強化するため、日本の『質の高いインフラパートナーシップ』及び『質の高いインフラ輸出拡大パートナーシップ』を歓迎」することが確認された。

※「インフラシステム輸出戦略」は以下のサイトに掲載。
http://www.kantei.go.jp/jp/singi/keikyou/dai43/siryou2.pdf

第三章

特別寄稿

高速鉄道の海外展開

葛西敬之

東海旅客鉄道株式会社取締役名誉会長

　我が国の高速鉄道の海外展開における成功例は台湾高速鉄道である。台湾高速鉄道は平成19年に開業し、今や台湾の経済活動や日常生活にとって不可欠な交通手段となっており、当社は現在も技術面からのコンサルティング業務を通じて支援を行っている。

　しかし、このような成功体験の一方で我が国が貴重な教訓を得たのもまた事実である。台湾高速鉄道のコアシステムには日本方式が採用されたが、土木構造物の基本設計は独仏方式である。このミスマッチが現在においてもコスト増、安定運行阻害の要因となっており、システムのパッケージ化により鉄道システムとしての整合性を保つことの重要性を学ぶこととなった。

　この台湾での原体験が国際高速鉄道協会（IHRA）設立の出発点となった。これまで比類ない安全、安定、高頻度、効率的な輸送を実現してきた「衝突回避の原則」に基づく日本型高速鉄道システムを国際標準とするため、当社は平成26年の東海道新幹線50周年を機にJR東日本、JR西日本、JR九州と共にIHRAを設立した。IHRAには米国、英国、豪州、カナダ、台湾、インド等も参加し、高速鉄道の導入を検討している国々に対する情報発信や知見・経験の共有などの取組みを展開している。

　日本型高速鉄道は一定の条件下では他国においても比類ない優位性を発揮する。例えば、人口が集中した回廊地域で、既に他の輸送手段が存在しており高速鉄道をバイパスとして機能させることができる地域がそうである。これらの条件を満たす地域として、当社はダラス〜ヒューストン間で東海道新幹線型高速鉄道システム、北東回廊のワシントンDC〜ニューヨーク間で超電導リニア（SCMAGLEV）の導入に向けた取り組みを進めている。

　高速鉄道には発着地点を直結するだけでなく、途上駅においても乗降機会を提供することにより回廊全体を統合一体化する強みがあり、これにより域内の経済成長力が強化される。特に北東回廊のSCMAGLEVについては、対象地域が政治、経済のまさに心臓部とも言えるエリアであるため、域外にも大きな外部経済効果を期待でき、まさに二十一世紀米国のトランスフォーメーション（大変革）に繋がる可能性を秘めている。そして日本の高速鉄道技術を用いたこれらプロジェクトの実現は日米同盟の強化にも寄与するだろう。

　これらのプロジェクトにおいて、当社はインテグレーターとして主にコンサル業務を担うことになるが、プロジェクトが実現すれば国内においても高速鉄道やリニアのサプライチェーンが長期的に安定するという効果を期待できる。

　ダラス〜ヒューストン間は既に具体的な計画段階に移行しており、当社は現地子会社を設立し、技術支援や現地の事業開発主体との協議を進めている。また、海外交通・都市開発事業支援機構（JOIN）と国際協力銀行（JBIC）も現地の事業開発主体に対する支援という面で大きな役割を果たしている。

　ワシントンDC〜ニューヨーク間については、具体的な計画段階への移行に向け、首脳会談などの機会を通じて日本政府の後押しを受けながらプロモーション活動を継続している。その一つの成果として、ワシントンDC〜ボルチモア間で連邦補助金を用いた環境影響評価等が進められるなど、徐々に進捗が見え始めている。

　今後も両プロジェクトの実現に向け、取り組みを着実に進めていく。

第3節

資源外交とインバウンドの促進

1 エネルギー・鉱物資源の安定的かつ安価な供給の確保

エネルギー安全保障とは

　国際エネルギー機関によれば、「受容可能な価格でエネルギー源が安定的に得られること（"the uninterrupted availability of energy sources at an affordable price"）」と定義されており、長期的側面からは、経済開発及び持続可能な環境のニーズに沿った、エネルギー供給に対する時宜を得た投資が深く関わり、また短期的側面からは、需給バランスの突然の変化への即応が中心となる。

(1) エネルギー・鉱物資源をめぐる内外の動向

❶世界の情勢

　近年、国際エネルギー市場には、①需要（消費）構造、②供給（生産）構造、③資源選択における3つの構造的な変化が生じている。①需要については、世界の一次エネルギー需要が、中国、インドを中心とする非OECD諸国へシフトしている。②供給については、「シェール革命」により、石油・天然ガスともに世界最大の生産国となった米国が、2015年12月に原油輸出を解禁し、また、トランプ政権の下で米国産LNGの更なる輸出促進を表明するなど、エネルギー輸出に関する政策を推進している。③資源選択については、エネルギーの生産及び利用が温室効果ガス（GHG）の排出の約3分の2を占めるという事実を踏まえ、再生可能エネルギー等のよりクリーンなエネルギー源への転換に向けた動きが加速している。また、気候変動に関するパリ協定が2015年12月に採択されて以降、企業等による低炭素化に向けた取組が一層進展している。

　原油価格について見ると、2014年後半から、中国等の景気減速、米国産シェールオイルなど非OPEC諸国の生産増、OPEC諸国の堅調な生産などによる供給過剰を主要因として価格が下落。低油価の継続を受け、2016年末、OPEC総会等で、OPEC加盟国とロシア等のOPEC非加盟の主要産油国が原油の協調減産に合意し、2016年後半から2017年の油価、50米ドル／バレル前後で推移した。その後ベネズエラの生産減の深刻化や、米国の対イラン制裁（2018年11月開始）による原油輸出減少懸念などにより、油価は徐々に上昇し、2018年10月3日にWTIは76.41米ドル／バレルと2014年11月21日以来の高値を記録した。しかし、米中貿易摩擦による需要減の見通し、イラン制裁に伴う供給不足を代替するためのサウジアラビア及びロシアによる増産に加え、米国が一部イラン産原油輸入国に対し当該原油輸入を部分的に認める制裁免除を決定したことで、市場で石油需給緩和が見込まれ油価は下落した。その後2019年4

第三章

月までは、米国の対ベネズエラ制裁・米国が
イラン産原油輸入禁止免除措置を延長しない
ことを表明し、油価は上昇するも、5月以降
米中貿易摩擦が先鋭化し、またOECDが
2019年の世界経済成長見通しを下方修正し
たことを受け油価は下落。その後無人機によ
るサウジアラビアの天然ガス処理施設への攻
撃や石油処理施設への攻撃による地政学リス
クによる油価高騰と米国を始めとするOPEC
非加盟国による原油増産と米中貿易摩擦の激
化による需要増の鈍化による油価下落が繰り
返されている。こうした油価の変動が将来の
エネルギー安全保障に与える影響を引き続き
注視していくことが重要である。

❷日本の状況

東日本大震災以降、日本の発電における化
石燃料が占める割合は、原子力発電所の稼働
停止に伴い、震災前の約60％から2012年に
は約90％に達した。特にLNGの割合が増加
しており、発電量は全体の約4割に達してい
る。同時に、石油、天然ガス、石炭等のほぼ
全量を海外からの輸入に頼る日本の一次エネ
ルギー自給率（原子力を含む）は、震災前の
20％から2014年には6.4％に大幅に下落し、
2016年度には8.2％まで持ち直したものの、
依然として低い水準にある。また、日本の原
油輸入の90％近くが中東諸国からであり、
天然ガスも20％以上が中東産となっている
（いずれも2018年）。このような中、エネル
ギーの安定的かつ安価な供給の確保に向けた
取組がますます重要となっている。

こうした状況を背景に、2018年7月には、
「第5次エネルギー基本計画」が閣議決定さ
れた。この新たな「エネルギー基本計画」で
は、3E＋S（「安定供給」、「経済効率性」、
「環境適合」、及び「安全性」）の原則の下、
安定的で負担が少なく、環境に適合したエネ
ルギー需給構造を実現すべく、再生可能エネ

ルギーの主力電源化に向けた取組やエネル
ギーシステム改革の推進も盛り込まれてお
り、2030年度の温室効果ガス26％削減
（2013年比）に向けてエネルギーミックスの
確実な実現を目指すとしている。

**⑵　エネルギー・鉱物資源の安定的かつ安
価な供給の確保に向けた外交的取組**

エネルギー・鉱物資源の安定的かつ安価な
供給の確保は、活力ある日本の経済と人々の
暮らしの基盤をなすものである。外務省とし
て、これまで以下のような外交的取組を実
施・強化してきている。

**❶資源国との包括的かつ互恵的な協力関係の
強化**

日本は、資源国との間で、エネルギー・鉱
物資源の安定供給確保のための首脳、閣僚レ
ベルでの働きかけや、資源分野における技術
協力や人材育成等の政府開発援助（ODA）
を活用した協力等、包括的かつ互恵的な関係
の強化に取り組んでいる。特に、安倍政権発
足以来、安倍総理大臣、河野外務大臣（当
時）、茂木外務大臣等が北米、中東・アフリ
カ、中南米、アジア太平洋等の主要な資源国
を訪問し、積極的な資源エネルギー外交を展
開してきた。

❷輸送経路の安全確保

日本が原油の約9割を輸入している中東か
らの海上輸送路や、ソマリア沖・アデン湾な
どの国際的に重要な海上輸送路において、海
賊の脅威が存在している。これを受けて、日
本は、沿岸各国に対し、海賊の取締り能力の
向上、関係国間での情報共有等の協力、航行
施設の整備支援を行っている。また、ソマリ
ア沖・アデン湾に海賊対処のために自衛隊及
び海上保安官を派遣して世界の商船の護衛活
動を実施している。

❸在外公館等における資源関連の情報収集・分析

エネルギー・鉱物資源の獲得や安定供給に重点的に取り組むため、在外公館の体制強化を目的とし、2019年末現在、合計53か国60公館に「エネルギー・鉱物資源専門官」を配置している。また、一部在外公館の職員を招集して、「エネルギー・鉱物資源に関する在外公館戦略会議」を毎年開催している。直近では2019年2月に東京で開催し、関係省庁や民間部門等からも参加を得て、エネルギー・鉱物資源を取り巻く国際情勢及びそれに応じた日本の戦略の方向性につき、活発な議論を行った。また、2017年から特定地域を対象とした地域公館エネルギー・鉱物資源担当官会議を開催。2019年には中東地域を対象としてエジプトで開催し、外務本省と在外公館、政府関連機関との連携強化の重要性、我が国のエネルギー・資源外交及び再生可能エネルギー外交を効果的に推進していくための方策について議論を行った（詳細は下記(4)参照）。

(3)　国際的フォーラムやルールの活用と主な動き

❶G20

2019年6月、日本は議長国として、軽井沢にて、「G20持続可能な成長のためのエネルギー転換と地球環境に関する関係閣僚会合」を開催し、世耕経済産業大臣（当時）、原田環境大臣（当時）が共同議長を務めた。また、外務省からは辻外務大臣政務官（当時）が出席した。同会合で成果文書として採択された、閣僚声明及び「G20軽井沢イノベーションアクションプラン」において、「環境と成長の好循環」のコンセプトの重要性を共有するとともに、エネルギー分野では、「3E＋S」（エネルギー安全保障、経済効率性、環境＋安全性）を実現するエネルギー転換の推進力として、水素やCCUS、カーボンリサイクル等のエネルギーイノベーションの重要性等が確認された。同年6月のG20大阪サミットで採択された「大阪首脳宣言」では、エネルギー安全保障の確保の重要性やエネルギー転換に向けた革新的、クリーンで効率的な技術の更なる発展の重要性等について確認された。

❷APEC

APECにおいては、アジア太平洋地域の経済成長、社会福祉、持続性へ貢献するためのエネルギー貿易投資の促進及びエネルギー安全保障を強化する枠組みとして、APECエネルギー作業部会（EWG）が継続的に開催されている。また、アジア太平洋エネルギー研究センター（APERC）とも連携し、「質の高い電力インフラ」、「低炭素モデルタウン」、「石油・ガス・セキュリティ」等の主要イニシアティブを主導しているほか、エネルギー需給に関するデータ収集及び分析の強化により、地域内のエネルギー安全保障の強化及びエネルギー効率の向上や再生可能エネルギー導入などの推進に貢献している。

❸ASEAN関連会合

2019年9月、タイ・バンコクにおいて、ASEAN＋3及び東アジアサミット（EAS）のエネルギー大臣会合が開催された。ASEAN＋3エネルギー大臣会合には、ASEAN 10か国に加え、日本、中国、韓国のエネルギー担当閣僚等が参加し、日本からは磯﨑仁彦経済産業副大臣が参加した。また、EASエネルギー大臣会合では、さらに、オーストラリア、ニュージーランド、ロシア、米国が加わった。本件会合は、エネルギー需要が増大するアジアにおいて、安定的なエネルギー供給の確保、エネルギー安全保障及び気候変動対策の強化を目的とし、政策

協調や国際協力に向け議論を行うものであり、2019年の会合では、水素社会実現と運輸部門の脱炭素化、カーボンリサイクルに係る取組、分散型エネルギーイニシアティブに係る取組を紹介し、Cleaner Energy Future Initiative for ASEAN（CEFIA）を立ち上げ、地域におけるクリーンコール技術開発や天然ガス活用の重要性を共有した。また、日本で開催するエネルギーに関する3つの国際会議（水素閣僚会議、カーボンリサイクル産学官国際会議、LNG産消会議）に関しても、各国から歓迎された。

⑷　エネルギー・資源外交に関する2019年の主な取組

近年世界のエネルギー情勢に構造的な変化が起きていることを踏まえ、2019年には、今後の新たなエネルギー・資源外交政策のあり方に関する検討及び発表を行った。また、エネルギーの需要増がアジアを中心に起きていることや、世界のエネルギー投資が減少傾向にあることを踏まえ、これらの重要課題に関し国際的に議論を深めるための機会を設けた。更に、日本の新エネ・再エネ等の最新技術について積極的に対外発信を行うべく、在京外交団を対象にしたスタディーツアーを実施した。

❶エネルギー・資源外交政策の検討と打ち出し

（a）日本の再生可能エネルギー外交

2019年1月、辻外務大臣政務官（当時）は、国際再生可能エネルギー機関（IRENA）第9回総会（アラブ首長国連邦・アブダビ）に、河野外務大臣（当時）の代理として出席し、スピーチを実施した。気候変動問題に対する国際社会の取組の機運が一層高まり、また再生可能エネルギーの発電コストが近年劇的に低下したことにより、世界全体として再生可能エネルギーの更なる導入拡大が求められている中、日本としても再生可能エネルギーの「主力電源化」という方針の実現に向け取り組んでいること、また、再生可能エネルギー普及拡大に向けた自身の経験をいかし、他のIRENA加盟国も直面する課題に対する先進的な解決策を有する国として、日本は世界の中で役割を果たしていきたいことを表明し、日本の先進的な技術とイノベーションと、それらを後押しするための政策の例を紹介した。その上で、「環境と成長の好循環」の実現と世界のエネルギーアクセス改善に向け、日本が議長国となったG20や第7回アフリカ開発会議（TICAD7）等の機会も活用し、再生可能エネルギーに関する世界の取組の促進に貢献していきたいと述べた。

（b）中東地域公館エネルギー・鉱物資源担当官会議

2019年1月28日から29日まで、エジプト・カイロにて、「中東地域公館エネルギー・鉱物資源担当官会議」を開催した。中東地域の全8か国（アラブ首長国連邦、イラク、イラン、エジプト、オマーン、カタール、クウェート、サウジアラビア）及び日本大使館から計16名のエネルギー・鉱物資源専門官または担当官の出席を得て開催した。

本会議には、国際協力機構（JICA）、日本貿易振興機構（JETRO）及び石油天然ガス・金属鉱物資源機構（JOGMEC）も参加し、中東地域でのエネルギー・資源外交を進めていく上での課題や対策等について、議論を深めた。

本会議では、中東地域は日本にとって重要な化石燃料の供給源であり、需要国としての立ち位置が低下している日本にとっては、権益確保のために付加価値をつけた取組が重要であることが指摘された。中東各国における情勢や日本企業支援における課題等に関する

情報が共有され、日本が中東地域でより一層戦略的で効率的なエネルギー外交を展開する上で有益な議論がなされた。

(c) エネルギー・鉱物資源に関する在外公館戦略会議

2019年2月25日から26日までの2日間、日本のエネルギー・鉱物資源の安定供給確保に関係する7か国・地域に所在する在外公館で当該業務に従事するエネルギー・鉱物資源専門官・担当官7名を集め、外務本省において、「エネルギー・鉱物資源に関する在外公館戦略会議」を開催した。本会議は、2009年から毎年東京で開催されており、2019年の戦略会議には、山上信吾経済局長を始めとする外務本省関係者に加え、上記7名の在外公館職員、他省庁関係者が参加したほか、各種機構や民間企業関係者も交え、日本の資源の安定供給確保とエネルギー・資源外交を積極的に推進していく上での課題や対策等について議論を深めた。

この戦略会議における議論を通じ、昨今のエネルギー情勢の下では各国のエネルギー政策が直接的、間接的に周辺国・地域のみならず世界全体のエネルギー情勢に影響を与えていること、また、国際エネルギー情勢を取り巻く環境は多様化し、不確実性が高まっている中、長期的な見通しを念頭に置きながら、短期的な変化に迅速に対応できる体制とするため、各在外公館においては任国及びその地域のエネルギー政策や需給状況などに関する現状を正確に把握することが必要であることなどの認識が共有された。

❷在京外交団を対象とした川崎市及び横浜市における水素エネルギー関連施設の視察

2019年3月19日、資源エネルギー庁、環境省及び川崎市の協力により、在京外交団を対象とした川崎市及び横浜市における水素エネルギー関連施設の視察（水素スタディーツアー）を実施した。

今回のスタディーツアーは、「水素基本戦略」に基づく日本の取組を在京外交団に紹介し、日本の水素技術及び関連施策を世界に発信することを目的として実施されたもので、合計12か国（13名）の大使館から参加があった。

川崎市・横浜市の臨海地域には、水素・燃料電池技術に関連した施設が多数集積しており、今回のスタディーツアーでは、三菱化工機(株)の水素ステーション、千代田化工建設(株)の「SPERA水素」デモプラント及び東芝エネルギーシステムズ(株)の自立型水素エネルギー供給システムを視察した。

また、水素エネルギーを利用している川崎キングスカイフロント東急REIホテルにおいて、水素の利活用拡大のための政策や技術に関するセミナーが開催された。

参加外交団からは、最先端の水素エネルギー関連技術に高い関心が示され、視察先では活発な質疑応答が行われた。また、今回のスタディーツアーを通じて日本の水素エネルギー政策や民間企業の水素エネルギープロジェクトについて包括的に学ぶことができたとの感想が寄せられた。

❸国際エネルギー機関（IEA）チーフエコノミスト講演会

2019年8月、ラズロ・バロー国際エネルギー機関（IEA）チーフエコノミストを招き「水素エネルギーの未来（Future of Hydrogen）」というテーマの下で講演会を実施した。バロー・チーフエコノミストから、多様なエネルギー源から生成可能である水素は、各国のエネルギー安全保障の強化につながるほか、再生可能エネルギーのエネルギーキャリアとしての役割及び重工業分野の脱炭素化に貢献すること等について指摘があり、民間企業からの参加者を交え、水素の重要性につ

いて活発な議論が行われた。

2 食料安全保障の確保

食料安全保障とは──────

　食料安全保障は、すべての人が、いかなる時にも、活動的で健康的な生活に必要な食生活上のニーズと嗜好を満たすために、十分で安全かつ栄養ある食料を、物理的にも経済的にも入手可能であるときに達成される。（世界食料サミット、1996年：国連食糧農業機関（FAO））

(1)　食料安全保障の現状

　国連人口部の報告によれば、2019年の世界の人口は約77億人と推定されているが、今後、サブサハラ・アフリカ及び南アジアを中心に世界の人口が増加し、2050年までに約97億人に達すると見込まれている。更に、畜産物の消費量が増加すればその数倍の穀物需要が発生することから、今後開発途上国において食生活が変化して畜産物の消費量が増加すると、畜産向けの飼料需要も急速に増加する。2013年の国連食糧農業機関（FAO）のレポートによると、2050年までに食料生産を2005-07年の水準から約60％増大させる必要があるとされている。

　一方、日本国内に目を向けると、日本の食料自給率（カロリーベース（農林水産省発表））は長期的に低下傾向で推移してきたが、近年は横ばいで推移しており、2018年度実績は37％となっている。日本は長期間にわたって食料の多くを輸入に依存している状況が続いており、国民への安定的な食料の共有のためには、国内の食料生産の増大を図ることを基本とし、これと輸入及び備蓄とを適切に組み合わせることにより確保することが必要である。世界的には中長期的に需給のひっ

迫が懸念される中、今後とも安定的な輸入を確保するためには、世界全体食料増産を積極的に推し進める必要がある。万が一、主要生産国で同時に干ばつ等が発生し世界の食料供給が不足した場合に備え、国際社会の一員として日本も他国への支援を含めて貢献する必要がある。更に、食料需要が伸びる中、一時的な食料増産ではなく、環境負荷を低減しつつ食料増産を図る持続可能性の確保が求められる。加えて、食料は品質の経年劣化や病虫害等の被害を受け易いという面があり、生産した農産物を効率的に消費に繋げるために、安定的な農産物市場や貿易システムを形成し、物流を改善する必要がある。これらの取組等を通して、日本の食料安全保障の確立を図っていかなければならない。

(2)　世界の栄養不足の状況及び食料需給

　世界の栄養不足人口は、過去10年以上着実な減少を続けてきたが、2015年に増加に転じて以降、増加傾向となっている。FAOが国際農業開発基金（IFAD）、国連世界食糧計画（WFP）らと合同で発行した「世界の食料安全保障と栄養の現状2019年報告（SOFI 2019）」によれば、2018年には、8億2千万人（世界の約9人に1人）近くが栄養不良の状態にあったと推定されている。2015年に国連で採択された「持続可能な開発のための2030アジェンダ」においては、2030年までに飢餓のみならずあらゆる形態の栄養不良も含めて解消することを目標として掲げているが、目標を達成するには更なる努力が不可欠な状況である。同報告書では、栄養不足人口の増加の背景に、気候変動及び紛争、景

気の停滞・後退の影響を挙げている。

世界全体で見ると、子どもの発育阻害（年齢相応の身長に達していない状態）や消耗症（身長に対して体重が少なすぎる状態）が引き続き課題となる一方で、5歳未満児の過体重と成人の肥満も増加傾向にある。多くの国では、子どもの低栄養と成人の肥満が同時に高い割合で発生しており、これは様々な形態の栄養不良の解消に取り組む必要があることを示している。

一方、世界における食料の供給状況について見ると、2019年末現在、主要作物である小麦・とうもろこし・コメ・大豆等に関しては、世界全体で十分な生産が行われており、期末在庫の水準にも不安は見当たらない。米国などの主要生産国において、良作が連続していることに加え、南米諸国での大豆・とうもろこしの増産や、ロシア・ウクライナなどが小麦輸出国となるなどといった要因により、穀物供給地の多角化は進みつつあるものの、依然として輸出国は限られており、天候不良による不作等で供給が逼迫する可能性には十分な注意が必要である。また、穀物は食料であると同時に、バイオエタノールやバイオディーゼルなどといった燃料としても利用が進んでいるが、今後も、燃料用の需要は、他のエネルギー源の需給や、政策の動向に左右されることから注視が必要である。

世界の穀物貿易量は、2019年現在、年間5億6千万トン規模に達しており、世界の食料安全保障には円滑な貿易システムの確保が重要である。米中間の貿易不均衡の是正をめぐり、米中双方が互いに追加関税措置を発動しているが、対象品目には農産品も含まれる。特に大豆については、年間の貿易量が1億5千万トンである中で、年間8千万トン超を輸入する中国と、5千万トンを輸出する米国の動きは、二国間のみならず世界の穀物貿易全体に与える影響も大きく、今後の展開を注視する必要がある。

なお、2019年には、中国、韓国を始めとするアジア諸国にASF（アフリカ豚熱）の感染が広がっており、豚の飼育頭数の減少により飼料用の大豆需要が減少するなどの影響が生じている。今後の伝染状況によっては、大豆を始めとする飼料用穀物及び食肉の需給に多大な影響が生じる恐れがあることから注視する必要がある。

⑶　国際的なフォーラムやルールの活用と主な動き

❶ G7

G7/G8の枠組みにおいては、2008年の北海道・洞爺湖サミットで食料安全保障を取り上げて以来、様々な食料安全保障強化のための取組が行われてきている。2015年6月のG7エルマウ・サミット（ドイツ）において、2030年までに開発途上国の5億人を飢餓と栄養不良から救出するという目標（エルマウ・コミットメント）と、その達成に向けた「食料安全保障と栄養のための広範な開発アプローチ」（ブロード・アプローチ）が策定された。2016年のG7伊勢志摩サミットでは、日本の主導により「食料安全保障と栄養に関するG7行動ビジョン」が採択され、エルマウ・コミットメントの目標の達成のために3つの重点分野（女性のエンパワーメント、栄養改善、農業・フードシステムにおける持続可能性及び強靱性の確保）を特定し、各重点分野において目的達成のための具体的な行動を決定した。2017年5月のG7タオルミーナ・サミット（イタリア）では、特にサブサハラ・アフリカにおける食料安全保障、栄養及び持続可能な農業に対する共同の支援を高めることが決定された。

2019年は、食料安全保障作業部会（FSWG）

第三章

の専門家レベル会合において、「サヘル諸国の若者の雇用促進」及び「サヘル諸国の栄養不良との戦い」がテーマとして議論が行われ、7月4日にパリにて開催された開発大臣会合の機会に、「サヘル地域の若者の雇用創出に関するG7フレームワーク」がFSWGによる文書として公表され、同大臣会合で発出された「G7・G5サヘル・パリ共同コミュニケ」において歓迎された。

❷ G20

G20においては、2011年のG20カンヌ・サミット（フランス）の際に農業市場情報システム（Agricultural Market Information System、略称 AMIS）が立ち上げられ、国際的な主要農作物の需給、作柄、市況等、農業市場に係る情報を収集し、毎年公表するとともに、参加国の情報の正確性の向上に向けた取組も進めている。2015年11月のG20アンタルヤ・サミット（トルコ）においては、「食料安全保障と持続可能なフードシステムに係るG20行動計画」が採択されたほか、2017年1月には、G20農業大臣会合（ドイツ）において、世界の食料安全保障と栄養改善を確保するための農業関連の目標を達成するための責任を真剣に受けとめることや、G20農業大臣会合を定期的に開催し、行動計画の実行にコミットすること等が確認された。

2019年5月に開催されたG20新潟農業大臣会合では、「農業・食品分野の持続可能性に向けて−新たな課題とグッドプラクティス」をテーマとして、人づくりと新技術、フード・バリューチェーン（FVC）、持続可能な開発目標（SDGs）について議論が行われた。また、越境性動植物疾病への対応についても議論が行われ、特にASF（アフリカ豚熱）については、国際社会が一致団結して対処することの重要性について認識を共有した。

❸ APEC

APEC（アジア太平洋経済協力）においては、2010年に新潟市において第1回食料安全保障担当大臣会合が開催され、食料安全保障についてAPECとして目指すべき共通目標を定めた「APEC食料安全保障に関する新潟宣言」と共通目標の実現のための具体的な行動を定めた「行動計画」が採択された。翌2011年、APECにおける食料安全保障を推進すべく、民間部門が政策に実質的に関与する枠組みとして、APEC食料安全保障に関する政策パートナーシップ（PPFS）が立ち上げられた。2014年9月の第3回食料安全保障担当大臣会合において「APEC食料安全保障に関する北京宣言」が採択され、食品ロス削減に関し、アジア太平洋域内における食品ロスを2020年までに2011-12年比で10％削減する目標が承認された。2019年のチリ議長国下では、PPFS会合の主要テーマを、持続可能なフードシステムの強化、イノベーションと新技術の適応、協働の促進とFVC・貿易の強化、機会をもたらす地域開発の強化とした。8月23日に開催されたAPEC食料安全保障担当大臣会合では、成果文書として「APECの食料安全保障に関するプエルト・バラス宣言」が採択された。

❹ ASEAN関連会合

ASEAN＋3（日本、中国、韓国）の協力枠組みでは、ASEAN＋3緊急米備蓄（The ASEAN Plus Three Emergency Rice Reserve、略称APTERR）協定が2012年に発効しており、これに基づき日本は2013年以降、フィリピン、ラオス、カンボジア及びミャンマーに対する米支援を実施した。また、2016年9月のASEAN＋3首脳会議では、安倍総理大臣から日本が推進しているフード・バリューチェーンの構築のための官民連携協力を更に拡大する意向を表明するととも

に、日本産食品に対する放射能レベルに関する輸入規制の緩和・撤廃についても要請した。2017年11月のASEAN＋3首脳会議（フィリピン）においては、「食料安全保障協力に関する声明」が採択された。2018年10月には、APTERR協定発足以来初となる申告備蓄プログラム（災害発生時に1万トン規模の米の供給を可能とする契約を締結するもの）の実施に向けた覚書の署名が日本とフィリピンの間で行われた。

(4)　「責任ある農業投資」の促進に向けた日本の取組

　世界の食料増産が進められる中、これまで緑の革命や日本とブラジルの協力で実施されたセラード開発など、農地拡大や単位面積当たりの収量の改善のために様々な取組が行われてきた。国際的な農業投資が行われる一方で、2008年の食料価格高騰を契機に、食料輸入国の企業や政府投資ファンド等がアジアやアフリカにおいて大規模農地開発を活発化させた。この動きは、世界中のメディアにより「農地争奪」（"land grabbing"）という言葉で盛んに報じられ、FAOは「新植民地主義」として警笛を鳴らすに至った。多くの開発途上国では農業従事者が人口の過半数を占め、また貧困層の4分の3が農村部に居住しており、農業が主要な産業となっている。そのため、農業の振興は開発途上国における経済の改善の重要な手段であるが、2つの競合する課題、すなわち①農業投資の増加の必要性と②農業投資に伴う意図せざる負の影響への対応に直面している。開発途上国において持続可能で包摂的かつ貧困削減に繋がるような経済成長を達成するために、国際社会は官民・国内外を問わず、開発途上国における農業投資を促進すべきである一方、投資が稚拙に計画・実施された場合、投資受入国の人々に対し、政治安定性、人権、持続可能な食料生産や環境保護に関する意図せざる負の影響を与え得る。

　これらの課題に対処するべく、日本は、2009年7月のG8ラクイラ・サミット（イタリア）の機会に「責任ある農業投資」というコンセプトを提唱した。このコンセプトは、投資受入国の政府、小農を含めた現地の人々、投資家という三者の利益の調和及び最大化を目指すものである。そして、日本のイニシアティブのもと、4国際機関（FAO、IFAD、UNCTAD、世界銀行）が「責任ある農業投資原則（the Principles for Responsible Agricultural Investment：PRAI）」を策定した。日本は関連国際機関等と協力して、様々な国際会議等の機会にセミナーを開催するなど、同原則の普及を図ってきた。

　2012年からは、FAO、IFAD、WFPが共同で事務局を務める世界食料安全保障委員会（CFS）において「農業及びフードシステムにおける責任ある投資のための原則（the Principles for Responsible Investment in Agriculture and Food Systems（CFS-RAI））」として協議が進められ、2014年10月の第41回CFS総会にて、政府や国際機関のみならず市民社会や民間セクターも賛同する形で同原則が採択された。

　2018年3月には、日本による「責任ある農業投資」分野での能力構築に向けた貢献の一環として、日本の財政支援で世界銀行が実施した調査研究プロジェクトの最終成果物となる「Knowledge Into Action Notes」が公表された。

(5)　食に関する啓発活動と情報発信

　2019年には、食料安全保障を様々な側面から強化するための試みとして、主に食品ロス削減に向けた啓発活動に取り組んだ。食品

ロス削減は、持続可能な生産・消費として SDGs の達成に寄与し、また、食料の多くを輸入に頼る日本にとって、日本と世界の食料安全保障の強化につながる重要な取組である。

2019年3月に都内で開催された講演会では、日本担当FAO親善大使を迎え、SDGs の達成に向け、FAOがどのような貢献を果たしているのか、また日本の官民はFAOとの協力の下でどのような役割を果たしているのかなどについて議論するとともに、SDGs 達成のためのテーマの一つとして、食品ロス削減に寄与する料理の紹介などが行われた。

日本では「食品ロスの削減の推進に関する法律」が10月1日から施行され、毎年10月16日は、国連が定めた「世界食料デー」でもあることから、この機会を捉え、関係省庁・地方自治体・民間企業等の協力を得なが ら、FAOとの共催で「世界食料デー記念シンポジウム「食料問題を考える、『食品ロス』を知ろう！」」を開催した。

冒頭、中山外務大臣政務官から、全世界で作られている食料のうち約3分の1が廃棄される中、世界的な食品ロスの削減への取組が必要であり、本シンポジウムをきっかけに、日本社会に根付いている食べ物を残さない、粗末にしないという意識が、日本のみならず世界にも広がっていくことを期待すると述べた。

シンポジウムでは、ロサ・ロールFAO企業開発上級専門官が基調講演を行ったほか、企業や自治体、有識者から、日本における食品ロス削減の先進的な取組が紹介された。パネルディスカッションでは、食品ロス削減を通じたSDGs達成への貢献などについて活発な議論が行われた。

3 漁業（捕鯨政策・マグロなど）

(1) 総論（我が国の水産外交）

万葉集にまぐろ漁の歌[1] が収められているように、四方を海に囲まれた日本の歴史は水産物の利用とともにあり、多種多様な海川の恵みは、ユネスコ無形文化遺産である和食の基礎ともなってきた。世界有数の責任ある漁業国・水産物消費国である日本が、持続可能な漁業の健全な発展に努めることは当然のことといえよう。漁業資源の保存・管理、持続可能な形での利用は、生物多様性の保全の観点、食料の安定的な供給という食料安全保障の観点のみならず、食文化の保存及び世界への伝播という観点からも重要である。海洋の持続可能な利用の脅威となっている違法・無報告・無規制漁業（IUU漁業）対策（下 記(3)）が国連の持続可能な開発目標（SDGs）に含まれるなど、漁業に関する国際的な関心も高まっている。また、漁業の地理的フロンティアは、北極海にも拡大しつつある（下記(4)）。

漁業資源の中には、まぐろ類をはじめ、一国の管理する水域を越えて生息するものが多く存在する。日本をはじめとする遠洋漁業国の漁船が、公海で、又は他国の排他的経済水域（EEZ）内に入漁して漁業を行っていることから、関係国が協調し、持続可能な資源管理を行う必要がある。日本周辺水域が含まれる太平洋北西部海域は、生物多様性が極めて高く、世界的にも主要な漁場の一つであるため、日本は沿岸国としても近隣諸国とともに

1）鮪突くと　海人の燭せる　漁り火の　穂にか出でなむ　我が下思ひを（大伴家持　巻19-4218）

資源管理に大きな責任を負っている。

　関係国で協力して漁業資源を持続可能な形で保存・管理・利用する上で、主要な役割を果たしているのが地域漁業管理機関（Regional Fisheries Management Organization：RFMO）である。RFMOは、魚種及び水域ごとに設置され、各資源についての保存管理措置を決定・実施する主体である。日本は主要なRFMOにおいて主導的な役割を果たしている（下記(5)）。

　また、捕鯨の伝統文化を有する日本は、鯨類も他の海洋生物資源と同様、科学的根拠に基づき持続可能な形で利用すべきとの立場である。日本は、2019年7月から、我が国領海及びEEZに限定して、科学的根拠に基づく適切な管理の下で、十分な資源量が確認されている鯨種のみを対象に捕鯨を行っている（下記(2)）。

鯨肉の市場販売（2019年8月1日 仙台市中央卸売市場／写真提供：水産庁）

(2)　国際捕鯨委員会（IWC）脱退と鯨類の持続可能な利用のための取組

　日本は、鯨類は科学的根拠に基づき持続可能な形で利用すべき海洋生物資源の一つであり、鯨類の利用に当たっては、その文化的多様性を尊重すべきとの立場を一貫して主張してきた。しかし、現在のIWCの下では、この基本方針の実現は困難と判断し、日本は国際捕鯨取締条約（ICRW）からの脱退を決定し、2018年12月26日、脱退通告を行った。

　2019年6月30日、脱退の効力が発生し、同年7月、日本は捕鯨業を再開した。これまでカナダやアイスランド（再加盟）を含む22か国がICRWから脱退しているが、今回の日本の脱退について、当初、感情的な反発を心配する向きもあった。しかし、主要な反捕鯨国政府等からIWC脱退は遺憾であるとの批判的な声明の発出はあったものの、捕鯨支持国からは日本の立場への理解と支持を得て、総括すると比較的落ち着いた反応となっている。また、反捕鯨国においても、かつてのような大規模なデモは発生せず、反捕鯨NGO等による過激な抗議行動もなかった。これはこれまで継続的に日本の立場を主張し、丁寧に説明してきた外交努力がもたらした大きな成果といえる。引き続き、日本は、下記の取組等を通じ、国際的な協力や対話を継続するとともに、科学的根拠に基づき、持続可能な捕鯨業を行っていくことから、国際協調に反するとの批判は当たらない。

❶再開後の捕鯨業

　再開した捕鯨業は、日本の領海及びEEZにおいて実施され、科学的知見に基づく資源管理を徹底する観点から、IWCで採

鯨種	推定資源量	捕獲可能量	2019年7月1日〜12月31日までの捕獲枠	
ミンククジラ（北西太平洋）	20,513頭	171頭	母船式・沿岸捕鯨	53頭
ニタリクジラ（北太平洋）	34,473頭	187頭	母船式	187頭
イワシクジラ（北太平洋）	34,718頭	25頭	母船式	25頭

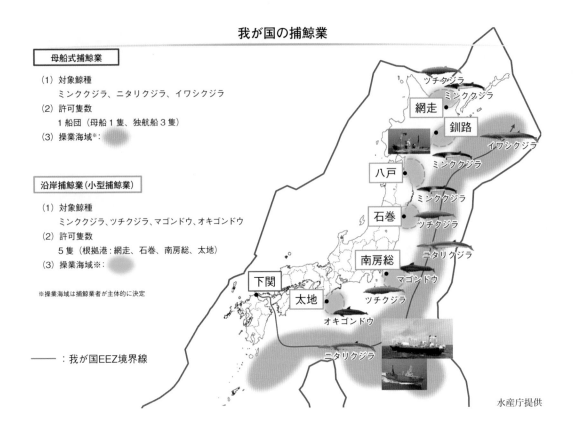

我が国の捕鯨業

母船式捕鯨業

（1）対象鯨種
　　ミンククジラ、ニタリクジラ、イワシクジラ
（2）許可隻数
　　1船団（母船1隻、独航船3隻）
（3）操業海域※:

沿岸捕鯨業（小型捕鯨業）

（1）対象鯨種
　　ミンククジラ、ツチクジラ、マゴンドウ、オキゴンドウ
（2）許可隻数
　　5隻（根拠港：網走、石巻、南房総、太地）
（3）操業海域※:

※操業海域は捕鯨業者が主体的に決定

ツチクジラ
ミンククジラ
網走
釧路
イワシクジラ
ミンククジラ
八戸
ミンククジラ
石巻
ツチクジラ
ニタリクジラ
南房総
マゴンドウ
下関
太地　　ツチクジラ
オキゴンドウ
ニタリクジラ

──：我が国EEZ境界線

水産庁提供

択された方式に沿って算出された、100年間捕獲を続けても資源に悪影響を与えない捕獲可能量の範囲内で行われている。また、①全ての捕鯨業者による日別の捕獲頭数の報告、②水産庁監督員の母船や鯨体処理場への派遣、③衛星を利用した船舶位置の確認などを通じて、捕獲枠などの遵守の確保などの管理が行われている。

❷科学的知見に基づく鯨類資源管理への貢献

　日本は、鯨類資源の持続可能な利用が可能であることを証明するために必要な科学的情報を集める目的で、1987年から南極海と北西太平洋で鯨類科学調査を実施してきた。

　IWC脱退後も、日本は、国際機関と連携

国際捕鯨取締条約（ICRW）脱退の経緯

　1946年、世界の鯨類資源を保存管理し、捕鯨産業の秩序ある発展を確保することを目的として、ICRWが作成され、国際捕鯨委員会（IWC）が設置された（1948年）。1970年代以降、反捕鯨活動の活発化を背景に、捕鯨国と反捕鯨国の見解が対立し始め、反捕鯨国は次第にIWCでの多数派となり、1982年、いわゆる商業捕鯨モラトリアムが可決され、日本は捕鯨業を一時的に停止した。同モラトリアムは、遅くとも1990年までに包括的評価を行い、その修正につき検討する旨明記しており、我が国は、持続可能な捕鯨業の実施を目指して、30年以上にわたり収集した科学的データを基に誠意をもって対話を進め、解決策を模索してきた。しかし、一部の鯨類については資源が豊富であることがIWCの科学委員会によって確認されているにもかかわらず、現在に至るまでモラトリアムの見直しは行われていない。

　2018年9月の第67回IWC総会において、日本は、IWCの資源保存管理機関としての役割を回復させ、異なる立場を有する締約国が共存するためのIWC改革案を提出した。同改革案は、IWCの機能回復に必要な改革案であるとして一定の評価を得たが、反捕鯨国の反対により否決され、異なる立場の共存が極めて困難であり、反捕鯨国はいかなる形であれ捕鯨業を認める意思がないことが明らかとなった。こうした状況を踏まえ、日本はICRWからの脱退を決定し、2018年12月26日、脱退通告を行った。2019年6月30日、脱退の効力が発生した。

しながら、国際的な海洋生物資源管理に協力していくという方針の下、2019年5月のIWC科学委員会において、①南極海における大型鯨類の資源量推定、②南極海における大型鯨類の分布、回遊及び系群構造等の推定を目的とした非致死的調査のみを行う南極海鯨類資源調査（JASS-A）の計画案を提出し、支持を得た。2020年1月から開始された同調査では、目視に加えて、バイオプシー（皮膚標本）採集が行われ、調査結果は引き続きIWC等の国際機関に積極的に提供する予定である。

また、同科学委員会において、IWC脱退後も、2010年以来実施されてきたIWCと日本の共同目視調査（IWC-POWER）を継続することを表明し、このような日本の協力姿勢が歓迎された。

❸持続可能な利用支持国との連携

日本は、首脳会談や外相会談等の様々な外交機会をとらえて鯨類資源の持続可能な利用について各国の理解や支持を得るべく働きかけており、責任ある漁業国として地域的、国際的な議論においてイニシアティブを取りながら積極的に外交活動を行っている。

例えば、鯨類資源の持続可能な利用を支持するカリブ諸国の漁業担当大臣が一堂に会する「東カリブ漁業大臣会合」に域外対話国の形で参加し、活発な意見交換を通じて、更なる協力関係の強化を図っている。日本と立場を共有する国々との連携を更に強化し、引き続き国際社会における支持を拡大していく。

❹対外的な発信の取組

IWCからの脱退及び持続可能な捕鯨業の再開については、国民に評価されている。「平成30年度外交に関する国内世論調査」に

おいては、67.6％の回答者が評価すると回答した。日本の立場に関する国際社会の理解を深めるべく、政府として、捕鯨についての正確な情報の提供や、主要海外メディアへの投稿等の機会を通じ、国際的な発信に取り組んでいる[2]。

(3)　違法・無報告・無規制漁業（IUU漁業）対策

IUU漁業とは、国の法令や関係する地域漁業管理機関（RFMO）による保存管理措置等に違反した漁業、これらに定められた報告がなされていない漁業、非加盟国によるRFMOの保存管理措置に準拠しない漁業等を指す。IUU漁業は、世界の総漁獲量の15％以上を占めるとのデータ[3]もあり、海洋生物資源及び海洋生態系の長期的な保存、持続可能な利用への重大な脅威となることから、対策の重要性が指摘されている。

日本は、RFMOにおける保存管理措置の採択等、IUU漁業対策に積極的に取り組んでいる。具体例として、日本は、寄港国がIUU漁船に対して入港拒否等の措置をとることについて規定する「違法な漁業、報告されていない漁業及び規制されていない漁業を防止し、抑止し、及び排除するための寄港国の措置に関する協定」（違法漁業防止寄港国措置協定）を2017年に締結し、未締結国に対して加入を呼びかけている。

また、2019年6月のG20大阪首脳宣言においては、日本のイニシアティブにより、「海洋資源の持続的な利用を確保し、生物多様性を含め、海洋環境を保全するために、IUU漁業に対処する重要性を再認識し、IUU漁業を終わらせるという我々のコミットメント

---

2)　主要英字紙への反論投稿は資料編を参照。
3)　FAO（2016）The State of World Fisheries and Aquaculture 2016。

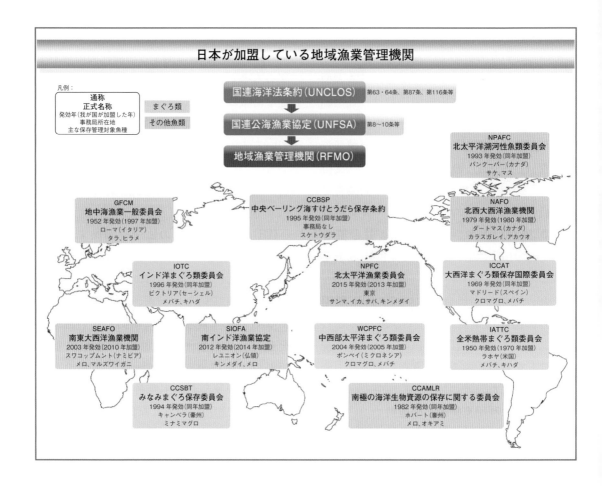

日本が加盟している地域漁業管理機関

凡例：

通称
正式名称
発効年（我が国が加盟した年）
事務局所在地
主な保存管理対象魚種

まぐろ類

その他魚類

国連海洋法条約（UNCLOS）　第63・64条、第87条、第116条等

国連公海漁業協定（UNFSA）　第8～10条等

地域漁業管理機関（RFMO）

NPAFC
北太平洋溯河性魚類委員会
1993年発効（同年加盟）
バンクーバー（カナダ）
サケ、マス

GFCM
地中海漁業一般委員会
1952年発効（1997年加盟）
ローマ（イタリア）
タラ、ヒラメ

CCBSP
中央ベーリング海すけとうだら保存条約
1995年発効（同年加盟）
事務局なし
スケトウダラ

NAFO
北西大西洋漁業機関
1979年発効（1980年加盟）
ダートマス（カナダ）
カラスガレイ、アカウオ

IOTC
インド洋まぐろ類委員会
1996年発効（同年加盟）
ビクトリア（セーシェル）
メバチ、キハダ

NPFC
北太平洋漁業委員会
2015年発効（2013年加盟）
東京
サンマ、イカ、サバ、キンメダイ

ICCAT
大西洋まぐろ類保存国際委員会
1969年発効（同年加盟）
マドリード（スペイン）
クロマグロ、メバチ

SEAFO
南東大西洋漁業機関
2003年発効（2010年加盟）
スワコップムント（ナミビア）
メロ、マルズワイガニ

SIOFA
南インド洋漁業協定
2012年発効（2014年加盟）
レユニオン（仏領）
キンメダイ、メロ

WCPFC
中西部太平洋まぐろ類委員会
2004年発効（2005年加盟）
ポンペイ（ミクロネシア）
クロマグロ、メバチ

IATTC
全米熱帯まぐろ類委員会
1950年発効（1970年加盟）
ラホヤ（米国）
メバチ、キハダ

CCSBT
みなみまぐろ保存委員会
1994年発効（同年加盟）
キャンベラ（豪州）
ミナミマグロ

CCAMLR
南極の海洋生物資源の保存に関する委員会
1982年発効（同年加盟）
ホバート（豪州）
メロ、オキアミ

を再確認する」との文言が盛り込まれたほか、同年12月にシンガポールにおいて開催されたAPECの最終高級実務者会合（CSOM）では、「違法・無報告・無規制（IUU）漁業と戦うためのロードマップ」が承認されるなど、IUU漁業への早急な対策が国際的にも強く求められている。こうした中で、日本は責任ある漁業国として、IUU漁業対策への取組を強化していく。

（4）　中央北極海

現在、中央北極海は直ちに商業的な漁業が行われる状況ではないが、2019年には、夏の氷面積が1979年以降で2番目に小さくなるなど、解氷の進行により、同水域において将来的に漁業が開始される際に、無規制な操業が行われることが懸念されていた。こうした状況を受け、北極海沿岸5か国（米国、カナダ、ロシア、ノルウェー、デンマーク）に主要漁業国・機関である日本、中国、韓国、アイスランド、EUを加えた10か国・機関は、2015年12月から交渉を開始し、2018年10月に「中央北極海における規制されていない公海漁業を防止するための協定」[4]に署名を行った。日本は、2019年7月23日に受諾書を寄託し、同協定を締結した。この協定は、中央北極海の公海水域における無規制漁業を防止することを目的とし、そのために、日本が、同水域のルール作りに当初から参加するという点で極めて意義深い協定である。現

4）本協定は、保存管理措置策定までは中央北極海での公海漁業を行わないこととした同協定水域における協力についてのもの。

特別寄稿

捕鯨問題はSDGsを掲げ、世界と国民という二方向へ説明を　白石ユリ子

ウーマンズフォーラム魚代表

◎捕鯨外交には、あらゆる要素がつまっている

　1992年、私は捕鯨問題の取材を始めた。国際捕鯨委員会（IWC）が25年ぶりに日本で開催されることを記事に書くためだった。外務省、水産庁はじめ研究者や業界など幅広くインタビューし、日本の正当性に大いに共感した。そして捕鯨は他の漁業と違い「なぜ日本は捕鯨をつづけるのか」という論理的な根拠の共有が必須であり、国際的な説明力も不可欠、法整備や流通対策も求められるという、日本外交の象徴ともいうべき課題であることを認識した。

　主戦場である国際捕鯨委員会（IWC）で、日本は熱く堂々と主役を張ってきた。しかし私はもうひとつ戦場があることを「国民への説明が大切」という言葉で言い続けた。日本がこの理不尽な戦いを勝ち抜くには、国民の理解と支持が必要不可欠と考えたからだ。鯨肉は戦後、全国的に定着した食材だが、理由もわからず高価になり国民は食べなくなった。日本政府が世界と戦う大きな柱である「日本国民の食料供給の確保」が成り立っていない。

◎捕鯨問題を"見える化"し、国民の理解を深める努力を

　さらに世界的な環境保護の動きから、こどもたちは「クジラはかわいいお友達」と思い、一般消費者は「クジラは絶滅の危機にある」「食べちゃいけないでしょ？」と言う現実があった。私はこうした社会状況を変える機運をつくらなければと決意し「生産者と消費者が一緒になって日本漁業（捕鯨）の未来を考えよう」と提唱した。そして1993年5月、IWC京都会議のど真ん中で「ウーマンズフォーラム魚」と題したシンポジウムを開催した。会場には網走、鮎川、和田、太地、長崎等からかつて捕鯨業に携わっていた女性200人、京都近郊の一般消費者300人を集めた。捕鯨問題を世の中に"見える化"するための作戦である。以来27年間、私は小学生や消費者を対象にした講演会「クジラから世界が見える」を続けてきた。ぶれない姿勢が人を安心させ、共感を確保できると信じるからだ。外務省にはぜひとも国民への理解増進にも力を入れていただきたい。

◎SDGsの旗の下、持続的捕鯨をアピールすべし

　2018年12月、日本はIWC脱退を通告し2019年7月から商業捕鯨を再開した。政府は条約の下、30年以上も科学的なデータを基に対話を進め、解決策を模索してきたが（実現の）可能性すらないため決断した（官房長官談話）と説明した。しかし大きな文脈で考えれば、日本の行動は世界の潮流「SDGs（持続可能な国連開発目標）」をふまえた真っ当な判断といえる。地球という限られた生態系のなかで、この100年で5倍にも増えた人類が食べる食料を環境に配慮しつつ如何に確保するか。世界中が突き付けられている課題である。その解決策の一つとして日本は持続的な捕鯨を提示した。SDGsが地球課題解決の合言葉となっているいま、日本の主張を国内外にアピールするチャンスが巡ってきている。

　アピールの場として、日本はIWCを最大限に活かすべきだ。過去30年の外交努力によりIWC加盟国の約半数は日本支持になっている。この事実を国内外に訴え、日本は決して孤立していない、水産資源の持続的利用という難しい課題解決を体現している国家であると主張を展開すべきだ。また友好国との連携も、従来以上の熱量で取り組む必要がある。日本がリーダーシップを発揮して国際会議を開催し、水産資源の持続的利用の旗を大きくふるべきだ。そうした活動の先に、日本が提唱してきたあるべきIWCの姿も見えてくるはずだと私は信じている。

第三章

在、同協定の発効後の具体的行動計画について、議論が行われている。

(5)　地域漁業管理機関（RFMO）

世界中で魚食文化がますます広がる中、商業対象となっている漁業資源の33.1%が過剰漁獲の状況にあり、59.9%がこれ以上漁獲を増やせない状況とされている[5]。この状況下で、日本の消費者に安全な水産物を安定的に供給するとともに、水産業の健全な発展を推進するためにも、水産資源の持続可能な利用の確保が重要である。その実現のために、日本は地域漁業管理機関（RFMO）を通じた協力に積極的に取り組んでいる。

生物資源の保存・管理と持続可能な利用については、国連海洋法条約（UNCLOS）に規定があり、特にストラドリング魚種[6]と高度回遊性魚種[7]については国連公海漁業協定（UNFSA）においてとるべき措置が具体的に示されている。こうした規定に基づき年ごとの漁獲可能量の設定や、保存管理のた

みなみまぐろ保存委員会（CCSBT）第26回年次会合（2019年10月、南アフリカ・ケープタウン／写真提供：外務省）

めの体制整備、IUU漁業対策などの国際的な取組を可能にするのがRFMOである。これらの機関は、資源状況を科学的に評価し、状況に応じた保存管理措置を採択しており、締約国等はその実施義務を負う。日本は、水産資源の持続可能な利用のため、主要RFMOにおいて積極的に貢献してきた。

❶まぐろ類

太平洋クロマグロについては、2019年の中西部太平洋まぐろ類委員会（WCPFC）北小委員会[8]において、親魚資源量の回復等の科学的知見を踏まえ、日本から、WCPFCの漁獲戦略に基づき、資源の回復目標の達成確率が一定以上を維持する範囲で漁獲枠の増枠を提案したものの、慎重な意見が一部に見られたため、増枠については決定に至らなかった。他方で、(1)漁獲上限の未利用分に係る翌年への繰越率を現状の5%から17%へ増加させること、(2)台湾からの通報により、大型魚の漁獲上限を台湾から日本へ300トン移譲することを可能とすることが、北小委員会及び同年の年次会合で採択された。

大西洋クロマグロは、大西洋まぐろ類保存国際委員会（ICCAT）において資源管理が行われている。2000年代には資源状況が非常に悪いと評価されていた大西洋クロマグロであるが、同委員会が厳しい保存管理措置を継続的に実施し、締約国等がこれを遵守してきた結果、近年資源量が回復しており、2017年の年次会合においては総漁獲可能量（TAC）を増加させることが決定された[9]。2019年の同委員会年次会合においては、対象魚種の拡大（テンジクザメ、ネズミザメ等

---

5) 国連食糧農業機関（FAO）「世界漁業・養殖業白書（2018年）」。
6) 2以上の沿岸国の排他的経済水域（EEZ）内もしくはEEZ内とその外の水域にまたがって生息する魚種（タラ、サバ、イカ等）。
7) 太平洋、大西洋、インド洋といった広い海域を回遊する魚種（まぐろ類、サンマ等）。
8) 主に北緯20度以北の水域に分布する資源（太平洋クロマグロ、北太平洋ビンナガ、北太平洋メカジキ）の保存管理措置について本委員会に勧告を行うWCPFCの補助機関。

特 別 寄 稿

海洋生物資源の持続可能な利用と地球規模の環境問題について　　八木信行

東京大学大学院教授・日本学術会議連携会員

　我が国は世界有数の伝統的漁業国であり、地域漁業管理機関（RFMO）においても自国民の正当な漁業権益を維持するため、また時には議長国として加盟国をまとめるため、国際的な合意形成を促す努力を長年行ってきている。この作業に取り組むうちに、代表団とその周辺には貴重な知見が蓄積されてきているように感じる。

　1点目の知見は、環境観が各国で異なるというものである。欧米人は人間と自然環境を対立的なものと捉えて、環境保護といえばクジラやサメといった大型動物を人間から直接保護しようとする発想が強い。英国人による論文でも、「多くの米国人・英国人は、都市の環境に対して払う関心は少ない一方で郊外の野生動物を人間から保護することに熱心であり、この理由は人間が自然環境と切り離された存在と見ていることにある」との趣旨を述べるものがある。一方で日本人は、人間も自然環境の一部と見ており、循環型社会や、里山里海といった考えに共感しやすい。これはアジア・アフリカにも概ね共通しており、実際、生物多様性条約で日本がSatoyama Initiative を2010年に提案した際もこれらの国から先ず共感が示された。水産でも、日本人は水質や生態系などを含めて保全しようとする発想がある。

　2点目は、公平に対する見方が各国で異なるという知見である。途上国は自国の産業発展の余地を残すため先進国より多めの資源配分を受けることが公平であると主張し、一方で、先進国は環境保全のため全体の資源利用の削減を主張し途上国にも配分削減を求めることが公平と見る。

　3点目は、メディアへの主張ポイントが各国で異なるという知見である。過剰漁獲が生じると欧米NGOなどは漁業者をストレートに非難する。メディアに対する主張も、悪者を叩く構図を作り上げて主張を単純化するものになりがちだ。しかし日本人から見れば、悪いのは漁業者だけでなく、商社や小売り、消費者、更には気候変動を起こす社会そのもので、その中でも少数派で弱者である漁業者だけをいじめるのはどうなのか、との躊躇がある。そもそも日本人は他人を非難することには慣れていないし、単なる悪者叩きでは複雑な環境問題は解決しないことも知っている。メディアには淡々と事実を述べるだけで、余計なストーリー性は付加しない傾向がある。

　4点目としては、以上のように環境観や公平感が各国で異なり、また科学的な不確実性も存在し、更にはメディアの報道も本質とは離れた内容になりがちな状況であっても、国際的な合意形成ができる場合があるとの知見である。RFMOの交渉は毎年の繰り返しゲームであり、1年限りの損得を優先して自己主張するより、長い目で各国と目標を共有する方が合意形成につながる。これには交渉官が長年同じ交渉に参加し、各国代表団と信頼関係が築けるかがカギとなる。ただし、主要国代表団が自国内の勢力（特にNGO）を説得しきれない捕鯨問題のような場合は代表団だけが仲良くなっても合意形成にはつながらない、との例外も存在する。

　以上の知見を関係者で共有することは、問題解決が困難となっている気候変動など、他のグローバルな問題を解決する一助となるのではないかと考えている。

第三章

を含む）及び紛争解決に関する規定等を含む条約改正条文が採択されるとともに、メバチ等の熱帯マグロのTACを逓減することで決定された。

❷サンマ

サンマなどは北太平洋漁業委員会（NPFC）において資源管理が行われている。北太平洋公海においては、違法漁船の操業や中国、台湾等による漁獲量の増加による漁業資源への影響が懸念されているため、科学的な資源評価を行い、適切な保存管理措置を採択し、国際的な資源管理を進めていくことが急務となっている。2019年の第5回委員会会合において、日本は、サンマに関する議論を主導し、①2020年漁期におけるNPFC条約水域（公海）への漁獲割当量（TAC）を33万トンとし、②各国は2020年の公海での漁獲量が2018年の実績を超えないよう管理することが決定された。これにより、初めて同水域におけるサンマの漁獲量規制が導入されることとなった。また、2020年の第6回委員会会合においてはTACの国別配分を検討することとされ、資源管理の一層の深化が期待されている。

❸ニホンウナギ

ニホンウナギの減少要因については、生息環境の悪化や、成魚及び稚魚（シラスウナギ）の過剰漁獲等が指摘されている。ニホンウナギは、主にシラスウナギが養殖用種苗として日本、中国、韓国及び台湾によって利用されており、資源の持続可能な利用のためには、これらの国・地域が協力して資源管理を行うことが必要である。

ウナギ資源の減少を受け、2014年、国際自然保護連合（IUCN）は、ニホンウナギをレッドリストに掲載した。また、2019年のワシントン条約（CITES）第18回条約国会議（COP18）では、ニホンウナギ等の資源管理のための関係国間の協調が呼びかけられるなど、国際的な関心は高まっている。

日本は責任ある持続可能な漁業の担い手として、引き続きウナギの資源管理に向けた関係国間の取組を主導するとの立場から、2012年から、日本主導で定期的に「ウナギの資源保護・管理に係る非公式協議」を開催し、その成果を発信してきた[10]。2019年4月の第12回非公式協議では、資源管理措置に対する科学的な助言を行うことを目的とした科学者会合を定期的に開催することや、国際取引におけるトレーサビリティーの改善に向け協力することが確認された。

4 観光

2015年11月に安倍内閣総理大臣を議長とし、政府関係者と民間有識者を構成メンバーとして立ち上げられた「明日の日本を支える観光ビジョン構想会議」において、安倍総理は「観光はGDP 600兆円に向けた成長エンジン」であると述べ、観光立国という言葉に

---

9) 2017年11月の年次会合において、科学委員会（SCRS）の勧告に基づき、東大西洋のクロマグロの保存管理措置については、現行23,655トン（うち日本の割当は1,930.88トン）である総漁獲可能量（TAC）を、2020年までに段階的に36,000トン（うち日本の割当は2,819トン）に増加させることが決定され、西大西洋のクロマグロの保存管理措置については、現行2,000トン（うち日本の割当は345.74トン）であるTACを、2020年までの3年間は、毎年2,350トン（うち日本の割当は407.48トン）に増加させることが決定された。

10) 2014年の第7回非公式協議では、日・中・韓・台の四者により資源管理のための協力を再確認すること等を内容とする「ニホンウナギその他の関連するウナギ類の保存及び管理に関する共同声明」が発表され、養殖用種苗の池入水量制限が開始された。

ふさわしい新たな国づくりを進める決意を示した。また、観光は成長戦略の柱、地方創生の切り札であるとの認識のもと、訪日外国人旅行者数を2020年に4,000万人、2030年に6,000万人といった具体的な数値目標を設定した。

　豊かな観光資源に恵まれている日本は、著しい成長を見せるアジア諸国の近隣に位置しており、観光立国の大きなポテンシャルを有している。他方、受入環境については、依然として早急な整備を進める必要性に迫られている。安倍政権は第2次内閣発足以来、このようなニーズへの対応として、戦略的なビザ緩和、免税制度の拡充、出入国管理体制の充実、航空ネットワークの拡大など、多くの取組を続けてきた。その間、訪日外国人旅行者数は3倍以上の3,188万人に、その消費額は4倍以上の約4.8兆円に達した。また、2014年度の旅行収支は1959年度以来の黒字となり、2018年度は2兆3,139億円を記録した。

（1）　ビザ緩和の動き

　外務省が関わる大きな取組としては外国人の訪日観光等の促進を目的とする戦略的なビザ緩和の進展がある。日本と外国との間の人的交流の活発化は、二国間関係の拡大・発展のみならず、地方を含む日本経済の活性化につながるとの観点から、第2次安倍内閣発足後の2013年以降は、訪日客が多く見込まれる国を中心に、人的交流の促進を始めとする外交的効果を勘案しながら、ビザ免除や発給要件の緩和、ビザ申請手続の簡素化等のビザ緩和を延べ68か国・地域に対して実施してきている。

　特に、中国、ロシア、インド、フィリピン及びベトナムの5か国については、上述の「明日の日本を支える観光ビジョン」において、ビザ緩和を戦略的に実施していく国とし

て位置づけられた。これを受け、2016年来「観光ビジョン実現プログラム」に沿ったビザ緩和を実施している。中国に対しては、同年10月、一部の大学生等に対してビザ申請に必要な経済力証明を在学証明書又は卒業証明書で代替できるよう手続を簡素化し、2017年5月には観光目的の数次ビザの経済要件を引き下げる等、更なるビザ緩和を行った。また、2019年1月、一部の大学生等に対するビザ申請手続の簡素化の対象校を拡大したほか、訪日歴によるビザ発給要件の緩和を導入した。ロシアに対しては、2017年1月より、観光目的の数次ビザを新たに導入したほか、ビジネス目的の数次ビザの発給対象者を拡大し、2018年10月からは団体パッケージ旅行に参加するロシア人に対するビザ緩和を導入した。これに加え、2019年9月からは大学生等に対する一次ビザ申請手続の簡素化等、更なるビザ緩和を行った。さらに、インドに対しては、2017年2月に大学生等に対する中国同様のビザ緩和措置を、2018年1月に数次ビザの発給対象者の拡大やビザ申請書類の簡素化を行ったほか、2019年1月には申請書類の簡素化を始めとする一層のビザ緩和を導入した。

　一方で、ビザ発給審査は、犯罪や不法就労を目的とする等、日本にとって好ましからざる外国人や、人身取引の被害者となり得る者の入国を未然に防止するという水際対策としての側面も有している。外務省としては、「世界一安全な日本」を維持しつつ、質量両面でいかに観光立国を実現していくかというバランスを考慮しながら、今後とも戦略的なビザ緩和を進めていく。

（2）　対外発信を通じた親日層・知日層の発掘

　加えて外務省は、世界に広がる大使館や総領事館のネットワークを活用し、日本の様々

第三章

な魅力を広く分かりやすく世界に届けることを通し、訪日のきっかけ作りに努めており、2018年度には年間2,300件を超える訪日観光客誘致に資する事業を実施した。大別すると、日本各地の地域の魅力をPRする取組、伝統文化やポップカルチャー、日本食、先端技術など、日本の多様な魅力を紹介することにより訪日したいという気持ちを喚起させる取組の他、日本の魅力を伝えるコンテンツをそろえ、ソーシャルメディア等を活用し、広く将来の訪日に繋がる種をまく情報提供等を実施した。

地域の魅力をPRする取組の代表例は、世界各地で開催されている「観光展」や「観光博」といった展示会への出展である。

2019年には、観光庁・JNTO（日本政府観光局）との連携の下、「北欧旅行博MATKA2019（フィンランド）」、「マカオ国際旅游博覧会（MITE）（マカオ）」、「ワルシャワ日本祭り」等世界の主要都市での展示会に日本ブースを出展し、日本の名所・旧跡のDVD上映や観光パンフレットの配布、日本旅行商品の紹介等を行った。日本フィンランド外交関係樹立100周年記念事業の一環として実施されたフィンランドの観光展では、現地にオープンした沖縄料理店と連携し、沖縄への関心を繋ぐ場として同店を紹介しつつ日本食の普及活動を行った。

こうした展示会では、大使館・総領事館、JNTO、地方公共団体、民間企業等、官民が連携し、日本への観光誘致に「オールジャパン」で取り組んでいる。さらに大使館・総領事館は、窓口での日常的なPRに加え、主催・共催する各種レセプションやイベント等あらゆる機会をとらえ、観光ポスターの掲示、パンフレットの配布等を通じ、訪日のきっかけとなる情報の提供に力を入れている。

また、在外公館による文化事業等の場を活用し、さらに関係機関とも協力しつつ、日本の多様な魅力を世界に発信することにより、世界の人々の訪日関心を喚起するよう努めている。2019年には米国において日本の文化・芸術を紹介する「Japan 2019」を実施し、日本の文化・伝統に関する理解・関心の裾野を広げ、インバウンド観光促進に努めた。また、東南アジアでは、日本と東南アジアの文化を双方向に幅広く紹介する「響きあうアジア2019」を開催することで、相互理解を促進し、対日関心を喚起した。

伝統文化と並び、世界の人々を引きつける日本のポップカルチャーも、インバウンド観光振興に一役かっている。日本の漫画やアニメを通じて日本ファンとなり、日本語を学習したり、日本滞在を夢見る若者は少なくなく、ポップカルチャーはその高い訴求力から日本や日本の文化・言語に対する関心を引き起こす有力な入口となっている。外務省では、2007年から「日本国際漫画賞」を実施し、海外への漫画文化の普及と漫画を通じた国際文化交流に貢献した漫画作家を顕彰している。2019年の同賞には、66の国・地域から345作品の応募があった。

また、外務省は、ウェブサイトやソーシャルメディアを通じ、社会、文化、科学技術、流行など、日本事情を発信している他、海外の報道関係者やテレビチームを招へいし、日本国内の質の高いインフラや日本産食品等に関する視察・取材の機会を提供し、日本の魅力発信につなげている。さらに、国際交流基金は、日本の人気アニメ、ドラマ、映画、バラエティ、地方紹介番組などの放送コンテンツを、商業ベースでは日本のコンテンツが放送されにくい国・地域を中心に無償提供している。このように、外務省は関連機関とも協力し、将来的な訪日層の開拓に寄与すべく、

これまで日本に興味を有していなかった人々も含めた、より広い層をターゲットとした取組を通じ、新しい親日層・知日層の発掘に努めている。

2020年東京オリンピック・パラリンピック競技大会は、日本のそれぞれの地域が持つ文化や食、自然といった多様な日本の魅力を世界に発信するまたとない機会であり、積極的に活用していく。

5　対日直接投資

（1）　対日直接投資推進の背景・経緯

国連貿易開発会議（UNCTAD）のデータによれば、日本の対内直接投資残高は対GDP比で5％に満たず、近年徐々に増加傾向にあるものの、40％を超えるOECD諸国の平均値に比して依然として低水準にある。このような中で、2019年6月に閣議決定された「成長戦略フォローアップ」では、「2020年までに外国企業の対内直接投資残高を35兆円に倍増する（2018年末時点で30兆7,110億円）」との目標が掲げられた。2014年から開催されている「対日直接投資推進会議」（内閣府特命担当大臣（経済財政政策）主宰、外務大臣等で構成）が司令塔として、投資案件の発掘・誘致活動を推進するとともに、外国企業経営者の意見を直接吸い上げ、外国企業のニーズを踏まえた日本の投資環境の改善に資する規制制度改革や、投資拡大に効果的な支援措置など追加的な施策の継続的な実現を図っていくこととしている。

これまでに、2015年3月に開催された第2回対日直接投資推進会議では、「外国企業の日本への誘致に向けた5つの約束」（以下(2)参照）が取りまとめられたほか、2016年5月に開催された第4回対日直接投資推進会議では、日本が国際的な貿易・投資の中核拠点（グローバル・ハブ）となることを目指した、対日直接投資促進のための政策パッケージを決定した。2016年8月からは、外国企業が日本で投資を行うに際して課題となる規制・行政手続の簡素化について検討し、2017年4月に決定した「規制・行政手続見直しワーキング・グループとりまとめ」は、「経済財政運営と改革の基本方針2017」や「未来投資戦略2017」にも反映された。2018年5月に開催された第6回対日直接投資推進会議では、政府一丸となって地域への対日直接投資を支援する「地域への対日直接投資サポートプログラム」を決定し、2019年4月に開催された第7回対日直接投資推進会議では、その取組を一層強化する「地域への対日直接投資 集中強化・促進プログラム」を決定した。

（2）　外国企業の日本への誘致に向けた5つの約束と企業担当制

日本貿易振興機構（JETRO）の調査（日本の投資環境に関するアンケート）によると、日本でのビジネスの阻害要因として、特に、人材確保の難しさ、外国語によるコミュニケーションの難しさ等が主要な要因として挙げられている。対日直接投資の推進のためには、これらの声に対応した対策が重要であり、そのような観点から、外国企業から日本でのビジネスや生活における利便性向上が求められてきた事項の改善を図るために、以下のとおり「外国企業の日本への誘致に向けた5つの約束」が取りまとめられた。
①小売業や飲食店、医療機関、公共交通機関等における多言語対応の強化
②街中での無料公衆無線LANの整備の促

進・利用手続の簡素化

③地方空港での短期間の事前連絡によるビジネスジェットの受入れ環境の整備

④外国人留学生の日本での就職支援

⑤日本に重要な投資を実施した外国企業を対象に副大臣を相談相手としてつける「企業担当制」の実施

5つ目の約束である「企業担当制」は、一定の基準（直接投資額200億円以上等）を満たした企業が公募によって選定され、これら企業の業種に応じて担当副大臣が割り当てられている。2016年4月に制度の運用が開始されて以降、外国企業が本制度を活用し担当副大臣との面会を行っている。面会には、外務省からも外務副大臣又は外務大臣政務官が2019年12月までに13回同席しており、相談内容への対応のサポートを行っている。

（3）　外交リソースを活用した取組

対日直接投資の促進は、日本外交の重点分野の一つである経済外交の強化における主要課題であり、「対日直接投資推進会議」で決定された各種施策について関係府省庁が連携して参画しているほか、在外公館を通じた取組や、国際約束の締結による投資環境の整備、外交日程を活用した政府要人によるトップセールスなど、外交リソースを活用した様々な取組を行っている。

2016年4月に126の在外公館に設置した「対日直接投資推進担当窓口」では、任国政府や国際機関、経済団体事務局等の関係者との連絡・調整に際しての窓口として、対日直接投資に関連する活動を支援しているほか、対日投資案件に関する情報収集や日本の規制・制度の改善要望調査を継続的に行い、JETROとも連携しつつ情報の収集・集約に努めている。また、これらの在外公館においては、その人脈を最大限に活用し、対日直接投資イベントの開催や、外国政府要人や現地企業の幹部との接触機会を活用した対日投資の呼びかけ等を積極的に行い、平成30年度の各公館の活動実績合計は700件を超えた。最近の具体例としては、現地のジェトロ事務所と日本大使館や現地公的機関等が協力して、2019年9月にはスペインで日EU・EPA発効を捉えたセミナー、11月には英国で対日直接投資促進セミナーが開催され、投資先としての日本の魅力を発信した。

日本政府要人の外国訪問の機会を捉えたトップセールスも行っており、2019年1月には安倍総理が世界経済フォーラム（WEF）年次総会出席のためダボスを訪問した際、世界的なビジネス関係者と地方への投資を含む対日投資促進の方策について意見交換を実施した。また同時期に安倍総理が英国を訪問した際には、英国首相官邸で開催されたビジネス・レセプションにおいて、幅広い英国企業の代表に対して対日投資を呼びかけた。

また、日本国内では、2019年3月に外務省主催（内閣府・経産省・ジェトロ・日本アセアンセンター協力）で、自由で公正な経済圏を世界へ広げる重要性、日本と東南アジア・米国・欧州における双方向の投資拡大と地方への投資誘致をテーマとして、グローバル・ビジネスセミナーを開催した。同セミナーでは、TPP11協定や日EU・EPAの発効等に伴う投資の動向、投資先としての日本・地方のメリットと課題等について、日本に進出している東南アジア・米国・欧州企業関係者、駐日経済団体・商工会議所関係者、在京大使館、政府・地方自治体関係者、有識者等約120名が参加し活発な議論が行われた。

第 4 章

資料集

・2019年経済外交の動き（年表）

〈G20関連〉
1　G20大阪首脳宣言（仮訳）（2019年6月28日・29日）
2　G20大阪首脳宣言付属文書
　　2-1　質の高いインフラ投資に関するG20原則（仮訳）
　　2-2　G20 AI原則（仮訳）
　　2-3　G20 海洋プラスチックごみ対策実施枠組（仮訳）
3　テロ及びテロに通じる暴力的過激主義（VECT）によるインターネットの悪用の防止に関するG20大阪首脳声明（仮訳）
4　G20大阪サミット議長国記者会見（冒頭発言記録）
5　G20貿易・デジタル経済大臣会合閣僚声明（仮訳）
6　G20愛知・名古屋外務大臣会合議長国記者会見（冒頭発言記録）

〈大阪トラック関連〉
1　安倍総理大臣による世界経済フォーラム年次総会演説（仮訳）
2　デジタル経済に関する大阪宣言（仮訳）
3　G20大阪サミットデジタル経済に関する首脳特別イベントでの安倍総理スピーチ

〈日米貿易協定及び日米デジタル貿易協定関連〉
1　日本国とアメリカ合衆国との間の貿易協定
2　デジタル貿易に関する日本国とアメリカ合衆国との間の協定
3　日本国とアメリカ合衆国との間の貿易協定の説明書
4　デジタル貿易に関する日本国とアメリカ合衆国との間の協定の説明書
5　第200回臨時国会における日米貿易協定関連質疑（抜粋）
6　日米共同声明（仮訳）（2019年9月25日）

〈経済連携協定関連等〉
1　第26回日EU定期首脳協議 共同声明（仮訳）（2019年4月25日）
2　持続可能な連結性及び質の高いインフラに関する日EUパートナーシップ（仮訳）
3　欧州連結性フォーラムにおける安倍総理基調講演
4　東アジア地域包括的経済連携（RCEP）に係る共同首脳声明（仮訳）

〈WTO関連〉
1　WTO上級委員会の機能停止とWTO改革について（外務大臣談話）
2　INFORMAL PROCESS ON MATTERS RELATED TO THE FUNCTIONING OF THE APPELLATE BODY
3　PROCEDURES TO ENHANCE TRANSPARENCY AND STRENGTHEN NOTIFICATION REQUIREMENTS UNDER WTO AGREEMENTS

〈OECD関連〉
1　2019年OECD閣僚理事会議長声明（仮訳）
2　2019年OECD閣僚理事会閣僚声明（仮訳）

〈G7関連〉
1　G7ビアリッツ首脳宣言（仮訳）（2019年8月26日）
2　不平等との闘いに関するビアリッツ議長総括（仮訳）
3　ジェンダー平等及び女性のエンパワーメントに関する宣言（仮訳）
4　G7とアフリカのパートナーシップのためのビアリッツ宣言（仮訳）
5　アフリカに関する付属文書
　　5-1　アフリカにおける女性による起業の促進（仮訳）
　　5-2　アフリカにおけるデジタル化による変革（仮訳）
　　5-3　公共調達の透明性及び腐敗との共闘（仮訳）
6　サヘル・パートナーシップ行動計画（仮訳）
7　気候、生物多様性及び海洋に関するビアリッツ議長総括（仮訳）
8　開かれた自由で安全なデジタル化による変革のためのビアリッツ戦略（仮訳）
9　G7ビアリッツ・サミット　安倍総理大臣内外記者会見（冒頭発言記録）

〈APEC関連〉
1　APECチリ2019　ホストエコノミー首脳による声明「人々をつなぎ、未来を構築する」（仮訳）

〈資源外交関連〉
1　捕鯨に関する英字紙への日本からの反論投稿の例

2019年経済外交の動き

(所属・肩書きは当時)

日付	主要日程
1月	
9日	第5回日米EU三極貿易大臣会合（米国・ワシントンDC）
14日	国際再生可能エネルギー機関（IRENA）第7回総会（〜15日、アラブ首長国連邦・アブダビ）
17日	平成30年度地域の魅力海外発信支援事業オープニングセレモニー（中国・北京）
19日	TPP第1回委員会（東京）
22日	英国のEU離脱に関する政府タスクフォース（第11回）（東京）
23日	世界経済フォーラム年次総会（スイス・ダボス）安倍総理大臣、河野外務大臣（当時）他が出席
24日	カナダ政府主催WTO改革関連少数国閣僚夕食会（スイス・ダボス）
25日	WTO・電子商取引に関する有志国による閣僚級朝食会（スイス・ダボス）
	スイス政府主催WTO非公式閣僚会合（スイス・ダボス）
	東南アジア知的財産担当官会議（タイ・バンコク）
28日	OECD贈賄作業部会第4期対日訪問審査（〜2月1日、東京）
	中東地域公館エネルギー・鉱物資源担当官会議（〜29日、エジプト・カイロ）
30日	一般社団法人2025年日本国際博覧会協会設立
31日	第3回日・FAO年次戦略協議（イタリア・ローマ）
2月	
1日	日EU・EPA発効
12日	日・トルコEPA第13回交渉会合（〜15日、東京）
19日	RCEP第25回交渉会合（〜28日、インドネシア・バリ）
22日	EU・エネルギー憲章条約（ECT）との意見交換（ベルギー・ブリュッセル）
25日	エネルギー・鉱物資源に関する在外公館戦略会議（〜26日、東京）
27日	日・ASEAN包括的経済連携（AJCEP）協定第一改正議定書の日本による署名（東京）
	第48回APEC知的財産専門家会合（IPEG）（〜28日、チリ・サンティアゴ）
28日	WTO一般理事会（スイス・ジュネーブ）
3月	
1日	英国のEU離脱に関する政府タスクフォース（第12回）（東京）
2日	RCEP第7回中間閣僚会合（カンボジア・シェムリアップ）
	AJCEP協定第一改正議定書のASEAN 9か国による署名（カンボジア・シェムリアップ）
3日	第1回APEC貿易・投資委員会（CTI1）（〜4日、チリ・サンティアゴ）
6日	アミン国際再生可能エネルギー機関（IRENA）事務局長による河野外務大臣表敬（東京）
7日	第1回APEC高級実務者会合（SOM1）（〜8日、チリ・サンティアゴ）
11日	OECD東南アジア地域プログラム（SEARP）地域フォーラム（フランス・パリ）
12日	日・FAO関係強化セミナー「SDGsの達成と貢献に向けたFAOの貢献と日本の役割─日本担当FAO親善大使を迎えて─」（東京）
13日	OECD投資委員会（〜15日、フランス・パリ）
15日	英国のEU離脱に関する政府タスクフォース（第13回）（東京）
19日	在京外交団を対象とした水素スタディーツアー（川崎）
20日	日EU投資交渉会合（〜22日、東京）
22日	バーレーンが日本産食品等に対する輸入規制措置を完全撤廃
28日	鉄鋼の過剰生産能力に関するグローバルフォーラム（〜29日、フランス・パリ）
4月	
2日	日・トルコEPA第14回交渉会合（〜5日、トルコ・アンカラ）
	第1回日中イノベーション協力対話（中国・北京）
3日	第13回日中経済パートナーシップ協議（中国・北京）
4日	新北西太平洋鯨類科学調査計画（NEWREP-NP）調査の開始
5日	G7外務大臣会合（〜6日、フランス・ディナール）
	G7内務大臣会合（〜6日、フランス・ディナール）

9日	日中韓FTA第15回交渉会合（～12日、東京）
10日	日EU・EPA第1回合同委員会（東京）
11日	英国のEU離脱問題に関する関係閣僚会議
	G20財務大臣・中央銀行総裁会議（～12日、米国・ワシントンDC）
12日	ビロル国際エネルギー機関（IEA）事務局長による安倍総理表敬
14日	グリアOECD事務総長訪日（～16日、東京）
	第5回日中ハイレベル経済対話（中国・北京）
15日	日米貿易交渉閣僚協議（～16日、米国・ワシントンDC）
16日	日本国際貿易促進協会訪中団（～21日）
18日	第12回ウナギの国際的資源管理・保護に係る非公式協議（～19日、東京）
24日	日・EUビジネス・ラウンドテーブル（2018-19年度）第2回プリンシパル会議・第4回シェルパ会議（東京）
	AJCEP協定第一改正議定書のベトナムによる署名（ベトナム・ハノイ）
25日	第26回日EU定期首脳協議（ベルギー・ブリュッセル）
	OECD貿易委員会（～26日、フランス・パリ）
	日米貿易交渉閣僚協議　（米国・ワシントンDC）
26日	日米首脳会談（米国・ワシントンDC）

5月

5日	G7環境大臣会合（～6日、フランス・メッス）
7日	WTO一般理事会（スイス・ジュネーブ）
9日	G7ジェンダー平等大臣会合（～10日、フランス・パリ）
10日	国際捕鯨委員会（IWC）科学委員会（～22日、ケニア・ナイロビ）
11日	G20農業大臣会合（～12日、新潟）
	第2回APEC貿易・投資委員会（CTI2）（～12日、チリ・ビニャ・デル・マール）
13日	北太平洋溯河性魚類委員会（NPAFC）第27回年次会合（～17日、米国・ポートランド）
	WTO・電子商取引に関する第11回有志国会合（～15日、スイス・ジュネーブ）
14日	インド政府主催WTO非公式閣僚会合（インド・デリー）
15日	G7非公式デジタル大臣会合（フランス・パリ）
	山田外務大臣政務官の日・EUビジネス・ラウンドテーブル年次会合への出席（ベルギー・ブリュッセル）
	第2回APEC高級実務者会合（SOM2）（～16日、チリ・ビニャ・デル・マール）
	鉄鋼の過剰生産能力に関するグローバルフォーラム（～16日、東京）
16日	G7保健大臣会合（～17日、フランス・パリ）
17日	APEC貿易担当大臣（MRT）会合（～18日、チリ・ビニャ・デル・マール）
	米国による、米国通商拡大法第232条に基づく、自動車等に関するEU及び日本等との交渉追求の決定
22日	OECD閣僚理事会開催。河野外務大臣、世耕経済産業大臣、田中内閣府副大臣が出席。（～23日、フランス・パリ）
23日	オーストラリア政府主催WTO非公式閣僚会合（フランス・パリ）
	カナダ政府主催WTO改革関連少数国閣僚会合（フランス・パリ）
	平成37年に開催される国際博覧会の準備及び運営のために必要な特別措置に関する法律施行
25日	日米貿易交渉閣僚協議（東京）
27日	日米首脳会談（東京）
28日	第165回博覧会国際事務局（BIE）総会（フランス・パリ）

6月

3日	違法漁業防止寄港国措置（PSM）協定第2回締約国会合（～6日、チリ・サンティアゴ）
6日	G7労働大臣会合（～7日、フランス・パリ）
7日	コンゴ民主共和国が日本産食品等に対する輸入規制措置を完全撤廃
8日	G20財務大臣・中央銀行総裁会議（～9日、福岡）
	G20貿易・デジタル経済大臣会合（～9日、つくば）
	河野外務大臣とマルムストローム欧州委員（貿易担当）との会談（つくば）
13日	日米貿易交渉閣僚協議　（米国・ワシントンDC）

西村内閣官房副長官の下での「グラスルーツからの日米関係強化に関する政府タスクフォース（各地各様のアプローチ）」第3回フォローアップ会合（東京）

| 15日 | G20持続可能な成長のためのエネルギー転換と地球環境に関する関係閣僚会合（〜16日、軽井沢） |

17日　辻外務大臣政務官とフロア駐日欧州連合代表部大使との昼食会（東京）

日・トルコEPA第15回交渉会合（〜21日、東京）

インド洋まぐろ類委員会（IOTC）第23回年次会合（〜21日、インド・ハイデラバード）

18日　WTO・電子商取引に関する第12回有志国会合（〜20日、スイス・ジュネーブ）

第8回採取産業透明性イニシアティブ（EITI）閣僚級会合（〜19日、フランス・パリ）

22日　RCEP第26回交渉会合（〜7月3日、オーストラリア・メルボルン）

FAO第41回総会（〜29日、イタリア・ローマ）

25日　OECD贈賄作業部会第4期対日審査（〜28日、フランス・パリ）

26日　日EU・EPA原産地規則及び税関に関連する事項に関する専門委員会第1回会合（ベルギー・ブリュッセル）

27日　日EU首脳会談（ワーキングランチ）（大阪）

日中首脳会談（大阪）

28日　デジタル経済に関する首脳特別イベント（大阪）

G20大阪サミット（〜29日、大阪）

G20財務大臣・保健大臣合同会議（大阪）

日米首脳会談（大阪）

日米貿易交渉閣僚協議（大阪）

30日　国際捕鯨取締条約（ICRW）から脱退

7月

1日　捕鯨業の再開

南インド洋漁業協定（SIOFA）第6回締約国会議（〜5日、モーリシャス・フリッカンフラック）

4日　G7開発大臣会合（フランス・パリ）

G7教育大臣会合（フランス・パリ）

阿部外務副大臣とラモスOECD事務総長首席補佐官兼G20シェルパとの会談（フランス・パリ）

5日　G7教育大臣・開発大臣合同会合（フランス・パリ）

6日　IWC/日本共同「北太平洋鯨類目視調査」の開始（〜9月28日）

10日　APEC食品ロス削減に関するワークショップ（〜11日、東京）

11日　水棲生物資源の持続可能な利用に関する会合（〜12日、東京）

15日　全米熱帯まぐろ類委員会（IATTC）第94回年次会合（〜26日、スペイン・ビルバオ）

WTO・電子商取引に関する第13回有志国会合（〜17日、スイス・ジュネーブ）

関西経済連合会訪中団（〜19日）

16日　北太平洋漁業委員会（NPFC）第5回委員会会合（〜18日、東京）

17日　G7財務大臣・中央銀行総裁会議（〜18日、フランス・シャンティイ）

22日　日EU・EPA農業分野における協力に関する専門委員会第1回会合（東京）

RCEP第27回交渉会合（〜31日、中国・鄭州）

23日　WTO一般理事会（〜24日、スイス・ジュネーブ）

中央北極海無規制公海漁業防止協定締結

8月

1日　日米貿易交渉閣僚協議（〜2日、米国・ワシントンDC）

2日　RCEP第8回中間閣僚会合（〜3日、中国・北京）

5日　英国のEU離脱に関する政府タスクフォース（第14回）（東京）

6日　日・トルコEPA第16回交渉会合（〜9日、トルコ・アンカラ）

8日　APEC鉱業デジタル化に関するハイレベル政策対話（チリ・コピアポ）

15日　第49回APEC知的財産専門家会合（IPEG）（〜16日、チリ・プエルト・バラス）

20日　第9回APEC保健と経済に関するハイレベル会合（〜21日、チリ・プエルト・バラス）

21日　日米貿易交渉閣僚協議（〜23日、米国・ワシントンDC）

APEC農業バイオ技術ハイレベル政策対話（チリ・プエルト・バラス）

ワールドスキルズインターナショナル（WSI）総会における2023年技能五輪国際大会開催地決定選挙（ロシア・カザン）

23日　第5回APEC食料安全保障大臣会合（チリ・プエルト・バラス）

24日	G7ビアリッツ・サミット（〜26日、フランス・ビアリッツ）
25日	日米首脳会談（フランス・ビアリッツ）
26日	第3回APEC貿易・投資委員会（CTI3）（〜27日、チリ・プエルト・バラス）
29日	第3回APEC高級実務者会合（SOM3）（〜30日、チリ・プエルト・バラス）
	辻外務大臣政務官とルスナック・エネルギー憲章事務局長との会談（東京）
30日	チューFAO事務局長による阿部外務副大臣表敬（東京）

9月

1日	社会保障に関する日本国政府と中華人民共和国政府との間の協定（日・中社会保障協定）の発効
	G20労働雇用大臣会合（〜2日、松山）
2日	中西部太平洋まぐろ類委員会（WCPFC）第15回北小委員会（〜6日、米国・ポートランド）
8日	RCEP第7回閣僚会合（タイ・バンコク）
9日	日中経済協会合同訪中代表団（三団体訪中）（〜14日）
13日	日・EUビジネス・ラウンドテーブル（2019-20年度）第1回シェルパ会議（東京）
16日	オタワグループ次官級会合（〜17日、スイス・ジュネーブ）
18日	日・EUビジネス・ラウンドテーブル柵山日本側共同議長等による安倍総理大臣表敬及び提言書の手交（東京）
19日	RCEP第28回交渉会合（〜27日、ベトナム・ダナン）
	第20回東カリブ漁業大臣会合（〜20日、アンティグア・バーブーダ・セントジョンズ）
23日	日米貿易交渉閣僚協議（米国・ニューヨーク）
	北西大西洋漁業機関（NAFO）第41回年次会合（〜27日、フランス・ボルドー）
24日	WTO・電子商取引に関する第14回有志国会合（〜27日、スイス・ジュネーブ）
25日	若宮外務副大臣とビロルIEA事務局長との会談
	安倍総理大臣とミシェル次期欧州理事会議長との会談（米国・ニューヨーク）
	安倍総理大臣とトゥスク欧州理事会議長との夕食会（米国・ニューヨーク）
	日米首脳会談（米国・ニューヨーク）
27日	安倍総理大臣の欧州連結性フォーラム出席（ベルギー・ブリュッセル）
	安倍総理大臣とユンカー欧州委員会委員長との昼食会（ベルギー・ブリュッセル）
30日	第59回世界知的所有権機関（WIPO）加盟国総会（〜10月9日、スイス・ジュネーブ）
	鉄鋼の過剰生産能力に関するグローバルフォーラム（フランス・パリ）
	日・トルコEPA第17回交渉会合（〜10月4日、東京）

10月

4日	APEC女性と経済に関するハイレベル政策対話（チリ・ラ・セレナ）
7日	TPP第2回委員会（〜9日、ニュージーランド・オークランド）
	日米貿易協定・日米デジタル貿易協定署名（米国・ワシントンDC）
11日	WTOパブリックフォーラム「大阪トラック」関連セッション（スイス・ジュネーブ）
12日	RCEP第9回中間閣僚会合（タイ・バンコク）
14日	APEC財務大臣会合（〜15日、チリ・サンティアゴ）
	みなみまぐろ保存委員会（CCSBT）第26回年次会合（〜17日、南アフリカ・ケープタウン）
15日	WTO一般理事会（〜16日、スイス・ジュネーブ）
16日	世界食料デーイベント「『飢餓のない世界を目指して』未来を作る私たちのアクション」（東京）
17日	G20財務大臣・中央銀行総裁会議（〜18日、米国・ワシントンDC）
18日	世界食料デー記念シンポジウム「食料問題を考える、『食品ロス』を知ろう!」（東京）
19日	G20保健大臣会合（〜20日、岡山）
	英政府によるEU離脱期限延長の申請（20年1月31日まで）
21日	ブルネイが日本産食品等に対する輸入規制措置を完全撤廃
	OECD投資委員会（〜25日、フランス・パリ）
	南極の海洋生物資源の保存に関する委員会（CCAMLR）第38回年次会合（〜11月1日、オーストラリア・ホバート）
22日	WTO・電子商取引に関する第15回有志国会合（〜25日、スイス・ジュネーブ）
23日	OECD貿易に関するグローバルフォーラム、貿易委員会（〜24日、フランス・パリ）
24日	鉄鋼の過剰生産能力に関するグローバルフォーラム（〜25日、東京）
25日	G20観光大臣会合（〜26日、倶知安）
26日	鉄鋼の過剰生産能力に関するグローバルフォーラム閣僚会合（東京）

28日	日EU・EPA衛生植物検疫措置（SPS）に関する専門委員会第1回会合（〜30日、東京）
29日	欧州理事会による英国のEU離脱期限延期の承認（2020年1月31日まで）
	第1回2025年大阪・関西万博に係る関係府省庁連絡会議（東京）

11月

1日	RCEP閣僚準備会合（タイ・バンコク）
	令和元年度地域の魅力海外発信支援事業（〜12月27日）
4日	RCEP第3回首脳会議（タイ・バンコク）
5日	鈴木外務副大臣とペレイラ欧州議会副議長との会談（東京）
	中国政府主催WTO非公式閣僚会合（中国・上海）
11日	日EU・EPA自動車及び自動車部品に関する作業部会第1回会合（スイス・ジュネーブ）
13日	日EU・EPAサービスの貿易、投資の自由化及び電子商取引に関する専門委員会第1回会合（ベルギー・ブリュッセル）
14日	日EU・EPA物品の貿易に関する専門委員会第1回会合（ベルギー・ブリュッセル）
15日	日EU・EPA貿易の技術的障害（TBT）に関する専門委員会第1回会合（ベルギー・ブリュッセル）
18日	大西洋まぐろ類保存国際委員会（ICCAT）第26回年次会合（〜25日、スペイン・マヨルカ島）
19日	WTO・電子商取引に関する第16回有志国会合（〜22日、スイス・ジュネーブ）
22日	G20愛知・名古屋外務大臣会合（〜23日、名古屋）
25日	南東大西洋漁業機関（SEAFO）第16回年次会合（〜28日、ナミビア・スワコップムント）
	動物の衛生及び検疫における協力に関する日本国政府と中華人民共和国政府との間の協定（日中動物衛生検疫協定）の署名
27日	OECDグローバル戦略グループ（GSG）会合（〜28日、フランス・パリ）
	日EU・EPA政府調達に関する専門委員会第1回会合（東京）
	日中韓FTA第16回交渉会合（〜29日、韓国・ソウル）
	第166回博覧会国際事務局（BIE）総会（フランス・パリ）
28日	日EU・EPA知的財産に関する専門委員会第1回会合（東京）

12月

2日	日EU首脳電話会談
	南極海鯨類資源調査（JASS-A）の調査船が出港（〜2020年3月19日）
4日	日・EUビジネス・ラウンドテーブル（2019-20年度）第1回プリンシパル会議・第2回シェルパ会議（東京）
5日	若宮外務副大臣とグリアOECD事務総長との会談（フランス・パリ）
	中西部太平洋まぐろ類委員会（WCPFC）第16回年次会合（〜11日、パプアニューギニア・ポートモレスビー）
	第27回IEA閣僚理事会（〜6日、フランス・パリ）
7日	APEC最終高級実務者会合（CSOM）（シンガポール）
8日	経済同友会中国委員会訪中団（〜12日）
9日	WTO一般理事会（〜10日、スイス・ジュネーブ）
10日	APEC非公式高級実務者会合（ISOM）（〜11日、マレーシア・ランカウイ）
	エネルギー憲章会議第30回会合（〜11日、ベルギー・ブリュッセル）
	日米貿易協定・日米デジタル貿易協定の効力発生のための通告
	第29回日本・カナダ次官級経済協議（カナダ・トロント）
	日中民間緑化協力委員会第20回会合（中国・北京）
	日中共通課題理解促進事業（〜16日）（東京、奈良、福岡、大分、大阪）
	WTO上級委員会委員2名の任期切れによる事実上の同委員会機能停止（スイス・ジュネーブ）
16日	WTO・電子商取引に関する第17回有志国会合（スイス・ジュネーブ）
20日	第2回2025年に開催する国際博覧会関係閣僚会議及び2025年日本国際博覧会の博覧会事務局に対する登録申請に係る閣議決定
23日	FAOキャリアセミナー（東京）

第四章

G20大阪首脳宣言（仮訳）

（2019年6月28日・29日）

前文

1.　我々G20の首脳は、主要な世界経済の課題に対処すべく団結して取り組むため、2019年6月28日・29日に日本の大阪において会合した。我々は、全ての人々の利益のために、技術イノベーション、特にデジタル化及びその実装の力を活用しつつ、世界経済の成長促進に向けて協働する。

2.　これまでの議長国による成果に基づいて、我々は、不平等に対処することによって成長の好循環を創出し、全ての人々が自らの潜在力を最大限に活用できる社会を実現するために努力する。我々は、機会をとらえ、人口動態の変化によるものを含めて今日あるいは将来にわたって提示される経済、社会及び環境の課題に対処する能力を有する社会を建設する決意である。

3.　我々は更に、持続可能な開発のための2030アジェンダの中でビジョンとして掲げられているとおり、包摂的かつ持続可能な世界に向けた道を開くため、開発を促進し、その他の地球規模の課題に対処する取組を主導する。

世界経済

4.　世界経済の成長は、足元で安定化の兆しを示しており、総じて、本年後半及び2020年に向けて、緩やかに上向く見通しである。この回復は、緩和的な金融環境が継続すること及び幾つかの国々で景気刺激策の効果が発現することによってもたらされている。しかしながら、成長は低位であり続けており、リスクは依然として下方に傾いている。何よりも、貿易と地政を巡る緊張は増大してきた。我々は、これらのリスクに対処し続けるとともに、更なる行動をとる用意がある。

5.　我々は、強固で持続性があり均衡のとれた包摂的な成長を実現するため、また、信頼を高める対話と行動を強化することにより、下方リスクから守るために全ての政策手段を用いるとの我々のコミットメントを再確認する。必要に応じて財政バッファーを再構築し、かつ、GDP（国内総生産）比の公的債務が持続可能な道筋にあることを確保しつつ、財政政策は、機動的に実施し、成長に配慮したものとすべきである。金融政策は、引き続き、経済活動を支え、中央銀行のマンデートと整合的な形で物価の安定を確保する。中央銀

行の決定は引き続きよくコミュニケーションがとられる必要がある。構造改革の実行を続けることは、我々の潜在成長力を高める。我々はまた、2018年3月に財務大臣・中央銀行総裁が行った為替相場のコミットメントを再確認する。

6.　グローバル・インバランス（経常収支不均衡）は、世界金融危機の後、特に新興国及び開発途上国において減少しており、次第に先進国に集中してきた。しかしながら、不均衡は依然として高水準かつ持続的であり、対外資産・負債の水準も拡大を続けている。我々は、対外収支を評価するに当たっては、サービス貿易・所得収支を含む経常収支の全ての構成要素に着目する必要性に留意する。協力推進の精神に基づき、我々は、過度の対外不均衡に対処し、強固で、持続可能で、均衡ある、かつ、包摂的な成長というG20の目標実現に対するリスクを軽減するには、各国の実情に即しつつ、注意深く策定されたマクロ経済・構造政策が必要であることを確認する。

7.　高齢化を含む人口動態の変化は、全てのG20構成国に対して課題と機会をもたらし、こうした変化は、財政・金融政策、金融セクター政策、労働市場政策及びその他の構造政策にわたる政策行動を必要とする。高齢化社会における金融包摂を強化するため、我々は、「高齢化と金融包摂のためのG20福岡ポリシー・プライオリティ」を承認する。

強固な世界経済の成長の醸成

貿易と投資

8.　我々は、G20茨城つくば貿易・デジタル経済大臣会合閣僚声明を歓迎する。我々は、自由、公正、無差別で透明性があり予測可能な安定した貿易及び投資環境を実現し、我々の開かれた市場を維持するよう努力する。国際的な貿易及び投資は、成長、生産性、イノベーション、雇用創出及び開発の重要なエンジンである。我々は、世界貿易機関（WTO）の機能を改善するため、必要なWTO改革への支持を再確認する。我々は、第12回WTO閣僚会議に向けた取組を含め、他のWTO加盟国と建設的に取り組んでいく。我々は、WTO加盟国によって交渉されたルールに整合的な紛争解決制度の機能に関して、行動が必要であることに合意する。さらに、我々は、WTO協定と整合的な二国間及び地域の自由貿易協定の

補完的役割を認識する。我々は、ビジネスを可能とする環境を醸成するため、公平な競争条件を確保するよう取り組む。

過剰生産能力

9. 我々は、鉄鋼の過剰生産能力に関するグローバル・フォーラム（GFSEC）におけるこれまでの進展に留意しつつ、GFSECメンバーの関係閣僚に対し、2019年の秋までに、フォーラムの取組を更に進めるための方法について、探究し、コンセンサスに至るよう求める。

イノベーション：デジタル化、データ・フリー・フロー・ウィズ・トラスト（信頼性のある自由なデータ流通）

10. イノベーションは経済成長の重要な原動力であり、持続可能な開発目標（SDGs）への前進及び包摂性向上にも寄与し得る。我々は、デジタル化及び新興技術の実装の促進を通じて、包摂的で持続可能な、安全で、信頼できる革新的な社会の実現に向けて取り組む。我々は、ソサエティ5.0として日本によって推進されている人間中心の未来社会の観念を共有する。デジタル化が我々の経済・社会のあらゆる側面に変革をもたらしている中、我々は、経済成長、開発及び社会福祉を可能にするものとして、データの効果的な活用が果たす決定的役割を認識する。我々は、データの潜在力を最大限活用するため、国際的な政策討議を促進することを目指す。

11. データ、情報、アイデア及び知識の越境流通は、生産性の向上、イノベーションの増大及びより良い持続的開発をもたらす一方で、プライバシー、データ保護、知的財産権及びセキュリティに関する課題を提起する。これらの課題に引き続き対処することにより、我々は、データの自由な流通を更に促進し、消費者及びビジネスの信頼を強化することができる。この点において、国内的及び国際的な法的枠組みの双方が尊重されるべきことが必要である。このようなデータ・フリー・フロー・ウィズ・トラスト（信頼性のある自由なデータ流通）は、デジタル経済の機会を活かすものである。我々は、異なる枠組みの相互運用性を促進するために協力し、開発に果たすデータの役割を確認する。我々はまた、貿易とデジタル経済の接点の重要性を再確認し、電子商取引に関する共同声明イニシアティブの下で進行中の議論に留意し、WTOにおける電子商取引に関する作業計画の重要性を再確認する。

12. デジタル経済におけるイノベーションを更に促進するために、我々は、効果的な政策と、規制のサンドボックスの使用を含め、革新的かつ機動的で柔軟性があり、デジタル時代に適応した規制アプローチ及び枠組みに関するグッドプラクティスの共有を支持する。人工知能（AI）の責任ある開発及び活用は、SDGsを推進し、持続可能で包摂的な社会を実現するための原動力となり得る。AI技術への人々の信頼と信用を醸成し、その潜在能力を十分に引き出すために、我々は、AIへの人間中心のアプローチにコミットし、経済協力開発機構（OECD）AI勧告から引用された拘束力を有さないG20・AI原則を歓迎する。さらに我々は、デジタル経済におけるセキュリティを促進すること及びセキュリティギャップと脆弱性に対処することの重要性が高まっていることを認識する。我々は、知的財産の保護の重要性を確認する。モノのインターネット（IoT）を含む新興技術の急速な広がりに伴い、デジタル経済におけるセキュリティについて進行中の議論の価値は高まっている。我々、G20構成国は、これらの緊急の課題への更なる取組の必要性を認識する。我々は、中小零細企業と全ての個人、特に脆弱なグループの人々の間で、デジタル格差を克服し、デジタル化の採用を促進することの重要性を再確認し、また、スマートシティの開発に向けた都市間のネットワーク化と経験共有を奨励する。

質の高いインフラ投資

13. インフラは経済の成長と繁栄の原動力である。我々は、我々の共通の戦略的方向性と高い志として、「質の高いインフラ投資に関するG20原則」を承認する。これらは、質の高いインフラが、「投資対象としてのインフラに向けたロードマップ」に沿いインフラ・ギャップの縮小に向けて継続中のG20の努力の必要不可欠な一部であることを強調する。我々は、公的財政の持続可能性を保つ形での持続可能な成長と開発を達成するためのインフラの正のインパクトの最大化、ライフサイクル・コストでみた経済性の向上、女性の経済的なエンパワーメントを含めた環境・社会配慮の統合、自然災害その他のリスクに対する強じん性の強化、及びインフラ・ガバナンスの強化の重要性を強調する。我々は、質の高いインフラ投資に係るあり得る指標を探求することを含めて、インフラを投資対象へと育成するための要素を引き続き前進させていくことを期待する。

グローバル金融

14. 我々は、強固で、クォータを基礎とし、かつ、十分な資金基盤を有する国際通貨基金（IMF）を中心としたグローバル金融セーフティネットを更に強化するとのコミットメントを再確認する。我々は、第15次クォータ一般見直しを遅くとも2019年年次総会までに完了することに引き続き

コミットしており、IMF資金とガバナンス改革に関する作業を最優先事項として迅速に進めることをIMFに求める。我々は、カントリー・プラットフォームや、開発金融におけるリスク保険を向上させるための世銀グループ（WBG）による努力を含む、賢人グループ（EPG）の提言のフォローアップ作業の進捗を支持する。我々は、資本フローに関する国際機関の取組を歓迎する。OECDは、資本移動自由化コードの見直しを完了した。我々は、EPGの提言が複数年にわたる性質のものであることを認識しつつ、その作業を継続する。

15. 我々は、債務の透明性を向上し、債務の持続可能性を確保するための、債務者及び公的・民間の債権者双方による協働の重要性を再確認する。我々は、IMF及びWBGに、「様々な角度からのアプローチ」等の下で、債務の記録・監視・報告、債務管理、公的財政管理、国内資金動員の分野における債務者の能力強化のための取組を継続することを求める。我々は、IMF及び世銀グループに、債務上限ポリシー及び非譲許的借入ポリシーの見直しの文脈で、担保付貸付の慣行の分析を引き続き深めることを奨励する。我々は、「G20持続可能な貸付に係る実務指針」の実施に関する任意の自己評価の完了、及びその評価結果と政策提言をまとめたIMF及びWBGのノートを歓迎する。我々は、評価を完了したG20及び非G20諸国・地域を称賛するとともに、貸付慣行の改善を目指して、このノートで強調されている課題の継続的な議論を求める。我々は、民間貸付に係る債務の透明性及び持続可能性を向上させるための、「債務透明性のための任意の原則」に関する国際金融協会の取組を支持し、フォローアップを期待する。我々は、債権者たる新興国のより幅広い関与に向けて、二国間の公的債務を再編するための主要な国際フォーラムとしてパリクラブが進めている取組を支持し、パリクラブと協働するために、インドがパリクラブに事案に応じた参加を自発的に決定したことを歓迎する。

16. 我々は、世界規模で公正、持続可能かつ現代的な国際課税システムのための協力を継続するとともに、成長志向の租税政策を推進するための国際協力を歓迎する。我々は、G20／OECD「税源浸食と利益移転（BEPS）」パッケージの世界的な実施及び税の安定性向上の重要性を再確認する。我々は、経済の電子化に伴う課税上の課題への対応に関する最近の進捗を歓迎し、BEPS包摂的枠組みによって策定された、2つの柱から成る野心的な作業計画を承認する。我々は、2020年までの最終報告書によるコンセンサスに基づく解決策のための取組を更に強化する。我々は、税を目的

とする情報の自動的交換の進捗を含む税の透明性に関する最近の成果を歓迎する。我々はまた、国際的に合意された税の透明性の基準を満足に実施していない法域の更新されたリストを歓迎する。我々は、強化された全ての基準を考慮した、OECDによるリストの更なる更新を期待する。リストに載った法域に対しては、防御的措置が検討される。2015年のOECD報告書は、この点に関する利用可能な措置を列挙している。我々は、全ての法域に対し多国間税務行政執行共助条約に署名及び批准するよう求める。我々は、開発途上国における税に関する能力構築に対する支持を再確認する。

17. 技術革新は、金融システム及びより広い経済に重要な便益をもたらし得る。暗号資産は、現時点でグローバル金融システムの安定に脅威をもたらしていないが、我々は、注意深く進展を監視するとともに、既存の及び生じつつあるリスクに警戒を続ける。我々は、金融安定理事会（FSB）と他の基準設定主体による進行中の作業を歓迎するとともに、追加的な多国間での、必要に応じた対応にかかる助言を求める。我々は、マネーロンダリング及びテロ資金供与への対策のため、最近改訂された、仮想資産や関連業者に対する金融活動作業部会（FATF）基準を適用するとのコミットメントを再確認する。我々は、FATFの解釈ノート及びガイダンスの採択を歓迎する。我々はまた、分散型金融技術のあり得る影響、及び当局が他のステークホルダーとどのように関与できるかについてのFSBの作業を歓迎する。我々は、サイバーの強じん性を高める努力を強化し続ける。

18. 我々は、マネーロンダリング、テロ資金供与及び拡散金融と闘い、これを防止するための国際基準を設定することにおけるFATFの不可欠な役割を強調する国連安保理決議2462号を歓迎する。我々は、FATF型地域体のグローバルネットワークを強化することを含め、これらの脅威と闘う努力を強化することについての我々の強いコミットメントを再確認する。我々は、FATF基準の完全、効果的かつ迅速な履行を求める。

19. 合意された国際基準に基づく、開かれた、強じんな金融システムは、持続可能な成長を支えるために極めて重要である。我々は、合意された金融規制改革の完全、適時かつ整合的な実施に引き続きコミットしている。我々は、FSBに対して、その影響を引き続き評価するよう求める。我々は、金融安定性に対する脆弱性と生じつつあるリスクについて、引き続き注視し、マクロ・プルーデンスの手段を含め、必要に応じ対処する。ノンバンク金融仲介が金融システムに歓迎される多様

性を与える一方、我々は引き続き、関連する金融安定リスクを、適切に特定、注視、対処する。我々は、市場の分断についての取組を歓迎し、その意図せざる、悪影響に対して、規制・監督上の協力等により対処する。我々は、コルレス銀行関係の解消の原因及び結果について、引き続き監視し、対処する。サステナブル・ファイナンスの動員及び金融包摂の強化は、世界の成長にとって重要である。我々は、こうした分野における民間部門の参加と透明性を歓迎する。

腐敗対策

20. 我々は、関連する国際文書及びメカニズム間の相乗作用を強化しつつ、「G20腐敗対策行動計画2019-2021」の履行を通じて、腐敗を防止し、これと闘い、清廉性を促進するグローバルな努力において先導的な役割を担うことに引き続きコミットする。我々は、腐敗との闘いはインフラの質と信頼性を確保する上で極めて重要である旨認識しつつ、「インフラ開発における清廉性と透明性に関するグッドプラクティス集」を我々の更なる取組の一部として歓迎する。我々は、「効果的な公益通報者保護のためのハイレベル原則」を承認する。我々は、腐敗との闘いにおけるG20構成国間のハイレベルの国際協力を追求し、腐敗の防止に関する国際連合条約のレビュープロセスを含め、同条約の効果的実施を通じて、模範を示すことにより主導するとのコミットメントを再確認する。我々は、外国公務員贈賄と闘い、G20各国ができる限り早く外国公務員贈賄を犯罪化する国内法を整備することを確保するための取組を強化する。我々は、OECD外国公務員贈賄防止条約の遵守に向けた努力に留意する。我々は、腐敗と闘うための実際的な協力を継続し、G20及び国際的なコミットメント並びに国内法制度と整合的な形で、腐敗関係の捜査対象者及び彼らの腐敗の収益の安全な逃避先を否定するという我々のコミットメントを再確認し、財産回復協力に一層緊密に協力する。我々は、腐敗に関連する深刻な経済犯罪者及び奪われた財産の回復に対処するための国際協力の現状に関する報告書が関連国際機関によって準備されることを期待する。加えて、我々はまた、関連国際機関による腐敗とジェンダーの連関に関する取組を歓迎する。

不平等に対処することによる成長の好循環の創出

労働及び雇用

21. 人口高齢化はG20構成国で様々な速度で進行している。G20諸国の人口動態上の共通点及び相違点を考慮し、我々は、若者や女性、障がい者の経済活動への参加を引き続き増やしつつ、高齢期も労働市場に参加できるような健康で活力ある高齢化社会の促進の重要性を認識する。我々は、職業生活の長期化が見込まれていることを踏まえ、雇用創出及び柔軟な働き方を促進し、雇用の質の向上と、生涯学習を通じた労働者の雇用可能性の増進を目指すとともに、各国の国毎の状況に応じて介護労働者を含む全ての者の労働条件の改善に向けて努力する。我々はまた、若年層の雇用機会及び雇用可能性を引き続き促進する。我々は、労働雇用大臣に対し、9月の松山での会合において、人口動態の傾向に適応するために採り得る政策上の優先事項を特定するよう求める。我々は、生じつつある新たな労働形態、とりわけ技術革新によって生じるものは、就業機会の源になり得るとともに、ディーセント・ワーク及び社会保護制度にとって課題ともなり得ることを認識する。我々は、民間部門の見解を考慮しつつ、これらの新たな労働形態に対して適切な政策対応を策定するよう努力するに当たり、労働雇用大臣に対して経験及びグッドプラクティスを一層共有するよう奨励する。我々は、ディーセント・ワークを推進し、持続可能なグローバル・サプライ・チェーンの促進を通じたものを含め、仕事の世界において、児童労働、強制労働、人身売買、及び現代の奴隷制を根絶するための行動をとるというコミットメントを再確認する。

女性のエンパワーメント

22. ジェンダー平等と女性のエンパワーメントは、持続可能で包摂的な経済成長に不可欠である。我々は、我々の政策のあらゆる側面において、かつ今後のサミットにおける横断的な課題として、これらの重要性を再確認する。我々は、2025年までに労働力参加における男女間の格差を25％削減するとのブリスベン・ゴールに向けて更なる進捗が得られたことに留意する。我々は、国際労働機関（ILO）及びOECDが作成した「G20諸国における働く女性」進捗報告書に留意し、我々の努力を加速化させる必要性を認識する。労働雇用大臣による継続的な努力に立脚して、我々は、当該年次報告書を基礎として、女性の雇用の質を含め、ブリスベン・ゴールに向けたG20における各国の進捗及び行動を交換する。我々はまた、女性の労働市場参加に対する主要な障害となっている、無償ケア労働におけるジェンダー格差にも取り組む。我々は、女性の雇用の質を改善し、男女の賃金格差を減少させ、女性に対するあらゆる形態の差別を終わらせ、固定観念と闘い、女性を平和の代理人として、また、紛争の予防及び解決において、認識するために更なる行動を取ることにコミットする。

23. 我々は、質の高い初等・中等教育の提供、

STEM（科学、技術、工学及び数学）教育へのアクセスの改善及びジェンダーに関する固定観念の排除に向けた意識向上を含め、女児・女性教育及び訓練への支援を継続することにコミットする。デジタル面におけるジェンダー格差を埋めるため、我々は引き続き、貧困層及び農村部の女児・女性のニーズに焦点を置きつつ、彼女たちのデジタル技術へのアクセスを向上させる。我々は、デジタルの文脈におけるものも含め、あらゆるジェンダーに基づく暴力、虐待及びハラスメントを根絶するために措置を講じることの重要性を再確認する。我々は、とりわけ民間部門による、女性の管理職及び意思決定に関わる地位へのアクセスを促進し、女性のビジネスリーダー及び起業を育成するための取組を歓迎する。我々は、女性の起業を促進するため、技能開発を支援し、資金へのアクセスを提供する取組の重要性を再確認し、アフリカを含む開発途上国における女性の起業を支援するための女性起業家資金イニシアティブ（We-Fi）の継続的な実施を歓迎する。我々は、管理職や意思決定に関わる地位にある女性の数を増やすための措置を取る企業の認識や、ジェンダーに対応した投資を含む民間部門による取組を奨励することの重要性を認識する。我々は、「エンパワーメントと女性の経済代表性向上（EMPOWER）」のための民間部門アライアンスの立ち上げを歓迎し、同アライアンスに対して、民間部門における女性の進出を唱導することを求め、今後のサミットにおいて、その進捗を評価し、その具体的な取組を共有する。

観光

24. 観光産業は世界のGDPの相当の割合を占め、引き続き世界経済の成長の重要な牽引役となることが見込まれる。我々は、特に女性及び若者のための、また、創造産業における、質の高い雇用と起業の創出、経済的な強じん性及び回復、持続可能な観光に関する計画及び管理を通じた自然資源の保護、並びに、包摂的かつ持続可能な開発の実現に対する観光部門の貢献を最大限にするために取り組んでいく。

農業

25. 増加する世界の人口に対し、食料安全保障を達成し、栄養状況を改善するためには、自然資源の持続可能な管理とより両立し得る方法で、農業生産性を高め、また、食料の損失及び廃棄の削減を含め、流通をより効率的に行う必要がある。この目的のために、我々は、情報通信技術（ICT）、人工知能（AI）、ロボット工学等の既存の、新たな又は先端の技術のアクセスと利用の重要性を強調し、関係者間の分野横断的な協力を奨励する。我々はまた、農業・食品分野において新規参入者

を引き付け、若者と女性のエンパワーメントを行う上で、全ての人々に対するイノベーション、技能研修及び生涯学習を推奨する。我々は、農村地域の再活性化にも貢献する、持続可能で、科学に基づく、強じんな農業・食品バリューチェーンを、家族農業及び小規模農家を含め、包摂的かつ衡平な方法で発展させることの重要性を認識する。我々は、既存の又は生じつつある動植物の衛生問題に対応するための情報共有及び研究協力の継続・強化の必要性を強調する。我々はさらに、より持続可能な農業・食品分野に向けたグッドプラクティス及び知識についての任意の交換を推奨する。

包摂的かつ持続可能な世界の実現

開発

26. 9月の国連ハイレベル政治フォーラム及び国連開発資金ハイレベル対話を目指して、我々は、持続可能な開発のための2030アジェンダ及びアディスアベバ行動目標の適時の実施に貢献することにおいて主導的な役割を果たすことを引き続き決意している。我々は、開発のための国際的な公的及び民間資金、並びに、ブレンディッド・ファイナンスを含むその他の革新的資金調達メカニズムが、我々の共同の取組を高めていく上で重要な役割を担うことができることを認識する。持続可能な開発のための2030アジェンダに関するG20の行動計画に基づいて、「大阪アップデート」は、同アジェンダの達成に貢献し、「誰一人取り残さない」ことを確保することに向けた共同のかつ具体的な行動を強調する。我々は、「大阪包括的説明責任報告書」を歓迎する。

27. 我々は、民間部門の資金の動員、能力構築支援など、あらゆる実施手段を用い、貧困の撲滅、質の高いインフラ投資、ジェンダー平等、保健、教育、農業、環境、エネルギー、産業化等の分野で開発途上国がSDGsの適時の実施に向けて前進するための努力を支援する。我々は、G20構成国による二国間の関与を強化させ、「アフリカとのコンパクト」（CwA）の実施における世銀グループ、アフリカ開発銀行及びIMFの役割を強化させた上で、CwAを含むG20アフリカ・パートナーシップ、アフリカの産業化支援に関するG20イニシアティブ、及びアフリカ連合のアジェンダ2063に示されたアフリカのビジョンの実現に貢献するその他の関連イニシアティブへの継続した支持を強調する。我々は、違法な資金フローに対処することに引き続きコミットし、今後のサミットにおいて評価する。

28. 我々は、「G20持続可能な開発のための人的資

本投資イニシアティブ」で強調されているように、人的資本に投資し、全ての人々への包摂的かつ公正な質の高い教育を推進するという我々のコミットメントを再確認する。我々は、SDGs達成のための科学技術イノベーション（STI）の重要性を認識し、「SDGs達成のためのSTIロードマップ策定の基本的考え方」を承認する。我々は、南北協力、南南協力及び三角協力並びに自然災害に対する財務上の強じん性を促進させる手段としての災害リスクファイナンシング調達及び保険スキームを含む防災に関する更なる取組の重要性を認識する。

29. 我々は、第19次国際開発協会増資及び第15次アフリカ開発基金増資を成功裏に達成するための作業を継続する。我々は、国際復興開発銀行及び国際金融公社の拡大した役割を踏まえ、増資パッケージの完全かつ適時の実施を求める。

国際保健

30. 保健は、持続可能かつ包摂的な経済成長の前提条件である。我々は、国毎の状況及び優先事項に応じて、「ユニバーサル・ヘルス・カバレッジ」達成に向けて前進するとのコミットメントを想起する。我々は、ユニバーサル・ヘルス・カバレッジに関する国連総会ハイレベル会合を期待する。医薬品へのアクセス、予防接種、栄養、水・衛生、健康増進及び疾病予防を含むプライマリ・ヘルス・ケアは、健康及び包摂を前進させるための礎である。我々は、保健人材及び政策策定のための人材を向上させること並びに費用対効果が高く適切なデジタルその他の革新的な技術のような政府及び民間によるイノベーションの促進を通じることも含めて、医療の質に焦点を当てつつ保健システムを強化する。持続可能な保健財政の重要性を認識しつつ、我々は、財務・保健大臣会合の合同セッションにおいて我々のコミットメントが確認されたように、「途上国におけるユニバーサル・ヘルス・カバレッジ・ファイナンスの重要性に関するG20共通理解」に従い、保健・財務当局間の更なる協力を要請する。我々は、国際機関及び全ての関係者に対し、効果的に協力するよう奨励し、全ての人々のための健康的な生活及び福祉のための世界行動計画の今後の発表を期待する。

31. 我々は、健康増進、感染症及び非感染性疾患の予防と制御に対処するための政策措置、並びに、人口動態の傾向を含む各国の事情に従った人間中心で、分野横断的かつコミュニティに根ざした生涯を通じた統合された医療及び介護を通じて、健康で活力ある高齢化を促進する。我々は、認知症を持つ人々及び介護者の生活の質（QOL）を向上させることを目指し、リスク削減、介護の持続

可能な提供及び包摂的な社会促進及び包摂的な社会を含め、認知症の対策のための包括的な一連の政策を実施する。

32. 我々は、我々自身の中核的な能力の強化及びWHO国際保健規則（2005）に従った他国の能力支援を含む公衆衛生、備え及び対応の改善にコミットする。我々は、適時の財政的及び技術的双方の支援を通じて、また、健康危機に対する国際的な対応のためにWHOが有する中心的な調整責任に沿って、アフリカにおける現在のエボラ出血熱の流行に苦しむ国々を支援する。我々は、世界的な健康危機に対する資金調達メカニズムの持続性と効率性に取り組む。我々は、ポリオを撲滅し、エイズ、結核及びマラリアの流行を終わらせるとのコミットメントを再確認するとともに、世界エイズ・結核・マラリア対策基金の第6次増資の成功を期待する。

33. 我々は、薬剤耐性（AMR）に取り組むためのワン・ヘルス・アプローチに基づく努力を加速させる。国連AMRに関する機関間調整グループ及びその他の関連イニシアティブから勧告を受けたAMRに関する国連事務総長報告書を認識し、我々は、国際機関を含む全ての関係者に対し、AMRと闘うための世界的な取組に貢献する、それぞれの任務に関連する項目に関して行動し協調するよう促す。我々は、感染予防及び行き過ぎた抗菌薬使用の削減のための政策手段の必要性を認識する。抗菌薬の管理とアクセスを促進するために更なる行動をとるべきである。国際薬剤耐性研究開発ハブによる進行中の取組に留意し、我々はAMRに取り組むための研究開発を促進する。我々は、関心あるG20構成国及び国際薬剤耐性研究開発ハブに対し、AMR研究開発の最良のモデルを特定するため、プッシュ及びプルの仕組みを分析し、関連のG20閣僚に報告するよう求める。

地球環境問題と課題

34. 「気候変動に関する政府間パネル」（IPCC）及び「生物多様性及び生態系サービスに関する政府間科学政策プラットフォーム」（IPBES）の重要な作業に留意しつつ、また、近年の異常気候や災害に照らして、我々は、気候変動、資源効率、大気汚染、土地汚染、淡水汚染、海洋プラスチックごみを含む海洋汚染、生物多様性の損失、持続可能な消費と生産、都市環境の質その他の環境問題を含む複雑で差し迫ったグローバルな課題に対処し、また、持続可能な成長を促進しながら、最良の入手可能な科学を用いて、エネルギー転換を促進し主導する緊急の必要性を認識する。産業界が公的部門と相乗効果を持って重要な役割を果たす形で、環境と成長の好循環が技術革新を通じて行

われるパラダイム・シフトが必要とされている。この目的のため、我々は、好循環を加速化させ、強じんで、包摂的で、持続可能な将来への転換を主導する重要性を強調する。我々は、具体的で実際的な行動をとり、世界中から国際的な最良の慣行と知識を集め、公的及び民間の資金、技術及び投資を動員し、ビジネス環境を改善する重要性を強調する。

気候変動

35. この目的のために、我々は、公的及び民間資金の動員及び両者の連携を含む持続的開発のための包摂的資金調達、並びに、低排出及び強じんな開発のための幅広い分野におけるイノベーションを促進するために努力する。非国家主体を含む広範な参加を得て、全てのレベルにおいて気候に関する行動をとることが、このようなパラダイム・シフトを実現させる鍵となる。この努力を更に促進するに当たり、各国の事情に応じて、我々は、スマートシティ、生態系・コミュニティに根ざしたアプローチ、自然に根ざした解決策及び伝統的かつ先住民の知識を含む幅広いクリーンテクノロジーやアプローチを検討する。我々は、特に最も脆弱なコミュニティにとっての適応及び災害リスク軽減における行動及び協力を支援するための取組を強化し、更に議論を深め、緩和行動、適応措置、環境保護及び強じんなインフラとの間の一貫性を育む必要がある。我々は、G20ブエノスアイレス・サミットの成功に続き、パリ協定の実施指針が成功裏に採択されたこと、国連気候変動枠組条約（UNFCCC）の第24回締約国会議（COP24）においてタラノア対話の総括が完了したこと、及び軽井沢でのG20エネルギー・環境大臣会合における成果に留意する。我々は、この機運を最大限活用することを決意し、国連事務総長による気候アクションサミットの成功及びチリのサンティアゴにおける国連気候変動枠組条約第25回締約国会議（COP25）での具体的成果を期待する。ブエノスアイレスにおいてパリ協定の不可逆性を確認した、及び同協定を実施することを決意している同協定の署名国は、各国の異なる状況に照らし、共通だが差異ある責任と各国の能力を踏まえて、同協定の完全な履行についてのコミットメントを再確認する。2020年までに、我々は、更なる世界的な努力が必要であることを考慮して、「自国が決定する貢献」（NDC）を提出し、更新し又は維持することを目指す。我々は、パリ協定に整合的な形で緩和と適応の双方において開発途上国を支援するための財源を提供することの重要性を強調する。

36. 米国は、パリ協定が米国の労働者及び納税者を不利にするとの理由から、同協定から脱退すると

の決定を再確認する。米国は、経済成長、エネルギーの安全保障とアクセス及び環境保護を促進するとの強いコミットメントを再確認する。エネルギーと環境に対する米国のバランスのとれたアプローチは、クリーンで先進的な化石燃料や技術、再生可能エネルギー、民生用原子力を含むあらゆるエネルギー源や技術を活用するとともに、排出量を削減し、経済成長を促進しながら、全ての市民に対し、安価で信頼性が高く、安全なエネルギーの配送を可能とする。米国は、排出量の削減において世界の指導者である。米国のエネルギー関連の二酸化炭素排出量は、2005年から2017年の間に、革新的なエネルギー技術の開発と展開により、経済が19.4％成長しているにもかかわらず、14％減少した。米国は引き続き、排出量を減らし、よりクリーンな環境を提供し続けるため、先進技術の開発と配備にコミットする。

エネルギー

37. 我々は、目標を達成するために国によって異なる道筋が存在することを認識しつつ、可能な限り早急に、我々のエネルギーシステムを、低廉で、信頼でき、持続可能で、温室効果ガスの排出の少ないシステムへ変えるために、「3E+S」（エネルギー安全保障、経済効率性、環境＋安全性）を実現するエネルギー転換の重要性を認識する。G20持続可能な成長のためのエネルギー転換と地球環境に関する関係閣僚会合のコミュニケを想起しつつ、我々は、エネルギーミックスにおけるあらゆるエネルギー源及び技術の役割、並びに、よりクリーンなエネルギーシステムを達成するために国によって異なる道筋が存在することを認識する。我々はまた、水素、並びに、各国の状況に応じて、「カーボン・リサイクル」及び「エミッション・トゥ・バリュー」に関する作業に留意しつつ、二酸化炭素回収・利用・貯留（CCUS）を含む、エネルギー転換に向けた革新的、クリーンで効率的な技術の更なる発展によってもたらされる機会を認識する。我々は、「クリーンエネルギー技術のための研究開発（RD20）」と呼ぶG20議長国である日本のイニシアティブを認識する。エネルギーの安全な流れに関する懸念を浮き彫りにした最近の出来事を考慮し、我々は、インフラの強じん性、安全性及び開発、並びに、様々な供給源、供給者及び経路から途絶されないエネルギーの流れを含め、エネルギーシステム転換のための指針の一つとしての世界のエネルギー安全保障の重要性を認識する。我々は、エネルギーアクセス、アフォーダビリティ、エネルギー効率及びエネルギー貯蔵を含め、広範囲のエネルギー関連問題における国際協力の重要性を認識する。我々は、最貧困層を対象とする支援を提供する一方で、無駄な消費を助長する非効率的な化石燃料補

助金を中期的に合理化し、段階的に廃止する共同のコミットメントを再確認する。

環境

38. 我々は、循環経済、持続可能な物質管理、3R（リデュース、リユース、リサイクル）及び廃棄物の価値化等の政策やアプローチを通じた資源効率性の向上が、SDGs達成、及び、広範な環境問題に対処し、競争力及び経済成長を向上し、資源を持続可能な方法で管理し、雇用を創出することに貢献することを認識する。我々は冷却部門におけるイノベーションにおける民間部門との協力を奨励する。我々はまた、リサイクル製品の需要を増やすために関係者と協力する。我々は、議長国を務める日本の下でG20資源効率性対話のロードマップが策定されることを期待する。

39. 我々は、海洋ごみ、特に海洋プラスチックごみ及びマイクロプラスチックに対処する措置は、全ての国によって、関係者との協力の下に、国内的及び国際的に取られる必要があることを再確認する。この点に関し、我々は、海洋へのプラスチックごみ及びマイクロプラスチックの流出の抑制及び大幅な削減のために適切な国内的行動を速やかに取る決意である。さらに、これらのイニシアティブ及び各国の既存の行動の先を見越して、我々は、共通の世界のビジョンとして、「大阪ブルー・オーシャン・ビジョン」を共有し、国際社会の他のメンバーにも共有するよう呼びかける。これは、社会にとってのプラスチックの重要な役割を認識しつつ、改善された廃棄物管理及び革新的な解決策によって、管理を誤ったプラスチックごみの流出を減らすことを含む、包括的なライフサイクルアプローチを通じて、2050年までに海洋プラスチックごみによる追加的な汚染をゼロにまで削減することを目指すものである。我々はまた、「G20 海洋プラスチックごみ対策実施枠組」を支持する。

40. 違法・無報告・無規制（IUU）漁業は、世界の多くの地域において、引き続き海洋の持続可能性にとって深刻な脅威となっているため、我々は、海洋資源の持続的な利用を確保し、生物多様性を含め、海洋環境を保全するために、IUU漁業に対処する重要性を認識しIUU漁業を終わらせるという我々のコミットメントを再確認する。

避難と移住

41. 我々は、OECDがILO、国際移住機関（IOM）及び国連難民高等弁務官事務所（UNHCR）と協力しつつ策定した「G20への2019年国際的移住及び避難の傾向と政策に関する報告」に留意する。我々は、G20において、これらの問題の様々な側面についての対話を続ける。

42. 難民の大規模な動きは、人道的、政治的、社会的及び経済的な影響を伴う世界的な懸念である。我々は、避難の根本原因に対処し、増大する人道的ニーズに対応するための共同行動の重要性を強調する。

43. 我々は、議長国を務め大阪サミットを成功裏に主催し、G20プロセスへ貢献した日本に感謝すると共に、2020年にサウジアラビア、2021年にイタリア、2022年にインドで再会できることを楽しみにしている。

付属文書
関係閣僚会合閣僚宣言・声明
1. G20新潟農業大臣宣言（2019年5月11日～12日）
2. G20貿易・デジタル経済大臣会合閣僚声明（2019年6月8日～9日）
3. G20財務大臣・中央銀行総裁会議声明（2019年6月8日～9日）
4. G20持続可能な成長のためのエネルギー転換と地球環境に関する関係閣僚会合閣僚声明（2019年6月15日～16日）

G20ワーキンググループ等付属文書
1. 質の高いインフラ投資に関するG20原則
2. 経済の電子化に伴う課税上の課題に対するコンセンサスに基づいた解決策の策定に向けた作業計画
3. 高齢化と金融包摂のためのG20 福岡ポリシー・プライオリティ
4. 金融包摂のためのグローバル・パートナーシップ（GPFI）作業計画提案
5. 途上国におけるユニバーサル・ヘルス・カバレッジ・ファイナンス強化の重要性に関するG20共通理解
6. G20インフラ開発における清廉性と透明性に関するグッドプラクティス集
7. G20効果的な公益通報者保護のためのハイレベル原則
8. G20 AI原則
9. 女性労働参画進捗報告書
10. G20持続可能な開発のための人的資本投資イニシアティブ
11. 持続可能な開発のための2030アジェンダに関するG20行動計画に基づく大阪アップデート
12. 持続可能な開発目標達成のための科学技術イノベーション（STI for SDGs）ロードマップ策定の基本的考え方
13. G20開発コミットメントに関する大阪包括的説明責任報告書

第四章

質の高いインフラ投資に関するG20原則（仮訳）

序文

インフラストラクチャー（インフラ）は、経済的繁栄の原動力であり、G20の鍵となる目標である、強固で、持続可能で、均衡ある、包摂的な成長と、持続可能な開発のための強固な基盤となるものであって、かつ、グローバル・国家・地域の開発プライオリティを推進していく上で決定的に重要なものである。それにもかかわらず、新規インフラ、既存インフラの双方に関し、世界は依然として莫大な投資資金のギャップに直面している。これは、経済成長及び開発、安定し信頼できる公共サービスの提供にとって深刻な足枷になりうるものである。こうした文脈で、G20はインフラ投資の規模を拡大させる必要性を強調してきた。2018年に首脳たちにより支持された「インフラを投資対象とするためのロードマップ」のように、民間資金の一層の動員に向けた具体的な方策を見出す努力がなされてきた。

G20はまた、2016年杭州サミットでの首脳コミュニケや「ロードマップ」を含め、質の高いインフラ投資の重要性を強調してきた。インフラにおいては、量と質は補完的な関係になりうる。これまでG20議長国は、とりわけ民間部門や、国際開発金融機関（MDBs）を含む機関を通じた資金など、様々な資金源からの資金の動員に努力してきた。質の高いインフラ投資を改めて強調することは、こうしたこれまでのG20議長国の努力を礎として、インフラ・ギャップの縮小、インフラの投資対象資産としての育成、及び、国毎の条件に基づくインフラ投資の正のインパクトの最大化に貢献するものである。

質の高いインフラ投資の促進に向けた原則

この文書は、質の高いインフラ投資のために我々が共有する戦略的方向性と志を示す、任意で拘束性のない一連の原則を提示するものである。

原則1：持続可能な成長や開発の達成のための、インフラによる正のインパクトの最大化

1.1　経済活動の好循環の実現

質の高いインフラ投資を追求する狙いは、財政の健全性を確保しつつ、インフラがもたらす経済、環境、社会及び開発面における正のインパクトを最大化し、経済活動の好循環を創出することにある。こうした経済の好循環は様々な形をとりうる。インフラの建設、運営、維持管理の期間を通じ、新たな雇用が創出される一方、インフラの正の波及効果は、

経済を刺激し、雇用の一層の需要をもたらす。先進技術やノウハウは、自発的かつ相互に合意した条件で移転されうる。これらは、資源のより良い配分や、能力強化、技能の向上、そして生産性の向上を地元経済にもたらしうる。こうした推進力は、経済の潜在成長力を高め、投資家の裾野を広げ、一層の民間投資を呼び込み、経済のファンダメンタルズの一層の改善をもたらす。このことは、貿易や投資、経済発展を促進する。投資によって期待されるこれら全ての効果は、プロジェクトの設計や計画時に考慮されるべきものである。

1.2　持続可能な開発や連結性の促進

インフラ投資は、経済、環境、社会、ガバナンスの側面を考慮に入れるべきである。また、インフラ投資は、「持続可能な開発のための2030アジェンダ」や国・地方の開発戦略、関連する国際公約と整合的な形で、地球に対する長期的な視点に基づく共有された責任感と、幅広い協議や共同努力、便益の共有の精神によって導かれるべきである。インフラの設備やサービスは、持続可能な開発を中核に据えるべきであり、また、広範に利用可能で、アクセス可能で、包摂的で、あらゆる人々にとって有益である必要がある。経済活動の好環境は、インフラへのアクセスの向上を通じて、また、国家間の合意に基づいた国家的・地域的・グローバルなインフラの連結性の向上を通じて、一層確かなものとなろう。国内資金動員は、インフラに係る資金ギャップを解決する上で決定的に重要である。途上国に対するプロジェクト組成などにおける能力強化への支援が、国際機関の参加を伴いつつ、途上国に対して提供されることが必要である。質の高いインフラ投資はまた、個別の国々の条件に適合し、また、合わせて、地元の法規制と整合的なものとなることが必要である。

原則2：ライフサイクルコストを考慮した経済性向上

質の高いインフラ投資は、インフラの資産価値や経済、環境、社会面での便益との比較において、（計画、設計、資金調達、建設、運営と維持管理（O&M）、潜在的な処分という）インフラのライフサイクルを通じた全体的なコストを考慮することにより、価格に見合った価値（value for money）を実現するとともに、ライフサイクルコストの観点から支払い可能なものであるべきである。このアプローチの活用は、既存のインフラを修繕・改良する

か、あるいは新たにプロジェクトを立ち上げるか、という選択を後押しする。「インフラ・プロジェクト組成段階に係るG20原則」に述べられているように、この関連でプロジェクト組成は決定的に重要である。

2.1　効率性を確保するに際しては、インフラ投資のライフサイクルでのコストとベネフィットを考慮に入れるべき。建設、運営と維持管理、潜在的な処分に係るコストは、プロジェクト組成の開始段階から推計されるべき。コスト・オーバーランを解決し、維持管理に係る継続的なコストを賄うメカニズムを特定することは、プロジェクト・レベルでの財務の持続可能性を確保する上で決定的に重要。コスト・ベネフィット分析は、インフラ・プロジェクトのライフサイクルを通じて活用されるべき。

2.2　インフラ・プロジェクトには、事業遅延やコスト・オーバーラン、及び供用開始後におけるリスク軽減の戦略を含めるべき。この目的を実現するために必要な要素は、(1)プロジェクトを通じた広範な利害関係者の関与、及び、(2)計画、運営、及びリスクの配分又は軽減に関する専門知識、(3)適切なセーフガードや仕組みの適用、を含みうる。

2.3　既存インフラ、新規インフラの経済性を向上させるため、革新的技術を、インフラ・プロジェクトのライフサイクルを通じ、適切な場合に利用すべき。先進技術は、新規・既存の（インフラ）資産にとって重要な構成要素であり、インフラの使用、パフォーマンス、安全性をモニタリングするためのデータの利用可能性を向上させるのに役立ちうるもの。

原則3：インフラ投資への環境配慮の統合

生態系や生物多様性、気候、気象、資源利用に対する、インフラ・プロジェクトの正・負双方の影響は、これらの環境面の配慮を、インフラ投資のプロセス全体にわたって取り込むことにより、内部化すべきである。これには、環境関連情報の開示を改善し、それによってグリーンファイナンス商品の使用を可能とすることが含まれる。インフラ・プロジェクトは、国家戦略や、自国が決定する貢献の実施を決めた国における当該貢献に沿ったものであり、また、国毎の事情に留意した、長期的な低排出戦略への移行に沿ったものであるべき。

3.1　これらの環境配慮を、インフラ・プロジェクトのライフサイクル全般に定着させるべき。インフラ・プロジェクトの開発、運営と維持管理、潜在的な処分がもたらす環境への影響は、継続的に評価されるべき。生態系を活用した適応策が検討されるべ

き。

3.2　インフラ投資の環境への影響はあらゆる利害関係者に対して透明にされるべき。このことは、持続可能なインフラ・プロジェクトに対する評価を高め、関連するリスクへの意識を向上させることに寄与。

原則4：自然災害及び、その他のリスクに対する強靱性の構築

自然災害の回数や規模の増大、環境変化の緩やかな発現を踏まえ、我々は、長期的な適応力を確保し、これらリスクに対するインフラの強靱性を構築する喫緊の必要性に直面している。インフラは人為的なリスクに対しても、強靱であるべきである。

4.1　インフラを設計するに際しては、堅実な災害リスク管理を織り込むべき。包括的な災害リスク管理計画は、インフラの設計や維持管理に反映され、必要不可欠なサービスの再構築を考慮すべき。

4.2　適切に設計された災害リスクファイナンス・保険メカニズムはまた、予防措置への資金供給を通じ、強靱なインフラ整備を行うインセンティブを与えることに資する。

原則5：インフラ投資への社会配慮の統合

インフラは、包括的であり、あらゆる人々の経済参加や社会包摂を可能にするものであるべきである。経済・社会への影響は、インフラ投資の質を評価するに際して重要な構成要素として考慮されるべきであり、プロジェクトのライフサイクルを通じて体系的に管理されるべきである。

5.1　インフラ・サービスへの開放的なアクセスは、社会において差別を生じさせない方法で確保されるべき。これは、利用者にアクセスを分け隔てなく確保する観点から、プロジェクトのライフサイクルを通じて、影響を受けるコミュニティとの有意義な協議や包摂的な意思決定を行うことにより達成。

5.2　プロジェクトのライフサイクルを通じて包摂性の実践を主流化すべき。インフラの設計、提供、管理に際しては、あらゆる人々、特に、女性や子供、移転を強いられるコミュニティや個人、障がい者、原住民や貧困層、社会の周縁に追いやられた人々など、とりわけ脆弱な状況にある人々の人権やニーズを尊重すべき。

5.3　全ての労働者は、尊厳を持って、差別されることなく、インフラ投資により創出される雇用にア

クセスする機会、技能を向上させる機会、安全で健康的な条件下で働くことのできる機会、公平に報償され扱われる機会を等しく与えられるべき。インフラが、充分な賃金を伴うものを含む雇用への均等なアクセスや、インフラ投資により創出される機会を通じて、女性のエンパワーメントを如何に促進するかを、特に考慮すべき。女性の権利は、労働市場への参加や、技能研修、職業安全及び保健に関する政策などの職場環境の整備において尊重されるべき。

5.4　インフラの建設現場、周辺コミュニティの双方において、職場における安全面・健康面での条件を整備すべき。職場での安全性と健康状態の維持は、世界規模で大きな経済的利益を実現。

原則6：インフラ・ガバナンスの強化

　プロジェクトのライフサイクルを通じた強固なインフラ・ガバナンスの確保は、インフラ投資の、長期的な費用対効果や説明責任、透明性や廉潔性を確たるものとする上での鍵となる要素である。国は、関連する国際公約を踏まえ、公的部門、民間部門双方において、明確なルール、強固な制度、良いガバナンスを導入すべきである。これらは、投資の意思決定に関連する様々なリスクを軽減し、それにより民間部門の参画を促進する。政府の様々なレベルを通じた連携が必要である。能力構築もまた、十分な情報に基づく意思決定や、腐敗防止の努力の効果を確保するに当たって鍵となる。更に、改善されたガバナンスは、責任ある企業行動慣行を含む、民間部門のベスト・プラクティスによってサポートされうる。

6.1　インフラ・プロジェクトが、価格に見合った価値（value for money）を実現し、安全であり、効果的であることを確保し、それにより当初想定された利用法から逸脱しないようにするため、調達における開放性と透明性が確保されるべき。透明、公平で、十分な情報に基づく、包摂的な意思決定、入札、及び業務執行のプロセスは、良いインフラ・ガバナンスの礎。資金調達や公的支援の条件などに関する、より高度な透明性は、調達プロセスにおけるイコール・フッティングの確保に資するもの。利用者や地元の人々、市民社会団体や民間部門など、広範な利害関係者が関わるべき。

6.2　個々のプロジェクトの財務面での持続可能性を評価するとともに、利用可能な資金全体の枠内で候補となるインフラ・プロジェクトを優先付けするため、良く設計され、機能しうるガバナンスの制度を整備すべき。インフラ投資が財政に重大な影響を及ぼしうることを踏まえ、プロジェクト・レベルでの財務面での持続可能性に加え、公的資金によるインフラ・プロジェクトや偶発債務が与える、マクロレベルでの債務持続可能性への影響が、考慮され、また透明であることが必要。このことは、ライフサイクルコストを考慮した value for moneyの実現や、財政の持続可能性の促進、将来の候補プロジェクトのための財政余力の確保、一層の民間投資の動員に貢献。インフラ投資に係る、機能的に統合され透明な意思決定の枠組みは、維持管理と新規投資の双方を考慮し、効率的な資源配分を確保。

6.3　透明性と併せ、腐敗防止に向けた努力は、インフラ投資の廉潔性を守り続けるべきもの。インフラ投資は、潜在的に大規模、複雑、長期的で、広範な関係者が関与。インフラ・プロジェクトは、プロジェクトのあらゆる段階において、腐敗リスクを軽減する方策を整えるべき。

6.4　適切な情報やデータへのアクセスは、投資の意思決定や、プロジェクトの管理や評価を支援する要素。情報やデータへのアクセスは、コスト・ベネフィット分析を行うために国内において利用可能である必要があり、政府の意思決定や政策のモニタリングをサポートし、プロジェクト組成のプロセスやその管理を促すもの。

G20 AI原則（仮訳）

G20は以下のセクション1の信頼できるAIのための責任あるスチュワードシップに関する原則を支持し、セクション2の勧告について留意する。

1. 信頼できるAIのための責任あるスチュワードシップに関する原則

1.1　包摂的な成長、持続可能な開発及び幸福

ステークホルダーは、人間の能力の増強や創造性の向上、少数派の包摂の促進、経済・社会・性別などにおける不平等の改善、自然環境の保護を通じ、包摂的な成長、持続可能な開発及び幸福の活性化のような人々と地球にとって有益な結果を追求することにより、信頼できるAIのための責任あるスチュワードシップに積極的に取り組むべきである。

1.2　人間中心の価値観及び公平性

a) AIのアクターは、AIシステムのライフサイクルを通じ、法の支配、人権及び民主主義的な価値観を尊重すべきである。これらには、自由や尊厳、自主自律、プライバシーとデータの保護、無差別と平等、多様性、公平性、社会正義、国際的に認知された労働権が含まれる。

b) このため、AIのアクターは、人間による最終的な意思決定の余地を残しておくことなど、状況に適した形で且つ技術の水準を踏まえたメカニズムとセーフガードを実装すべきである。

1.3　透明性及び説明可能性

AIのアクターはAIシステムに関する透明性と責任ある開示に取り組むべきである。このため、AIのアクターは下記の目的で、状況に適した形で且つ技術の水準を踏まえた有意義な情報提供を行うべきである：

　ⅰ．AIシステムに関する一般的な理解を深めること。

　ⅱ．職場におけるものを含め、AIシステムの関与をステークホルダーに認識してもらうこと。

　ⅲ．AIシステムに影響される者がそれから生じた結果を理解できるようにすること。

　ⅳ．要因に関する明快且つ分かりやすい情報、並びに予測、勧告あるいは判断の根拠となった論理に基づいて、AIシステムから悪影響を受けた者がそれによって生じた結果に対して反論することができるようにすること。

1.4　頑健性、セキュリティ及び安全性

a) AIシステムは、通常の使用や予見可能な使用及び誤用あるいはその他の悪条件下においても正常に機能するとともに、不合理な安全リスクをもたらすことがないよう、そのライフサイクル全体にわたって頑健且つセキュリティが高く、安全なものであるべきである。

b) このため、AIシステムの出力に関する分析と問合せに対する対応を可能とするため、AIのアクターは、データセットやプロセス、AIシステムがそのライフサイクルに行った決定に関することも含め、状況に適した形で且つ技術の水準を踏まえたトレーサビリティを確保すべきである。

c) AIのアクターは、その役割や状況、能力に基づき、系統化されたリスク管理のアプローチをAIシステムのライフスタイルの各段階に適用することにより、プライバシーやセキュリティ、安全性、バイアスといったAIシステムに関するリスクに絶え間なく対処していくべきである。

1.5　アカウンタビリティ

AIのアクターは、その役割と状況に基づき、また、技術の水準を踏まえた形で、AIシステムが適正に機能していることと上記の原則を順守していることについて、アカウンタビリティを果たせるようにすべきである。

2. 信頼できるAIのための国内政策と国際協力

2.1　AIの研究開発への投資

a) 信頼できるAIの実現に向けたイノベーションを促進するため、各国政府は、学際的な取組を含め、技術的に困難な課題やAIの社会的・法的・倫理的な影響と政策課題に焦点を当てた調査研究及び研究開発について、長期的な公共投資を検討し、また民間投資を奨励すべきである。

b) また、各国政府は、不適切なバイアスがなく、相互運用性と技術標準の利用を増進するため、十分な代表性を有し、且つプライバシーとデータの保護を順守する開かれたデータセットについて、公共投資を検討し、また民間投資を奨励すべきである。

2.2　AIのためのデジタル・エコシステムの整備

各国政府は、信頼できるAIのためのデジタル・エコシステムとそれへのアクセスを整備すべきである。このエコシステムには、デジタル・テクノロジーとデジタルインフラ、必要に応じてAI知識を共有するためのメカニズムが含まれる。これに関連し、各国政府は、データ・トラストのような、安

全、公平、適法且つ倫理的にデータを共有するためのメカニズムに対する支援を検討すべきである。

2.3 AIを推進するための政策環境の整備
a) 各国政府は、信頼できるAIシステムが研究開発の段階から展開・稼働の段階への迅速な移行を支援するための政策環境を整備すべきである。このため、政府は必要に応じてAIシステムの実験と拡張のための制御された環境下での実証実験の活用を検討すべきである。
b) 各国政府は、信頼できるAIの実現に向けたイノベーションと競争を奨励するため、必要に応じ、AIシステムに適用される政策及び規制の枠組みやその評価メカニズムの見直しと改正を行うべきである。

2.4 人材育成及び労働市場の変化への準備
a) 各国政府は、仕事の世界と社会全体の変化に備えるためにステークホルダーと緊密に協働すべきである。政府は人々に必要なスキルを習得させるなどして、人々が広い範囲で適用されるAIシステムを効果的に利用し、それとうまく関わることができるようにすべきである。
b) 各国政府は、就労期間を通じたトレーニング・プログラムや離職を余儀なくされた者への支援、労働市場における新たな機会へのアクセスなどを通じ、AIの普及がもたらす労働市場の変化が労働者にとって公平なものであるよう万全を期すため、社会的な対話などの措置を講じていくべきである。

 c) 各国政府はまた、職場におけるAIの責任ある利用の推進、労働者の安全及び仕事の質の向上、起業家精神と生産性の向上、AIの恩恵の幅広く且つ公平な共有が確保されるようにするため、ステークホルダーと密接に協働すべきである。

2.5 国際協力
a) 開発途上国を含め、各国政府は、ステークホルダーとともに、これらの原則を推進し、信頼できるAIのための責任あるスチュワードシップを促進するために積極的に協力すべきである。
b) 各国政府は、必要に応じてOECDやその他の世界的及び地域的な国際場裏において、AI知識の共有を推進するために協働すべきである。政府はAIに関する長期的な専門知識を蓄積するために、国際的且つ分野横断的であり、マルチステークホルダーによる開放的な取組みを奨励すべきである。
c) 各国政府は、相互運用性があり、且つ信頼できるAIの実現のため、マルチステークホルダーの合意に基づく世界的な技術基準の開発を推進すべきである。
d) 各国政府はさらに、AIの研究開発や展開を測定すると共に、これらの原則の履行の状況を評価する際に根拠となる証拠を収集するため、国際的に比較可能な測定基準の開発とその利用を奨励すべきである。

第四章

G20海洋プラスチックごみ対策実施枠組（仮訳）

我々、G20メンバーは、既存の取組を強化しつつ、海洋プラスチックごみ及びマイクロプラスチックを中心とする海洋ごみ問題に地球規模で対応する緊急性が増していることを認識（recognize）する。この点において、我々は、国連環境総会（UNEA）における「海洋プラスチックごみ及びマイクロプラスチックに関する決議（UNEP/EA.4/L.7）」及び「使い捨てプラスチック汚染対策に関する決議（UNEP/EA.4/L.10）」を認め（acknowledge）、第14回バーゼル条約締約国会議での廃プラスチックを条約の対象とする決議に留意（note）する。

2017年のG20ハンブルクサミットで採択された「G20海洋ごみ行動計画」は、G20各国が海洋ごみに対処するための基礎を築くものであり、この「G20海洋プラスチックごみ対策実施枠組」は、各国の適切な政策、アプローチ及び状況を考慮しつつ、自主的に、G20海洋ごみ行動計画に沿って、海洋プラスチックごみ及びマイクロプラスチックを中心とする海洋ごみに対するさらなる具体的な行動を促進するためのものである。当該枠組は、UNEPの作業を補完することが期待される。

Ⅰ．行動計画の効果的な実施の促進

我々は、各国の政策、アプローチ及び状況に応じて、G20各国による自主的な行動の促進及びそれに関する情報共有と継続的な情報更新を通じて、G20海洋ごみ行動計画の効果的な実施を以下のように促進する：

1．行動の実施
—G20海洋ごみ行動計画に沿って、各国の政策、アプローチ及び状況に基づき、また地域海条約及びその他の関連する組織や手段と連携しつつ、G20各国による行動の実施を促進する。
—特に陸域（land-based）を発生源とするプラスチックごみの海洋への流出（discharge）の抑制及び削減を緊急かつ効果的に促進するために、包括的なライフサイクルアプローチを特に次のような手段で促進する。環境上適正な廃棄物管理、海洋プラスチックごみの環境上適正な回収、革新的な解決方策の展開、各

国の能力強化のための国際協力、プラスチック廃棄物の発生及び投棄の抑制及び削減、以下を含むがそれに限定されない持続可能な消費と生産の推進。資源効率性、循環経済、持続可能な物質管理、廃棄物の価値化アプローチ、海域を発生源とするプラスチックごみへの対策。

2．情報共有と継続的な情報更新
—G20の各議長国の決定により、G20資源効率性対話及びUNEPの下に創設される関係者プラットフォームをはじめとする関連会議との共同開催の機会を活用し、関係する政策及び計画、並びにG20海洋ごみ行動計画に沿って自主的に実施された又は実施される対策についての情報の共有と更新を行い、ベストプラクティスに基づく相互学習を通じて政策と対策（measures）を促進する。
—共有されるべき情報は、適応可能かつ入手可能な場合には、海洋に流出するプラスチックごみの抑制及び削減のための効果的な対策とその成果及び課題[1]を含むこととする。
—日本の議長国下でのG20資源効率性対話の機会を活用し、第1回目の情報共有を行うとともに、効果的な情報共有と更新及びG20外への展開（outreach）のために、日本政府の支援により、ポータルサイトを構築する。

Ⅱ．協調行動と行動計画の実施のG20外への展開

Ⅰに記載した内容に加え、我々は、特に、UNEPの作業との相乗効果を最大化し、重複を回避しつつ、関連する国際的及び地域的な組織やイニシアティブと協力し、またそれらの支援を受けながら、以下に示すG20各国間の協調行動及びG20以外への展開活動を行う：

1．国際協力の推進
—国際協力及び地域協力に従事するとともに、関連する取組、イニシアティブ及びプログラムを通じて、ベストプラクティスの共有を行う。必要に応じて、関連する地域海プログラ

---

[1] それぞれのG20国の裁量に従って、関連する指標、データもしくは数値的な情報も含むこともできることとする。例えば、廃棄物の発生量、再使用量、収集量、リサイクル量、適正処分量；海洋ごみの回収量；研究開発投資を含む革新的な技術と素材の利用の規模；廃棄物の適正処分の拡大量を含む技術的な能力開発の必要な国への支援規模及び／又はその効果。（可能であれば、プラスチックごみ及び／又はマイクロプラスチックの割合／構成を示すことが推奨される）

ム、地域漁業管理機関や他の地域のイニシアティブとの連携を通じた地域協力に重点を置く。

— 技術的な能力開発を必要とする政府、コミュニティー、民間部門への技術協力を含む、上記のI.1で言及された対策を進めるべく、これらの主体の能力強化するため、G20各国間及び他のパートナーとの協力を推進する。

— 関連する国際機関に対して、G20各国と連携して、特に、民間資金調達の障壁を取り払うための官民連携による能力開発やインフラ投資のためのベストプラクティスガイダンス等の政策ツール／オプションを開発するよう招請する。

2. 革新的な解決策の推進

— 世界循環経済フォーラム、循環経済加速化プラットフォーム、G20資源効率性対話、海洋プラスチックごみに対処するためのG7イノベーションチャレンジをはじめとする既存の国際フォーラム及びイニシアティブと連携して、海洋汚染への貢献とライフサイクル全体での環境影響を考慮に入れた製品設計、資源効率・循環型アプローチ、廃棄物管理の実践及び技術、廃水処理技術、環境上適正な製品等のための革新的な解決策を促進するべく、国際的な連携を強化する。環境・経済・社会に対する負の影響を減少させるための革新的な解決策の開発や市場への普及を図る際に、ライフサイクルアプローチを取ることを関係する主体に奨励する。

— 環境上適正な製品設計、資源効率的なビジネスモデル及びバリューリテンションを含む、革新的な解決策の進展についての民間部門による自主的な活動を国際的に奨励する。産業界と協力した関連ワークショップの開催等により、これらの活動を支援しさらに促進する方法を探求する。

3. 科学的情報と知見の共有

— 特に海洋プラスチックごみ及びマイクロプラスチックを中心とした海洋ごみの現状とその影響の測定とモニタリングのための調和化された／比較可能なモニタリング及び分析手法の促進及び試行的な実施により、科学的基盤

を強化し科学的な能力を構築するために、GESAMP（海洋環境保護の科学的側面に関する合同専門家会合）の現在進行中の作業を奨励する。

— 地域海条約及び地域海プログラム、IOC-UNESCOやUNEP、その他の関連機関やイニシアティブと連携し、調和された手法を用いて海洋プラスチックごみ及びマイクロプラスチックを中心とする海洋ごみの地球規模のモニタリングの開発を奨励する。

— 使い捨てプラスチックと漁具が大きな発生源を構成していると報告されていることを留意しつつ、地球規模の陸域及び海域の発生源のインベントリの開発に向けて、科学コミュニティー及び関連する専門家に対して、プラスチック廃棄物の流出源、流出経路、及びその行く末を特定し推計するための手法の探求し、関連するワークショップの開催等を通じて行い、加えて、UNEPによる科学的及び技術的な作業に貢献することを奨励する。

— 社会経済的研究、ナノプラスチックを含むマイクロプラスチックに関する研究を含む科学的研究の国際協調及び人々の健康、海洋の生物多様性及び生態系等へのプラスチック汚染の影響等の科学的知見の共有を奨励する。

4. 多様な関係者の関与及び意識向上

— 分野横断的に取り組むべく、G20以外の各国、地方政府、民間部門、市民社会組織、非政府組織（NGOs）及び学術界と連携、協力するとともに、それらの主体の能力強化し、また、それらの主体が地球規模の海洋ごみ問題に焦点を当てたパートナーシップやネットワークと連携することを含め、当該枠組に沿った行動を取ることを奨励する。

— 「世界環境デー」や「世界海洋デー」及び関連する各国の啓発デー等の機会を活用して、プラスチックごみの海洋への流出を抑制し削減するためのあらゆるレベルでの緊急かつ効果的な行動の重要性、資源効率性、循環経済、持続可能な物質管理、及び廃棄物の価値化を含むがそれに限定されない持続可能な消費と生産等の重要性について、世界規模の意識向上を行う。

第四章

（参考）G20海洋プラスチックごみ対策実施枠組のイメージ

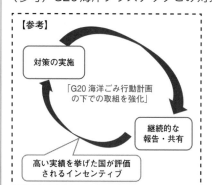

【指標（例）】
・プラスチックごみ国内適正処理量
・海洋プラごみ回収量
・代替素材の生産能力／使用量及び公的な研究開発投資額
・国際協力により増加する「適正処理される廃棄物」の量

等

〈参考〉海洋ごみに対する G20行動計画

　平成29年（2017年）7月のG20ハンブルクサミット（ドイツ）で、G20では初めて海洋ごみが取り上げられ、「海洋ごみに対するG20行動計画」の立ち上げに合意。
(1)　海洋ごみを防止するための政策策定の促進
(2)　廃棄物防止及び資源効率の促進
　・廃棄物防止を第一に促進し、次いで再利用及びリサイクルを促進
　・所要の資金調達に、生産者及び販売者等を関与させるメカニズムの促進
　・マイクロビーズ・使い捨てレジ袋の使用削減
　・製品イノベーション・デザイン・消費者行動に留意した発生源削減対策
(3)　持続可能な廃棄物管理の促進
　・インフラを含む統合された持続可能な廃棄物管理の支援
　・廃棄物管理インフラへの投資の促進
　・環境上適切な廃棄物管理に係る規制の枠組の促進
　・廃棄物管理のためのクロスファイナンスの確保

───テロ及びテロに通じる暴力的過激主義（VECT）による───
インターネットの悪用の防止に関するG20大阪首脳声明（仮訳）

首脳として、我々の最も大きな責任の1つは、市民の安全を確保することである。テロを防ぎ、これと闘うことは、何よりもまず国の任務である。ここ大阪で、我々は、テロリスト及びテロに通じる暴力的過激主義（VECT）によるインターネットの悪用から人々を守るために行動するとのコミットメントを再確認する。我々は、オンラインプラットフォームが自らの役割を果たすとの期待値を高めるよう、この声明を発出する。

我々G20の首脳は、あらゆる形態のテロへの最も強い非難を再確認する。インターネットで生中継されたクライストチャーチのテロ攻撃その他の最近の残虐行為は、我々が関連する国連決議、国連グローバル・テロ対策戦略及びテロ対策に関する2017年ハンブルクG20首脳声明を含むその他の文書を十分に実施しなければならないとの緊急性を示す。

我々が皆デジタル化の恩恵を受けるため、我々は、開かれた、自由で、安全なインターネットを実現することにコミットしている。インターネットは、テロリストがメンバーを採用し、テロ攻撃を扇動し、又は準備するための避難場所となってはならない。この目的のため、我々は、ハンブルグで確認されたように、オンラインプラットフォームに対し、法の支配はオフライン同様にオンラインでも適用されるという中核的な原則を遵守するよう強く促す。これは、人権及び表現の自由や情報へのアクセスのような基本的自由を含む国内法及び国際法と整合的な方法で達成されなければならない。我々は、これらを尊重する。我々は、この努力において、国、国際機関、産業及び市民社会と協力することにコミットする。

我々は、オンラインプラットフォームに対し、テロやVECTを助長するために自らのプラットフォームが使われることを認めてはならないとの市民の期待に応えるよう強く促す。プラットフォームは、利用者を保護するとの重要な役割を持つ。課題が複雑であり、インターネットを悪用する犯罪者が一層巧妙化しているとしても、プラットフォームが、社会に害を与えるテロリスト及びVECTのコンテンツを自らのプラットフォームを使って拡散することを防止しようとすることは、引き続き重要である。

我々は、オンラインプラットフォームに対し、テロリストやVECTのコンテンツがインターネット中継され、アップロードされ、又は再アップロードされることを防ぐ取組の野心や速度を高めるよう、強く促す。我々は、テロリストやVECTのコンテンツを検出し、これが自らのプラットフォームに現れるのを防ぐために、サービス利用規約を設け、実施し、強制するための共同の取組を強く奨励する。その他の手段の中でも、これは技術を開発することによって達成されるかもしれない。テロリストのコンテンツがアップロード又は配信される場合、我々は、オンラインプラットフォームが、文書の証拠が保存されるよう確保しつつ、拡散を防ぐため適時にこれに対処する重要性を強調する。我々は、自らの方針や手続に設けられているとおり、定期的かつ透明性をもって公に報告するとのオンラインプラットフォームのコミットメントを歓迎する。

我々は、危機対応を含めて、この重要な産業横断的課題を推し進めるために「テロ対策のためのグローバル・インターネット・フォーラム（GIFCT）」が現在行っている作業に留意する。しかし、更なる緊急の行動が必要とされている。我々は、GIFCTを強化し、これがより包括的になるよう参加者数を拡大するため、産業、報道機関、研究者及び市民社会との協力を奨励する。強化されたGIFCTは、産業横断的理解と協力、及び、大企業と小企業が自らのプラットフォームのテロリスト及びVECTによる悪用を防ぐ能力を高めることとなる。

我々は、国内において、また、国際的なフォーラムやイニシアティブを通じて、国内の経験を共有することも含め、この課題に対処するために引き続き協働することをコミットする。テロリストのプロパガンダに対抗するための前向きなナラティブは、引き続きこの取組の重要な要素となる。我々は引き続き、産業における進歩に参画し、市民社会、消費者及び投資家に対し、同様の行動を強く促す。

第四章

────── G20大阪サミット議長国記者会見（冒頭発言記録）──────

（2019年6月29日）

大阪の地に世界中からリーダーをお迎えし、我が国が初めて議長国を務めるG20サミットを開催できたことを、大変、嬉しく思います。

「世界は結束できる」。

そう信じて、精一杯、議長役を務めてまいりました。様々な課題について、一気に解決策を見出すことは、難しい。それでも、本年のサミットは、多くの分野で、G20諸国の強い意志を世界に発信することができたと思っています。

どの国にとっても、Win-Win、そして、未来に向けて持続可能な成長軌道をつくる。私の思いは、その一点でありました。

今、世界経済には、貿易を巡る緊張から、依然として下振れのリスクがあります。こうした状況に注意しながら、更なる行動を取り、G20は、力強い経済成長を牽引していく決意で、一致しました。

グローバル化が進む中で、急速な変化への不安や不満が、国と国の間に対立をも生み出しています。戦後の自由貿易体制のゆらぎへの懸念に対し、私たちに必要なことは、これからの世界経済を導く原則をしっかりと打ち立てることであります。

自由、公正、無差別。開かれた市場、公平な競争条件。こうした自由貿易の基本的原則を、今回のG20では、明確に確認することができました。

他方で、WTOの改革は避けられません。グローバル化、デジタル化といった近年の動きに、WTOは必ずしも対応できていない現実があります。

ビッグデータ、AI、第四次産業革命が急速に進む時代にあって、付加価値の源泉であるデータについて新たなルールづくりが必要であり、今回のサミットの重要なテーマでありました。

今回、トランプ大統領、習近平国家主席、ユンカー欧州委員長はじめ、多くの首脳たちと共に、「データ・フリーフロー・ウィズ・トラスト」の考え方の下に、新しいルールづくりを目指す「大阪トラック」の開始を宣言いたしました。

プライバシーやセキュリティを保護しながら、国境を越えたデータの自由な流通を確保するための、国際的なルールづくりをスピード感を持って進めてまいります。これは、WTO改革の流れにも新風を吹き込むに違いありません。

世界経済の8割を占めるG20は、持続的な成長のために、大きな責任を有しています。地球環境問題は、一部の国々の取り組みだけでは対応することが困難な課題であり、世界が共に取り組んでいかなければなりません。

一昨年のハンブルク、昨年のブエノスアイレスでのG20サミットにおける努力の上に、環境と成長の好循環の実現に向けて世界が共に行動していくことが重要である。今回、こうした認識で、G20として一致できた意義は、大きいと考えています。

海洋プラスチックごみも、一部の国だけでは解決できない課題です。そうした中で、G20が結束して、新たな汚染を2050年までにゼロにすることを目指す「大阪・ブルー・オーシャン・ビジョン」を共有できたことは、この問題の解決に向けた大きな一歩であると考えています。

その実現に向けた具体的実施の枠組みでも合意しました。我が国は、これまでの技術や経験をフル活用し、途上国の廃棄物管理や人材育成支援を行い、世界の取り組みに日本らしい貢献をしてまいります。

国際社会の様々な課題に、首脳たちが直接話し合うことで、解決策を見出すことができる。国と国の間の問題も、その解決に向けて歩みを進めていくことができる。

このサミットの機会を生かして、私も20名を超えるリーダーと会談を行います。本日も、この後、ロシアのプーチン大統領と首脳会談を行う予定です。

EUとの首脳会談では、東北の安全な農産物、水産物について、規制緩和への大きな動きがありました。被災地の復興に協力して下さる多くの国々に、改めて、感謝申し上げます。

世界の大きな関心である米中貿易摩擦について、一昨日、習近平国家主席と、昨日はトランプ大統領と、それぞれ話をしました。私からは、世界第一位、第二位の経済大国が、建設的な議論を通じて、安定した経済関係を構築していくことが、極めて重要であると申し上げました。

こうした貿易摩擦や地域情勢について、このG20の機会を生かして、首脳同士が直接会って胸襟を開いて話すことで、歩み寄っていける。日本として、できる限りの役割を果たしていく考えです。

グローバル化は、経済の成長を後押しする一方、そこから生じる格差の拡大にも、G20はしっかりと向き合い、成長の果実を社会の隅々にまで浸透させなければなりません。

教育の充実は、持続可能な経済成長への最大のカギです。全ての女の子が少なくとも12年間の質の高い教育にアクセスできる、そうした世界を目指していく、その決意を、G20の首脳たちと確認しました。

日本は、これからも途上国における女子教育の拡大に役割を果たしていく考えです。2020年までの3年間で、少なくとも400万人に上る途上国の女性た

ちに、質の高い教育、人材教育の機会を提供していきます。

世界では、対立ばかりが強調されがちな中にあって、共通点や一致点を見出していく。「日本ならでは」のアプローチで、この大阪サミットでは、世界の様々な課題に対し、G20が一致団結して力強いメッセージを出す。そして、具体的な行動へと移していく大きなきっかけにすることができました。

最後となりましたが、今回のサミット開催に当たり、多大な御協力をいただきました御地元の皆様。「人情の街」大阪らしい、温かいおもてなしで迎えていただいたことを、心から感謝申し上げます。

私からは、以上です。

第四章

G20貿易・デジタル経済大臣会合閣僚声明（仮訳）

（2019年6月9日（日））

（主なポイント）

◆各セッションを通じて、有益な議論が行われ、中身のある閣僚声明が採択。

◆特に紛争解決制度の機能に関し、行動が必要であるという点を閣僚声明において明示的に合意できたことは、紛争解決制度改革を重視する我が国として、大きな成果。

◆世界のGDPの8割以上を占めるG20の貿易・デジタル経済担当大臣が団結し、大阪サミットにつながるメッセージを力強く発出することができたことは大きな成果。

多くは、農業補助金及び農業の市場アクセスについて強調した。（パラ46）

③我々は、G20ブエノスアイレス首脳宣言を基礎として、第12回WTO閣僚会議に向けた取組を含め、切迫感を持って必要なWTO改革に着手するため、他のWTO加盟国と共に建設的に取り組んでいく。（パラ54）

④我々は、WTO加盟国によって交渉されたルールと整合的な紛争解決制度の機能に関し、行動が必要であることに同意する。（パラ63）

閣僚声明のうち貿易関連の主な要素

①我々は、昨年マル・デル・プラタでコミットしたように、リスクを緩和し、輸出業者及び投資家の間での信頼を高めるための対話を継続した。我々は、貿易上の緊張に対応し、互恵的な貿易関係を醸成する必要性を確認した。（パラ42）

②多くのG20構成国は、産業補助金についての国際的な規律を強化する必要性を確認し、及び農業に影響を及ぼす貿易の規律を改善するための現在進行中の国際的な努力を歓迎する。我々の

議長声明の主な内容

G20大阪サミットにおける議論につなげる観点から、様々な立場や意見があった点（以下）についても、可能な限り野心の高いレベルのものを目指して結果として、議長声明としてとりまとめられた。

①貿易措置がWTOと整合的であることを確保することの重要性

②鉄鋼の過剰生産能力削減のための更なる努力の必要性　　　など

1. 我々、G20貿易大臣及びデジタル経済大臣は、2019年6月8日及び9日、G20の貿易及びデジタル経済政策に係る協力を更に強化するため、世耕弘成経済産業大臣閣下、石田真敏総務大臣閣下及び河野太郎外務大臣閣下を議長として、日本国茨城県つくば市において会合した。

2. G20貿易・デジタル経済大臣会合には、全てのG20構成国並びに招待国である2019年APEC議長エコノミーのチリ、アフリカ連合代表のエジプト、エストニア（デジタル経済セッションにのみ参加）、オランダ、ナイジェリア（貿易セッションにのみ参加）、NEPAD代表のセネガル、シンガポール、スペイン及びベトナムが集まった。国際機関[1]も会合に参加した。

3. 我々は、グローバルな成長のための我々の共通

の目標を達成するため、一層努力することの必要性を議論した。国際貿易及び投資は、成長、生産性、イノベーション、雇用創出及び開発のための重要なエンジンであり続けなければならない。

4. 革新的なデジタル技術は、莫大な経済的機会をもたらし続けている。同時に、それらは挑戦も創出し続けている。

5. 貿易大臣とデジタル経済大臣の両方が初めて一堂に会した本会合は、貿易とデジタル経済との間のインターフェイスに関する我々の理解を深める機会を提供した。

6. 我々は、各国のニーズ、優先課題や状況を考慮しながら、貿易及び投資とともに、デジタル技術を最大限に利用し、並びにデジタル転換及びグ

[1] 国際機関：APT（デジタル経済）ERIA、IMF、ITC（貿易）、ITU（デジタル経済）、OECD、UNCTAD、世界銀行及びWTO

ローバル化の便益を確保することにより、持続可能で革新的なグローバル社会の実現に向けていかに協働することができるかについて議論した。

Ⅰ．デジタル経済

1．概要：人間中心の未来社会

7．我々、G20デジタル経済閣僚は、デジタル経済の発展による恩恵を最大化するとともに、課題を最小化し、発展途上国及び少数派の集団に特に配意しながら課題を克服するため、どのようにデジタル政策を策定し、推進することができるかについて議論した。

8．G20は、2016年の杭州サミットの過程で、中国の議長下でデジタル経済に関する政策議論を開始し、G20構成国がデジタル経済、イノベーション及び新産業革命に関する包括的な議論を行った。ドイツは、初のG20デジタル経済閣僚会合を設置し、デジタル経済に関するG20ロードマップと閣僚宣言によってデジタル政策に関する包括的な展望を作成した。2018年、アルゼンチンはG20デジタル政策レポジトリを創設することに加えて、電子政府、デジタルの男女格差、インフラ整備及びデジタル経済の計測に焦点を当てた。デジタル経済閣僚は、新興技術やオンラインプラットフォームのような新しいビジネスモデルの市場への影響と、公正で、予測可能で、透明で、競争的かつ非差別的なビジネス環境を推進する必要性のさらなる理解に向けた継続的な作業が不可欠であることを記した宣言を公表した。

9．これらの議論を再確認し、包摂的、持続可能、安全であり、信頼できるとともに革新的な社会をデジタル化によってどのように実現するかについての意見を交換した。我々は、日本においてソサエティ5.0として推進されている人間中心の未来社会の概念を共有する。ソサエティ5.0は、発展した社会を実現するために、日本政府によって推進されている人間中心の未来社会のビジョンであり、現実世界と仮想世界のますますの融合を通じて、持続可能な開発目標（SDGs）に向け前進することによって、経済的成長と社会課題の解決を実現するものである。

10．デジタル化は我々の経済及び社会全体に対して、恩恵を生み出し続けることが期待される。人工知能（AI）や第5世代移動通信システム（5G）、モノのインターネット（IoT）、分散型台帳技術（例 ブロックチェーン）といった新興技術の利用により向上した生産性によりもたらされる恩恵は、新たな機会を創出することで全ての個人及び企業に力を与えるとともに、新たなサービスや雇用を創出し、個人及び企業の一層の幸福や更なる包摂性に結びつく。

11．デジタル化は、社会に恩恵をもたらす非常に大きな潜在能力を有している一方で、一定の懸念も引き起こす。デジタル格差は、革新的技術を広く採用・活用することを可能にするエビデンスに基づく政策アプローチ及びデジタル経済の計測を改善する取組へのコミットメントによって対処されるべきである。我々は、デジタル化によってもたらされる恩恵を活用するとともに、それに伴う課題を軽減するために、デジタル経済における信頼を促進するよう協働すべきである。

12．G20は自由、オープン及び安全なインターネットを推進し、暴力過激主義及びテロリスト目的のためのインターネットの利用と戦うことへのコミットメントを再確認し、デジタル産業が全てのステークホルダーと協働してインターネット及びソーシャルメディアの暴力過激主義及びテロリスト目的のためのインターネットの利用と戦うことを奨励する。

13．我々は、公平性、公正性、透明性及び説明責任の確保をはじめとする、国際経済や相互運用性を考慮に入れた共通の価値や原則を共有することを通じ、政府、市民社会、国際機関、学術界、産業界を含むすべてのステークホルダー間の信頼の上にデジタル社会が成り立たなければならないとの見解を共有する。我々は、G20デジタル経済マルチステークホルダー会議で得られた見解に注目し、2019年11月末にベルリンで開催される第14回国連インターネット・ガバナンス・フォーラム及び2020年3月末にジュネーブで開催されるWSISでのマルチステークホルダーの議論に期待している。

14．過去のコミットメントや成果の上に、以下の取組を通じ、我々の経済及び社会のデジタル化による恩恵を最大化して共有するために、我々G20閣僚は、国内の経験及び国際的な政策を促進することにコミットする。

2．データフリーフローウィズトラスト（信頼性のある自由なデータ流通）

15．我々は、杭州、デュッセルドルフ及びサルタにおけるコミットメントを再確認しつつ、デジタル化が、我々に包摂的で持続可能な経済成長を促進する機会をもたらすという理解を共有した。デジタル化はまた、社会的及び文化的な進歩と発展を促し、イノベーションを促進し、個人及び零細企業、中小企業を含む産業界が新興技術とデータから裨益する能力を与える。

第四章

16．データ、情報、アイデア及び知識の越境流通は、生産性の向上、イノベーションの増大、より良い持続的発展をもたらす。同時に、我々は、データの自由な流通が一定の課題を提起することを認識する。プライバシー、データ保護、知的財産権、セキュリティに関する課題に引き続き対処することにより、さらにデータの自由な流通を促進し、消費者及びビジネスの信頼を強化することができる。信頼を構築し、データの自由な流通を促進するためには、国内的及び国際的な法的枠組みの双方が尊重されることが必要である。このようなデータフリーフローウィズトラスト（信頼性のある自由なデータ流通）は、デジタル経済の機会を活かすものである。我々は、異なる枠組みの相互運用性を促進するために協力するとともに、開発に果たすデータの役割を確認する。

３．人間中心の人工知能（AI）

17．政府、国際機関、学術界、市民社会、民間部門を含む全てのステークホルダーがそれぞれの役割においてこれまで行ってきた取組を認識し、技術がどのようにして社会にインパクトを与えるかに配意しつつ、G20は、デジタル分野における起業、研究開発及びこの分野でのスタートアップの拡大及び不釣り合いに高いコストに直面する中小零細企業（MSMEs）によるAIの導入に特に焦点を当てつつ、イノベーションと投資が推進される人間中心のAIの実現環境を提供するよう努める。

18．我々は、AI技術が、包摂的な経済成長を促進し、社会に大きな恩恵をもたらし、個人に力を与えることを助けることができる点を認識する。AIの責任ある利用は、広範な社会の価値観を損なうリスクを軽減し、SDGsに向けた進歩を助け、持続可能で包括的な社会を実現する原動力となり得る。AIの責任ある利用によってもたらされる恩恵は、労働環境と生活の質を改善し、女性と女児及び社会的弱者を含む全ての人に機会を与える人間中心の未来社会を実現する可能性を生み出すことができる。

19．同時に、我々は、AIが他の新興技術と同様に、労働市場の変化、プライバシー、セキュリティ、倫理的問題、新たなデジタル格差及びAIに関する人材育成の必要性を含む社会的課題を提起し得ることも認識する。AI技術への人々の信頼と信用を醸成し、その潜在能力を十分に引き出すために、我々は、OECD　AI勧告から引用され、附属書に添付されている非拘束式のG20　AI原則によって導かれるAIへの人間中心のアプローチにコミットする。この附属書には、「包摂的な成長、持続可能な開発及び幸福」「人間中心の価値観及

び公平性」「透明性及び説明可能性」「頑健性、セキュリティ及び安全性」「アカウンタビリティ」が含まれる。また、附属書は、国際協力及びリスクを抱える発展途上国や少数派の集団の包摂性に特に注意を払いつつ、リスクと懸念を最小化しながら、AIの恩恵を最大化し共有することを目的として、政策立案者のためのガイダンスを提供する。

20．人間中心のAIの追求にあたり、G20構成国は、既存の枠組みに沿ったプライバシー及び個人データの保護を促し続けることの必要性を認識している。G20はまた、AIに関する人材育成及び技能開発を促進する必要性についても認識している。我々はそれぞれ国際的な協力に継続的に努めるとともに、研究開発、政策の発展及びG20デジタル政策レポジトリやその他の協調的な取組を通じた情報共有といった分野で適切な会合を用いて協働する。

４．ガバナンスイノベーション―デジタル経済の機動的で柔軟な政策アプローチ―

21．我々は、今までと比較してよりイノベーションを生み出しやすい政策立案のアプローチから、新たな技術の可能性を最大限に利用するという恩恵が得られることを認識する。我々は、デジタル技術の可能性を実体化するためのイノベーションが起こりやすい政策を目指して努力するとともに、それに応じてイノベーションに対する障害を取り除くことを指向する。

22．例えば規制のサンドボックスなどを通じて、すでに様々な国が、より柔軟で、総体的であるとともに機動的である政策アプローチを意図したプロセスを進めつつあることを我々は認識する。政策、規制、あるいは規制的制約の除去が、経済成長とともに、途上国や零細中小企業の包摂的な発展に貢献し、これを加速することができる。

23．デジタル時代のガバナンスは、法的な確実性を損なわないようにしつつも、イノベーションにつながりやすいものであるだけでなく、それ自体が革新的である必要がある。相互運用が可能な基準や枠組み、あるいは規制の協力はその一助となるものである。関連する全てのステークホルダーが個々の役割に応じて参加する国際的、国内的な政策立案は、広範な社会課題に対処し、技術をどのようにして政策ツールに統合していくかという検討を促進する手段となるものである。

24．我々は、よりよい政策アプローチを採用して、技術的なイノベーションに導くため、アルゼンチン議長の下で設置されたG20デジタル政策レポジ

トリの活用も含め、G20構成国の間で優良事例を共有することを支持する。また、我々は、関係する国際機関における作業を認識する。

5. デジタル経済におけるセキュリティ

25. デジタル経済におけるセキュリティは、デジタル技術やデジタル経済全体における人々の信用を強化するために不可欠である。我々は、セキュリティギャップや脆弱性に対処するために、それぞれの役割の中における政府やその他のステークホルダーの重要性を認識する。これらは、デジタルイノベーションや消費者及び産業界による信頼に負のインパクトを与え、そのため、我々がデジタル化の恩恵を最大限に享受することを妨げる。デジタル経済におけるセキュリティは、政府が自らのサービスを提供する際にも重要である。

26. IoTを含む新興技術の急速な広がりとともに、デジタル経済におけるセキュリティについての現在の議論の価値は高まっている。我々、G20構成国は、これらの緊急の課題への更なる取組の必要性を認識する。

デジタル経済におけるセキュリティの持つグローバルな側面とともに、現地に合わせて誂えられた枠組みや手法を発展させる必要性を認識する。オープン性、透明性、コンセンサスの原則に基づいて開発される、産業主導及び市場主導の世界的な技術標準が相互運用性を生み出す助けとなる。これらは、世界的なデジタル経済の恩恵を実現するために不可欠である信頼を促進する。

27. 我々は、デジタル経済におけるセキュリティを向上させる取組の重要性について、理解を高める必要性を認識している。これらの課題についてさらに議論するため、民間や技術コミュニティ、市民社会、関係する国際機関をはじめとするステークホルダーの果たす役割について認識している。我々は、デジタル経済におけるセキュリティについて既存の権限の中で取り組む国際機関やデジタル経済におけるセキュリティの取組について留意する。

6. SDGsと包摂性
［デジタル格差への取組及びデジタル化の促進］
28. デジタルインフラ

我々は、改善された接続性及びブロードバンドアクセスがデジタル経済の発展に必要な条件であると同時に、包摂的な成長と持続可能な開発の強力な実現要因であることを認識している。それゆえ、我々は光ファイバケーブルや5Gその他の超高速接続技術、より多くの個人が光ファイバにより接続できるようにするための光ファイバインフラの拡大及び冗長性の確保を含む国内及び国際的

なデジタル接続インフラへの投資の促進を目的としたイニシアティブを支援している。投資を促進し、公正かつ競争的であり、非差別的な市場を推進し、接続及びデジタルサービスのアクセスしやすさ、購入しやすさ、品質及び安全性を高め、デジタル経済成長へのアクセスを向上させる適切な政策アプローチの妥当性を認識する。我々は、2025年までに全ての人々によるインターネットへの普遍的かつ手頃な価格でのアクセスを推進するというG20共通の目標を奨励している。G20構成国は、特に貧困撲滅と遠隔教育に焦点を当て、地方の繁栄を推進するために、地方での接続を推進するよう奨励している。

29. デジタルリテラシー

今日のデジタル格差は技術へのアクセスに関するものだけではなく、それを使用するための適切なスキルと知識に関するものも含まれる。消費者本位のデジタル環境創出だけでなく適切なスキルと知識を持つことは、人々が個人生活や職業生活のためにデジタル化の恩恵を受ける能力に直接影響を与える。我々は、G20構成国が、脆弱な集団及び労働市場の変化に特に焦点を当ててデジタルリテラシー戦略を推進することを奨励する。

30. デジタルの男女格差の解消

我々は、デジタルリテラシーのためのスキル開発や、デジタルアクセスの向上及び特にデジタルの男女格差に配意したデジタル技術の採用といった方法でデジタル格差を解消することの重要性を再確認するとともに、ブリスベンでG20構成国がコミットした25by25のゴールに向けた取組とともに、ドイツ及びアルゼンチンの議長国下のDETFで議論されたように地方に住む人々へ貢献することを再確認する。EQUALSとG20#eSkills4girlsイニシアティブの継続的な支援により、我々は、デジタル経済における女性と女児の参加が、より強い経済成長、イノベーション、包摂性を支え、社会的幸福を高めることを再確認する。我々は更に、性別ごとに分類されたデータを測定し追跡するための枠組みの開発すること等を通じ、G20構成国がデジタルの男女格差を解消する行動をとること、女性に対する虐待やオンライン上の危険な行動に対処しつつ、女性のデジタルネットワークへのアクセスを増やすために努力すること、女性及び女児のSTEM（科学、技術、エンジニアリング、数学）への参加を強化すること、デジタルビジネスにおける女性の起業を支援すること、並びに既存のパートナーシップや枠組みと協働することを奨励する。技術はすべての人にとってアクセス可能であるべきである。G20は既存のG20デジタル経済測定のためのツールキットを使用して、デジタルにおける女性参画

の指標を追加する。

31．中小零細企業（MSMEs）と起業家の包摂性
　　中小零細企業と起業家は、イノベーションとデジタル経済の重要な推進力である。リープフロッグ技術を使用することを含め、中小零細企業がデジタル経済に積極的に参加できるような促進的な環境は、包摂的で持続可能な社会を構築するのに役立つ。G20は、デジタル起業の推進と拡大に関する取組事例を交換し共有することを奨励する。

32．あらゆる年齢層の人々/障害者のための包摂的な設計
　　人々がデジタル技術を利用するためのより高いスキルを開発するというアプローチに加え、我々は、デジタル技術がユーザーフレンドリーで人間中心であるべきであり、障害者、高齢者又は低いデジタルスキルを持つ人々を含む様々な集団が使用できるように設計されるべきであることを認識する。例えば、センサーやVUI（音声ユーザーインターフェース）などの新しいデジタルインターフェースの使用が障害者や高齢者の包摂に役立つ可能性がある。

33．産業のデジタルトランスフォーメーション
　　デジタル化は、様々な分野で経済成長と社会発展に貢献し得る。世界経済において最も重要な産業の一つである製造業は、よりデジタル化され、ネットワーク化され、インテリジェントになっている。G20は、製造業部門を含めたすべての部門の、非常に質の高い包摂的な発展の推進を視野に入れて、デジタル産業政策について優良事例や経験を共有し、世界的に好ましい環境を創造するため行動する。

34．スマートシティ
　　世界の人口とエネルギー消費の大部分が集中する都市地域の持続的かつ包摂的な成長に貢献するため、G20は、B20及びU20から勧告のあった、スマートシティ開発に向けた都市間のネットワーク化と経験共有を奨励する。スマートシティの導入にあたっては、透明性、強靭性、プライバシー、セキュリティ、効率性及び相互運用性が考慮されるべきである。関心を表明する都市及び都市のネットワークは、10月の設立が提案されている「グローバル・スマートシティ・コアリション（Global Smart City Coalition）」に参加することができる。G20は、6月29日の大阪での開催が計画されている、来る「スーパーシティ・スマートシティ フォーラム」に留意する。

［デジタル化を通じたSDGs達成に向けた行動の計画］
35．持続可能な開発のための2030アジェンダに関するG20行動計画の実施に貢献し、デジタル化の恩恵を世界規模で共有し、誰も取り残さないために、我々は、社会問題の解決において、優良事例や自身の経験から習得した教訓を、G20デジタル政策レポジトリを通じて共有するよう努力する。

36．我々は、優良事例や共有された知識を活用することで、全てのステークホルダーがそれぞれの役割において協働し、発展途上国及び地域並びに世界規模でデジタル化を推進することを奨励する。この目的のために、全てのG20構成国と関心のある国は、どのように優良事例と知識を活用し、発展途上国や地域におけるSDGsに向けた取組の前進を含むデジタル化に向けた努力を協調し、協力し、支援するための行動を起こすかについて議論することが要請される。我々は、デジタルガバナンスは、繁栄、社会的包摂、そして環境の持続可能性を、測定可能な結果と結びつけるための不可欠な手段であると考える。我々は、「持続可能な開発目標（SDGs）達成のための科学技術イノベーション（STI）ロードマップ策定の基本的考え方」についての開発作業部会の作業に留意する。我々は、SDGs推進の原動力として、世界中での能力構築にコミットする。

37．この知識共有の活動は、既存の権限及び能力の範囲内で世界銀行及びその他の国際機関に支援され、関心のあるG20構成国及びその他の国によって管理される。

7．今後の進め方
38．我々は、人間中心の未来社会に向けた取組を継続するとともに、デジタル社会のグローバルに包摂的な発展のため、包摂的なデジタル経済ビジネスモデルを含めたデジタル化における優良事例と経験の共有を、全ての関心国とステークホルダーとともに、継続して取り組むことの重要性を引き続き強調する。

39．G20の過程におけるG20エンゲージメントグループとその他の市民社会のグループの、G20における役割と貢献を認識する。APT、ERIA、IMF、ITU、OECD、UNCTAD、世界銀行、WTOをはじめとする国際機関による、専門的な知見のG20のDETFにおける貢献に感謝し、デジタル経済の正のインパクトを最大化するための国際機関の取組を歓迎する。

II. 貿易

1. 貿易面での進展に関する対話

40. 我々、G20貿易大臣は、現在の貿易環境について意見交換を行った。我々は、貿易及び投資の拡大が将来の広範囲にわたる経済的繁栄と持続可能な成長を促進する上で重要な要因となることに同意する。

41. 我々は、貿易及び投資の成長が2018年に減速し、これが2019年及び2020年の世界成長見通しを以前の予測よりも弱める一因となっていることに留意する。2020年において成長は増加することが予想されている一方で、現在の貿易環境から生じる下方リスクが成長を鈍化させる可能性がある。

42. 我々は、昨年マル・デル・プラタでコミットしたように、リスクを緩和し、輸出業者及び投資家の間での信頼を高めるための対話を継続した。我々は、貿易上の緊張に対応し、互恵的な貿易関係を醸成する必要性を確認した。

43. 我々は、市場を開かれたものとするため、自由で公正かつ無差別で、透明性があり、予測可能で安定的な貿易及び投資環境を実現するために努力する。

44. 国際貿易は、生産性、イノベーション、雇用創出及び開発のために重要である。我々は、世界貿易機関（WTO）がこの目的のために行ってきた貢献を認識する。我々は、WTOの機能を改善するために行動が必要であることに同意する。我々は、多角的貿易体制を支持し続けることへのビジネス界からG20に対する要請を認識する。

2. 市場主導の投資決定を促進する健全なビジネス環境

45. 我々は、特に世界経済が一層統合されてきている中で、幾つかの分野における構造的な問題が否定的な影響を及ぼし得ることを再確認する。我々は、公平な競争条件を確保し、ビジネスをしやすくする環境を醸成するために努力する。

46. 多くのG20構成国は、産業補助金についての国際的な規律を強化する必要性を確認し、及び農業に影響を及ぼす貿易の規律を改善するための現在進行中の国際的な努力を歓迎する。我々の多くは、農業補助金及び農業の市場アクセスについて強調した。

47. 我々は、投資のための、開かれた、透明性があり、かつ、これを促す世界的な政策環境を醸成するため、開かれた、無差別で、透明性があり、かつ、予測可能な投資のための条件を改善することの価値を認識する。

3. 持続可能で包摂的な成長に貢献する貿易及び投資の促進

48. 貿易及び投資は、広範囲にわたる持続可能な世界的成長、包摂性、貧困削減及び持続可能な経済発展に貢献してきた。特に、グローバル・バリュー・チェーン（GVC）は、貿易、投資及び開発を形成する助けとなる世界経済の重要な特徴である。

49. 貿易及び投資の利益は、全ての国や社会の全ての構成員、特に脆弱な人々には十分広く共有されてきていないという認識がある。我々は、貿易の利益を高め、参加を広める必要がある。また、貿易及び投資の効果を一層良く理解し、それらの利益を市民たちに一層良く伝え、及びそれらの課題に対処する必要性を確認する。

50. 我々は、女性、若者、零細・中小企業（MSMEs）等といった、国際貿易から十分な恩恵を受けてこなかったグループが国際貿易の機会を捉えることを支援しつつ、その参加を促進し、円滑化し、拡大すべきである。我々は、ますます有意義な方法で、GVCへの開発途上国及びMSMEsの一層の参加が可能となることを追求し続ける。この文脈で、我々は、農業食料GVCへの参加と価値の増加を支援するG20の貿易及び投資政策決定のオプションの鍵となる要素に関する昨年の議論を想起する。

51. 我々は、ビジネス部門の声として「B20東京サミット共同提言「持続可能な開発目標（SDGs）のためのソサエティ5.0」に留意する一方で、これらの提案に対する国内の異なる見方を認識する。

52. 我々はまた、民間部門からの見方を反映し、かつ、責任あるビジネス上の行動を通じてSDGsの達成に共に貢献するために努力を強化するとの世界的企業の意図を反映する「ビジネス自主行動計画」がB20で採択されたことに留意する。

53. 我々は、G20の各構成国による異なった個別のアプローチを認めつつ、お互いの経験から学ぶことを目的とし、貿易及び投資を通じて広範でかつ持続可能な成長と包摂性に貢献するビジネス及び政策の事例に関する情報を共有する。

第四章

また、我々は、売り手、買い手及び社会に利益がある「三方よし」の理念の重要性に留意する。

4. WTO改革並びに二国間及び地域貿易協定における最近の進展

54. 我々は、G20ブエノスアイレス首脳宣言を基礎として、第12回WTO閣僚会議に向けた取組を含め、切迫感を持って必要なWTO改革に着手するため、他のWTO加盟国と共に建設的に取り組んでいく。

55. 我々は、WTO加盟国の貿易関連政策が透明であることの重要性を認識する。我々は、この目的を考慮に入れて、透明性と通報の改革に関する進行中のイニシアティブに留意する。我々は、既存の通報義務を果たすことへのコミットメントを確認する。

56. 我々はまた、WTOの機能を一層効果的にするため、WTOの通常委員会及び機関の活動を強化するための進行中のイニシアティブに留意する。

57. 我々は、機会を創出し、及び様々な課題に対処する上でのWTOの役割の重要性を確認する。我々は、第11回WTO閣僚会議（MC11）におけるマンデートに基づき、漁業補助金に関する包括的で実効的な規律に合意するための取組への支持を改めて表明する。我々はまた、WTOのルールを更新するために進行中の幾つかのイニシアティブに留意する。

58. 我々は、電子商取引に関する作業計画の重要性を再確認する。

59. 我々は、電子商取引に関する共同声明イニシアティブに基づき進行中の議論に留意する。

60. WTOでのそれぞれの共同声明イニシアティブの参加加盟国は、現在進行中の議論を歓迎し、進展を得ることにコミットすることを確認する。

61. 我々は、デジタル化の便益を世界全体で共有するため、発展途上国を含め、ICTに焦点を当てたインフラへの投資を向上し、デジタル経済への途上国の参加を促進する必要性があることを認識する。我々はまた、女性、若者及びMSMEsがデジタル化の恩恵を一層享受するためのキャパシティビルディングの必要性を認識する。このため、我々は、貿易及びデジタル経済の潜在力を活用し、拡大するための努力を継続していく。

62. 我々は、WTO協定と整合的な二国間及び地域の自由貿易協定の補完的役割を認識する。

63. 我々は、WTO加盟国によって交渉されたルールと整合的な紛争解決制度の機能に関し、行動が必要であることに同意する。

III. 貿易とデジタル経済のインターフェイス

64. 我々、G20貿易大臣及びデジタル経済大臣は、貿易や商業分野を含む我々の社会と経済におけるデジタル化の影響が増大していることを認識し、ブエノスアイレス首脳宣言に従って貿易とデジタル経済との間のインターフェイスの重要性を再確認する。我々は、貿易とデジタル経済との間のインターフェイスについての関連する課題について意見交換を行った。

65. 我々は、信頼性のある自由なデータの流通に関する概念、電子商取引に関するWTOでの議論、キャパシティビルディングの必要性を含む様々な課題について、全ての国がこれらの機会を実現できることを確保する重要性を念頭に置きつつ、意見を交換した。経済や社会のあらゆる側面を変革し、並びに経済成長、雇用創出、包摂性、開発及びイノベーションに貢献し得るデジタル化の利益を高めることを目的として、議論は継続されるべきである。

IV. 大阪サミットに向けて

66. 我々は、貿易及びデジタル経済の分野におけるG20の協力を深める観点から、首脳に対し、大阪サミットにおいてこれらの重要な項目を検討することを共に推奨する。

―G20愛知・名古屋外務大臣会合議長国記者会見（冒頭発言記録）―

（2019年11月23日（土））

　愛知県と名古屋市、地元の経済団体、市民の皆様、さらには地元の高校生の皆様の御協力を得て、G20外相会合を無事に終えることができました。

　今回の愛知・名古屋での外相会合を、日本のG20議長年の集大成として、大阪サミットの成果を再確認し、来年以降の具体的な取組につなげるための「跳躍台」とすることができたと考えております。

　3つのセッションがありましたが、いずれのセッションも、G20メンバーや招待国の多様さを反映して、国際社会が直面する喫緊の課題について、さまざまな切り口から、示唆に富む議論が展開されましたが、ここでは、議長の立場から、その要点のみ紹介をさせていただきます。なお、各国間の申し合わせにより、会議の中で、誰が何を述べたかをご紹介することはできないということを、あらかじめ御理解いただきたいと思います。

　最初のセッションは、「自由貿易の推進とグローバル・ガバナンス」をテーマに議論を行いました。多国間枠組への信頼の揺らぎや貿易上の緊張、地政学的リスクが高まる一方、最近のデジタル化の急速な進展を活用して経済成長につなげるにはどうすべきか、経済面でのグローバルな協力、政策協調、スタンダード作りにおける優先課題は何かといった問題意識を共有した上で、議論を深めることが出来ました。

　第一に、現在の多角的貿易体制が直面する課題を指摘する声が大変多く聞かれ、一部の参加国からは、不公正な貿易慣行や一方的措置の是正への言及がありました。また、来月にもあり得るWTO上級委員会の機能不全を前に、WTO改革を直ちに進めるべきとの切迫感が共有されました。この関連で、来年6月の第12回WTO閣僚会議も念頭に、「大阪トラック」を活用しつつ、デジタル経済に関する国際的なルール作りを、一層スピード感をもって進めるよう、G20が指導的な役割を果たすべきとの点が確認されました。

　第二に、国際経済面での協力に関する優先課題については、一つ目にデジタル化を踏まえた制度や課税に関する国際原則、二つ目にインフラ投資の質を高めるための国際スタンダード、三つ目に人間中心のAI原則など、具体的な政策や制度にしていくことの重要性について、多くの参加者から発言がありました。

　第三に、私から、日米貿易協定及びデジタル貿易協定、TPP11協定、日EU・EPAといった、「自由貿易の旗手」としての我が国の取組を紹介いたしました。また、現在、交渉が山場を迎えておりますRCEPについて、16か国で妥結することの意義を説

明いたしました。これに対し、複数の国から、このような二国間及び地域の自由貿易協定が、多角的貿易体制を補完し、国際的に質の高いルール作りを進める側面について評価が示されたところであります。

　次の「SDGs」のセッションでは、地方におけるSDGsの推進、官民連携による資金動員、インフラ強化、連結性、教育・人的資本投資、ジェンダー・女性のエンパワーメント等の重要な分野について議論が行われました。

　各国からは、海洋プラスチックごみに関する「大阪ブルー・オーシャン・ビジョン」や「質の高いインフラ投資に関するG20原則」など、大阪サミットで合意したイニシアティブを評価する旨の発言がありました。また、国内的取組、国際協調両面においてSDGsを推進する上での障壁や、それらを克服する上でのG20各国におけるグッド・プラクティス、SDGsを推進するための二国間協力について紹介があったところであります。

　そして、9月のSDGサミットでの議論を踏まえ、2030年までを「行動の10年」とするため、モニタリングを着実に行いながら、進捗に遅れが見られる分野における取組を強化し、行動を加速すべきとの点について共通認識を得ることができました。

　本日の議論を確実に実施に移すため、G20として国際社会の行動を主導するため、来年のサウジアラビア議長下でも引き続き積極的な取組が行われることを期待をしたいと思います。

　そして最後、三番目、「アフリカの開発」については、ワーキング・ランチの形で議論を行いました。8月のTICAD7の経緯を踏まえ、①経済、②開発、③平和・安全保障の3つの分野において、アフリカ自身の取組を国際社会として支援していく必要性を念頭に議論を行いました。

　参加国から、TICAD7に対する高い評価と期待が表明されたほか、G20を含む国際社会が緊密に連携していくことの重要性が指摘されました。G20メンバーからは、各国とアフリカとのフォーラムなどの取組の紹介があり、改めて、アフリカへの強い関心を実感したところであります。

　また、「質の高いインフラ投資に関するG20原則」の着実な普及・定着のため、G20が主導的役割を果たす必要性があるとの点を確認できたことも、大きな成果であると考えております。

　今後は、大阪サミットの成果や今回の議論を行動に移していくための、実行力が問われることになります。次期議長国のサウジアラビアとともに、日本として引き続きG20でリーダーシップを発揮してい

第四章

きたいと考えております。

　最後に、昨晩の夕食会では、地元産や東日本の被災地の食材を心ゆくまで堪能することができました。また、議論が活気づき、充実したのは、地元の皆様の温かいおもてなしのおかげであると考えております。改めて、参加各国の積極的貢献と、愛知・名古屋の皆様の御協力に心から感謝申し上げます。

──安倍総理大臣による世界経済フォーラム年次総会演説──
「希望が生み出す経済」の新しい時代に向かって（仮訳）

（2019年1月23日）

シュワブ教授、たいへんありがとうございます。そうですね、このあいだ来た時から5年が経ちました。戻ってこられたのを、嬉しく存じます。

2012年の、12月26日、私は、再度、総理大臣になりました。当時、わたくしの国で見たのは、ある高い壁の存在でした。その壁に、たくさんの人が、言葉が書かれているのを見た。日本はもう、終わっている、というわけでした。

人口は減っている。その人口は、高齢化している。だから成長なんかできない、と、そういう言い分でした。

絶望の壁、でした。悲観主義の壁、だったのです。

以来、労働人口は、450万人減少しました。これに対し、わたしたちは「ウィメノミクス」を大いに発動させ、女性が負う負担を軽減しながら、多くの、より多くの女性に、働くことを促しました。

• 「敗北主義」の敗北

その結果、いまや、雇用された女性は200万人増えた。繰り返します、新たに付加されるかたちで、200万人の女性労働力が増えたのです。女性の労働参加率は67パーセント、日本では歴代最高で、米国などより高い比率になっています。

他方、お年を召した方にも働き続けて頂けるようにする私どもの政策があって、65歳以上で元気に働く方も増えました。その増えた数が、200万人です。

そんな状況だというのに、求職者1人に対して1つ以上の求人企業がある、しかもこれは国中どこでも同じだという、空前の状態になっています。

就職したいと願う大卒者100人のうち、現に雇われる数たるや、98人。これも記録破りの数字です。

産業界の対応はというと、5年連続、賃金を今世紀に入って最も高い前年比2パーセント上げるという対応を示してきました。

こうしたことの結果、私が総理在任中の6年間に日本のGDPは10.9パーセント伸び、4,900億ドルを新たに加えました。

雇用と所得が増え、それが需要を生んで、さらなる雇用につながるという経済の好循環こそは、長らく待ち望んだものでしたが、いまや根づきつつあります。

そして成長をさらに長続きさせるため、いまやっていることは、生産性を強化する投資を引き出すことです。

最近、ひとつ新しい法律をこしらえましたが、そ

れによって、向こう5年、34万人もの優秀な働き手に、外国から日本へ来てもらうことになりました。

では貧富の格差はどうなったでしょう。

わたくしどもの政権期間中、それ以前一度も下がったことがなかった子供の相対貧困率が、初めて、かつ大きく、下がりました。

政権発足以前、一人親家庭の子弟で高校を出たあと大学に進学した人の比率は、わずかに24パーセントでした。それが、直近の数字だと、42パーセントです。本年10月以降、教育無償化の施策が実地に移りますから、この数字はいっそう上昇することでしょう。

わたしたちは、貧富の格差を拡大しているのではなく、縮めているのです。

絶望は、新たな希望によって拭い去られました。そして皆さん希望こそは、経済成長をもたらす最も大切な要素ではありませんか。高齢化していても、「希望が生み出す経済」として、実にもって成長は可能なのです。ひとつここは厳かに、宣言をしていいでしょうか。日本にまつわる敗北主義は、敗北したのです。

• データ・ガバナンスの「大阪トラック」を

さて、6月には大阪で、本年のG20サミットを開きます。ぜひこれを、未来への楽観主義を取り戻すチャンスといたしましょう。「希望が生み出す経済」の実現は可能なのだと、確かめ合う機会にしようではありませんか。

常と同様、わたくしたちはたくさんの問題について議論をするわけですが、本日は大きな点を2つ、たったの2つです、とくに取り上げたいと思います。

最初に、私は本年のG20サミットを、世界的なデータ・ガバナンスが始まった機会として、長く記憶される場といたしたく思います。データ・ガバナンスに焦点を当てて議論するトラック、「大阪トラック」とでも名付けて、この話し合いを、WTOの屋根のもと始めようではありませんか。

みなさま時は、熟しました。われわれみな承知のとおり、これから何十年というあいだ、わたしたちに成長をもたらすもの、それはデジタル・データです。

そして何かを始めるなら、今がその好機です。なんといっても、毎日毎日、新たに生まれているデータの量は、250京バイト。これは一説によれば、米議会図書館が所蔵する活字データ全体の25万倍が、新たに追加されているというのと同じです。1年の

第四章

遅れは、何光年分もの落後になるでしょう。

　一方では、われわれ自身の個人的データですとか、知的財産を体現したり、国家安全保障上の機密を含んでいたりするデータですとかは、慎重な保護のもとに置かれるべきです。しかしその一方、医療や産業、交通やその他最も有益な、非個人的で匿名のデータは、自由に行き来させ、国境をまたげるように、繰り返しましょう、国境など意識しないように、させなくてはなりません。

　そこで、わたしたちが作り上げるべき体制は、DFFT（データ・フリー・フロー・ウィズ・トラスト）のためのものです。非個人的データについて言っているのは申し上げるまでもありません。

　第四次産業革命、そして同革命がもたらす、わたしたちが「ソサエティ5.0」と呼んでいる社会がメリットを及ぼすのは、わたしたち個人です。巨大で、資本集約型の産業ではありません。ソサエティ5.0にあっては、もはや資本ではなく、データがあらゆるものを結んで、動かします。富の格差も、埋めていきます。

　医療や、小学校から職業レベルまでの教育は、サブ・サハラ地域の小さな村落にも届くようになります。学校に通うのを一度はあきらめた少女も、地元の村を越えて、可能性は青天井であるような、広い地平を目にすることになる。

　わたしたちの課題は、もはや明らか。データをして、偉大な「格差バスター」にしないといけないのです。

　AI、IoT、そしてロボティクス。データが動かすソサエティ5.0は、都市に新たな現実をもたらすでしょう。私たちの都市は、ありと、あらゆる人たちにとって、もっとはるかに住みやすいものになります。

　5年前の私の約束は、いまでも同じです。古くなった規制を変えるため、わたしはわたし自身をドリルの刃として、突き抜け続けます。

　成長のエンジンは、思うにつけ最早ガソリンによってではなく、ますますもってデジタル・データで回っているのです。

　よくわたしたち、WTOの改革が必要だと言いますが、ともすると、いまだに農産品ですとか、物品の世界で、つまり距離や国境が重要になる世界で、わたしたちは考えています。

　新たな現実とは、データが、ものみなすべてを動かして、わたしたちの新しい経済にとってDFFTが、つまりData Free Flow with Trustが最重要の課題となるような状態のことですが、そこには、わたしたちはまだ追いついていないわけです。

　それにしても、ある意味、デジャブの感じがします。ジョン・D・ロックフェラーがスタンダード・オイルを大きくしていたころのこと、ガソリンの使い道を、だれも知りませんでした。そこで、近くのカイヤホガ川に捨てたというのですが、そのガソリンは何度も火事を起こしています。

　われわれ人類は、ガソリンの価値を知るに至るまで、30年とか、40年もかかっています。それが、20世紀も20年を過ぎようというところになると、ガソリンは自動車を走らせ、飛行機を飛ばせていたわけです。

　データについても、同じだとはいえませんか。わたしたちがインターネットを壮大な規模で使うようになったのは、1995年ごろです。でも、21世紀も20年を数えようというところになって、データが、われわれの経済を回している事実にようやく気がつきました。

　この際、「大阪トラック」を始めて、それをとても速いトラックとする。

　そのための努力は、わたしたちみんなが共にできるといい、米国、欧州、日本、中国、インドや、それに大きな飛躍を続けているアフリカ諸国が、努力とともに成功を共有し、それでもって、WTOに新風が吹き込まれるというふうになればと願います。

• 気候変動に非連続イノベーションを

　大阪では、で、みなさま、ここからが第二のポイントですが、わたくしは、気候変動に立ち向かう上において、イノベーションがなせること、またイノベーションがどれほど大事かということに、おおいに光を当てたいと考えています。それと申しますのも、いまから大切なことを言いたいのですが、いま必要とされているのは、「非連続」だからです。

　この際想起いたしますと、IPCCは、最近の「1.5度報告」で、こう言っています。2050年をメドとして、人間活動が生む二酸化炭素の量は、差し引きゼロになるべきだ、つまり、今後もなお残る二酸化炭素の排出は、空気中にあるCO_2を取り除くことによって、差し引き帳尻が合うようにしないといけないというのです。

　いまや、手遅れになる前に、より多く、さらに多くの、非連続的イノベーションを導き入れなくてはなりません。

　二酸化炭素というのは、みなさま、事と次第によっては、いちばんすぐれた、しかももっとも手に入れやすい、多くの用途に適した資源になるかもしれません。

　たとえば人工光合成です。これにとってカギを握るのが、光触媒の発見でしたが、手掛けたのは日本の科学者で、藤嶋昭という人です。

　メタネーションというと年季の入った技術ですが、CO_2除去との関連で、新たな脚光を浴びています。

　いまこそCCUを、つまり炭素吸着に「加え」、その「活用」を、考えるときなのです。

　それから水素です。水素は、一次エネルギーであるだけでなく、エネルギーの「キャリア」でもあって、むしろそちらの方が重要なくらいですが、価格

が安く、かつ、手に入れやすくならないといけません。

わが政府は、水素の製造コストを2050年までに今の1割以下に下げる。それで、天然ガスよりも割安にする、ということを目指す考えです。

この先、わたくしどもはG20諸国から科学、技術のリーダーたちを日本へお呼びし、イノベーションに、力を合わせて弾みをつけたいものだと思っております。

これもまた、皆さまにお話しできますのを喜びとするところでありますが、わが政府は昨年の12月、世界に先駆けて、TCFD（気候関連財務情報開示タスクフォース）に沿うかたちでの、ガイダンスを明らかにいたしました。

世界規模で、ESG投資が増えており、過去5年の間に、その規模は9兆ドルあまりも増加しました。

すでに巨額ではあります。しかし、環境イノベーションのためには、いま一層、おカネが回るようにしなくてはなりません。このたび作成したガイダンスは、より多くの会社に、非連続イノベーションのため、一層多額の資金を使ってくれるよう促すものとなるでしょう。

緑の地球、青い海のため投資をするといいますと、かつてはコストと認識されました。いまではこれが、成長の誘因です。炭素をなくすこと、利益を得ることは、クルマの両輪になれる。

わたくしども政策立案者は、そういう状態を現出させる責務を負っている。このことも、今年、大阪で強調してまいります。

太平洋の、最も深いところ。そんな場所でいま、あるとんでもないことが進行中です。

太平洋の、底。そこにいる小さな甲殻類の体内から、PCBが高い濃度で見つかりました。原因を、マイクロプラスティックに求める向きがあります。

わたくしはやはり大阪で、海に流れ込むプラスティックを増やしてはいけない、減らすんだというその決意において、世界中挙げての努力が必要であるという点に、共通の認識をつくりたいものだと思っています。経済活動を制約する必要などなく、ここでも求められているのはイノベーションなのです。そのため大阪でジャンプスタートを切って、世界全体の行動へ向かっていきましょう。

• 日本が守る国際貿易体制

ここからが、第三の、かつ最後の点。それは、日本は何を重視するかということです。

日本は、フリーで、開かれていて、ルールに基づいた国際秩序を保全すべく決意を固めるとともに、その強化のため、打ち込みたいと考えています。

そこでみなさん、私は大きな喜びとし、また誇りとするところでありますが、2018年12月30日をもって、わたくしどもは、ついに、TPP11を発効させるところにこぎつけました。

そればかりではありません。もうひとつ、やはり喜び、誇りとともに、発表いたしたいことがあります。

2月1日、といえばもうすぐそこですが、日EUの経済連携協定が、これまた発効するのです。

これら2つのメガディールによって生じるスケール・メリット、そして効率は、世界全体を潤すことでしょう。

この際皆さまに、国際貿易システムに寄せるべき信頼を、立て直しませんかと訴えるものであります。

国際貿易システムとは、公正、透明で、知的財産権の保護や、電子商取引、政府調達といった分野に効果をもつものとなるべきなのです。

TPP11と、日EU経済連携協定は、どちらとも、まさしくそこを狙っています。始めるなら、ここからでしょう。

米、欧、日本は力を合わせ、WTOの改革に、なかんずく政府補助金ルールの改革を主導してまいりましょう。

そして大阪トラックは、言うまでもありませんが、データ・ドリブン経済の時代に、WTOの意味合いを高めていこうとするものなのです。

• 日本に訪れる新しい時代

皆さまわたくしは冒頭で、成長をつくりだすうえで、なによりも大切なのは希望だと申しました。

希望とは、明日を待ち望むことです。翌年を、そのまた翌年を、そして10年、20年先を期待することです。

わたくしの国は、幸運に恵まれました。今後10年、わたくしどもが開きますイベントは、本年のG20、ラグビー・ワールドカップ、明年のオリンピックとパラリンピック、2025年の大阪・関西万博に及びます。

最も大切なこととして、本年は、200年ぶりに、わたくしどもの天皇陛下がご譲位になり、皇位の継承が行われます。

新しい時代の、夜明けです。

再び強く、また活力を得た日本は、みなさま方の祝福のもと、開かれて、民主主義であって、かつ法を尊ぶ国々の最も有力な一角を占めながら、世界の平和と繁栄に、力を尽くしてまいります。

ありがとうございました。

第四章

───────── デジタル経済に関する大阪宣言（仮訳）─────────

　我々、アルゼンチン、オーストラリア、ブラジル、カナダ、中国、欧州連合、フランス、ドイツ、イタリア、日本、メキシコ、韓国、ロシア、サウジアラビア、トルコ、英国、米国、スペイン、チリ、オランダ、セネガル、シンガポール、タイ及びベトナムの首脳は、デジタル化が我々の経済及び社会のあらゆる側面を変容させており、データがますます経済成長の重要な源になっており、その効果的な使用が全ての国の社会福祉に貢献すべきであるとの認識を共有する。

　我々は、成長の著しいデジタル経済に遅れをとらず、デジタル化及び新興の技術の利益を最大化することができるよう、イノベーションを促進するためデータとデジタル経済の十分な潜在力の活用に向け、国内的及び国際的な政策討議を促進することの重要性を確認する。

　本日、我々は、2019年1月25日にダボスで発出され、78の世界貿易機関（WTO）加盟国が名を連ねる電子商取引に関する共同声明に参加する他のWTO加盟国と共に、ここに、国際的な政策討議、特に電子商取引の貿易関連の側面に関するWTOにおける国際的なルール作りを進めるとの我々のコミットメントを示すプロセスである「大阪トラック」の立上げを宣言する。

　この文脈で、我々は、ダボスでの共同声明に基づいて協働するとのコミットメントを新たにし、可能な限り多くのWTO加盟国の参加を得て、高い水準の合意の達成を目指すというコミットメントを確認する。我々は、これまでに得られた進展に励まされ、2020年6月の第12回WTO閣僚会議までの交渉において、実質的な進捗を達成するために更に努力することを決意する。

　これらの取組に基づき、我々は、データとデジタル経済の十分な潜在力を活用するための国際的な政策討議に関与し、その目的のため、関連する国際的なフォーラムに参画するとの取組を強化する。

───G20大阪サミット デジタル経済に関する首脳特別イベント───での安倍総理スピーチ

（2019年6月28日（金））

　デジタル化は、各国の経済成長を後押しし、イノベーションを促進し、国際社会が直面している様々な課題を克服する大きな可能性を有しています。しかし、急速に進行するデジタル化の潜在力を最大限活用するには、それに後れを取らない国際的なルールが不可欠であります。中でもデジタル時代の成長のエンジンであるデータ流通、電子商取引に関するルールづくりは、急務であります。膨大なデータが世界を駆けめぐり、イノベーションが経済社会の様々な課題を解決していく。そのような環境をつくり出すには、データ・フリー・フロー・ウィズ・トラスト、DFFTすなわち信頼たるルールの下でデータの自由な流通を促進しなければなりません。この観点から、WTOでの電子商取引に関する交渉を進めていく必要があります。

　本年1月、ダボスで出されたWTO電子商取引についての閣僚声明には、現在78か国が、そして地域が名を連ねています。

　今ここで我々は、WTOにおいて志を同じくする78か国・地域と共に、大阪トラックの開始を宣言いたします。

　データ流通や電子商取引に関する国際的なルールづくりを、スピード感をもって進めていきます。WTO電子商取引のルールづくりに当たっては、高いレベルで、かつできるだけ多くの国の参加を得て、2020年6月の第12回WTO閣僚会議までに実質的な進捗を達成しようではありませんか。また、途上国、LDC（後発開発途上国）が直面する特有の課題にも考慮を払い、これを支援していくことが必要であります。各国にも取組を呼び掛けていきます。

───────日本国とアメリカ合衆国との間の貿易協定───────

日本国及びアメリカ合衆国（以下「両締約国」という。）は、次のとおり協定した。

第一条

この協定の適用上、

（ａ）「関税」とは、産品の輸入に際し、又は産品の輸入に関連して課される税その他あらゆる種類の課徴金並びに産品の輸入に関連して課される付加税及び加重税をいう。ただし、次のものを含まない。

（ｉ）　千九百九十四年のガット第三条2の規定に適合して課される内国税に相当する課徴金

（ｉｉ）　輸入に関連する手数料その他の課徴金であって、提供された役務の費用に応じたもの

（ｉｉｉ）　ダンピング防止税又は相殺関税

（ｂ）「現行の」とは、この協定の効力発生の日において効力を有することをいう。

（ｃ）「千九百九十四年のガット」とは、世界貿易機関設立協定附属書一Ａ千九百九十四年の関税及び貿易に関する一般協定をいう。

（ｄ）「原産」とは、日本国においては附属書Ⅰの規定に従って原産品とされることをいい、アメリカ合衆国においては附属書Ⅱの規定に従って原産品とされることをいう。

（ｅ）「WTO」とは、世界貿易機関をいう。

（ｆ）「世界貿易機関設立協定」とは、千九百九十四年四月十五日にマラケシュで作成された世界貿易機関を設立するマラケシュ協定をいう。

第二条

各締約国は、世界貿易機関設立協定及び両締約国が締結しているその他の協定に基づいて他方の締約国に対して自国が有する現行の権利及び義務を確認する。

第三条

千九百九十四年のガット第二十条の規定及びその解釈に係る注釈は、必要な変更を加えた上で、この協定に組み込まれ、この協定の一部を成す。

第四条

この協定のいかなる規定も、次のいずれかのことを定めるものと解してはならない。

（ａ）　締約国に対し、その開示が自国の安全保障上の重大な利益に反すると当該締約国が決定する情報の提供又はそのような情報へのアクセスを要求すること。

（ｂ）　締約国が国際の平和若しくは安全の維持若しくは回復に関する自国の義務の履行又は自国の安全保障上の重大な利益の保護のために必要であると認める措置を適用することを妨げること。

第五条

1　各締約国は、この協定に別段の定めがある場合を除くほか、世界貿易機関設立協定に基づく自国の現行の約束に加え、附属書Ⅰ又は附属書Ⅱの規定に従って、市場アクセスを改善する。

2　この協定のいかなる規定も、千九百九十四年のガット第十九条の規定及び世界貿易機関設立協定附属書一Ａセーフガードに関する協定に基づく両締約国の現行の権利及び義務に影響を及ぼすものではない。

3　この協定のいかなる規定も、締約国が関税の維持又は引上げを含む行動であって、WTOの紛争解決機関によって承認されるものをとることを妨げるものと解してはならない。

第六条

両締約国は、いずれかの締約国の要請の後三十日以内に、この協定の運用又は解釈に影響を及ぼす可能性のある問題について、六十日以内に相互に満足すべき解決に達するために協議を行う。

第七条

この協定の附属書は、この協定の不可分の一部を成す。

第八条

両締約国は、この協定の改正につき書面により合意することができる。改正は、両締約国がそれぞれの関係する国内法上の手続に従って当該改正の承認を書面により相互に通告した日の後三十日で、又は両締約国が決定する他の日に効力を生ずる。

第九条

この協定は、両締約国がそれぞれの関係する国内法上の手続を完了した旨を書面により相互に通告した日の後三十日で、又は両締約国が決定する他の日に効力を生ずる。

第十条

いずれの一方の締約国も、他方の締約国に対し書面による終了の通告を行うことにより、この協定を終了させることができる。その終了は、一方の締約国が他方の締約国に対して書面による通告を行った日の後四箇月で、又は両締約国が決定する他の日に効力を生ずる。

第十一条

この協定は、日本語及び英語をひとしく正文とする。ただし、附属書Ⅱは、英語のみを正文とする。

以上の証拠として、下名は、各自の政府から正当に委任を受けてこの協定に署名した。

二千十九年十月七日にワシントンで、日本語及び英語により本書二通を作成した。

日本国のために
　　杉山晋輔

アメリカ合衆国のために
　　ロバート・E・ライトハイザー

―― デジタル貿易に関する日本国とアメリカ合衆国との間の協定 ――

日本国及びアメリカ合衆国（以下「両締約国」という。）は、次のとおり協定した。

第一条　定義

この協定の適用上、

（a）「アルゴリズム」とは、一連の定められた手順であって、問題を解決し、又は結果を得るために行われるものをいう。

（b）「コンピュータ関連設備」とは、商業上の利用のために情報を処理し、又は保存するためのコンピュータ・サーバー及び記憶装置をいう。

（c）「対象企業」とは、一方の締約国について、当該締約国の領域に所在し、かつ、他方の締約国の投資家が直接又は間接に所有し、又は支配する企業であって、この協定の効力発生の日に存在するもの又はその後に設立され、取得され、若しくは拡張されるものをいう。

（d）「対象金融サービス提供者」とは、次のいずれかのものをいう。

　（ⅰ）　他方の締約国の金融機関

　（ⅱ）　一方の締約国の金融規制当局による規制、監督又は免許、認可、許可若しくは登録の対象となる他方の締約国の金融サービス提供者（他方の締約国の金融機関を除く。）

（e）「対象者」とは、次のいずれかのものをいう。

　（ⅰ）　対象企業

　（ⅱ）　他方の締約国の者

（f）「関税」には、産品の輸入に際し、又は産品の輸入に関連して課される税その他あらゆる種類の課徴金並びに産品の輸入に関連して課される付加税及び加重税を含む。ただし、次のものを含まない。

　（ⅰ）　千九百九十四年のガット第三条2の規定に適合して課される内国税に相当する課徴金

　（ⅱ）　輸入に関連する手数料その他の課徴金であって、提供された役務の費用に応じたもの

　（ⅲ）　ダンピング防止税又は相殺関税

（g）「デジタル・プロダクト」とは、コンピュータ・プログラム、文字列、ビデオ、映像、録音物その他のものであって、デジタル式に符号化され、商業的販売又は流通のために生産され、及び電子的に送信されることができるものをいう（注）。

　注　デジタル・プロダクトには、金融商品をデジタル式に表したもの（金銭を含む。）を含まない。

（h）「電子認証」とは、電子的な通信又は取引の当事者の同一性を検証し、及び電子的な通信の信頼性を確保するための処理又は行為をいう。

（i）「電子署名」とは、電子文書又は電子メッセージに含まれ、付され、又は論理的に関連する電子的な形式でのデータであって、当該電子文書又は電子メッセージとの関係において署名者を特定するために及び署名者が当該電子文書又は電子メッセージに含まれる情報を承認することを示すために利用することができるものをいう（注）。

　注　日本国においては、電子署名については、当該電子文書又は電子メッセージに含まれる情報が改変されていないことが当該データにより確証されるものであるとの要件を満たさなければならない。

（j）「電子的な送信」又は「電子的に送信される」とは、電磁的手段を用いて送信されることをいう。

（k）「企業」とは、営利目的であるかどうかを問わず、また、民間又は政府のいずれが所有し、又は支配しているかを問わず、関係の法律に基づいて設立され、又は組織される事業体（社団、信託、組合、個人企業、合弁企業、団体その他これらに類する組織を含む。）をいう。

（l）「他方の締約国の企業」とは、他方の締約国の法律に基づいて設立され、又は組織される企業であって、他方の締約国の領域において実質的な事業活動に従事しているものをいう。

（m）「現行の」とは、この協定の効力発生の日において効力を有することをいう。

（n）「金融機関」とは、締約国の領域に所在する金融仲介機関その他の企業であって、当該締約国の法律に基づき、金融機関として業務を行うことを認められ、及び金融機関として規制され、又は監督されるものをいう。

（o）「他方の締約国の金融機関」とは、一方の締約国の領域に所在する金融機関（その支店を含む。）であって、他方の締約国の者が支配するものをいう。

（p）「金融市場の基盤」とは、清算し、決済し、又は支払、有価証券若しくは派生商品の取引その他の金融取引を記録するために利用される複数の参加者で構成されるシステムであって、対象金融サービス提供者が他の金融サービス提供者（当該システムの運営者を含む。）と共に参加するものをいう。

（q）「金融サービス」とは、金融の性質を有する

サービスをいう。金融サービスには、全ての保険及び保険関連のサービス並びに全ての銀行サービスその他の金融サービス（保険及び保険関連のサービスを除く。）並びに金融の性質を有するサービスに付随するサービス又は金融の性質を有するサービスの補助的なサービスを含み、次の活動を含む。

保険及び保険関連のサービス

（ⅰ）　元受保険（共同して行う保険を含む。）
　（Ａ）　生命保険
　（Ｂ）　生命保険以外の保険
（ⅱ）　再保険及び再再保険
（ⅲ）　保険仲介業（例えば、保険仲立業、代理店業）
（ⅳ）　保険の補助的なサービス（例えば、相談サービス、保険数理サービス、危険評価サービス、請求の処理サービス）
　　　銀行サービスその他の金融サービス（保険及び保険関連のサービスを除く。）
（ⅴ）　公衆からの預金その他払戻しを要する資金の受入れ
（ⅵ）　全ての種類の貸付け（消費者信用、不動産担保貸付け、債権買取り及び商業取引に係る融資を含む。）
（ⅶ）　ファイナンス・リース
（ⅷ）　全ての支払及び送金のサービス（クレジット・カード、チャージ・カード、デビット・カード、旅行小切手及び銀行小切手を含む。）
（ⅸ）　保証
（ⅹ）　自らの又は顧客のために行う次のものの取引（当該取引が取引所取引、店頭取引その他の方法のいずれで行われるかを問わない。）
　（Ａ）　短期金融市場商品（小切手、手形及び預金証書を含む。）
　（Ｂ）　外国為替
　（Ｃ）　派生商品（先物及びオプションを含む。）
　（Ｄ）　為替及び金利の商品（スワップ、金利先渡取引等の商品を含む。）
　（Ｅ）　譲渡可能な有価証券
　（Ｆ）　他の譲渡可能な証書及び金融資産（金銀を含む。）
（ⅺ）　全ての種類の有価証券の発行への参加（当該発行が公募で行われるか私募で行われるかを問わず、委託を受けた者として行う引受け及び売付け並びに当該発行に関連するサービスの提供を含む。）
（ⅻ）　資金媒介業
（ⅹⅲ）　資産運用（例えば、現金又はポートフォリオの運用、全ての形態の集合投資運用、年金基金運用、保管、預託及び信託のサー

ビス）
（ⅹⅳ）　金融資産（有価証券、派生商品その他の譲渡可能な証書を含む。）のための決済及び清算のサービス
（ⅹⅴ）　その他の金融サービスを提供するサービス提供者による金融情報の提供及び移転並びに金融データの処理及び関連ソフトウェアのサービス
（ⅹⅵ）　（ⅴ）から（ⅹⅴ）までに規定する全ての活動についての助言、仲介その他の補助的な金融サービス（信用照会及び分析、投資及びポートフォリオに関する調査及び助言並びに企業の取得、再編及び戦略についての助言を含む。）
（ｒ）　「金融サービスのコンピュータ関連設備」とは、対象金融サービス提供者についての免許、認可、許可又は登録の対象となる業務の実施に関する情報の処理又は保存のためのコンピュータ・サーバー又は記憶装置をいう。ただし、次のもののコンピュータ・サーバー又は記憶装置及び次のものへのアクセスのために利用するコンピュータ・サーバー又は記憶装置を含まない。
（ⅰ）　金融市場の基盤
（ⅱ）　有価証券又は派生商品（例えば、先物、オプション、スワップ）の取引所又は市場
（ⅲ）　対象金融サービス提供者に対して規制権限又は監督権限を行使する非政府機関
（ｓ）　「他方の締約国の金融サービス提供者」とは、一方の締約国の領域内で又は一方の締約国の者に対し金融サービスを提供し、又は提供しようとする他方の締約国の者をいう。
（ｔ）　「詐欺的又は欺まん的な商業活動」とは、消費者に実害をもたらす詐欺的若しくは欺まん的な商業上の行為又は防止されない場合にはこのような実害をもたらす急迫したおそれがある詐欺的若しくは欺まん的な商業上の行為をいい、次の行為を含む。
（ⅰ）　重要な事実に関して誤った表示（その暗示を含む。）を行う行為であって、誤認した消費者の経済的利益に重大な損失をもたらすもの
（ⅱ）　消費者による代金の支払の後、当該消費者に商品を引き渡さず、又はサービスを提供しない行為
（ⅲ）　消費者の金融口座、電話料金のための口座その他の口座に許可なく請求を行い、又はこれらの口座から許可なく引き落としを行う行為
（ｕ）　「サービス貿易一般協定」とは、世界貿易機関設立協定附属書一Ｂサービスの貿易に関する一般協定をいう。
（ｖ）　「千九百九十四年のガット」とは、世界貿易

第四章

機関設立協定附属書一Ａ千九百九十四年の関税及び貿易に関する一般協定をいう。

（ｗ）「政府の情報」とは、財産的価値を有しない情報（データを含む。）であって、中央政府が保有するものをいう。

（ｘ）「情報コンテンツ・プロバイダ」とは、インターネットその他のコンピュータを利用した双方向サービスを通じて提供される情報の全部又は一部を作成する者又は事業体をいう。

（ｙ）「コンピュータを利用した双方向サービス」とは、複数の利用者によるコンピュータ・サーバーへの電子的なアクセスを提供し、又は可能とするシステム又はサービスをいう。

（ｚ）「他方の締約国の投資家」とは、一方の締約国の領域において、投資を行おうとし、行っており、又は既に行った他方の締約国の自然人又は他方の締約国の企業をいう。

（ａａ）「措置」とは、締約国の措置（法令、規則、手続、決定、行政上の行為その他のいずれの形式であるかを問わない。）をいう。

（ｂｂ）「他方の締約国の自然人」とは、他方の締約国の法律の下で他方の締約国の国民である自然人をいう。

（ｃｃ）「者」とは、自然人又は企業をいう。

（ｄｄ）「個人情報」とは、特定された又は特定し得る自然人に関する情報（データを含む。）をいう。

（ｅｅ）「他方の締約国の者」とは、他方の締約国の自然人又は他方の締約国の企業をいう。

（ｆｆ）「一方の締約国の者」とは、一方の締約国の自然人又は一方の締約国の企業をいう。

（ｇｇ）「政府の権限の行使として提供されるサービス」とは、商業的な原則に基づかず、かつ、一又は二以上のサービス提供者との競争を行うことなく提供されるサービスをいう。

（ｈｈ）「租税条約」とは、二重課税の回避のための条約その他の租税に関する国際協定又は国際取決めをいう。

（ｉｉ）「租税」及び「租税に係る課税措置」には、消費税を含むが、次のものを含まない。
　　（ｉ）　（ｆ）に定義する「関税」
　　（ｉｉ）　（ｆ）（ｉｉ）及び（ｉｉｉ）に掲げる措置

（ｊｊ）「要求されていない商業上の電子メッセージ」とは、インターネット接続サービスの提供者又は他の電気通信サービスを通じ、受信者の同意なしに又は受信者の明示的な拒否に反して、商業上又はマーケティング上の目的で電子的なアドレスに送信される電子メッセージをいう。

（ｋｋ）「世界貿易機関設立協定」とは、千九百九十四年四月十五日にマラケシュで作成された世界貿易機関を設立するマラケシュ協定をいう。
　第二条　適用範囲
１　この協定は、締約国が採用し、又は維持する措置であって、電子的手段による貿易に影響を及ぼすものについて適用する。

２　この協定は、次のものについては、適用しない。
（ａ）　政府調達
（ｂ）　政府の権限の行使として提供されるサービス
（ｃ）　締約国により若しくは締約国のために保有され、若しくは処理される情報又は当該情報に関連する措置（当該情報の収集に関連する措置を含む。）。ただし、第二十条に規定するものを除く。
　第三条　一般的例外
１　この協定の全ての規定（第二十一条の規定を除く。）の適用上、サービス貿易一般協定第十四条（ａ）から（ｃ）までの規定は、必要な変更を加えた上で、この協定に組み込まれ、この協定の一部を成す。
２　第二十一条の規定の適用上、千九百九十四年のガット第二十条の規定及びその解釈に係る注釈は、必要な変更を加えた上で、この協定に組み込まれ、この協定の一部を成す。
　第四条　安全保障のための例外
　この協定のいかなる規定も、次のいずれかのことを定めるものと解してはならない。
（ａ）　締約国に対し、その開示が自国の安全保障上の重大な利益に反すると当該締約国が決定する情報の提供又はそのような情報へのアクセスを要求すること。
（ｂ）　締約国が国際の平和若しくは安全の維持若しくは回復に関する自国の義務の履行又は自国の安全保障上の重大な利益の保護のために必要であると認める措置を適用することを妨げること。
　第五条　信用秩序の維持のための例外並びに金融政策及び為替政策のための例外
１　この協定の他の規定にかかわらず、締約国は、信用秩序の維持のための措置（注）（投資家、預金者、保険契約者若しくは信託上の義務を負う者を保護するための措置又は金融システムの健全性及び安定性を確保するための措置を含む。）を採用し、又は維持することを妨げられない。当該信用秩序の維持のための措置は、この協定の規定に適合しない場合には、当該規定に基づく当該締約国の約束又は義務を回避するための手段として用いてはならない。
　　注　両締約国は、「信用秩序の維持」には、個々の金融機関又は金融サービス提供者の安全性、健全性又は財務上の責任の維持並びに支払及び清算の制度の安全性並びに財務上及び運営上の健全性の維持を含むことを了解する。
２　この協定のいかなる規定も、一般に適用される

差別的でない措置であって公的機関が金融政策若しくは関連する信用政策又は為替政策を遂行するために行うものについては、適用しない。

第六条　租税

1　この条に別段の定めがある場合を除くほか、この協定のいかなる規定も、租税に係る課税措置については、適用しない。

2　この協定のいかなる規定も、租税条約に基づくいずれの締約国の権利及び義務にも影響を及ぼすものではない。この協定と租税条約とが抵触する場合には、その抵触の限りにおいて、当該租税条約が優先する。

3　2の規定に従うことを条件として、

（ａ）　第八条の規定は、全ての租税に係る課税措置について適用する。ただし、所得、譲渡収益、法人の課税対象財産又は投資若しくは財産の価額（注）に対する租税に係る課税措置（投資又は財産の移転に対するものを除く。）及び遺産、相続、贈与又は世代を飛ばした財産の移転に対する租税を除く。

　　注　この（ａ）の規定は、各締約国の法令に基づいて当該投資又は財産の価額を決定するために用いられる方法に影響を及ぼすものではない。

（ｂ）　第八条の規定は、所得、譲渡収益、法人の課税対象財産又は投資若しくは財産の価額（注）に対する租税に係る課税措置（投資又は財産の移転に対するものを除く。）であって、特定のデジタル・プロダクトの購入又は消費に関するものについて適用する。ただし、第一文の規定は、締約国が、当該デジタル・プロダクトの購入又は消費に関する利益の享受又はその継続のための条件として、当該デジタル・プロダクトを自国の領域において提供することを要求することを妨げるものではない。

　　注　この（ｂ）の規定は、各締約国の法令に基づいて当該投資又は財産の価額を決定するために用いられる方法に影響を及ぼすものではない。

ただし、第八条のいかなる規定も、次のものについては、適用しない。

（ｃ）　租税条約に基づいて締約国が与える利益に関する最恵国待遇の義務

（ｄ）　現行の租税に係る課税措置の規定のうち同条の規定に適合しないもの

（ｅ）　現行の租税に係る課税措置の規定のうち同条の規定に適合しないものの継続又は即時の更新

（ｆ）　現行の租税に係る課税措置の規定のうち同条の規定に適合しないものの改正（当該改正において当該租税に係る課税措置と同条の規定との適合性の水準を低下させない場合に限る。）

（ｇ）　租税の公平な又は効果的な賦課又は徴収を確保することを目的とする新たな租税に係る課税措置（課税を目的として居住地に基づいて者を区別する租税に係る課税措置を含む。）の採用又は実施。ただし、当該租税に係る課税措置が両締約国の者、物品又はサービスの間で恣意的な差別を行わないことを条件とする。（注）

　　注　両締約国は、サービス貿易一般協定第十四条（ｄ）の規定がサービス及び直接税に限定されないものとみなした場合の同条（ｄ）の注の規定を参照して、この（ｇ）の規定を解釈しなければならないことを了解する。

（ｈ）　年金信託、年金計画、退職年金基金その他の制度であって、年金若しくは退職年金の支払又は類似の給付を行うためのものに関し、締約国が、当該制度に対する継続的な権限、規制又は監督の維持を要求することを、当該制度への拠出又は当該制度の収入に関する利益の享受又はその継続のための条件とする規定

（ｉ）　保険料に対する消費税（当該消費税が他方の締約国によって課されていたとしたならば、（ｄ）から（ｆ）までの規定の対象となったであろうものに限る。）

第七条　関税

いずれの締約国も、一方の締約国の者と他方の締約国の者との間の電子的な送信（電子的に送信されるコンテンツを含む。）に対して関税を課してはならない。

第八条　デジタル・プロダクトの無差別待遇

1　いずれの一方の締約国も、他方の締約国の領域において創作され、生産され、出版され、契約され、委託され、若しくは商業的な条件に基づき初めて利用可能なものとされたデジタル・プロダクト又はその著作者、実演家、制作者、開発者若しくは所有者が他方の締約国の者であるデジタル・プロダクトに対し、他の同種のデジタル・プロダクトに与える待遇よりも不利な待遇を与えてはならない（注）。

　　注　この1の規定の適用上、第三国のデジタル・プロダクトは、「同種のデジタル・プロダクト」である限りにおいて、「他の同種のデジタル・プロダクト」に該当する。

2　この条の規定は、締約国によって交付される補助金又は行われる贈与（公的に支援される借款、保証及び保険を含む。）については、適用しない。

3　この条のいかなる規定も、締約国が放送（注）の提供に従事する企業における外国資本の参加の割合を制限する措置を採用し、又は維持することを妨げるものではない。

　　注　この3の規定の適用上、日本国については、「放送」とは、公衆によって直接受信されることを目的とする電気通信の送信をいい（放送法（昭和二十五年法律第百三十二号）第二条第一号）、オンデマンド・サービス（インターネット上で提供されるそのような

サービスを含む。）を含まない。

4　1の規定は、知的財産権に関し、知的財産に関する両締約国間の二国間協定に基づく権利及び義務に抵触する限りにおいて、又は当該二国間協定が存在しない場合には両締約国が締結している知的財産に関する国際協定に基づく権利及び義務に抵触する限りにおいて、適用しない。

第九条　国内の電子的な取引の枠組み

1　各締約国は、電子的な取引を規律する法的枠組みであって、千九百九十六年の電子商取引に関する国際連合国際商取引法委員会モデル法の原則に適合するものを維持する。

2　各締約国は、次のことを行うよう努める。

（a）　電子的な取引に対する不必要な規制の負担を回避すること。

（b）　電子的な取引を規律する自国の法的枠組みの策定において利害関係者による寄与を容易にすること。

第十条　電子認証及び電子署名

1　締約国は、自国の法令に別段の定めがある場合を除くほか、署名が電子的な形式によるものであることのみを理由として当該署名の法的な有効性を否定してはならない。

2　いずれの締約国も、電子認証又は電子署名に関する次の措置を採用し、又は維持してはならない。

（a）　電子的な取引の当事者が当該取引のための適当な電子認証の方式又は電子署名を相互に決定することを禁止することとなる措置

（b）　電子的な取引の当事者が当該取引について電子認証又は電子署名に関する法的な要件を満たしていることを司法当局又は行政当局に対して証明する機会を得ることを妨げることとなる措置

3　締約国は、2の規定にかかわらず、特定の区分の取引について、電子認証の方式又は電子署名が特定の実施基準を満たすこと又は自国の法令に従って認定された当局によって認証されることを要求することができる。

第十一条　情報の電子的手段による国境を越える移転

1　いずれの締約国も、情報（個人情報を含む。）の電子的手段による国境を越える移転が対象者の事業の実施のために行われる場合には、当該移転を禁止し、又は制限してはならない。

2　この条のいかなる規定も、1の規定に適合しない措置であって、締約国が公共政策の正当な目的を達成するために必要なものを採用し、又は維持することを妨げるものではない。ただし、当該措置が、次の要件を満たすことを条件とする。（注）

注　ある措置が、データの移転に関し、当該移転が国境を越えるものであることのみを理由として、競争条件の変更により対象者に不利

益をもたらすような態様で当該移転に対して異なる待遇を与える場合には、当該措置は、この2の規定の要件を満たさない。

（a）　恣意的若しくは不当な差別の手段となるような態様で又は貿易に対する偽装した制限となるような態様で適用されないこと。

（b）　目的の達成に必要な範囲を超えて情報の移転に制限を課すものではないこと。

第十二条　コンピュータ関連設備の設置

1　いずれの締約国も、自国の領域において事業を実施するための条件として、対象者に対し、当該領域においてコンピュータ関連設備を利用し、又は設置することを要求してはならない。

2　この条の規定は、対象金融サービス提供者については、適用しない。対象金融サービス提供者については、次条において取り扱う。

第十三条　対象金融サービス提供者のための金融サービスのコンピュータ関連設備の設置

1　両締約国は、対象金融サービス提供者の情報（当該対象金融サービス提供者の取引及び運営の基礎となる情報を含む。）への締約国の金融規制当局による迅速、直接的、完全及び継続的なアクセスが金融に係る規制及び監督のために不可欠であることを認識し、並びに当該アクセスへの潜在的な全ての制限を撤廃することの必要性を認識する。

2　いずれの締約国も、対象金融サービス提供者が当該締約国の領域外において利用し、又は設置する金融サービスのコンピュータ関連設備において処理され、又は保存される情報に対し、当該締約国の金融規制当局が、規制及び監督を目的として、迅速、直接的、完全及び継続的なアクセスを認められる場合には、対象金融サービス提供者に対し、当該締約国の領域において事業を実施するための条件として、当該領域において金融サービスのコンピュータ関連設備を利用し、又は設置することを要求してはならない（注）。

注　締約国は、この協定に反しない措置（第五条の規定に適合する措置を含む。）を採用し、又は維持することができる。

3　各締約国は、対象金融サービス提供者に対して当該締約国の領域において金融サービスのコンピュータ関連設備を利用し、又は設置することを要求する前に、実行可能な範囲内で、当該対象金融サービス提供者に対し、2に規定する情報へのアクセスが不十分であることを改善するための合理的な機会を与える（注）。

注　締約国は、対象金融サービス提供者に対して当該締約国の領域において金融サービスのコンピュータ関連設備を利用し、又は設置することを要求することができる。ただし、当該締約国の金融規制当局が2に規定する情報

へのアクセスを認められない場合に限る。

第十四条　オンラインの消費者の保護

1　両締約国は、消費者がデジタル貿易を行うに当たり、当該消費者を詐欺的又は欺まん的な商業活動から保護するための透明性のある、かつ、効果的な措置を採用し、及び維持することの重要性を認識する。

2　各締約国は、オンライン上の商業活動を行う消費者に損害を及ぼし、又は及ぼすおそれのある詐欺的又は欺まん的な商業活動を禁止するため、消費者の保護に関する法律を制定し、又は維持する。

第十五条　個人情報の保護

1　各締約国は、デジタル貿易の利用者の個人情報の保護について定める法的枠組みを採用し、又は維持する（注）。

　　注　締約国は、プライバシー、個人情報又は個人データを保護する包括的な法律、プライバシーを対象とする分野別の法律、企業によるプライバシーに関する自主的な取組の実施について定める法律等の措置を採用し、又は維持することにより、この1に定める義務を履行することができる。

2　各締約国は、個人情報の保護であって自国がデジタル貿易の利用者に提供するものに関する情報を公表する。当該情報には、次の方法に関するものを含める。

（a）　自然人が救済を得ることができる方法

（b）　企業が法的な要件を満たすことができる方法

3　各締約国は、個人情報を保護するために両締約国が異なる法的な取組方法をとることができることを認識しつつ、このような異なる制度の間の相互運用性を促進する仕組みの整備を奨励すべきである。

4　両締約国は、個人情報を保護するための措置の遵守を確保すること及び個人情報の国境を越える流通に対する制限が当該流通によりもたらされる危険性との関係で必要であり、かつ、当該危険性に比例したものであることを確保することの重要性を認識する。

第十六条　要求されていない商業上の電子メッセージ

1　各締約国は、要求されていない商業上の電子メッセージに関する次の措置を採用し、又は維持する。

（a）　要求されていない商業上の電子メッセージの提供者に対し、受信者が当該要求されていない商業上の電子メッセージの現に行われている受信の防止を円滑に行うことができるようにすることを要求する措置

（b）　自国の法令によって特定された方法により、商業上の電子メッセージを受信することについて受信者の同意を要求する措置

2　各締約国は、要求されていない商業上の電子メッセージの提供者であって、1の規定に従って採用し、又は維持する措置を遵守しないものに対し、その遵守を求める手段について定める。

第十七条　ソース・コード

1　いずれの一方の締約国も、他方の締約国の者が所有するソフトウェア又は当該ソフトウェアを含む製品の一方の締約国の領域における輸入、流通、販売又は使用の条件として、当該ソフトウェアのソース・コードの移転若しくは当該ソース・コードへのアクセス又は当該ソース・コードにおいて表現されるアルゴリズムの移転若しくは当該アルゴリズムへのアクセスを要求してはならない。

2　この条の規定は、一方の締約国の規制機関又は司法当局が、他方の締約国の者に対し、特定の調査、検査、検討、執行活動又は司法手続のため、ソフトウェアのソース・コード又は当該ソース・コードにおいて表現されるアルゴリズムを保存し、又は入手可能なものとすること（注）を要求することを妨げるものではない。ただし、当該ソース・コード及び当該アルゴリズムを許可されていない開示からの保護の対象とすることを条件とする。

　　注　ソフトウェアのソース・コードの営業上の秘密としての地位が当該営業上の秘密の保有者により主張される場合には、当該ソース・コード又は当該ソース・コードにおいて表現されるアルゴリズムを入手可能なものとすることは、当該地位に悪影響を及ぼすものと解してはならない。

第十八条　コンピュータを利用した双方向サービス（注）

　　注　この条の規定は、第三条の規定に従うものとする。同条の規定は、この協定の適用上、特にサービス貿易一般協定第十四条（a）の規定に基づく公衆の道徳の保護のために必要な措置のための例外が、必要な変更を加えた上で、この協定に組み込まれ、この協定の一部を成すことを定める。両締約国は、オンライン上の性的取引、児童の性的搾取及び売春からの保護のために必要な措置（例えば、アメリカ合衆国の千九百三十四年の通信法を改正する「二千十七年のオンライン上の性的取引に対する州及び被害者による対策法」（第百十五議会第百六十四号一般法律））が公衆の道徳の保護のために必要な措置であることに合意する。

1　両締約国は、コンピュータを利用した双方向サービスをデジタル貿易を増進するために不可欠なものとして促進することの重要性（中小企業にとっての重要性を含む。）を認識する。

2　このため、4に規定する場合を除くほか、いず

れの締約国も、コンピュータを利用した双方向サービスによって保存され、処理され、送信され、流通し、又は利用可能なものとされる情報に関連する損害についての責任を決定するに当たり、当該コンピュータを利用した双方向サービスの提供者又は利用者を情報コンテンツ・プロバイダとして取り扱う措置を採用し、又は維持してはならない。ただし、当該提供者又は利用者が当該情報の全部又は一部を作成した場合を除く。(注)

注　締約国は、自国の法令を通じて又は司法上の決定により適用される現行の法の原則を通じてこの条の規定を遵守することができる。

3　いずれの締約国も、コンピュータを利用した双方向サービスの提供者又は利用者による次の行為を理由として、当該提供者又は利用者に責任を負わせてはならない。

(a)　当該提供者若しくは利用者がコンピュータを利用した双方向サービスを提供し、若しくは利用することを通じてアクセス可能若しくは利用可能となるデータであって、当該提供者若しくは利用者が有害であり、若しくは異議が申し立てられる可能性があると認めるものへのアクセス又は当該データの利用可能性を制限するために誠実かつ自発的に行った行為

(b)　情報コンテンツ・プロバイダその他の者が有害であり、又は異議が申し立てられる可能性があると認めるデータへのアクセスを制限することができるような技術的手段を可能とし、又は利用可能とするために行った行為

4　この条のいかなる規定も、

(a)　知的財産に関する締約国の措置（知的財産の侵害に係る責任について取り扱う措置を含む。）については、適用しない。

(b)　知的財産権の保護又は行使のための締約国の能力を拡大し、又は減ずるものと解してはならない。

(c)　次のことを妨げるものと解してはならない。

(ⅰ)　締約国が刑事法を執行すること。

(ⅱ)　コンピュータを利用した双方向サービスの提供者又は利用者が法執行当局の特定のかつ合法的な命令を遵守すること。

第十九条　サイバーセキュリティ

1　両締約国は、サイバーセキュリティに対する脅威がデジタル貿易に対する信頼を損なうものであることを認識する。したがって、両締約国は、次のことを行うよう努める。

(a)　コンピュータの安全性に係る事象への対応について責任を負うそれぞれの権限のある当局の能力を構築すること。

(b)　電子的なネットワークに影響を及ぼす悪意のある侵入又は悪意のコードの拡散を特定し、及び軽減するために協力するための現行の協力の仕組みを強化すること並びに当該仕組みをサイ

バーセキュリティに係る事象への迅速な対処のために並びに意識の向上及び良い慣行に関する情報の共有のために利用すること。

2　両締約国は、サイバーセキュリティに対する脅威の進化する性質に鑑み、当該脅威に対処するに当たって、定められている規制よりも危険性に基づいた方法が一層効果的なものとなることができることを認識する。したがって、各締約国は、サイバーセキュリティ上の危険を特定し、及び当該危険を防止するため並びにサイバーセキュリティに係る事態の発見、当該事態への対応及び当該事態からの回復のため、危険性に基づいた方法（コンセンサス方式による基準及び危険度に応じた管理手法に関する良い慣行に依拠するもの）を採用するよう努め、及び自国の領域内の企業に対し、当該方法を利用することを奨励するよう努める。

第二十条　政府の公開されたデータ

1　両締約国は、政府の情報への公衆のアクセス及び政府の情報の公衆による利用を容易にすることが経済的及び社会的な発展、競争力並びにイノベーションを促進することを認識する。

2　締約国は、自国が政府の情報を公衆により利用可能なものとすることを選択する限りにおいて、政府の情報が機械による判読が可能であり、及び開かれた様式であること並びに検索、抽出、利用、再利用及び再配布することができるものであることを確保するよう努める。

3　両締約国は、特に中小企業のため、事業機会を増大させ、及び創出する観点から、各締約国が公衆により利用可能なものとした政府の情報へのアクセス及び当該政府の情報の利用を当該締約国が拡大することができる方法を特定するために協力するよう努める。

第二十一条　暗号法を使用する情報通信技術産品

1　この条の規定の適用上、

(a)　「暗号」又は「暗号化アルゴリズム」とは、暗号文を作成するために暗号鍵を平文と組み合わせる数学的な手法又は式をいう。

(b)　「暗号法」とは、データの内容を秘匿し、若しくは偽装し、又はデータの探知されない変更若しくは許可なく行われる使用を防止することを目的とする当該データの変換のための原理、手段又は方法をいい、一若しくは二以上の秘密のパラメーター（例えば、暗号変数）又は関連する暗号鍵の管理を使用する情報の変換に限る。

(c)　「暗号化」とは、暗号化アルゴリズムの使用を通じ、データ（平文）を再転換及び暗号法の適当な暗号鍵なしには容易に理解することができない形式（暗号文）に転換することをいう。

(d)　「情報通信技術産品」とは、意図された機能が情報の処理及び電子的手段による通信（送信

及び表示を含む。）である産品又は当該機能が物理的な現象の特定若しくは記録のために若しくは物理的な過程の管理のために適用される電子的な処理である産品をいう。

（ｅ）　「暗号鍵」とは、当該暗号鍵を知る主体は暗号化アルゴリズムの演算を再現し、又は逆算することができるが、当該暗号鍵を知らない主体はこれらを行うことができないような方法によって当該演算を決定するパラメーターであって、暗号化アルゴリズムに関連して使用されるものをいう。

2　この条の規定は、暗号法を使用する情報通信技術産品について適用する（注）。ただし、この条の規定は、次のものについては、適用しない。

　　注　この条の規定の適用上、情報通信技術産品には、金融商品を含まない。

（ａ）　締約国の法執行当局（サービス提供者であって、自らが管理する暗号化を使用するものに対し、当該締約国の法的手続に従い暗号化されていない通信を提供するよう要求する場合に限る。）

（ｂ）　金融商品の規制

（ｃ）　締約国の政府（中央銀行を含む。）が所有し、又は管理するネットワーク（利用者の装置を含む。）へのアクセスに関して当該締約国が採用し、又は維持する要件

（ｄ）　締約国が金融機関又は金融市場に関連する監督、調査又は検査の権限に基づいてとる措置

（ｅ）　締約国の政府による又は締約国の政府のための情報通信技術産品の製造、販売、流通、輸入又は使用

3　いずれの締約国も、暗号法を使用し、及び商業上の目的のために設計された情報通信技術産品に関し、当該情報通信技術産品の製造、販売、流通、輸入又は使用の条件として、当該情報通信技術産品の製造者又は供給者に対して次のいずれかのことを要求してはならない。

（ａ）　当該締約国又は当該締約国の領域に所在する者に対し、暗号法に関連する財産的価値を有する情報を移転し、又は当該情報へのアクセスを

提供すること（特定の技術、生産工程その他の情報（例えば、非公開の暗号鍵その他の秘密のパラメーター、アルゴリズムの仕様その他設計の詳細）の開示によるものを含む。）。

（ｂ）　情報通信技術産品の開発、製造、販売、流通、輸入又は使用について、当該締約国の領域に所在する者と提携し、又は協力すること。

（ｃ）　特定の暗号化アルゴリズム又は暗号を使用し、又は統合すること。

　　第二十二条　改正、効力発生及び終了

1　両締約国は、この協定の改正につき書面により合意することができる。改正は、両締約国がそれぞれの関係する国内法上の手続に従って当該改正の承認を書面により相互に通告した日の後三十日で、又は両締約国が決定する他の日に効力を生ずる。

2　この協定は、両締約国がそれぞれの関係する国内法上の手続を完了した旨を書面により相互に通告した日の後三十日で、又は両締約国が決定する他の日に効力を生ずる。

3　いずれの一方の締約国も、他方の締約国に対し書面による終了の通告を行うことにより、この協定を終了させることができる。その終了は、一方の締約国が他方の締約国に対して書面による通告を行った日の後四箇月で、又は両締約国が決定する他の日に効力を生ずる。

以上の証拠として、下名は、各自の政府から正当に委任を受けてこの協定に署名した。

　二千十九年十月七日にワシントンで、ひとしく正文である日本語及び英語により本書二通を作成した。

日本国のために
杉山晋輔

アメリカ合衆国のために
ロバート・E・ライトハイザー

第四章

────日本国とアメリカ合衆国との間の貿易協定の説明書────

一　概説

　1　協定の成立経緯

　　　平成三十年（二千十八年）九月の日米首脳会談における日米共同声明において、我が国とアメリカ合衆国との間で貿易協定の締結に向けた交渉を開始することについて一致したことを受け、平成三十一年（二千十九年）四月から両国間で交渉を行った。その結果、令和元年（二千十九年）九月の日米首脳会談における日米共同声明において、協定が誠実に履行されている間は協定の精神に反する行動を取らないこと等を確認するとともに協定案文について最終合意を確認した。これを受け、同年十月七日にワシントンにおいて、我が方在アメリカ合衆国杉山大使と先方ライトハイザー合衆国通商代表との間でこの協定の署名が行われた。

　2　協定締結の意義

　　　この協定の締結によって、我が国とアメリカ合衆国との間の物品の貿易が促進され、両国間の経済的な結び付きがより強固になることを通じ、両国経済が一段と活性化し、ひいては両国関係全般が一層緊密化することが期待される。

二　協定の内容

　　　この協定は、前文、本文十一箇条及び末文並びに協定の不可分の一部を成す二の附属書から成り、その概要は、次のとおりである。

　1　協定における用語の定義について定める（第一条）。

　2　各締約国は、世界貿易機関設立協定及び両締約国が締結しているその他の協定に基づいて他方の締約国に対して自国が有する現行の権利及び義務を確認することを定める（第二条）。

　3　千九百九十四年のガット第二十条の規定及びその解釈に係る注釈は、必要な変更を加えた上で、協定に組み込まれ、協定の一部を成すことを定める（第三条）。

　4　協定のいかなる規定も、締約国に対し、締約国が国際の平和若しくは安全の維持若しくは回復に関する自国の義務の履行又は自国の安全保障上の重大な利益の保護のために必要であると認める措置を適用することを妨げることを定めるものと解してはならないこと等を定める（第四条）。

　5　各締約国は、世界貿易機関設立協定に基づく自国の現行の約束に加え、附属書Ⅰ又は附属書Ⅱの規定に従って、市場アクセスを改善すること等を定める（第五条）。

　6　両締約国は、いずれかの締約国の要請の後三十日以内に、協定の運用又は解釈に影響を及ぼす可能性のある問題について、六十日以内に相互に満足すべき解決に達するために協議を行うことを定める（第六条）。

　7　協定の附属書は、協定の不可分の一部を成すことを定める（第七条）。

　8　協定の改正について定める（第八条）。

　9　協定の効力発生について定める（第九条）。

　10　協定の終了について定める（第十条）。

　11　協定は、日本語及び英語をひとしく正文とすること等を定める（第十一条）。

　12　両締約国が実施する関税の撤廃又は削減等の対象品目、条件等並びに両締約国の原産地規則及び原産地手続について定める（附属書Ⅰ及びⅡ）。

　　　これらの概要は、次のとおりである。

　（一）　日本国の関税及び関税に関連する規定（附属書Ⅰ）

　　（1）　附属書Ⅰにおける用語の一般的定義について定める（第A節）。

　　（2）　関税に係る日本国の約束について、関税の撤廃又は削減等の対象品目、条件等について定める（第B節）。

　　　　主要品目ごとの概要は、次のとおりである。

品名	基準税率	内容
牛の肉	三八・五%	関税削減（第二款2（bb））（農産品セーフガード措置（第四款9）の適用あり）

牛の舌	一二・八%	段階的関税撤廃（一〇年目（第二款2 (t)))
牛の臓器（ハラミを含む。）	一二・八%	段階的関税撤廃（一二年目（第二款2 (u)))
豚の肉	一キログラムにつき三六一円 一キログラムにつき四八二円 一キログラムにつき枝肉に係る基準輸入価格と課税価格との差額 一キログラムにつき部分肉に係る基準輸入価格と課税価格との差額又は 四・三%	段階的関税撤廃（九年目（第二款2 (o))) 又は関税削減（第二款2 (dd) 又は (ee))（農産品セーフガード措置（第四款10）の適用あり）
豚のくず肉（臓器を除く。）	一キログラムにつき四八二円 一キログラムにつき部分肉に係る基準輸入価格と課税価格との差額又は 四・三%	段階的関税撤廃（九年目（第二款2 (o))) 又は関税削減（第二款2 (ee))（農産品セーフガード措置（第四款10）の適用あり）
豚肉加工品（ハム、ベーコン等）	一キログラムにつき豚肉加工品に係る基準輸入価格に一・五を乗じて得た額と課税価格に〇・六を乗じて得た額との差額又は 八・五%	段階的関税撤廃（一〇年目（第二款2 (q) 又は (r))）（農産品セーフガード措置（第四款11）の適用あり）
鶏の肉（冷凍したものに限る。）	八・五%又は一一・九%	段階的関税撤廃（五年目（第二款2 (c)) 又は一〇年目（第二款2 (p)))
フローズンヨーグルト	二六・三%又は二九・八%	段階的関税撤廃（一〇年目（第二款2 (p)))
ホエイ	二九・八%及び一キログラムにつき四〇〇円 二九・八%及び一キログラムにつき四二五円 二九・八%及び一キログラムにつき六七九円 二九・八%及び一キログラムにつき六八七円 二九・八%及び一キログラムにつき一、〇二三円又は 二一・三%	即時関税撤廃（第二款2 (a))、段階的関税撤廃（五年目（第二款2 (f) 又は (g))、一〇年目（第二款2 (p))、一五年目（第二款2 (x) 又は (y)) 又は二〇年目（第二款2 (z) 又は (aa))) 又は関税割当て（第三款8）（農産品セーフガード措置（第四款12又は13）の適用あり）
チーズ	二二・四%、二六・三%、二九・八%又は四〇%	段階的関税撤廃（一五年目（第二款2 (w)))、関税削減（第二款2 (ff) 又は (ii)) 又は関税割当て（第三款7）
オレンジ	一六%又は三二%	段階的関税撤廃（五年目（第二款2 (c)) 又は七年目（第二款2 (j)))（農産品セーフガード措置（第四款14）の適用あり）
りんご	一七%	段階的関税撤廃（一〇年目（第二款2 (s)))
小麦及びメスリン	無税（世界貿易機関設立協定の日本国の譲許表に従った輸入差益の対象となることを条件とする。）又は 二〇%（世界貿易機関設立協定の日本国の譲許表に従った輸入差益の対象となることを条件とする。	輸入差益の削減（第二款2 (ll)) 又は関税割当て（第三款4）
大麦及び裸麦	無税（世界貿易機関設立協定の日本国の譲許表に従った輸入差益の対象となることを条件とする。）	輸入差益の削減（第二款2 (mm))

第四章

麦芽	一キログラムにつき二一・三〇円	関税割当て（第三款5又は6）
混合物及び練り生地並びにケーキミックス	一六％、二三・八％又は二四％	関税割当て（第三款3）
ぶどう糖及び果糖	五〇％若しくは一キログラムにつき二五円のいずれか高い税率 七八・五％若しくは一キログラムにつき五三・七〇円のいずれか高い税率 八五・七％若しくは一キログラムにつき六〇・九〇円のいずれか高い税率又は 二一・三％	関税割当て（第三款9）
落花生（殻を除いたものに限る。）（共通の限度数量以内のもの）	一〇％	即時関税撤廃（第二款2（a））
スパークリングワイン	一リットルにつき一八二円	段階的関税撤廃（七年目（第二款2（k）））
ボトルワイン	一五％又は一リットルにつき一二五円のいずれか低い税率（ただし、一リットルにつき六七円を下限とする。）	段階的関税撤廃（七年目（第二款2（l）又は（m）））

- （注）　アメリカ合衆国は、将来の交渉において、農産品に関する特恵的な待遇を追求する（第一款5）。
- （3）　日本国の原産地規則及び原産地手続について定める（第Ｃ節）。
- （二）　アメリカ合衆国の関税及び関税に関連する規定（附属書Ⅱ）
- （1）　関税に係るアメリカ合衆国の約束について、関税の撤廃又は削減の対象品目、条件等について定める（アメリカ合衆国の一般的注釈及びアメリカ合衆国の関税率表）。

　　　　主要品目ごとの概要は、次のとおりである。

品名	基準税率	内容（注1）
切り花	三・二％、四％又は六・四％	実施区分Ｃ又はＩ
盆栽	四・八％	実施区分Ｃ
長芋（生鮮のもの及び冷蔵したものに限る。）	六・四％	実施区分Ｊ
柿	二・二％	実施区分Ａ
すいか	九％	実施区分Ｊ
メロン	一・六％、五・四％、六・三％、一二・八％又は二八％	実施区分Ａ、Ｆ、Ｊ又はＫ
醤（しよう）油	三％	実施区分Ｄ
炭素繊維製造用の調整剤	六％又は六・五％	実施区分Ｆ又はＧ
鉄製のねじ、ボルト等	二・八％、二・九％、三・二％、三・八％、五・七％、五・八％、六・二％又は八・六％	実施区分Ａ、Ｂ、Ｆ又はＧ
工具	二・九％、三・七％、三・九％、四・六％、四・八％、五％又は五・七％	実施区分Ａ、Ｂ又はＦ
蒸気タービン	五％又は六・七％	実施区分Ｂ又はＧ
エアコン部品	一・四％	実施区分Ａ
レーザー成型機（3Dプリンターを含む。）	三・五％	実施区分Ｂ
マシニングセンター	四・二％	実施区分Ｂ
旋盤	四・二％又は四・四％	実施区分Ｂ
鍛造機	四・四％	実施区分Ｂ
ゴム加工機械及びプラスチック加工機械	三・一％	実施区分Ｂ

燃料電池	二・七%	実施区分A
鉄道部品	二・六%又は三・一%	実施区分A又はB
自転車及び自転車部品	三%、三・七%、三・九%、五%、五・五%、六%、八%、一〇%又は一一%	実施区分A、B、F又はG
眼鏡及びサングラス	二%又は二・五%	実施区分A
楽器	二・六%、二・七%、二・九%、四・七%、四・九%、五%又は五・四%	実施区分A、B又はF

（注1）　アメリカ合衆国は、第五条1の規定に基づき、次の実施区分に従って、関税を撤廃し、又は削減する（アメリカ合衆国の一般的注釈4）。
　　A　即時関税撤廃
　　B　段階的関税撤廃（協定の効力発生の日に三パーセント削減し、二年目に関税撤廃）
　　C　段階的関税撤廃（協定の効力発生の日から毎年行われる二回の引下げにより、二年目に関税撤廃）
　　D　段階的関税撤廃（協定の効力発生の日から毎年行われる五回の引下げにより、五年目に関税撤廃）
　　E　段階的関税撤廃（協定の効力発生の日から毎年行われる十回の引下げにより、十年目に関税撤廃）
　　F　関税削減（協定の効力発生の日に基準税率の五十パーセントまで削減し、その後においてもその税率）
　　G　関税削減（協定の効力発生の日に三パーセント削減し、二年目に基準税率の五十パーセントまで更に削減し、その後においてもその税率）
　　H　関税削減（協定の効力発生の日に三パーセント削減し、二年目に三パーセント更に削減し、三年目に基準税率の五十パーセントまで削減し、その後においてもその税率）
　　I　関税削減（協定の効力発生の日から毎年行われる二回の引下げにより基準税率の五十パーセントまで削減し、その後においてもその税率）
　　J　関税削減（協定の効力発生の日から毎年行われる三回の引下げにより基準税率の五十パーセントまで削減し、その後においてもその税率）
　　K　関税削減（協定の効力発生の日から毎年行われる五回の引下げにより基準税率の五十パーセントまで削減し、その後においてもその税率）
（注2）　自動車及び自動車部品の関税については、関税の撤廃に関して更に交渉する（アメリカ合衆国の一般的注釈7）。
　（2）　アメリカ合衆国の原産地規則及び原産地手続について定める（アメリカ合衆国の原産地規則及び原産地手続）。
三　協定に関連して作成された文書
　1　牛肉、豚肉、ホエイのたんぱく質濃縮物、ホエイ粉及びオレンジ（生鮮のものに限る。）についての農産品セーフガード措置の運用に関する日本国政府とアメリカ合衆国政府との間の交換公文
　　　日本国及びアメリカ合衆国は、協定附属書Ⅰ第B節第四款の規定に基づき牛肉についての農産品セーフガード措置がとられた場合に当該農産品セーフガード措置に適用のある発動水準を調整するため協議を開始すること、五年目以降の牛肉についての農産品セーフガード措置の適用のための条件に関しては環太平洋パートナーシップに関する包括的及び先進的な協定における対応する農産品セーフガード措置の適用のための修正された条件であって一定のものを考慮して協議すること、同款の規定に基づき豚肉、ホエイのたんぱく質濃縮物、ホエイ粉及びオレンジ（生鮮のものに限る。）についての農産品セーフガード措置が連続する三年の期間に二回とられた場合に当該農産品セーフガード措置に適用のある発動水準を調整するため協議を開始すること等を定める。
　2　日本国産牛肉のアメリカ合衆国への輸入に関する日本国政府とアメリカ合衆国政府との間の交換公文
　　　アメリカ合衆国は、協定が効力を生じた後直ちに、二百メートル・トンの日本国向けの国別割当てを廃止し、「その他の国又は地域」向けの割当てを六万五千五メートル・トンに引き上げ、日本国に対して、「その他の国又は地域」向けの割当ての利用を認めることを定める。
　3　一般の用途に供される指定乳製品等についての日本国のWTO関税割当ての運用に関する日本国政府とアメリカ合衆国政府との間の交換公文
　　　日本国の農林水産省は、世界貿易機関設立協定における日本国の譲許表に定める関税割当てであって一般の用途に供される指定乳製品等についてのものの運用に関し、一定の数量及び規格基準の脱脂粉乳に関する全世界向け入札を日本国の法令に従って導入することを定める。

4　ホエイのたんぱく質濃縮物についての農産品セーフガード措置の運用に関する日本国政府とアメリカ合衆国政府との間の交換公文

協定附属書Ⅰ第B節第四款においてホエイのたんぱく質濃縮物についての農産品セーフガード措置をとってはならない場合について定める規定に関し、その場合に該当するかどうかの評価に当たって日本国が考慮すべき事項その他当該評価の運用について定める。

5　米についての日本国のWTO関税割当ての下で行われる売買同時契約方式の運用に関する日本国政府とアメリカ合衆国政府との間の交換公文

世界貿易機関設立協定における日本国の譲許表に定める関税割当てであって米についてのものの下で行われる売買同時契約方式の運用に関し、各売買同時契約入札の結果が確定した後の当該入札の結果に関連する情報の速やかな公表について定める。

6　日本国産酒類に関する日本国政府とアメリカ合衆国政府との間の交換公文

アメリカ合衆国は、ワイン及び蒸留酒の充填の基準を撤廃し、又は自由化することを提案する規則について最終的な措置をとること、山形清酒、灘五郷清酒又は北海道ワインがそれぞれの製品の製造を規律する日本国の関係法令に従って同国において製造されていない場合にはアメリカ合衆国における販売を禁止することを同国の関係法令に従って検討する手続を開始すること、アルコール飲料の表示の承認のための連邦レベルでの手続を簡素化するよう実施中の努力を継続すること等を定める。

四　協定の実施のための国内措置

この協定を実施するためには、新たな立法措置及び予算措置を必要としない。

──デジタル貿易に関する日本国とアメリカ合衆国との間の── 協定の説明書

一　概説

　1　協定の成立経緯

　　平成三十年（二千十八年）九月の日米首脳会談における日米共同声明を踏まえ、我が国及びアメリカ合衆国は、平成三十一年（二千十九年）四月に行われた第一回閣僚協議において、デジタル貿易協定の締結に向けた交渉を開始することについて一致した。これを受け、両国間で交渉を行った結果、協定案文について最終的合意をみるに至ったので、令和元年（二千十九年）十月七日にワシントンにおいて、我が方在アメリカ合衆国杉山大使と先方ライトハイザー合衆国通商代表との間でこの協定の署名が行われた。

　2　協定締結の意義

　　この協定の締結によって、我が国とアメリカ合衆国との間のデジタル貿易が促進され、両国間の経済的な結び付きがより強固になることを通じ、両国間の貿易が安定的に拡大し、ひいては自由で開かれた国際経済の発展につながることが期待される。

二　協定の内容

　　この協定は、前文、本文二十二箇条及び末文から成っている。それらの概要は、次のとおりである。

　1　協定における用語の定義について定める（第一条）。

　2　協定の適用範囲について定める（第二条）。

　3　一般的例外について定める（第三条）。

　4　安全保障のための例外について定める（第四条）。

　5　信用秩序の維持のための例外並びに金融政策及び為替政策のための例外について定める（第五条）。

　6　第八条の規定を除くほか、この協定のいかなる規定も、租税に係る課税措置については、適用しないこと等を定める（第六条）。

　7　いずれの締約国も、一方の締約国の者と他方の締約国の者との間の電子的な送信に対して関税を課してはならないことを定める（第七条）。

　8　いずれの一方の締約国も、他方の締約国の領域において創作等されたデジタル・プロダクトに対し、他の同種のデジタル・プロダクトに与える待遇よりも不利な待遇を与えてはならないこと等を定める（第八条）。

　9　各締約国は、電子的な取引を規律する法的枠組みであって、千九百九十六年の電子商取引に関する国際連合国際商取引法委員会モデル法の原則に適合するものを維持すること等を定める（第九条）。

　10　締約国は、自国の法令に別段の定めがある場合を除くほか、署名が電子的な形式によるものであることのみを理由として当該署名の法的な有効性を否定してはならないこと等を定める（第十条）。

　11　いずれの締約国も、情報の電子的手段による国境を越える移転が対象者の事業の実施のために行われる場合には、当該移転を禁止し、又は制限してはならないこと等を定める（第十一条）。

　12　いずれの締約国も、自国の領域において事業を実施するための条件として、対象者に対し、当該領域においてコンピュータ関連設備を利用し、又は設置することを要求してはならないこと等を定める（第十二条）。

　13　いずれの締約国も、対象金融サービス提供者が当該締約国の領域外において利用し、又は設置する金融サービスのコンピュータ関連設備において処理される情報等に対し、当該締約国の金融規制当局が、規制等を目的として、迅速、直接的、完全及び継続的なアクセスを認められる場合には、対象金融サービス提供者に対し、当該締約国の領域において事業を実施するための条件として、当該領域において金融サービスのコンピュータ関連設備を利用し、又は設置することを要求してはならないこと等を定める（第十三条）。

　14　各締約国は、オンライン上の商業活動を行う消費者に損害を及ぼし、又は及ぼすおそれのある詐欺的又は欺まん的な商業活動を禁止するため、消費者の保護に関する法律を制定し、又は維持すること等を定める（第十四条）。

　15　各締約国は、デジタル貿易の利用者の個人情報の保護について定める法的枠組みを採用し、又は維持すること等を定める（第十五条）。

　16　各締約国は、要求されていない商業上の電子メッセージの提供者に対し、受信者が当該要求されていない商業上の電子メッセージの現に行われている受信の防止を円滑に行うことができるようにすることを要求する措置等を採用し、又は維持すること等を定める（第十六条）。

　17　いずれの一方の締約国も、他方の締約国の者が所有するソフトウェアの一方の締約国の領域における輸入等の条件として、当該ソフトウェ

アのソース・コードの移転等又は当該ソース・コードにおいて表現されるアルゴリズムの移転等を要求してはならないこと等を定める（第十七条）。

18　いずれの締約国も、コンピュータを利用した双方向サービスによって保存等される情報に関連する損害についての責任を決定するに当たり、当該コンピュータを利用した双方向サービスの提供者又は利用者を情報コンテンツ・プロバイダとして取り扱う措置を採用し、又は維持してはならないこと等を定める（第十八条）。

19　両締約国は、コンピュータの安全性に係る事象への対応について責任を負うそれぞれの権限のある当局の能力を構築すること等を行うよう努めること等を定める（第十九条）。

20　締約国は、自国が政府の情報を公衆により利用可能なものとすることを選択する限りにおいて、政府の情報が機械による判読が可能であること等を確保するよう努めること等を定める（第二十条）。

21　いずれの締約国も、暗号法を使用する情報通信技術産品の製造等の条件として、当該情報通信技術産品の製造者等に対し、暗号法に関連する財産的価値を有する情報を当該締約国に移転すること等を要求してはならないこと等を定める（第二十一条）。

22　協定の改正、効力発生及び終了について定める（第二十二条）。

三　協定に関連して作成された文書（デジタル貿易に関する日本国とアメリカ合衆国との間の協定第十八条の規定に関する日本国政府とアメリカ合衆国政府との間の交換公文）

　　日本国及びアメリカ合衆国は、日本国の特定電気通信役務提供者の損害賠償責任の制限及び発信者情報の開示に関する法律が協定第十八条（コンピュータを利用した双方向サービス）の規定に反しないこと及び日本国がコンピュータを利用した双方向サービス提供者の責任を規律する自国の現行の法制を同条の規定を遵守するために変更する必要はないことを合意すること等を定める。

四　協定の実施のための国内措置

　　この協定を実施するためには、新たな立法措置及び予算措置を必要としない。

━━━ 第200回臨時国会における日米貿易協定関連質疑（抜粋）━━━

1) 日米貿易協定の意義

2019年11月20日（水）参議院本会議

（安倍内閣総理大臣）「日米貿易協定は、昨年九月の共同声明に沿って、日米双方にとってウイン・ウインでバランスの取れた結論を得ることができたと考えております。

　今回の貿易協定では、農林水産物について、過去の協定で約束したものが最大限であるとした昨年九月のトランプ大統領との共同声明に沿った結論が得られました。とりわけ我が国にとって大切なコメについて、関税削減の対象から完全に除外いたしました。さらには、米国への牛肉輸出に係る低関税枠が大きく拡大するなど、新しいチャンスも生まれています。

　また、幅広い工業品についても、米国の関税削減、撤廃が実現します。さらに、日本の自動車、同部品に対しては、米国通商拡大法第二三二条に基づく追加関税は課されないことを直接トランプ大統領から確認しました。

　こうした交渉結果については、中西議員御指摘のとおり、JA全中から、中家会長の談話として、合意内容は昨年九月の日米共同声明の内容を踏まえた結論と受け止め、特に、コメについては米国への関税割当て枠の設置が見送られることとなり、生産現場は安心できるものと考えているとの評価が発表されており、また、我が国の自動車工業会からも、自動車分野における日米間の自由で公正な貿易環境が維持強化されるものであるとの評価が既に発表されたものと承知しており、我が国にとってまさに国益にかなう結果が得られたと考えております。」

2019年10月10日（木）衆議院予算委員会

（茂木外務大臣）「米国の自動車・自動車部品につきましては、さらなる交渉によります関税撤廃というものが協定に明記されたほか、通商拡大法二三二条に、追加関税を発動しないこと、これは安倍総理がトランプ大統領に明確に確認をしております。そして、数量規制のような管理貿易的措置は求めない、この旨も米国に確認をとっているところであります。

　さらには、厳しい原産地規則、こういったもので、日本の自動車メーカーはUSMCA等で大変懸念を持っていたわけでありますが、こういった保護主義的で、グローバルなサプライチェーンをゆがめるような措置、これを幅広く排除した点で

も大きな意義があると考えております。」

2) 自動車・自動車部品の関税撤廃

2019年11月20日（水）参議院本会議

（茂木外務大臣）「自動車、自動車部品の関税については、まず、日米貿易協定の協定本文第五条一において、各締約国は、附属書Ⅰ又は附属書Ⅱの規定に従って、市場アクセスを改善すると両締約国の義務を規定した上で、それぞれの締約国の附属書において市場アクセスの具体的な改善の仕方を記載をしております。

　そして、米国の附属書には、自動車、自動車部品について、関税の撤廃に関して更に交渉すると書かれており、これが米国が第五条一の規定に基づいて市場アクセスの改善を行う具体的なやり方となります。

　その上で、九月二十五日の日米共同声明パラグラフ三では、日米で今後どの分野を交渉するのか、その対象をまず協議することとしており、今後の交渉の内容はこの協議の中で決まっていくことになりますが、更なる交渉による関税撤廃で合意をしている自動車、自動車部品については交渉の対象となります。

　具体的な関税撤廃時期は今後の交渉によりますが、TPP12でも自動車は二十五年、トラックは三十年という長いステージングとなっており、関税撤廃までの期間が、今後の交渉の結果、短縮されることもあり得ると考えております。」

3) 米通商拡大法第232条に基づく自動車・自動車部品に対する追加関税措置等の回避

2019年11月20日（水）参議院本会議

（安倍内閣総理大臣）「自動車、自動車部品に対する数量規制等についてお尋ねがありました。

　数量規制、輸出自主規制等の措置については、米国としてこれらを求めない旨を茂木大臣とライトハイザー通商代表との間で直接確認していると承知しています。

　また、私とトランプ大統領との間では、日本の自動車、自動車部品に対して、米国通商拡大法二三二条に基づく追加関税が課されないことを、日米首脳会談において、少人数会合及び全体会合で直接確認いたしました。

　これらを踏まえ、首脳会談に際して私とトランプ大統領との間で発出した日米共同声明の文書では、協定が誠実に履行されている間、両協定及び

本共同声明の精神に反する行動を取らないと明記されているところであります。」

4）WTO協定整合性
2019年10月24日（木）衆議院本会議
（安倍内閣総理大臣）「関税撤廃率とWTO協定との整合性についてお尋ねがありました。

　今回の協定では、自動車及び自動車部品について、単なる交渉の継続ではなく、さらなる交渉による関税撤廃を明記いたしました。関税撤廃がなされることが前提となっている以上、関税撤廃率の換算に加えることに問題があるとは考えていません。
そして、このように新たに譲許される品目にWTO協定の枠組みのもとで無税とされているものを含めれば、二〇一八年の貿易額ベースで、関税撤廃率は、日本が約八四％、米国が九二％となり、本協定はWTO協定と整合的であると考えます。」

5）今後の協議
2019年11月6日（水）衆議院予算委員会
（茂木外務大臣）「今回、日米貿易協定、そして日米デジタル貿易協定がまとまった後で、自動車の関税撤廃を含めた今後の交渉に関しましては、本年の九月二十五日の日米共同声明、この中のパラグラフの三番目にありますように、どの分野を交渉するのか、その対象をまず協議することとしておりまして、今後の交渉の内容は協議の中で決まっていくことになります。

　このうち、関税につきましては、さらなる交渉による関税撤廃、これが今回の協定に明記をされておりまして、明記をされました自動車・自動車部品を想定しておりまして、それ以外は想定をいたしておりません。」

日米共同声明（仮訳）

1　我々、安倍晋三内閣総理大臣とドナルド・J・トランプ大統領は、日米貿易協定及び日米デジタル貿易協定に係る最終合意を確認し、歓迎する。我々は、今後、可能な限り速やかにこれらの協定の署名を行い、それぞれの国内手続が完了した後、早期に発効させることを共に望む。

2　日米貿易協定は、世界のGDPの約3割を占める日米両国の二国間貿易を、強力かつ安定的で互恵的な形で拡大するために、一定の農産品及び工業品の関税を撤廃又は削減する。日米デジタル貿易協定は、この分野における高い水準のルールを確立し、日米両国がデジタル貿易に関する世界的なルールづくりにおいて引き続き主導的な役割を果たすことを示している。

3　こうした早期の成果が達成されたことから、日米両国は、日米貿易協定の発効後、4か月以内に協議を終える意図であり、また、その後、互恵的で公正かつ相互的な貿易を促進するため、関税や他の貿易上の制約、サービス貿易や投資に係る障壁、その他の課題についての交渉を開始する意図である。

4　日米両国は、信頼関係に基づき、日米貿易協定及び日米デジタル貿易協定を誠実に履行する。日米両国は、これらの協定が誠実に履行されている間、両協定及び本共同声明の精神に反する行動を取らない。また、日米両国は、他の関税関連問題の早期解決に努める。

5　我々は、これらの成果を、日米関係の力強さの具体的な証左として歓迎する。

安倍晋三　　　　　　ドナルド・J・トランプ
日本国内閣総理大臣　アメリカ合衆国大統領

2019年9月25日
ニューヨーク州、ニューヨーク市

第四章

第26回日EU定期首脳協議共同声明（仮訳）

2019年4月25日、ブリュッセル

安倍晋三日本国内閣総理大臣、ドナルド・トゥスク欧州理事会議長及びジャン＝クロード・ユンカー欧州委員会委員長は、本日、ブリュッセルにおいて、第26回となる日本と欧州連合（EU）との定期首脳協議を行い、次の声明を発出した。

我々日本及びEUの首脳は、国際法の尊重に基づく平和、安全保障、持続可能な開発及び繁栄のために協力する決意を再確認する。我々は、効果的な多国間主義、民主主義、人権、国際連合をその中核とするルールに基づく国際秩序を支持するため、引き続き協力していく。

日EU関係

我々は、本年2月1日に日EU戦略的パートナーシップ協定（SPA）の暫定的適用が開始されたことを歓迎する。また、我々は、日EU・SPAの第1回合同委員会において、持続可能な連結性及び質の高いインフラ、地球規模課題、データ・セキュリティ及び安全保障協力を含む、日EU・SPAの下での優先分野が議論されたことを歓迎する。この文脈において、我々は、海洋ガバナンスを含む海洋問題についての対話を強化する。日EU・SPAは、日EUのパートナーシップ全般を強化し、平和、安定及び繁栄をグローバルに進める日EUの強固な政治的意思を示すものである。

我々は、日EU経済連携協定（EPA）が2月1日に発効したことを、日EU関係における最大の成果の一つとして歓迎する。EPAは、自由で、開かれた、ルールに基づく、かつ、公正な貿易及び投資を促進するための21世紀における高い水準のルールのモデルである。我々はまた、EPAの第1回合同委員会が開催され、双方の市民、消費者及びビジネスの利益のため、この協定を完全かつ効果的に実施し、この協定による関税その他の特恵の利用を最大限促進するとの共同のコミットメントを確認したことを歓迎する。我々は、国際基準を遵守すること等を通じて、日本及び欧州の産品の市場アクセスを拡大するとのコミットメントを再確認する。この観点から、我々は、乳及び乳製品、卵及び卵製品に関するEUの第三国リストへの日本の掲載を歓迎するとともに、日本とEUの産品に関する輸入措置の更なる見直し及び地域主義に関する進行中の取組を含む双方の重要課題への対処に、引き続き取り組んでいく。同時に、我々は、環境及び労働に関する高い水準の保護の必要性に留意しつつ、持続可能な開発に貢献する方法で国際貿易の発展を促進することの重要性を想起する。この点に関し、EPAの貿易及び持続可能な開発章の規定の実施の重要性を再確認する。日本とEUとは、高い水準の合意を達成することを目指し、投資に関する協議を続けていく。我々は、国際貿易における課題、エネルギー・環境・気候変動問題に関連した経済の転換、国際的な投資及び連結性に関するイニシアティブ並びにデジタル経済に焦点を当てた、日EUハイレベル産業・貿易・経済対話の設立及び2018年10月の第1回会合の開催を歓迎する。

我々は、G7及びG20における質の高いインフラ及び持続可能な成長のための資金の動員へのコミットメントを含め、日EU間及び国際場裡におけるルールに基づく連結性へのコミットメントを強調する。我々は、既存の日EU間協力枠組みを活用し、運輸、エネルギー、デジタル、人的交流を含む持続可能な連結性及び質の高いインフラについてのパートナーシップにコミットする。我々は、インド洋から太平洋にまたがる地域を含む欧州・アジア太平洋間の連結性に関し、経済、社会、財政、金融及び環境の持続可能性の改善に向け、引き続き協力する。我々は、透明性、包摂性、連結性における投資者及びビジネスの公平な競争条件、無差別のアクセス、開放的な公共調達、債務持続可能性、国際的な財産権の保護、国際規範及び基準の尊重を促進させるよう協力する。また、我々は、日EU間の運輸協力を深化させることで一致し、可能な限り本年中の日EUの航空の安全に関する協定の迅速な署名に期待するとともに、航空業務の一定の側面に係る協定を可能な限り早期に交渉する。

我々は、高い水準の個人データ及びプライバシーの保護、中核となる一連の個人の権利並びに独立したデータ保護機関による執行に基づき、データが安全に流通する世界最大の地域を創出し、及び両国の仕組みの高い水準の類似性に立脚した、データの十分性に係る日EU相互の決定を歓迎する。このような類似性に基づき、我々は、個人データ保護の世界標準の形成のため、国際的なパートナーと引き続き協働する。

我々は、研究及びイノベーションに関する日EU戦略的パートナーシップへのコミットメントを再確認し、共同プロジェクトへの共同支援の拡大にコミットする。我々は、科学技術振興機構と欧州研究会議の研究者の間の協働の機会を提供する新たな取決めを歓迎する。

我々は、低炭素エネルギーシステムへの転換を支援するため、柔軟かつ透明性の高い液化天然ガス（LNG）市場の発展に向けた共同の取組を含む、世界及び国内における持続的かつ廉価で安定的なエネルギー供給、並びに水素、エネルギー効率及び再生可能エネルギー技術等のエネルギー・イノベーションに係る調整を強化する意思を確認する。我々はまた、エネルギーへの持続的アクセス及び強靱性を促進するために資金を動員し、市場・投資環境を改善するために協働することを歓迎する。

我々は、教育・文化・スポーツ政策対話及び日欧大学間の提携による修士課程プログラムへの共同助成を歓迎する。

グローバルな課題、ガバナンス

緊密であり、かつ、志を共にするパートナーとして、日本とEUとは、ルールに基づく国際秩序を擁護するために、G7及びG20の場で協働する。共有された価値を堅持し、過去のコミットメントを実施し、及び新たな課題に対処することを通じて、6月のG20大阪サミットの成功を確実なものとすることは、我々の共同の野心である。

我々は、開かれた市場を維持し、WTOを中心とするルールに基づく多角的貿易体制を強化するとのコミットメントを再確認する。G7シャルルボワ・サミット、G20ブエノスアイレス・サミット及び日米EU三極貿易大臣会合において決定されたように、我々は、WTO改革を進展させるために引き続き取り組む意思を確認する。日本とEUとは、公平な競争条件を確保し、主要分野でのルール・メイキングを始めとするグローバルな貿易課題に対処するため、既存のWTOルールの改善のために協働する。我々は、WTOの他の主要なメンバーと共に産業補助金に係る規律の強化に関する交渉を開始し、強制的な技術移転に対処するための協力を強化することにコミットする。我々は、WTOの通常委員会の監視機能の強化及び上級委員会が本来の機能を確保するための協力に、引き続き取り組む。我々はまた、電子商取引に係るグローバルなルールの導入に向けたWTOにおける交渉の重要性を認識し、G20の日本議長国の下で、この目的に向けて政治的な推進力を与えることを目指す。

我々は、G20サミット及び2019年6月8日〜9日のつくば市での貿易・デジタル経済大臣会合を含め、イノベーション及び包摂性を促進するため、我々の経済及び社会のデジタル変革を踏まえた日EU間のデジタル協力を強化する。これに関連して、G20議長国としての日本は、「信頼性のある自由なデータ流通」（DFFT）イニシアティブのコンセプトを、議論のために提示する。我々は、データ

の潜在性を十全に活用するため、国際的な議論、特にWTOにおける電子商取引交渉に政治的な推進力を与える大阪トラックの立ち上げに向けて協働する。また、我々は、デジタル経済に関するその他のイニシアティブにおいても協力する。

我々は、開かれ、自由で、安定し、アクセス可能で、相互運用可能な、信頼できる、かつ安全なサイバー空間に対する強い支持を再確認する。我々は、各々の規制枠組みを相互に尊重しつつ、個別に及び共同で、データ・セキュリティに関する互いの信頼を強化するための具体策をとるよう協力する。我々は、既存の国際法、特に国連憲章のサイバー空間への適用の促進につき、引き続き結束している。我々は、人権の完全な尊重の保証、サイバー空間における知的財産の窃取、その他の悪意あるサイバー活動及びオンライン上の違法コンテンツとの闘い並びに地域的な信頼醸成措置の重要性を強調する形で、自発的かつ拘束力を有しない責任ある国家の行動に係る規範の発展及び実施に関する協力を再確認する。また、我々は、サイバー空間の安定性を確保する上での民間部門及びその他のステークホルダーの重要性を強調する。

我々は、G7やG20の場を含め、人工知能（AI）に対する人間中心のアプローチを推進するために協働する。

我々は、17の持続可能な開発目標（SDGs）を掲げる2030アジェンダへのコミットメントを再確認する。我々は、同アジェンダ実施に向けた機運の再活性化のため、2019年9月の首脳級国連ハイレベル政治フォーラムを考慮しつつ、協力を強化する。我々は、世界各地の前例のない異常気象を認識し、「IPCC1.5度特別報告書」にある最新の科学的知見を考慮することも含めて、気候変動に対処する地球規模の取組を更に強化していく緊急性を強調する。我々は、カトヴィツェ・ルールブック（パリ協定実施指針）に則ったパリ協定の完全かつ効果的な実施にコミットしている。

我々は、パリ協定の目標達成のために必要な更なる取組を勘案し、国、企業、市民社会に対し、全ての面において気候変動に対する一層の行動をとるよう呼びかける。我々は、パリ協定に沿う形で温室効果ガスの人為的な発生源による排出量と吸収源による除去量との間の均衡の達成を目指して努力し、関連する全ての議論の場で日EU協力を強化しつつ、2020年までに野心的な長期的温室効果ガス削減戦略を策定することを通じ、リーダーシップを示す決意を維持する。我々は、特に非連続なイノベーションによる環境と成長の好循環を加速させることの重要性に関するG20の成功のために協働する。

第四章

我々は、パリ協定の目標を達成するため、2019年9月の国連気候アクション・サミットの成功のための協力を強化する。日本及びEU構成国は、本年初めての公式増資プロセスを実施する緑の気候基金の効率的かつ効果的な運用に向け協働する。我々は、持続可能な投資に向けた民間資本の展開を支援する方途に関し、協力を強化するとともに、経験を共有する。

我々は、環境に関する課題に対処する決意を再確認する。我々は、循環型経済及び資源効率性を進展させること、安全かつ持続可能な代替策を推進しつつ、マイクロ・プラスチックを含む海洋プラスチックごみに対する具体的行動を促進すること、また、使い捨てプラスチック製品の環境への悪影響に対処することにコミットしている。この文脈において、国連環境総会の第4回会合において採択された閣僚宣言で想定される革新的解決策を想起し、これに対する我々の支持を再確認する。我々は、2020年に昆明で開催される国連生物多様性会議において包摂的、野心的かつ現実的なポスト2020枠組みを確保することも通じ、生物多様性条約の目的を達成することにコミットしている。我々は、2018年5月10日に国連総会で採択された決議72/277号「世界環境憲章に向けて」に基づくプロセスの終わりに国連総会に勧告を行うことを視野に、建設的に取り組んでいくことについてのコミットメントを強調する。

外交・安全保障政策

我々は、法の支配に基づき、また協議・連携の強化を通じ、国際的な平和と安定の促進に共に貢献することについてのコミットメントを確認する。我々は、イラン核合意の包括的共同作業計画への共同の支持を改めて表明する。我々は、北朝鮮による核兵器、及びその他の大量破壊兵器並びにあらゆる射程の弾道ミサイル計画の完全な、検証可能な、かつ不可逆的な廃棄、拉致問題の早期解決及び朝鮮半島の平和と安全に向けた外交的関与に係る米国が現在行っている取組への支持、ノルマンディー・フォーマットによる交渉への完全な支持を含むウクライナ東部紛争、ロシア連邦によるクリミア半島の違法な併合及びケルチ海峡における緊張、並びに東シナ海及び南シナ海において、国際法、特に国連海洋法条約に反する武力による威嚇又は武力の行使及び一方的行動を差し控えることの決定的な重要性を強調するような海洋安全保障の諸事項に取り組むことへの共有されたコミットメントを再確認する。

我々は、特に海洋安全保障、テロ対策、サイバー・セキュリティ及び危機管理の領域における安全保障・防衛に関する対話及び協力を強化することにコミットしている。日本は、EUによる東アジア・サミットに更に関与していくことに対する継続的関心を歓迎し、同地域において法の支配を促進するEUの努力を認識する。

持続可能な連結性及び質の高いインフラに関する 日EUパートナーシップ（仮訳）

（2019年9月27日（金））

1. 2018年10月18-19日のアジア欧州会合（ASEM）、2019年4月25日の日EU定期首脳協議及び2019年6月28-29日のG20大阪サミットにおける文書を想起し、日本とEUとは、共有する価値としての持続可能性、質の高いインフラ及び対等な競争条件がもたらす利益に対する確信に基づく連結性パートナーシップを確立するとのコミットメントを確認する。

2. 日本とEUは、デジタル、運輸、エネルギー及び人的交流を含むあらゆる次元における連結性に、二国間及び多国間で共に取り組む意図を有する。パートナーのニーズと需要を十分に考慮し、かつその財政能力及び債務持続可能性に最大限留意して、日本とEUは、特に西バルカン、東欧、中央アジア、インド太平洋及びアフリカ（注）地域において、第三国パートナーとの連結性及び質の高いインフラに関するそれぞれの協力の相乗効果と補完性を確保し、活動を協調させるよう努める。

3. 日本とEUは、開放性、透明性、包摂性、連結性に関する投資家及び産業を含む関係者のために対等な競争条件を促進するために共働することを構想する。双方はまた、自由で、開放的で、ルールに基づく、公正で、無差別かつ予測可能な、地域的及び国際的な貿易・投資、透明性のある調達慣行、債務持続可能性と高い水準の経済、財政及び金融、社会及び環境上の持続可能性の確保を促進する意図を有する。この文脈に関連して、日本とEUは、質の高いインフラ投資に関するG20原則の支持を歓迎し、これらの原則を適用し促進する。双方は、2019年4月の首脳宣言で合意されたパリ協定の完全かつ効果的な実施に対するコミットメントを想起する。

4. ルールに基づく連結性を世界的に促進するとのコミットメントに鑑み、双方は、G7,G20,経済協力開発機構（OECD）、世界銀行、国際通貨基金（IMF）、欧州復興開発銀行、アジア開発銀行（ADB）といった国際的な場を含む国際及び地域機関と協力する意図を有する。双方はまた、21世紀における自由で、開かれた、ルールに基づく公正な貿易及び投資のための高い水準のルールのモデルである日EU経済連携協定の達成の観点から、規制に関する協力を、また、革新的な技術を高めるための政策協調を推進する。双方は、持続可能な開発のための2030アジェンダの実施に対する持続可能な連結性の積極的な貢献を強調し、投資を刺激する環境作りのためにパートナー国を支援する用意があることを想起する。

5. 日本とEUは、民間投資を活発化させるために手段やツールを動員する重要性を認識し、あり得べき共同事業等を通じて、民間部門の関与も得て、持続可能な連結性のための資金供給を促進するために協力する意図を有する。この関連で、双方は、国際協力機構（JICA）と欧州投資銀行（EIB）との了解覚書を歓迎する。同覚書は、両機関間の緊密な協力を強化し、開発途上国における民間部門資金の需要に応える投資を促進することが期待される。双方は、この目的のために、国際協力銀行（JBIC）とEIBとの間、日本貿易保険（NEXI）とEIBとの間を含む既存の協力取決め及び覚書の下での協力を促進していく意図を有する。適当な場合には日欧産業協力センターが関与する。

6. 日本とEUは、開発途上国において、デジタル及びデータ・インフラ、政策及び規制枠組み等を通じて、包摂的な成長及び持続可能な開発の力強い実現手段として、デジタル連結性の強化に協力する。日本とEUは、デジタル経済の発展は、開かれ、自由で、安定した、利用しやすい、相互運用性のある、信頼性の高い、安全なサイバー空間と、信頼性のある自由なデータ流通（DFFT:大阪でG20首脳が宣言したもの）に依拠することを強調する。2019年1月に採択された双方の十分性認定といったこれまでの協力に支えられ、日本とEUは、互いの規制枠組みを尊重しつつ、データ・セキュリティ及びプライバシーに関する信頼を強化する目的を含め、DFFTの概念を更に精査し、促進し、運用化するために共に取り組む意図を有する。日本とEUはまた、「大阪トラック」の下、デジタル経済に関する大阪宣言に定められたとおり、国際的な政策討議、特に電子商取引の貿易関連の側面に関するWTOにおける国際的なルール作りを進めるために共に取り組む意図を有する。日本とEUは、人工知能（AI）、クラウド、量子コンピュータ及びブロックチェーンを含むイノベーションを加速する政策を引き続き促進する意図を再確認する。

7. 日本とEUは、規制枠組み同士のより深化した

協力及び相乗効果、運輸回廊の相互接続及び運輸
の安全性とセキュリティの強化を通じて、持続可
能な運輸の連結性を強化するために引き続き共に
取り組む。既存の日EU運輸ハイレベル協議は、
あらゆる輸送手段及び横断的な課題に関与し協力
する枠組みを提供する。

8．双方は、水素及び燃料電池、電力市場の規制並
びに液化天然ガスの世界市場といった分野におい
て引き続き協力し、既存の日EUエネルギー対話
に基づく持続可能なエネルギー連結性を引き続き
支持する。双方は、低炭素エネルギーシステムへ
の転換を促進するため、地域的及びグローバルな
エネルギー市場及びエネルギー・イノベーション
を強化する観点から、持続可能なエネルギー・イ
ンフラへの投資について議論する意図を有する。

9．日本とEUは、高等教育及び研究分野における
機関間の国際的な人的交流を拡大するため共に取
り組む。この文脈で、双方は、第1回日EU教
育・文化・スポーツ政策対話での共同声明に基づ

く日EU共同修士課程プログラムの立ち上げ及び
科学技術協力合同委員会を通じた取組を歓迎す
る。

10．連結性パートナーシップの枠組みにおける協力
は、可能な場合には、既存の対話及び協力枠組み
を通じて、とりわけ日EU間の戦略的パートナー
シップ協定及び経済連携協定の文脈において行わ
れる。定期的に行う進捗状況のレビューは、日
EU戦略的パートナーシップ協定の下に設置され
た合同委員会によって行われる。さらに、日EU
ハイレベル産業・貿易・経済対話は、連結性パー
トナーシップの下での戦略的議論の場として機能
し得る。連結性パートナーシップは、日EUのい
ずれに対しても国際法又は国内法上の法的拘束力
のある権利又は義務を創設すること意図するもの
ではない。

（注：TICAD並びに持続可能な投資及び雇用に
関するアフリカ欧州同盟を通じて成果を最大化す
ることを含む。）

欧州連結性フォーラムにおける安倍総理基調講演

（2019年9月27日（金））

皆様、おはようございます。今日、この場に立てることを大変うれしく思っております。

先ほど、御紹介いただきましたように、私はニューヨークの国連総会に出席し、昨夜遅くブリュッセルにまいりました。

私は、もうブリュッセルには何回も日本の総理大臣としてお邪魔させていただいておりますが、おそらく日本の総理大臣としてブリュッセルを訪問した回数としては最高の数になっているのではないかと思います。

ユンカー委員長にこの会議への参加を誘われた時、私は、断る理由を一つも見つけられませんでした。

お受けするわけなら、三つ、すぐに思い浮かびました。

第一点、ほかでもないユンカー委員長のお誘いだったということであります。

委員長とは、大きな仕事を成し遂げることができました。委員長と、ドナルド・トゥスク議長、そして私は、日本とEU（欧州連合）を代表し、時代を画す文書に調印いたしました。2018年7月17日のことでありました。

実はその頃、私はブリュッセルにいる予定でした。時あたかも、大水害が西日本を襲います。

だったら晋三、ぼくらが行くよと二人は言い、東京へ来てくれました。これは、ジャン＝クロード、感激でありました。

三人が署名した文書の一つは、新時代にふさわしい実質を備えたEPA、経済連携協定。もう一つが、SPA、戦略的パートナーシップ協定でした。

歴史的文書の、調印です。それを延期などしたくないと、二人は東京に来てくれたのでした。

EPAとSPAは、日本とEUを未来へ推し進める車の両輪です。EPAは、世界GDP（国内総生産）の約3割、世界貿易の約4割をカバーする、世界最大級の自由な先進経済圏を新たに生み出しました。

日本の消費者は、ワインやチーズの値段が下がったのを見て、効果を実感しています。日本のGDPは約5兆円、1パーセント押し上げられ、新たに生まれることが見込まれる雇用は29万人と、少なくありません。

グローバリズムへの反動が散見される中、日本とEUはいまEPAを結び、自由貿易の旗手として、自らを先頭に押し出しました。

そこには、守り抜かねばならない価値へのコミットメントがあります。

その点を述べて明快なものが、もう一方の日EU・SPAでした。つくづく思います。このSPAと

いうもの、あとでまた述べますが、近代の、150年になんなんとする時代を経て、皆さま方と日本人が到達した高みを、そこからはるばる見晴るかす眺望の広がりを、物語るものです。

つまりはEPAとSPAの重みが、私をここへ連れてきた理由の第二点目です。

三点目、そして最後の理由は、ジャン＝クロードがコネクティビティを共通議題にした動機を、私なりに考えてみたところによります。ここからは、以上述べましたところに肉付けをします。初めに、SPAのこと。そのあとコネクティビティについて思うところを述べた上、EUと日本に何ができるかの具体論に踏み込みます。

お集まりの皆さま、価値や原則が揺らぎ、漂流しかねない当節、ユーラシアの両極をなすEUと日本が結んだSPAは、高らかな宣言をもって始まります。

日本とEUが、戦略的パートナーとして、長期的で、深い協力を続けることができるのは、価値と、原則を分かち合っているからである。それが基礎をなしているからだと、そういう宣言です。

どんな価値で、原則か。SPAは民主主義を一義に挙げ、次いで法の支配、人権、自由を掲げました。

日本とEUには、それゆえ無限の可能性があると、SPAのロジックは進みます。

あらゆるレベルの協議、あらゆる共通の関心事項についての共同行動をする意思を明記したSPAは、どこまでも、未来を志向しています。

あらゆる可能性に、日EU・SPAは、確固たる法的基盤を与えました。

価値を分かち合い、原則を共にする私たちなら、SPAという箱に何であれ盛り込めるというわけで、条文は、40もの分野を列挙しました。宇宙から海洋に及ぶ全圏域で、軍縮であれテロ対策であれ、何でもできる設計です。

日本と欧州、思えば長い曲折を経て今日に至ります。

いまや同じ旗の下、共通の価値を奉じる、ふたつの頑丈な柱です。双方の人々は、支え合って世界をよき場所とするのだと、そんな決意ができるまでになったのです。

日本とEUを、自由貿易の旗手にしたEPA、普遍的価値のガーディアンとしたSPAの2つは両々あいまって、もし世界が大洋を行く船ならば、どんな揺れをも中和するスタビライザーの役割を果たします。

このほどEUと日本との間に、連結性パートナー

シップの約が相成ることとなったのは、その具体的表現にほかなりません。

望ましい連結性が満たすべき要件については、つとに日本が開いたG7（先進7か国首脳会議）とG20（金融世界経済に関する首脳会合）が、普遍的な、およそ誰もが守るべき基準を明らかにしました。

いまEUと日本はパートナーシップを結び合い、これから先頭切って、そのスタンダードを自ら行い、他の模範になろうとします。

これからのインフラは、質の高いものでなくてはなりません。必要なのは、サステイナブルで、偏りがなく、ルールに基づいたコネクティビティです。

そのコネクティビティを、いま口にすると、道路や港湾など、物理的なインフラが眼に浮かびます。

コネクティビティ、と二度目に口にするときは、ダイナミズムを思います。

陸に、海に、空、宇宙、サイバースペースに、人が動き、資金と物が移動して、知識と情報が激しく飛び交うという。

ところで白状しますが、私は、ルクセンブルクの小さな町シェンゲンが、あの有名な協定発祥の地だというだけでなく、ワインの名産地だったとは、最近まで知りませんでした。

そこで今度はジャン＝クロードのもっとも好きな、シェンゲンの白ワインでも味わうように、コネクティビティという言葉を舌に転がしてみます。すると気づくのは、その味わいです。

何しろコネクトのネクトはラテン語のネクトー、バインドするに語源をもちます。コネクトのコンが、一緒に、それも、とことん一緒にという意味ですから。

コネクティビティの語源に遡り、そのもつダイナミズムや物理インフラを思った私たちは、いまやこんなふうに言えるでしょう。

EPA、SPAをもつEUと日本は、徹底的に結束している。

陸と海という無辺の領域に、また空、宇宙、サイバー空間で生じるダイナミズムを正しくマネージするのは、揺るぎなく立ってこれら圏域を支える、日本とEUという二つの大黒柱でなければならない。

民主主義を奉じ、法の支配を重んじて、人権と、自由を守る点にかけて不動の決意を共にする者同士、どんなガバナンスが望ましいか、ルールを設けるならどんなものにすべきかを、熟考し、実行していく責めを負う。

道ひとつ、港ひとつにせよ、EUと日本が手掛けるなら、インド太平洋から西バルカン、アフリカに至るまで、持続可能で、偏りのない、そしてルールに基づいたコネクティビティを造ることができます。

ただつなげるのでなく、良くつなげるコネクティビティを、もたらすことができるのです。

もちろん、日本と欧州を結ぶコネクティビティを確かなものにするには、地中海、大西洋へとつながる海の道、インド・太平洋が、自由で、開かれたものでなければならないことは、言うまでもありません。

本フォーラムは副題で、持続可能な未来のため、いくつもの橋を架けるのだと言っています。

日本とEUならそれが可能だというところ、具体例で見てみましょう。

ユンカー委員長が一般教書演説で西バルカンに言及し、将来におけるそのEU加盟に言及したのは、確か2017年でした。

かくいう私も、2018年の1月、バルト諸国に加えて西バルカンを訪れ、両地域に、定期的対話の枠組みや、協力のイニシアティブをこしらえました。

バルト三国には、今日本の各界が熱い関心を寄せています。政治レベルの対話と、企業間の交流が、パラレルで進むようになりました。

一方、西バルカン協力イニシアティブの下、日本政府は最近この地方を専門とする移動大使を置きました。

また例えば、セルビアに対し2017年9月日本が実施した支援は、セルビア最大の火力発電所が出す煙を、劇的に浄化するものでした。

西バルカン協力イニシアティブはまた、災害への抵抗力をどう高めるかについて、西バルカン各国の行政官たちと、この分野に豊富な知見をもつ日本人専門家との交流を可能にしました。

西バルカンの若者を日本へ招くプロジェクトも現在進行中です。先ごろ来日したコソボのハシム・サチ大統領と夕食を共にし、改めて思ったことは、あれほどの戦乱をくぐった旧ユーゴスラビア諸国が続ける復興と成長の努力は、実に気高いものだということです。

EUと日本は力を合わせ、西バルカンへの協力に精出さねばと、私は決意を新たにいたしました。

バルト諸国にしても同様で、EUと日本の協力にとって格好の場所となるでしょう。

頑強で、繁栄する欧州は、世界の利益にかないます。譲れない価値を高く掲げるEUが、一体性を増し強くなるなら、これほど日本の利益にかなうことはありません。

目を、アフリカ大陸に転じます。

例えばブルキナファソの綿花は、加工場に行き、ギニア湾の港に行って、大西洋から世界に出ていきます。その間の道路が問題です。

質の高い道路ができたら、内陸国ニジェールにも役立ちます。西アフリカ全体の経済が、恩恵を受けます。

まさにその、質の高い道路を、今EUと日本が力を合わせて建設中です。

ブルキナファソのこの例は、アフリカ各国で私たちが進める協力のひな型となるでしょう。

ひと月前、私の政府が開いた第7回アフリカ開発

会議で、集まってくれた40を超す各国指導者に対し日本は約束をしました。

質の高いインフラを提供し、債務の罠に陥らない支援に尽力するということです。これは、EUがアフリカに対してなす約束と寸分違わないでしょう。

日本政府はこれから、アフリカで重点国を毎年10か国選び、向こう3年、延べ30か国の担当者に、公的債務やリスク管理の研修をします。ガーナとザンビアには、債務管理とマクロ経済運営のアドバイザーを送ります。

運輸、通信、電力から、データの信頼ある自由流通、そして宇宙に至るまで、全ドメインでコネクティビティを提供できるのは、私たち、EUと日本です。

金融のつけ方にも、シビル・ソサエティの蓄積にも、EUと日本には、一緒にやったとき、測り知れない相乗効果をつくる力がある。試しましょう。やってみようではありませんか。

最後に申します。日本ではいま正に、ラグビー・ワールドカップが佳境に入っています。残念ながら、ルクセンブルクの代表は出ていませんが、多くの国々が熱戦を展開しています。

10月22日には、天皇陛下の、御即位の式典があり、各国から、指導者の皆様に御参加いただきます。

そして来年を迎えると、オリンピックとパラリンピック。2025年にはワールド・エクスポ。皆様の、御訪問を待っています。

それは日本人に、ひとつ、不変の真実を教えてくれます。

コネクトし合ってこそ、人は人足り得る。コネクトされたとき、社会と国家は、強くなる。コネクティビティとは、人と社会、国家を、未来へつなぐ大きな橋だという真実です。

しかもいまや、EPA、SPAに結ばれた日本と欧州は、未来へのいくつもの橋を、協力し合ってつくることができます。

ジャン＝クロード、日本人を、これほど心丈夫にしてくれることはありません。夜間、大洋を行く船の乗員が、僚船の舷灯を頼もしく思うのに近い感じだといったら、お分かりいただけるでしょうか。

ジャン＝クロード、ここまで我々が歩んだ道のりとその達成に、誇りを抱きます。これで、私のスピーチを終えさせていただきたいと思います。

第四章

—— 東アジア地域包括的経済連携（RCEP）に係る共同首脳声明 ——
（仮訳）

2019年11月4日、タイ・バンコク

我々、東南アジア諸国連合（ASEAN）構成国及びオーストラリア、中国、インド、日本、韓国及びニュージーランドの国家元首又は行政府の長は、2019年11月4日、第3回RCEP首脳会議の機会にタイのバンコクに集まった。

我々は、2012年にカンボジアのプノンペンで発出された「RCEP交渉立上げに関する共同宣言文」、及び、我々の承認の下、現代的な、包括的な、質の高い、かつ、互恵的な経済連携協定を達成することを約束した、「RCEP交渉の基本指針及び目的」を想起した。

RCEP交渉の完了は、急速に変化する国際環境を背景に、この地域における開かれた貿易・投資環境への我々の共同のコミットメントを示すものとなる。我々は、中小企業を含むビジネス並びに労働者、生産者及び消費者の利益のため、地域的バリューチェーンをさらに拡大させ、及び深化させることを目指して、協定を交渉している。RCEPは、

この地域の将来的な成長の見通しを大いに促進し、世界経済に積極的に貢献すると同時に、強力な多角的貿易体制を支える柱としての役割を果たし、この地域の各国における開発を促進するであろう。

我々は、2013年に始まったRCEP交渉の成果について閣僚から提出された報告を歓迎した。

我々は、RCEP参加15か国が、全20章[1]に関する条文ベースの交渉及び15か国の基本的に全ての市場アクセス上の課題への取組みを終了したことに留意し、2020年における署名のために15か国による法的精査を開始するよう指示した。

インドには、未解決のまま残されている重要な課題がある。全てのRCEP参加国は、これらの未解決の課題の解決のために、相互に満足すべき形で、共に作業していく。インドの最終的な決断は、これらの未解決の課題の満足すべき解決にかかっている。

---

[1] （1）冒頭の規定及び一般的定義、（2）物品の貿易、（3）原産地規則（品目別規則に関する附属書を含む）、（4）税関手続及び貿易円滑化、（5）衛生植物検疫措置、（6）任意規格、強制規格及び適合性評価手続、（7）貿易上の救済、（8）サービスの貿易（金融サービス、電気通信サービス、自由職業サービスに関する附属書を含む。）、（9）自然人の移動、（10）投資、（11）知的財産、（12）電子商取引、（13）競争、（14）中小企業、（15）経済及び技術協力、（16）政府調達、（17）一般規定及び例外、（18）制度に関する規定、（19）紛争解決、（20）最終規定

WTO上級委員会の機能停止とWTO改革について
（外務大臣談話）

2019年12月11日

1　世界貿易機関（WTO）の上級委員会が、12月10日、新規案件の審理を開始できない事態に陥りました。加盟国間では、かねてより上級委員会が紛争の明確かつ迅速な解決を確保するという本来の役割を果たせていないとの強い懸念があります。我が国もこの懸念を共有するとともに、上級委員会の改革は喫緊の課題であると考えています。

2　近年のWTOが、保護主義や不公正な貿易慣行、また、技術革新等がもたらす新たな課題に十分に対応できていないことを踏まえ、我が国は、WTO改革に向けた取組を推進してきました。例えば、WTOが、デジタル経済の新たなルール作りに取り組むよう、電子商取引交渉を共同議長としてけん引し、また、「大阪トラック」を通じこれを促進しています。

3　11月のG20愛知名古屋外務大臣会合では、上級委員会が抱える問題の解決を始めとするWTO改革の必要性について切迫感を共有しました。また、上級委員会が抱える問題について、我が国は、既に本年4月にWTOに提案を出し、議論に貢献してきました。来年6月の第12回WTO閣僚会議に向け、改革の諸分野で実質的な進捗が得られるよう、日本として加盟国間の議論を一層積極的に主導してまいります。

［参考1］上級委員会の機能停止
(1)　WTO紛争解決制度は、いわゆる二審制をとっており、第二審として最終的な裁定を行う上級委員会は、7名の委員で構成され、3名で一事案の審理を担当。
(2)　上級委員会制度に関しては、従来加盟国の一部から越権行為など具体的な懸念が提起されていたところ、2017年からは上級委員の選出手続が全加盟国の同意が得られずに停止し、一部の空席が続いていた。
(3)　本年1月から、上級委員会問題について集

中的に議論を行うため、WTO一般理事会非公式プロセスが開始、4月には、日本も豪・チリと共に改革案を提出。また、12月9日〜11日のWTO一般理事会において、非公式プロセスの議論の結果を集約した解決案が示されたが、コンセンサスに至らず。
(4)　上級委員会は、12月10日をもって、現職3名のうち、2名の任期が切れて、新規案件の審理が事実上不可能な状況となった。

［参考2］上級委員会が抱える問題に関する日本提案（豪州及びチリとの共同提出）
　上級委員会の役割・機能に関する現行の規定を改めて確認し、その内容を明確化するとの決定を採択するよう加盟国に提案するもの。明確化すべき規定の具体的な内容として、これまで加盟国から提起されてきた懸念や疑問点（上級委員会の審査範囲、審査期限の遵守、判断の先例的価値など）が含まれる。

［参考3］WTO改革の現状
　紛争解決手続の改革に加え、以下の点が課題として認識され、現在議論が行われている。
(1)　現行のWTO協定が新興国の台頭など世界経済情勢の変化を十分に反映していないこと等を背景に、21世紀の現実を反映したルール作りを行えるよう交渉機能を再活性化すること。現在、デジタル経済のルール作りに向け、我が国は、豪州、シンガポールを共同議長として、80か国以上の有志国による電子商取引交渉を行っている。また、我が国は、本年6月のG20大阪サミットの機会に「大阪トラック」を立ち上げ、本交渉を始めとするデジタル経済に関する国際的なルール作りを主導している。
(2)　WTO協定上の通報義務が十分に遵守されていないこと等を受け、協定履行監視機能を強化すること。

第四章

INFORMAL PROCESS ON MATTERS RELATED TO ── THE FUNCTIONING OF THE APPELLATE BODY
COMMUNICATION FROM JAPAN, AUSTRALIA AND CHILE

Revision*

The following communication, dated 25 April 2019, is being circulated at the request of the delegations of Japan, Australia and Chile.

1 INTRODUCTION

1.1. We share the concerns of many WTO Members concerning the importance of an effectively functioning WTO dispute settlement system. We welcomed the initiative to entrust a facilitator to consult informally on matters related to the functioning of the Appellate Body. Like other delegations, we participated in the open-ended meetings and other sessions convened by the facilitator.

1.2. Building on Ambassador Walker's report of 28 February, we wish to present the following ideas as an option to be considered in further work on this subject.

1.3. We propose that Members focus their work toward adopting a decision, or decisions, of the Dispute Settlement Body (DSB), affirming and clarifying the existing provisions of the Dispute Settlement Understanding (DSU). A decision of this nature would be the most practical, feasible and expeditious solution to the key issues confronting all Members in respect of the WTO dispute settlement system.

1.4. A proposed draft of such a decision is laid out below, although other vehicles could be considered if they are effective and realizable.

1.5. Nothing in the decision shall be construed as adding to or diminishing the rights and obligations of Members under the Marrakesh Agreement Establishing the World Trade Organization.

1.6. The draft decision addresses some of the concerns that have been raised in our discussions.

Maintaining a focus on the DSB's role to achieve a satisfactory settlement of matters before it, we would also like to address issues like advisory opinions, procedures to select persons to fill Appellate Body vacancies, and managing the implications when an Appellate Body member's term expires (Rule 15 issue) on other occasions. We welcome contribution on these issues as well as on additional contributions on any other issues as part of this process.

2 DRAFT DECISION

The Dispute Settlement Body,

Having regard to paragraph 1 of Article 2 and Article 17 of the Understanding on Rules and Procedures Governing the Settlement of Disputes (DSU),

Affirming that recommendations and rulings made by the DSB are aimed at achieving a satisfactory settlement of the matter in accordance with the rights and obligations under the DSU and the covered agreements, and cannot add to or diminish the rights and obligations provided in the covered agreements,

Mindful that the dispute settlement system of the WTO is a central element in providing security and predictability to the multilateral trading system,

Decides as follows:

Scope of issues to be considered by the Appellate Body

1. Members confirm that when the Appellate Body addresses the issues raised by the parties to the dispute per paragraph 12 of Article 17 of the DSU, the scope of the Appellate Review shall be limited to issues of law covered in a panel re-

---

* This revision is to add Chile as co-sponsor to the submission.

port and legal interpretations developed by the panel in strict compliance with paragraph 6 of Article 17 of the DSU.

2. Members confirm that the Appellate Body shall not review panel's fact-finding, such as meaning of municipal law, as an issue of law.

3. Members affirm that they should refrain from filing appeals to the Appellate Body beyond the remit of Appellate Body.

Strict observance of the 90-day deadline for Appellate Review

4. Members confirm that the prompt settlement of disputes is essential to the effective functioning of the WTO and the maintenance of the proper balance between the rights and obligations of Members, as stated in Article 3.3 of the DSU.

5. Members confirm that the Appellate Body shall strictly observe the 90 day deadlines for Appellate Review.

6. Members also recognize the difficulty in some cases, in particular, those involving complicated measures and/or legal claims, and confirm that the Members involved would need to resolve the resulting procedural consequences in such cases.

[*Note: This issue in the paragraph above needs to be discussed further in the ongoing process*]

Issue of precedential value of interpretation by the Appellate Body

7. Members confirm that an interpretation by the Appellate Body of any WTO provision does not constitute a precedent for posterior interpretations.

8. Members confirm that panels may adopt an interpretation of a WTO provision that is different from the one developed by the Appellate Body.

9. Members reaffirm the important role of the dispute settlement system in providing security and predictability, as stated in paragraph 2 of Article 3 of the DSU.

Requirements that the panel and Appellate Body cannot add to or diminish the rights and obligations of Members

10. Members confirm that recommendations and rulings of the DSB cannot add to or diminish the rights and obligations provided in the covered agreements, in accordance with paragraph 2 of Article 3 and paragraph 2 of Article 19 of the DSU.

11. Members also confirm that panels and the Appellate Body should refrain from making a finding or recommendation on any of the issues of law and legal interpretation of relevant provisions of the WTO Agreement to the extent that the finding or recommendation adds to or diminishes the rights and obligations provided in the covered agreements.

12. Members confirm that panels and the Appellate Body shall interpret, in accordance with paragraph 6 (ii) of Article 17 of the Anti-dumping Agreement, any provision of that Agreement that admits of more than one permissible interpretation, so as not to add to or diminish the rights and obligations provided in the covered agreements.

Regular dialogue between the DSB and the Appellate Body

13. In order to ensure the implementation of the decision afterwards, the DSB, in consultation with the Appellate Body, will establish a regular dialogue channel between the DSB and the Appellate Body.

14. Members affirm that they will also consider how to ensure the implementation of the outcomes of the regular dialogue between the DSB and the Appellate Body.

第四章

──PROCEDURES TO ENHANCE TRANSPARENCY AND── STRENGTHEN NOTIFICATION REQUIREMENTS UNDER WTO AGREEMENTS

COMMUNICATION FROM ARGENTINA, AUSTRALIA, CANADA, COSTA RICA, THE EUROPEAN UNION, JAPAN, NEW ZEALAND, THE SEPARATE CUSTOMS TERRITORY OF TAIWAN, PENGHU, KINMEN AND MATSU, AND THE UNITED STATES

Revision

The following communication, dated 27 June 2019, is being circulated at the request of the Delegations of Argentina, Australia, Canada, Costa Rica, the European Union, Japan, New Zealand, the Separate Customs Territory of Taiwan, Penghu, Kinmen and Matsu, and the United States.

Draft General Council Decision

Procedures to Enhance Transparency and Strengthen Notification Requirements Under WTO Agreements

Decision of X Date

The General Council,

Recognizing that transparency and notification requirements constitute fundamental elements of many WTO agreements and a properly functioning WTO system, and thus of Members' obligations;

Acknowledging the chronic low level of compliance with existing notification requirements under many WTO agreements; and

Desiring to strengthen and enhance transparency and improve the operation and effectiveness of notification requirements;

Decides as follows:

General

1. To reaffirm existing notification obligations and recommit to providing required and timely notifications under the following WTO Agreements and Understandings within the remit of the Council for Trade in Goods, including for which there is regular annual reporting provided by the Secretariat (G/L/223/Rev.26 and its revisions) :

> Agreement on Agriculture
> Agreement on Implementation of Article VI of the GATT 1994 (Anti-Dumping)
> Agreement on Subsidies and Countervailing Measures
> Agreement on Safeguards
> Understanding on the Interpretation of Article XVII of the GATT 1994 (State Trading)
> Agreement on Implementation of Article VII of the GATT 1994 (Customs Valuation)
> Agreement on Import Licensing Procedures
> Agreement on Rules of Origin
> Agreement on Preshipment Inspection
> Decision on Notification Procedures for Quantitative Restrictions (G/L/59/Rev.1)
> Agreement on Trade Related Investment Measures
> Agreement on the Application of Sanitary and Phytosanitary Measures
> Agreement on Technical Barriers to Trade
> Agreement on Trade Facilitation, Section I

2. To instruct the Working Group on Notification Obligations and Procedures (Working Group) to meet before [x date] to develop recommendations on improving Member compliance with notification obligations under the Agreements and Understandings listed in paragraph 1. The Working Group will consult with appropriate committees, other working groups and bodies as appropriate, and consider both systemic and specific improvements that can help Members improve compliance with notification obligations. The Working Group will also consult with the WTO Secretariat as appropriate, including the WTO Institute for Training and Technical Cooperation (ITTC) to assess the contribution of WTO trade-related technical

assistance to improving notification compliance, as well as the Central Registry of Notifications. The Working Group will report to the Council for Trade in Goods on its findings before [x date], and provide updates at each subsequent meeting.

3. To instruct the Working Group to work with the Secretariat to update the Technical Cooperation Handbook on Notification Requirements for each of the agreements and understandings listed in paragraph 1 and present it to the Council for Trade in Goods for its [x date] meeting.

4. To instruct the Trade Policy Review Body to ensure that beginning in [20XX] all trade policy reviews include a specific, standardized focus on the Member's compliance with its notification obligations under the Agreements and Understandings listed in paragraph 1.

5. A Member that fails to provide a required notification within the deadline referenced in the relevant Agreement or Understanding listed in paragraph 1 is encouraged to submit to the relevant committee by six months after the relevant deadline and every six months thereafter an explanation for the delay, the anticipated time-frame for its notification, and any elements of a partial notification that a Member can produce to limit any delay in transparency.

6. If a Member fails to provide a required notification within the deadline referenced in the relevant Agreement or Understanding listed in paragraph 1, the Member may request the Secretariat provide assistance in researching the matter and, in full consultation with the relevant Member, and only with the approval of that Member, provide a notification on its behalf.

7. A developing country Member encountering difficulties to fulfil its notification obligations is encouraged:

(a) to request assistance and support for capacity building from the Secretariat, either

in the form of WTO trade-related technical assistance or as ad hoc-assistance for a particular notification; and

(b) to submit to the relevant committee and to the Working Group by six months after the deadline provided under the relevant Agreement or Understanding listed in paragraph 1 and every six months thereafter information on those notifications that it has not submitted due to a lack of capacity, including information on the assistance and support for capacity building that the Member requires in order to submit required notifications.

8. With respect to the notification referred to as DS:1 in the Committee on Agriculture's Notification Requirements and Formats (G/AG/2), the deadline for the purposes of paragraphs 5 and 7 (b) of this Decision shall be two years following the notification deadline required under G/AG/2. This paragraph shall cease to operate once an update of G/AG/2 has been adopted. An update of G/AG/2 is encouraged within two years of this Decision.

9. To encourage Members, at any time, to bring to the attention of the relevant Committee information they consider has not been notified by another Member in accordance with the Agreements and Understandings listed in paragraph 1.

10. Beginning in 20XX, if a Member fails to submit a required notification:

(a) except as provided in subparagraphs (b) and (c), by one year from the deadline provided under the relevant Agreement or Understanding listed in paragraph 1[1] ;

(b) by three years from the deadline required under the Committee on Agriculture's Notification Requirements and Formats (G/AG/2) with respect to the notification referred to as DS:1[2] ; or

第
四
章

---

1) For the purposes of this Decision, the SPS Committee and TBT Committee, respectively, will develop guidelines on the conditions under which a Member shall be deemed to have failed to provide a required notification with respect to ad hoc notifications for the Agreement on the Application of Sanitary and Phytosanitary Measures and Agreement on Technical Barriers to Trade such that administrative measures shall be applied pursuant to paragraph 10 of this decision. This decision shall not apply to ad hoc notifications under the TBT or SPS Agreements until the relevant guidelines have been adopted.

(c) by one year of this Decision being adopted with respect to an outstanding one-time notification, or required update, containing the most current information,

the following administrative measures shall apply to that Member:

(ⅰ) the Member shall be designated as a Member with notification delay;

(ⅱ) representatives of the Member will be called upon in WTO formal meetings after all other Members have taken the floor, and before any observers;

(ⅲ) when the Member with notification delay takes the floor in the General Council it will be identified as such;

(ⅳ) the Secretariat shall report annually to the Council for Trade in Goods on the status of the Member's notifications; and

(ⅴ) representatives of the Member cannot be nominated to preside over WTO bodies.

11. If after one year of the administrative measures in paragraph 10 are applied, the Member has failed to submit the relevant notification, the following administrative measures shall also be applied to the Member, in addition to the measures in paragraph 10:

(ⅰ) the Member shall be subject to specific reporting at the General Council meet-

ings;

(ⅱ) questions posed by the Member to another Member during a Trade Policy Review need not be answered; and

(ⅲ) the Member shall be assessed a charge by the Secretariat at the rate of [x] [5] per cent of its normal assessed contribution to the WTO budget, to be effective in the following biennial budget cycle, that may be used for the purpose of providing Members with technical assistance to fulfil notification obligations, including through the ITTC.

12. The commencement of the administrative measures identified in paragraphs 10 and 11 shall be deferred a year, respectively, for a developing country Member that has submitted information on the assistance and support for capacity building that the Member requires, as set out in paragraph 7, if the Member still fails to provide the required notification.

13. When the administrative measures identified in paragraphs 10 and 11 will be applied to any Member, the Director-General will notify the Ministers of those Members responsible for the WTO of the administrative measures being applied with respect to those Members.

14. Once any such Member comes into compliance with its notification requirements, the administrative measures will cease to apply.

2) This subparagraph and paragraph 8 shall cease to operate once an update of G/AG/2 has been adopted. An update of G/AG/2 is encouraged within two years of this Decision.

208

━━━━━ 2019年OECD閣僚理事会 議長声明（仮訳）━━━━━
「持続可能な開発のためのデジタル化の活用：機会と課題」

（概要）

2019年5月23日　経済協力開発機構室

1. 以下の点につき、全ての加盟国の全般的な合意（general agreement）があると理解。

冒頭

• 世界経済はますますデジタル化。継続的な構造改革、適切なマクロ経済政策及び開かれた市場が重要。デジタル化のグローバルな性質に鑑み、効果的な国際協力が必要。
• G20、G7、国連、APEC、ASEAN等へのOECDの貢献を認識、歓迎。
• 「ゴーイング・デジタル」プロジェクトのフェーズ1の成果を歓迎。フェーズ2に期待。

人工知能（AI）

• AIに関するOECD理事会勧告を採択。同勧告では、人間中心のアプローチを支持。

デジタル時代の課税

• 経済のデジタル化に伴う課税上の課題及び残されたBEPS上の問題に関する進展を歓迎。2020年にコンセンサスに基づく長期的解決策をとりまとめる努力に期待。

競争

• 開かれた競争可能な市場の重要性を強調。市場集中の増加の効果を注意深く考慮すべきことに留意。

セキュリティ、プライバシー及びデータ

• セキュリティの改善、個人データ及びプライバシーの保護並びに消費者の保護は、デジタル化における公の信頼を生み出し、信頼性に基づくデータの自由な流通を促進し、イノベーションを促進。
• プライバシー、データ保護、重要なデジタル・インフラのセキュリティ、及び知的財産権のための適用可能な枠組を尊重しつつ、情報、アイデア及び知識の自由な流通を支持。

より良い生活のためのデジタル・イノベーション

• デジタル・イノベーション、データ、及び革新的なデジタル・ソリューションの活用の潜在性を認識。プライバシー、セキュリティ、倫理を尊重し、知的財産権、個人データ、消費者を保護し、偽情報の拡散と戦い、民主主義及び人権（表現の自由を含む。）を保護することにコミット。

グローバル関係及び加盟

• OECDの分析、インストゥルメンツ及びグッド・プラクティスの普及・推進のため、OECDによる非加盟国・地域及び他の国際機関との現行の協力を支持。

リーダーシップ及び運営

• 理事会による更なる検討・決定に係る、戦略的方向性におけるものを含む新しいイニシアティブを提案する事務総長の役割を認識。

2. 以下につき、相当多数の加盟国（prevailing number of Members）の合意があると理解。

より良い生活及び持続可能な開発のためのデジタル・イノベーション

• 持続可能な開発目標（SDGs）及び持続可能な開発のための2030アジェンダの達成に資するための、情報及び通信技術へのアクセス、デジタル・イノベーション及びスキルの育成の重要性を強調。
• 開かれた、誰もが公平に利用可能な、質の高いインフラ、及び女性・女児、高齢者等におけるスキル格差を狭めることは、持続可能な開発のためのデジタル化等において引き続き重要。

仕事の未来

- 労働市場における大きな構造的変化及びスキルの需要により、教育、訓練、雇用、社会政策、社会保護システムの適応が求められると認識。包摂的かつ持続可能な「仕事の未来」の構築等に引き続きコミット。

持続可能な開発及びエネルギー効率的な経済

- 気候変動及びその他の環境課題に対処し、よりクリーンで持続可能な成長を達成するためのデジタル技術の潜在性を認識。
- パリ協定の実施にコミットしている加盟国は、引き続き、デジタル化により作り出される機会を活用することも含め、同協定に関与。

デジタル時代の貿易及びグローバルな貿易が直面する現代的課題

- 多角的貿易体制の重要性及びその国際貿易・投資に対する貢献を強調。

- 過剰生産能力、市場歪曲的な補助金、強制技術移転等の保護主義的な措置、WTO上級委の委員任命の停滞等、グローバルな貿易が直面する現在の課題について議論。
- 現在の貿易上の緊張がグローバル経済に影響を与えていることを認識し、国際貿易・投資のため競争条件を公平にすることで、その緊張の根本要因に対処する必要性について合意。
- 必要なWTO改革にコミット。透明性の改善を目的とする、WTOでの通報に関する提案を歓迎。WTOでの紛争に関する、機能する、二審制で拘束力のある、第三者的審議制度の保全を要請、WTOの交渉機能促進に対する柔軟な交渉アプローチを支持。
- 産業補助金に関する国際ルール強化、「鉄鋼の過剰生産能力に関するグローバル・フォーラム」の無期限の延長、及び「輸出信用に関する国際作業部会」での取組の加速化を要請。電子商取引に関する共同声明イニシアティブを歓迎、支持。
- OECDに対し、市場歪曲的支援措置やその他貿易上の障壁に関するものを含む分析作業の継続を要請。 （了）

1. 5月22日及び23日、2019年OECD閣僚理事会が、議長国のスロバキア、副議長国のカナダ及び韓国の下開催され、「持続可能な開発のためのデジタル化の活用：機会と課題」に関する政策について議論した。議長は、以下の点について、全ての加盟国[1]間で全般的に一致していると理解している。

2. 2019年閣僚理事会は、世界経済がますますデジタル化され、経済成長及び生産性のための大きな潜在性をもたらす中、政策形成の重要な節目の時に開催されることになる。このため、継続的な構造改革、適切なマクロ経済政策及び開かれた市場は重要である。デジタル化のグローバルな性質は、効果的な国際協力を必要性とし、加盟国は、課題に対処し、デジタル化の便益がより広範に利用可能になることを確保し、「持続可能な開発のための2030アジェンダ」の実現に貢献するため、より良く協働することができる。全ての加盟国は、その作業がどのようにG20、G7、国連、APEC、ASEANといったグローバル又は地域的なフォーラムに貢献するかを含め、この観点から

のOECDの役割について認識し、歓迎する。

3. 全ての加盟国は以下の「ゴーイング・デジタル」水平的事業の第1フェーズの成果を歓迎する：「ゴーイング・デジタル・ツールキット（the Going Digital Toolkit）」、及び、報告書「ゴーイング・デジタル：政策の形成及び生活の向上（Going Digital：Shaping Policies, Improving Lives）」、「デジタル化の測定（Measuring the Digital Transformation）」、「デジタル時代の生活はどのようなものか（How's Life in the Digital Age）」。同時に、加盟国は、オンライン・プラットフォーム並びにブロックチェーン及び人工知能（AI）を含む新興技術に関する取組とともに、第2フェーズを期待し、ゴーイング・デジタル・サミットによる異なる貢献に留意する。

全ての加盟国は、表現の自由、人権、あるいはより良い生活のためのイノベーションを損なうことなく、テロ及び暴力的過激主義を目的とするインターネットの使用に対抗するため、協働することを約束する。そのために、これらの加盟国は

1) オーストラリア、オーストリア、ベルギー、カナダ、チリ、チェコ、デンマーク、エストニア、フィンランド、フランス、ドイツ、ギリシャ、ハンガリー、アイスランド、アイルランド、イスラエル、イタリア、日本、韓国、ラトビア、リトアニア、ルクセンブルク、メキシコ、オランダ、ニュージーランド、ノルウェー、ポーランド、ポルトガル、スロバキア、スロベニア、スペイン、スウェーデン、スイス、トルコ、英国、米国、欧州連合の閣僚及び代表。

OECDに対し、「ゴーイング・デジタル」第2フェーズ水平的作業計画を通じて、かつ関連するパートナー、専門家及びステークホルダーと協議しつつ、あり得べき次なる方策を検討し、2020年3月31日までに理事会に報告することを要請する。

4. 人工知能：全ての加盟国は人工知能（AI）に関するOECD勧告を採択した。同勧告は、潜在的なリスクを管理することによるものを含め、この重要な技術に対する信頼を促進し、その導入及び使用を促進するための国際協力における重要なステップである。同勧告は、包摂性、透明性、強じん性、及びアカウンタビリティ等の責任あるスチュワードシップのための原則に基づく、信頼できるAIへの人間中心のアプローチを促進するような、予測可能で安定し、かつ適応可能な政策環境を支援する。加盟国は、OECDに対し、AIに関する取組を継続することを奨励する。これらの加盟国は、OECD・AI政策オブザバトリーの設置及びその他の類似のイニシアティブとのあり得べき協力を歓迎する。OECD及びその加盟国は、AIの長期的な専門知識を蓄積するため、国際的、分野横断的、そしてマルチ・ステークホルダーのイニシアティブを奨励すべきである。

5. デジタル時代の課税：全ての加盟国は、デジタル化に伴う課税上の広範な課題及び税源浸食と利益移転（BEPS）に関する残された課題に対処する手段としての詳細なロードマップに関する、具体的な提案の策定と合意に向けた取組の最近の進展を歓迎する。加盟国は、OECD/G20 BEPS包摂的枠組みの全ての加盟国及びその他のステークホルダーと協力しつつ、2020年の、合意に基づいた長期的解決策に向けた今後の取組に期待する。これらの成果は、税の透明性向上のための金融口座情報の自動交換の開始やBEPSプロジェクト等を通じて国際課税システムの公正性の向上においてOECDが果たす重要な役割を基礎としている。加盟国は、全ての国に対し、この多国間のOECDプロセスに引き続きコミットすることを要請する。さらに、加盟国は、税の透明性及びBEPSに関するアジェンダの実施を含む、途上国の税務執行を強化するための能力構築を強化するOECDのイニシアティブを奨励する。

6. 競争：全ての加盟国は、開かれた競争可能な市場の重要性を強調し、競争が政府及びステークホルダーにとり長年にわたる優先分野であることを認識する。これらの加盟国は、政策立案者が市場の集中の増加の効果を注意深く考慮すべきであり、また、競争当局が、デジタル企業による競争を阻害し得る行動に対処するに当たって、警戒すべきであることに留意する。加盟国はOECDに対し、引き続き、競争政策及び執行に関する対話のための取組及び支援を行うことを奨励する。これには、データへのアクセス及び管理、企業結合、知的財産権、消費者保護、外国公務員贈賄との戦い等の政策分野との潜在的なリンケージを考慮することによるものを含む。加盟国は、オンライン・プラットフォーム並びにデジタル化する国際経済に関連した競争及び関連法の執行に関するOECDの取組を歓迎する。全ての加盟国は、OECDに対し、引き続き、国内的に及び国境を越えて、競争当局間、そして、消費者及びデータ保護当局等の他の規制当局との協力を促進することを奨励する。

7. セキュリティ、プライバシー、及びデータ：加盟国は、セキュリティの改善、個人データ及びプライバシーの保護並びに消費者の保護がデジタル化における公の信頼を生み出し、信頼性に基づくデータの自由な流通を促進し、イノベーションを促進することを認識する。全ての加盟国は、プライバシー及びデータ保護、決定的に重要なデジタル・インフラのセキュリティ並びに知的財産権のための適用可能な枠組を尊重しつつ、情報、アイデア及び知識の自由な流通を支持する。加盟国は、政府及び産業界を含む他のステークホルダーにとって、責任あり、効果的で、信用でき、信頼性のあるデータ・ガバナンスを促進するために更なる取組が可能であることを認識し、これらの課題により効果的に対処し、グローバルなデジタル・システムにおける信頼及び信用を構築するために協働するよう努める。加盟国はOECDに対し、異なる種類のデータの測定及び定義を行うこと等により政策に関連するデータの測定を改善することを要請する。加盟国は、「繁栄のためのデジタル・セキュリティに関するグローバル・フォーラム」並びに公共ガバナンス分野等におけるプライバシー及びオープン・データの分野に関連した取組を更に支援するための方策を模索する。

8. より良い生活のためのデジタル・イノベーション：全ての加盟国は、市場、公的機関、健全なコーポレート・ガバナンスを伴った企業活動及びより効果的な規制枠組を含む経済的成果を改善し、また、人々、コミュニティ、政府、都市、地方及び地域のためのサービスを向上させる上でデジタル・イノベーション、データ及び革新的なデジタル・ソリューションの活用の潜在性を認識する。加盟国は、オンライン・プラットフォーム及びサービス経済に関するOECDの取組、可能な場合には性別、年齢別に分けられたデータの収集、また、より持続可能な都市環境の奨励、健

第四章

康・福祉の促進及び市民の関与の促進を含め、政府がどのように都市、地方、地域が「スマート」になる上で役立つことができるかに関する分析及び政策助言を歓迎する。その際に、加盟国は、プライバシー、セキュリティ、倫理、知的財産権保護、個人データ保護及び消費者保護、特にオンライン上の児童保護を尊重し、また、偽情報の拡散と戦い、表現の自由を含む民主主義及び人権を保護することにコミットする。また全ての加盟国はオンライン・サービス・プロバイダが、OECD多国籍企業行動指針を遵守することを期待する。加盟国は、さらに、OECDに対し、国内又は越境の大気、水質、土壌汚染のデータの共有に関する国際協力を促進することを奨励する。

9. 対外関係及び加盟：全ての加盟国は、OECDの分析、インストゥルメンツ及びグッド・プラクティスを普及・推進することを目的に、現在進行中のOECDの非加盟国・地域及び他の国際機関との協力を支持する。加盟国は、コロンビアのOECDへの加盟協定に係る批准手続の完了を期待し、コスタリカのOECDへの加盟手続におけるコミットメントを果たすための努力を力強く感じている。

10. リーダーシップ及び運営：加盟国は、事務総長の戦略的方向性におけるものも含め、理事会による更なる検討及び決定のため新しいイニシアティブを提案する事務総長の役割を認識し、OECDの成果物を支える事務局全体の努力に感謝する。

さらに、議長は、以下の点につき、相当多数の加盟国（prevailing number of Members）が一致していると理解している。

11. より良い生活のためのデジタル・イノベーション：加盟国は、各国が「持続可能な開発のための2030アジェンダ」及び持続可能な開発目標（SDGs）を達成することを支援するための情報及び通信技術へのアクセス、デジタル・イノベーション並びにスキルの育成の重要性を強調する。相当多数の加盟国は、協働することにより、コストの分担、能力の結集、開かれた競争的な市場を通じての相互に合意された条件に基づく自発的な技術の拡散の促進、さらに、大規模で長期の特化した戦略的ファイナンスを促進する公的部門と民間部門の間のパートナーシップが可能になり得ることを認識する。開かれた、誰もが公平に利用可能な質の高いインフラ並びに特に女性・女児、高齢者及び他の脆弱な集団におけるスキルの格差を狭めることは、引き続き、持続可能な開発のために既存の技術及びデジタル化を活用する際の鍵である。加盟国はOECDに対し、この分野におけ

る政策対話の機会を活用することを要請する。

12. 仕事の未来：相当多数の加盟国は、労働市場における大きな構造変化及びスキルの需要により、女性、若者、高齢者、障害のある労働者及び他の脆弱な集団、また、基準外の労働者、定型業務を行う者及びデジタル化によって不利な影響を受ける産業・地域の者のニーズを満たすため、教育、訓練、雇用及び社会政策並びに社会保護システムの適応が求められることを認識する。加盟国は、包摂的かつ持続可能な「仕事の未来」を構築することに引き続きコミットし、経済成長、雇用創出、労働市場のレジリエンス、ディーセント・ワーク並びに職業訓練、スキル開発及び生涯学習を含む効果的な労働力開発プログラムを促進することにより、機会の平等を強化する。その際、教育者及び教師のためのそうしたプログラムの重要性を強調する。この点に関し、加盟国は、新たな「仕事戦略」、「2019年雇用見通し」、「スキル見通し」及び新たな「スキル戦略」を歓迎する。相当多数の加盟国は、OECDに対し、社会情緒的、認知的、デジタル及び起業家精神に関するスキルの促進に関する取組を継続し、グッド・プラクティスの収集と共有を奨励し、公共部門のスキル強化方法を検討することを要請する。加盟国は、緩慢な賃金の上昇及び仕事の不安定性といった社会的リスクに関する分析及びマッピング並びに公正な移行を支援する社会的データのための新たな源泉及び収集方法を特定する議論を歓迎する。

また、生産性の向上、革新的な成長及び福利のためのデジタル化の便益を最大化するため、加盟国はデジタル包摂性を促進するために、デジタル技術の採用、中小企業の拡大及び起業家精神、現代的で透明性がありスピード感のある規制枠組み、全ての規模の企業へのデジタル技術の普及並びに全ての人、特に女性・女児のためのデジタル・アクセスを促進する。

13. 持続可能な開発及び資源効率的な経済：相当多数の加盟国は、排出の低下及び気候にレジリエントな経済の構築、並びに、ビジネス・モデルやプロセスの変容におけるデジタル技術の潜在性を認識する。これは、これらの加盟国が気候変動及び他の環境課題に対処し、よりクリーンで持続可能な成長を達成するのに役立つ。これには、より高い廃棄物、エネルギー及び資源の効率性、より循環型の経済及び持続可能な物質管理、環境の科学的測定の改善、より良い環境規制及び執行並びに海洋ごみの削減、生物多様性の保全、及び天然資源の充実等を通じた、より持続可能な海洋経済及び沿岸管理が含まれる。

相当多数の加盟国は、気候変動及び他の環境面での課題に効果的に対処し、「持続可能な開発の

ための2030アジェンダ」を実施する際の手段としてのパリ協定の基本的な重要性を認識する。パリ協定の実施にコミットした加盟国は、デジタル化によって創出される機会の活用等により、この協定に引き続き関与する。

加盟国は、新たな技術は、エネルギー、使用された資源や電気電子機器廃棄物に係る問題を引き起こすことを認識する。相当多数の国々は、OECDにこれらの分野での作業を要請する。

14. デジタル時代の貿易及び世界経済が直面する現在の課題：相当多数の加盟国は、多角的貿易体制の重要性、そして、成長、生産性、イノベーション、雇用創出及び開発のための重要なエンジンとしての国際貿易・投資へのその貢献を強調する。しかし、加盟国は、貿易及び投資の便益の分配は自動的なものではないこと認識する。加盟国は、過剰生産能力、市場歪曲的な補助金、強制技術移転やその他の保護主義的な慣行の撤廃の必要性、そして、WTO上級委員会の委員の任命における停滞といった世界貿易が直面する現在の多くの課題について議論した。

相当多数の加盟国は、現在の貿易をめぐる緊張が世界経済に影響を及ぼしていることを認識し、国際貿易及び投資のための競争条件を公平にすることにより、これらの緊張の根本原因に対処する必要性について一致する。これらの加盟国は、特に世界的なデジタル化に対応した貿易ルールの現代化の必要性を認識し、WTOの必要な改革にコミットしている。相当多数の加盟国は、WTOメンバーの貿易関連政策の透明性の向上を目的としたWTO通報に関する提案を歓迎し、その早期の合意を期待する。これらの加盟国は、WTOでの

紛争のための、機能する、二審制で拘束力のある、第三者的審議制度の保全を要請し、WTOの交渉機能を促進するための柔軟な交渉アプローチを支持する。

相当多数の加盟国は、産業補助金に関する国際ルールの強化、鉄鋼の過剰生産能力に関するグローバル・フォーラムの現在の形を基礎とした期限を設けない延長、そして、新しい国際的な輸出ファイナンスの規律の合意を目的とした輸出信用に関する国際的作業部会の取組の加速化を要請する。また、これらの加盟国は、電子商取引に関する共同声明イニシアティブを歓迎し、支持する。相当多数の加盟国は、世界の急速な変化に効果的に対応することのできるルールに基づく国際的な秩序の改善に向けて協働することへのコミットメントを新たにする。

加盟国は、デジタル技術及びデータは、コストの削減、グローバル・バリュー・チェーンの促進、技術の拡散及び国境を越えたビジネスと消費者の結合により、国際的な貿易及び投資に大きな影響力を有することを認識する。デジタル時代の貿易は、中小企業のほか、女性、先住民、障害を持つ人々といったしばしば貿易において代表性の低い集団のエンパワーメントを通じ、包摂的な結果に貢献することができる。また、これは、途上エコノミーを国際的な貿易制度に組み込む重要な機会を提供する。

加盟国は、OECDに対し、市場歪曲的な支援措置及びその他の貿易障壁、さらにデジタル貿易及びそれが女性の経済的なエンパワーメントといった社会全体に及ぼす影響の測定等貿易に関する実証的な分析作業を継続することを求める。

第四章

━━━━ 2019年OECD閣僚理事会 閣僚声明（仮訳）━━━━
「持続可能な開発のためのデジタル化の活用：機会と課題」

5月22日及び23日、2019年OECD閣僚理事会に際し、我々[1] は議長国のスロバキア並びに副議長国のカナダ及び韓国の下に集まり、「持続可能な開発のためのデジタル化の活用：機会と課題」に関する政策について議論した。

これに関し、我々[2] は、以下を採択した。
➢ 人工知能（AI）に関する勧告
➢ 資本移動自由化規約（Code of Liberalisation of Capital Movements）及び経常的貿易外取引自由化規約（Code of Liberalisation of Current Invisible Operations）改訂版
➢ 国有企業における反腐敗及び清廉性に関するガ

イドライン

閣僚及び代表はまた、それぞれの政府の名において、「公的部門のイノベーションに関するOECD宣言」を採択した。

我々[1] は、OECDに対して、関連する全てのステークホルダー及びアクターとの協力によるものを含め、デジタル化に関する統合的で実証的な政策分析や技術的な解決策及び専門性、特に、効果的な測定方法の開発におけるそれらを、引き続きOECD加盟国及びパートナーに提供することを要請する。

---

1) オーストラリア、オーストリア、ベルギー、カナダ、チリ、チェコ、デンマーク、エストニア、フィンランド、フランス、ドイツ、ギリシャ、ハンガリー、アイスランド、アイルランド、イスラエル、イタリア、日本、韓国、ラトビア、リトアニア、ルクセンブルク、メキシコ、オランダ、ニュージーランド、ノルウェー、ポーランド、ポルトガル、スロバキア、スロベニア、スペイン、スウェーデン、スイス、トルコ、英国、米国、欧州連合の閣僚及び代表。
2) OECD加盟国及びそれらの文書への加入国・地域

G7ビアリッツ首脳宣言（仮訳）

（2019年8月26日（於：ビアリッツ））

G7首脳は、強い結束と議論に対する前向きな精神を強調することを願う。ビアリッツでフランスにより開催されたG7首脳会議では、国家元首及び政府首班により、以下に要約された事項に関し、成功裏に一致を見た。

貿易

G7は、開かれた公正な世界貿易及び世界経済の安定にコミットしている。

G7は、財務大臣が世界経済の情勢を注視することを要請する。

したがって、G7は、知的財産の保護に関する有効性を改善し、紛争をより迅速に解決し、及び不公正な貿易慣行を除去するために、WTOを徹底的に改めることを期待する。

G7は、経済協力開発機構（OECD）の枠組みで、2020年に、規制上の障壁を簡素化し、国際課税を現代化するための合意に達することにコミットする。

イラン

我々は、イランが決して核兵器を保有しないことを確保し、地域における平和と安定を促進する、という二つの目的を完全に共有する。

ウクライナ

フランス及びドイツは、目に見える結果を達成すべく、今後数週間以内に、「ノルマンディー・フォーマット」の首脳会合を開催する。

リビア

我々は、長期の停戦に導くリビアの休戦を支持する。

我々は、政治的解決のみが、リビアの安定を確かなものにすることができると信じる。

我々は、この紛争の全ての利害関係者と地域の関係者を一同に集めた、十分に準備がなされた国際会議を要請する。

我々は、この点に関し、リビア人同士の会議を開催するための国際連合及びアフリカ連合の活動を支持する。

香港

G7は、1984年の英中共同声明の存在と重要性を再確認し、暴力を回避することを求める。

───── 不平等との闘いに関するビアリッツ議長総括（仮訳）─────

1. 議長国は、不平等に対処するため、関連する国際機関の参加を得て、「G7不平等との闘い」に特化したセッションを開催した。議長国は、不平等は、世界の安定・繁栄、社会の一体性及び民主主義的な制度への市民の信頼に対する重大な課題となり、強じんで包摂的な経済発展をむしばむことを強調した。議長国は、我々のルールに基づく国際協力が不平等と闘うための強力な手段となり得ることを強調した。

2. 議長国は、不平等との闘いにおいて国際機関を動かすこと、並びに、このセッションの文脈におけるILO事務局長、世界銀行総裁、IMF専務理事、WTO事務局長及びOECD事務総長による共同声明の重要性を強調した。また、何人かの首脳は、デジタル化の文脈において不平等に取り組むこと、そして、特に大阪トラックの下でのものを含めデジタル経済・データの潜在力を十分に活用するための政策議論を促進することの重要性を強調した。

3. 幾人かの首脳は、すべての人々に対して、社会保障及びプライマリー・ヘルス・ケアを含む支払い可能な質の高い保健医療サービスが確保されていることが肝要であると強調した。また、これらの首脳は、世界エイズ・結核・マラリア対策基金（グローバルファンド）増資に焦点を当てつつ、保健システム強化に対する更なる投資を要請した。幾つかのG7メンバーは、2019年10月9日から10日までリヨンで開催されるグローバル・ファンド増資会合を視野に入れた実質的な資金的貢献を既に表明しており、それは50億米ドル以上に達している。

4. 議長国は、不平等への取組、特に、「公正で適正な賃金を含むディーセント・ワークの促進、及び、より包摂的な成長・繁栄の共有の達成」のための社会的対話を支持する、市民社会エンゲージメント・グループがもたらした貢献、特にLabour 7とBusiness 7の共同宣言を賞賛した。また、議長国は、差し迫ったグローバルな課題に対処するため、市民社会が育むことができる、具体的な行動及び提言の重要性を強調した。

5. 議長国は、不平等を軽減することに携わっている民間企業との2019年8月23日の会合（包摂的な成長のためのビジネス・イニシアティブ）について報告した。議長国は、「IGF（包摂的成長ファイナンス）フォーラム」原則を歓迎し、また、関心のあるG7参加国がこのイニシアティブへの支持を検討するよう要請した。このイニシアティブの正式な開始は、2019年11月の次回パリ平和フォーラムの期間中となる。

6. このセッションは、また、自発的に活動し、政府から完全に独立したグループであるジェンダー平等アドバイザリー評議会の代表者との有意義な議論の機会を提供し、同評議会は、女性・女児の実用的で戦略的なニーズに係る作業について報告を行った。議長国は、ジェンダー平等のための新しく革新的な法律のグッド・プラクティスに関する同評議会の作業と提言が果たす極めて重要な役割を想起した。ジェンダー平等アドバイザリー評議会に対し、特に、同評議会の創設国であるカナダと2019年にこれを更新したフランスは、感謝をした。G7の首脳は、ジェンダー平等のためのビアリッツ・パートナーシップの立ち上げ、紛争関連の性的暴力生存者のための国際基金への支持、さらに女児・女性の教育・訓練に関する別個の宣言を採択した。議長国は、パートナーに対して、学校でのいじめの問題に取り組むため、仏がユネスコ及び他の国際機関と協働して、2020年にパリで国際会議を主催することも報告した。

──ジェンダー平等及び女性のエンパワーメントに関する宣言──
（仮訳）

ジェンダー平等に関するビアリッツ・パートナーシップ

1. 我々首脳は、ジェンダー平等が、全ての人権の完全かつ平等な享受、並びに、持続可能な開発及び平和の達成の基礎となるものであることを認識する。我々は、2019年5月にG7ジェンダー平等担当大臣会合で採択された「ジェンダー平等に関するパリ宣言」を歓迎する。我々は、ジェンダー平等アドバイザリー評議会の代表から説明を受けた。我々は、ジェンダー平等のための新しく革新的な法律のグッド・プラクティスを扱うために、市民社会全体と有意義な協議を行うことが重要であることを強調する。

2. 我々は、ジェンダー平等を促進する法律を効果的に実施し、執行することが女性・女児のエンパワーメントを進める強い力となり得ることを認識する。我々は、それらの法律が無差別であることを確保すべく、その適切なモニタリングを奨励する。また、我々は、あらゆる形態の性別に基づく暴力の防止及び対応へのコミットメントを再確認する。ビアリッツ・パートナーシップ付属書は我々の優先事項の最初の表出である。

3. 我々は、また、世界中の女児及び女性の完全なエンパワーメントにコミットした世界的な連合を創設するため、ジェンダー平等の推進を主唱する考えである。この点に関し、我々は、世界中の余りに多くの女性・女児が差別的な法律及び法的な保護の欠如により影響を受けていることに最も深い懸念を表明する。我々は、我々の国内のコミットメントとは別に、関心を有する国が現状を是正しジェンダー平等を推進する法律の策定、執行及びモニターを行うことを、様々な専門性及び開発メカニズムを通じて支援する用意がある。G7からこれらの国々に対する支援は、既存のG7説明責任作業部会によりモニターされる。

4. 我々は、北京宣言及び行動綱領の25周年を記念するジェネレーション平等フォーラムが2020年にメキシコ及びパリで開催されること、並びに、ビアリッツ・パートナーシップの加盟国がこの文脈で会合することを歓迎する。これらは、世界におけるジェンダー平等を推進するための重要な節目となることが期待される。

紛争に関連する性的暴力の生存者に対する支援

5. 我々は、G7外相により採択された「女性、平和及び安全保障に関するディナール宣言」、並びに、同宣言が紛争に関連する性的暴力の一層の防止及び対処のために行動するよう国際社会に要請したことを認識する。さらに、我々は、国際社会に対し、紛争予防、和平プロセス、救済及び復興への女性の完全で効果的かつ意味のある参加を可能にするよう促す。

6. 我々は、加害責任を確保しつつ、現在起きている事案の被害者に対して、具体的な医療、心理的及び社会的ニーズに迅速に対応する取組を引き続き支援していく。我々は、ノーベル平和賞受賞者であるナディア・ムラド氏及びデニス・ムクウェゲ氏らによる自主的な紛争関連の性的暴力生存者のための国際基金を創設するといった取組を奨励する。我々は、同基金への更なる支援を動員する機会となるであろう、11月のロンドンにおける国際会議「正義のとき：生存者を第一に」に期待する。

女児・女性の教育及び訓練

7. 我々は、ジェンダーに配慮した教育及び質の高い職業技術教育・訓練を通じて途上国において不平等の問題に取り組むことに関する、G7教育大臣・開発大臣合同会合の共同コミュニケを歓迎する。我々は、質の高い教育を平等に受けられることが、特に開発の文脈及び紛争国において、女児・女性のエンパワーメント及び平等な機会を達成するために極めて重要であると確信する。ゆえに、我々は、女児が直面する障壁に対処し、ジェンダー平等、特にジェンダーを中心とするイニシアティブを達成するためのアプローチを歓迎する。その文脈において、我々は、特に緊急事態及び紛争影響国・脆弱な諸国において、全ての人々のための少なくとも12年間の安全で質の高い教育の機会を増加させるという我々のコミットメントを強調する。我々は、ジェンダーに関する不平等及び差別を撲滅すること、並びに、ジェンダーに関する偏見及びステレオタイプに対抗することを支援し、また、包含、公平、さらに科学・技術・工学・数学（STEM）分野へのアクセスを含め、女児・女性の質の高い教育へのアクセスを促進するため、開発途上国と協働するよう努める。

——G7とアフリカのパートナーシップのためのビアリッツ宣言——
（仮訳）

1. 我々、G7、エジプト（現 AU議長国）、ルワンダ（前 AU議長国）、南アフリカ（次期AU議長国）、セネガル（アフリカ開発のための新パートナーシップ（NEPAD）議長国）及びブルキナファソ（G5サヘル議長国）の各国首脳並びにAU委員会委員長は、国連事務総長、IMF専務理事、世界銀行グループ総裁及びアフリカ開発銀行総裁と共に、国際情勢及びアフリカにおける最近の状況をレビューするため、2019年8月25日、ビアリッツに集った。

2. アフリカにおける平和と安全保障に関し、我々は、特にリビア、サヘル地域、チャド湖流域、大湖地域及びアフリカの角における情勢について議論した。我々は、カナダと日本がオブザーバーとして「サヘル同盟」への参加を決定したこととともに、「G7サヘル行動計画」を歓迎する。

3. 我々は、貧困の撲滅、教育に対する権利の完全な実現の確保、良質なヘルス・ケアの提供及び浄水へのアクセス改善を含むアフリカ大陸の主要課題に対処するため、G7及びアフリカの再活性化したパートナーシップの重要性を改めて表明する。

4. 我々は、繁栄した世界経済の枠組みにおける不平等との闘い、ガバナンスの強化及び包摂的かつ持続可能な経済成長の促進、並びに社会的発展が、安定と平和の鍵となる要素であり、全ての市民が繁栄した未来を分かち合うことを確保する上で基礎となるものであると確信する。したがって、我々は、共通の目的に基づき、アフリカが有する優先事項への支援を目的とした対等なパートナーシップへの我々の固いコミットメントを改めて表明する。我々は、2019年7月7日にニアメで開催されたAU臨時首脳会合において、アフリカ大陸自由貿易圏設立協定の運用段階が開始されたことの重要性を強調する。我々は、G20「アフリカとのコンパクト」といった多国間イニシアティブ及び個々の G7メンバー各々が支援する二国間イニシアティブを通じて、アフリカにおける起業及び民間部門での若者の雇用を引き続き発展させることへの我々の意欲を改めて表明する。

5. 我々は、「2030アジェンダ」の持続可能な開発目標に沿って、また、「アジェンダ 2063」を考慮

しつつ、グローバルな課題に対処するため協働する決意である。ビアリッツ・サミットに至るまでの準備作業段階、エンゲージメント・グループ及び閣僚級会合へのアフリカのステークホルダーの積極的な関与は、我々がかかる大望を共有していることの現れである。

6. これら共同の取組を基礎として、我々は、以下の3つの分野において、国際機関及び地域機関並びに民間部門と協力して取り組むことを決定した。

アフリカにおける女性による起業の促進

7. 我々は、女性の完全かつ自由な経済参加とエンパワーメントに対する社会的、法的及び規制上の障壁に対処するための改革を求める。我々は、女性起業家資金イニシアチブ（We-Fi）等を通じた「アフリカの女性のための積極的金融アクション（AFAWA）」イニシアティブを支持する。また、我々は、G7諸国が支持する「2Xチャレンジ」や二国間プログラムを更に奨励する。

アフリカにおけるデジタル化による変革

8. 我々は、アフリカにおける情報格差の是正及びデジタル化による変革の促進のため、自国のコミットメントに沿って、力強い支援を提供することにコミットする。この点で、我々は、「EU・AUデジタル経済タスクフォース」、「アフリカのためのデジタル・エコノミー・ムーンショット」及び「スマート・アフリカ・イニシアティブ」による勧告に留意する。また、我々は、全ての関係者に対し、デジタル化による変革が最も脆弱な地域の人々を含む全ての人々に恩恵をもたらすことを確保するため、具体的な措置を取るよう求める。

公共調達における透明性と腐敗との共闘

9. 我々は、政府、ビジネス及び市民社会の建設的関与を通じてビジネス・投資環境、透明性、アカウンタビリティ及び債務持続可能性を改善するため、公共調達の透明性と基準を高めることを支援し、それにより、腐敗との闘いに貢献していく。

10. また我々は、ビアリッツ・サミットの直後に開催される第 7回アフリカ開発会議（TICAD7）に期待する。

────── アフリカにおける女性による起業の促進（仮訳）──────

1. 女性による起業の促進は、我々全員の優先事項である。アフリカの女性起業家は、持続可能な経済成長及び広範で包摂的な繁栄の基本的かつ鍵となる原動力である。我々は、女性が地域統合、経済成長、社会開発、繁栄及び持続可能性にとって不可欠であることを認識しつつ、アフリカ開発アジェンダにおける女性の包含を確保する「ジェンダー平等及び女性のエンパワーメント（GEWE）のためのAU戦略」に留意する。

2. 女性の起業に資する環境を構築するアフリカ諸国政府のイニシアティブを認識しつつ、また、ジェンダー平等及び女性の権利に対する我々の長年のコミットメントに立脚して、我々は、アフリカの女性のエンパワーメントが地域社会の経済成長の完全な一部となることを支援するため一層連携して取り組むことを決定した。このことは、差別の撲滅、資金・財産へのアクセスの向上及び適切な環境作りを目的として、我々の取組を連携させていくことを含む。

3. AUは、女性の起業が、就業率の改善、包摂的成長、生産を増加させるための現代農業及び質の高いインフラを含むアフリカ連合のアジェンダ2063の目標を達成する上で有用と認識している。我々は、女性による財産・企業の所有又は相続、契約への署名及び銀行口座の保有・管理に関連する全ての障壁を取り除くことの重要性を強調する。また、企業の成長のための資金へのアクセスの拡大及びメンター制度を例とする技能開発のためのメカニズムの導入等を通じ、女性起業家が零細企業から中小企業に移行することを支援することも重要である。

4. 我々は、アフリカ開発銀行を含め他の多国間機関と共に女性のエンパワーメントに取り組むというAUのコミットメントを強く支持する。我々は、世界各地の女性が所有し、女性が経営し女性を支援する企業に対して、「2Xチャレンジ：女性のためのファイナンス」を通じて、2020年までに30億米ドルの資金を動員するとした、カナダ・シャルルボワにおけるG7開発金融機関（DFI）によるコミットメントを歓迎する。

5. 我々は、女性の完全かつ自由な経済参加及びエンパワーメントに対して差別的な法的・社会的・規制上の障壁の除去を支援すること等により、引き続きアフリカにおける女性の起業を支援する。女性起業家は、とりわけ農村地帯において、融資保証メカニズム及び企業の経営・拡大のための研修へのより良いアクセスを必要としている。この関連で、我々は、2019年4月17日にアビジャンで開催された「女性起業家資金イニシアティブ（We-Fi）第1回地域サミット」の成功を歓迎する。世界銀行が主導する本イニシアティブでは、世界各地の女性起業家のために16億米ドルの資金の動員が期待されるところ、既に3億5千万米ドルの資金が集まっていることに、我々は満足しつつ留意する。

6. 我々は、アフリカ開発銀行が主導し、We-Fiの目的に合致した「アフリカの女性のための積極的金融アクション（AFAWA）」イニシアティブが更に進展し、十分なサービスを受けていない女性起業家を支援するための更なる資金動員に役立つことを期待する。AFAWAイニシアティブは、既存のアフリカの商業銀行及びマイクロファイナンス機関を通じて5万以上の女性企業のために5年間で最大30億米ドルの融資を支援することを目指している。これにより、多くの雇用が創出され、女性にとって構造的な変化及び持続的な影響がもたらされる。これに関し、我々は、We-FiからAFAWAに対する6180万米ドルの資金配分、及び、個々のG7メンバー国によって支援され、AFAWAと同様の政策目的を推進する他の二国間イニシアティブを歓迎する。我々は、アフリカの国家元首及びG7との連携により、女性の経済的なエンパワーメントのための支持を動員するための更なる一歩として、2019年11月25日から27日にかけてキガリで開催されるグローバル・ジェンダー・サミットを歓迎する。

7. G7メンバーは、ビル＆メリンダ・ゲイツ財団と共に、今後の10年間で普遍的な金融アクセスを確保することを目指す5ヶ年プログラムである「アフリカにおける女性のデジタル金融包摂のためのパートナーシップ」の立ち上げを歓迎する。

────────アフリカにおけるデジタル化による変革（仮訳）────────

1. デジタル化による変革は、アフリカ大陸にとってのゲームチェンジャーとなり得る。これは経済成長及び産業化を促進し、貧困を軽減し、人々の生活を改善する機会である。デジタル技術及びサービスの活用は、AUアジェンダ2063に貢献するだろう。

2. デジタル技術は、多くの主要な経済部門においてイノベーション、経済成長及び雇用創出を推進し、また、アフリカの市場が域内及び他地域との間で相互により強く結び付くことを可能にする。デジタル技術は、特に伝統的な金融機関から顧みられず取り残されてきた地域において、すべての人々にとって市場及び資金の両方へのアクセスを改善することができる。アフリカにおいてデジタル化を促進することで、我々のより広い良いガバナンス及び開発政策・計画と調和した形で、保健、エネルギー、運輸、農業、教育といった部門及び基礎的な社会サービスへのアクセスの円滑化における我々の影響力が最大化されるだろう。

3. アクセス可能で、安全で、信頼できるインターネットは、デジタル格差の解消及び不平等の軽減に不可欠である。それは人的資本の強化及びアフリカの若者に対する新たな機会の提供に大いに貢献することができる。女性及び女児、特に貧困層及び農村地域在住の女性及び女児は、よりデジタル・デバイドの影響を受けるおそれが高い。我々は、女性及び女児のデジタル・スキルを促進し、女性及び女児がデジタル経済に参加することへの支援に貢献するであろう「G20 #eSkills4girlsイニシアティブ」を歓迎する。

4. 我々は、自国のコミットメントに沿って、アフリカにおけるデジタル・デバイドの是正及びデジタル化による変革の促進を力強く支援していくことに共同で努力する。この点に関し、我々は、「EU・AUデジタル経済タスクフォース」、「アフリカのためのデジタル経済ムーンショット」及び「スマート・アフリカ・イニシアティブ」による勧告に留意する。我々のアフリカのための共通の戦略は、以下の目標に基づくものとなる。

（ⅰ） 排除された又は十分なサービスを受けていない孤立した国・地域等におけるデジタル格差及び不平等を軽減するため、必要なデジタル・インフラを利用可能にすること。また、地域ベースでの電子商取引及び電子政府に役立つ輸送及びロジスティクス活動を奨励すること。デジタル・インフラを整備する上で公正な競争及び透明性を促進することは、この目標にとっての鍵である。民間部門の資金を集めるためには、これが適切な投資環境によって補完される必要がある。

（ⅱ） とりわけ女性のため、オンライン上のリスク・危害からの保護及び包摂の促進を行いつつ、デジタル経済が約束する成長及び繁栄を活用するために必要なスキルを若者、特に若い女性及び女児に身につけさせることを目的として、特に科学・技術・工学・数学（STEM）分野においてデジタル・リテラシー及びデジタル・スキルを向上させること。

（ⅲ） 支援を提供するためデジタル技術を活用することで、特にデジタル新興企業、中小企業及び革新的コミュニティー・イニシアティブを対象として、成長、起業、雇用創出、民間部門のエンパワーメントのためのデジタル化による変革を促進すること。

（ⅳ） 保健、農業、エネルギー、電子商取引、電子決済、ガバナンスといった他部門において、デジタル化による新たなソリューションを拡大すること。

（ⅴ） 国際機関及びアフリカの機関の既存の取組と連携しつつ、各国のステークホルダーが、デジタル・リスクを管理することができるような環境を整備すること。

（ⅵ） G7及びアフリカのパートナーとの間で、特にデータ保護に関する法的・規制上の枠組みの構築に関する経験を含むベスト・プラクティスを共有すること。

5. より適切な環境を整え、民間部門による投資及び基金を奨励することは、このプロセスの中心的な部分である。この関連で、我々は、ブレンデッド・ファイナンス及び他のリスク緩和手段の活用等により、民間部門の資金を促進することの必要性を強調する。我々は、アフリカのデジタル部門における投資家のために安定性及び信頼を構築するため、健全かつ予測可能な税制及び規制上の枠組みを採用するよう各国に奨励する。

6. 我々は、また、電気通信のセキュリティ（5Gの
セキュリティを含む）に対処すること、また、デ
ジタル化による変革が全ての人々に恩恵をもたら
し、グッド・ガバナンス、環境の持続可能性、公
平な経済的変革及び雇用創出を促進するよう確保
することにコミットする。

7. アフリカのデジタル化という文脈において、サ
ヘル地域、アフリカの角、チャド湖流域といった
脆弱な地域の具体的な状況に対処することの必要
性を認識する。

第四章

━━━━━ 公共調達の透明性及び腐敗との共闘（仮訳） ━━━━━

1. 我々は、透明性の向上及び腐敗の撲滅が、全ての社会及び経済の共通課題であり、我々の機関に対する信頼を築く上で不可欠であると固く信じている。

2. 我々は、国際フォーラムにおける透明性に関する進行中の議論の重要性を強調し、「公共調達における清廉性を促進するためのG20原則」、並びに、G20及びその他諸国に対して、国家の主権を尊重し、債務持続可能性及び自由で非排他的なインフラ利用を確保しつつ、インフラ事業におけるグッド・ガバナンスを確保するための清廉性に係る具体的な措置を提供する、「質の高いインフラ投資に関するG20原則」、「G20腐敗対策行動計画2019-2021」及び「G20インフラ開発における清廉性と透明性に関するグッドプラクティス集」に対するG20首脳の承認に留意する。

3. 我々は、国際開発金融機関及びその他の開発金融機関に対し、透明性及び説明責任に関するメカニズムを促進するための既存の取組に立脚し、法の支配、人権・労働者の権利、ジェンダー平等及び環境基準を含む国際法及び広く行き渡っている基準を尊重するプロジェクトを支援し、入札募集における企業に対する不当に異なった扱いを回避するよう促す。国際開発金融機関及びその他の開発金融機関は、借入機関の調達慣行の強化を支援すべきである。調達基準については、厳に最低価格のものに決めるというより、可能な限り、ライフサイクルでのコスト及び価値に基づくべきである。国際開発金融機関及びその他の開発金融機関は、現地の開発目標及び受入国の人々の経済機会を増進する資本、雇用、技能、技術支援及びサービスへのアクセスを提供すること等により、パートナー国の主権を十分に尊重しつつ、パートナー国において相互に補強し合う経済的繁栄及び安定

を高める上で、鍵となる役割を有している。我々は、国際開発金融機関に対して、事業サイクルの全段階において女性起業家がインフラ事業の完全な経済的恩恵を享受できるよう支援すること、そして、中小企業に特別な支援や助言を行うことを奨励する。国際開発金融機関は、公正かつ公平な調達を促進すること、及び、質の高い雇用及び経済発展への道筋をもたらすべくサプライチェーンを強化することにおいて、果たすべき役割を有している。

4. 我々は、採取産業透明性イニシアティブ(EITI)といった我々の共通目標を促進する既存のイニシアティブ、及び、オープン・ガバメント・パートナーシップ（OGP）といったその他イニシアティブを強く支持する。我々は、主要な公共契約の履行に際しての品質基準の遵守を向上させること、市民社会の様々な関係者の強い関与を確保することにおける、オープンデータの役割を認識する。我々は、調達の効果、公正さ及び透明性を高め、各国の異なる発展の水準を十分に考慮するという課題に対しての効率的かつ革新的な解決策として、オープンな契約のツール及び慣行を奨励する。

5. 我々は、国連腐敗防止条約に規定されるとおり、腐敗収益の回復・返還を含めた腐敗及び資金洗浄との闘いにおける国際協力の重要性を強調する。そのため、我々は、国際約束、特に国連腐敗防止条約及びアフリカ連合腐敗防止条約の関連規定が、締約国により効果的に実施されることを求める。我々は、2019年6月、エジプトにおいて「第1回アフリカ腐敗防止フォーラム」が開催され、特に腐敗、不正な資金の流れ及び脱税と効果的に闘うことが不可欠であることが確認されたことに留意する。

———————— サヘル・パートナーシップ行動計画（仮訳）————————

1. 豊富な人的資源、文化的資源及び天然資源を有するサヘル地域には、膨大な機会が存在する。しかしながら、現在、同地域は、様々な脆弱性の要因に煽られた安全保障上の危機に伴い、不安定化の深刻なリスクに直面している。これらの脆弱性により、機構・制度が弱体化し、サヘル諸国の予算が圧迫されているが、こうした脆弱性は、特に女性や若者にとっての不平等、極度の貧困並びに基本的社会サービス及び経済機会へのアクセスの欠如により悪化している。さらに、人口圧力、食料不安及び環境悪化を含む長期的な傾向により、諸課題が一層複雑化している。

2. 我々は、安全保障及び開発に係る最も差し迫った課題への対処について、サヘル諸国が第一義的責任を負っていることを想起する。我々は、地域の平和、安全及び発展を促進するための地域協力の改善に向けたG5サヘル諸国の取組、並びに、2017年のサヘル同盟創設を賞賛する。我々は、国際社会からの強力で連携のとれた支援の必要性を認識する。

3. 我々は、サヘル諸国とのパートナーシップを更に一歩前進させることに固くコミットする。我々は、今や全てのG7メンバーが加盟国又はオブザーバーとしてこの同盟の一部であるという事実を歓迎する。また、我々は、金融機関を含む国際社会の他のメンバーに対して、同地域を支援する取組を強化するよう求める。我々は、必要な人道・開発・平和の関連性に留意しつつ、全てのステークホルダーが、その取組を強化し、調整し、適切な場合には安全保障及び開発のための戦略に関するG5サヘルの優先課題と整合させる必要があることを想起する。

平和と安全

4. 我々は、サヘル地域において治安及び人道状況が悪化し、特にコミュニティー間の暴力が拡散していることを危惧するが、それらはチャド湖流域における不安定性の高まりにより一層ひどくなっている。我々は、これらの治安・開発課題に対処するために団結する、同地域の諸国の、特にG5サヘルにおける取組を支持する。我々は、当該国の治安機構の構造改革支援等を通じて、その国防・国内治安能力を高めるための取組を改善し、一層連携させるため、これらの国々と協働することに引き続きコミットする。

5. この文脈において、我々は、「サヘル地域の安全及び安定のためのパートナーシップ」の設立を歓迎する。共同責任の精神の下、このパートナーシップは、同地域の諸国と国際パートナーを団結させる。同パートナーシップは、当該国の説明責任を強化しつつ、国際協調の改善、治安部門での改革支援、治安部隊の強化等により、治安上のニーズを特定し、国防・国内治安維持に関する取組の効果を高めることを目的とする。この取組は、長期的開発の措置及び効果的な治安措置がいずれも同地域における不安の解決策の一部であるという理解の下、国際パートナーによる現在の取組に立脚し、サヘル同盟の枠組みにおいて展開されている取組を補完するものである。

6. フランス及びドイツは、2019年秋の設立会合を通じ、本イニシアティブの立ち上げを計画している。

7. 我々は、国連マリ多元統合安定化ミッション（MINUSMA）、欧州の安全保障防衛ミッション、バルカンヌ作戦等の国際部隊による支援を賞賛する。我々は、市民を保護し、暴力を軽減し、国家のプレゼンス及び基本的社会サービスを再構築しようとするマリ政府当局の取組を支援するため、国連安保理決議第2480号に従って、マリ中部に展開するMINUSMAのプレゼンスが強化されたことを歓迎する。我々は、アルジェ和平・和解合意の完全かつ効果的な実施を求める。我々は、G5サヘルによる地域の平和・安全のイニシアティブを賞賛し、2018年2月23日のブリュッセルでの「サヘル地域支援のための国際ハイレベル会議」で発表されたG5サヘル合同部隊に対する兵站及び財政上の支援の継続に関する約束が果れるよう求める。

8. 我々は、G7外相により採択された「サヘル地域における違法なトラフィキングと闘うための包括的かつ持続可能な戦略のためのパートナーシップに関するディナール宣言」の実施を支持する。我々は、「女性、平和及び安全保障に関するディナール宣言」、並びに、とりわけ女性が特に交渉者、調停者及び平和構築の当事者として和平プロセスの全段階に完全かつ有意義な形で参加することを認識する。

9. 我々は、ジェンダーや他の排斥・不平等の要因に十分に注意しつつ、G5サヘル諸国が脆弱な地

域における国家当局のプレゼンス及び社会サービスへのアクセスを強化するため「戦略的統合枠組み」を構築することを支援する用意がある。我々は、2020年までにAUの「紛争停止のための実践的ステップに関するマスター・ロードマップ」が、加盟国の適切な資金拠出等を通じて実施されることを奨励する。我々は、G7として、G5サヘル諸国がより効率的なG5サヘル警察・防衛能力を構築することに対して適切な支援を提供するため、国際連合及びインターポールと協働していく。我々は、人権の尊重及び法の支配の包括的な重要性を強調する。我々は、この地域におけるテロの脅威を認識しつつ、G7ローマ・リヨン・テロ対策及び犯罪防止グループが当該脅威及び課題に焦点を当てていることを歓迎する。

長期的な開発課題

10. 我々は、G7開発大臣及びG5サヘルのカウンターパートが採択した「G7・G5サヘル・パリ共同コミュニケ」を支持する。

11. 我々は、国際機関及び金融機関に対し、サヘル地域の不安定化の根本原因に対処するための取組を強化するよう求める。我々は、脆弱性への対処に一層の焦点が当てられていることに感謝しつつ留意し、国際開発協会（IDA）第19次増資及びアフリカ開発基金第15次増資（ADF-15）の成功を期待する。

12. 我々は、女性・女児のエンパワーメント及び最も脆弱な地域に強い焦点を当てつつ、サヘル地域において人材開発に更なる投資がなされる必要性があると認識する。我々は、世界銀行による人材開発のための取組を賞賛する。我々は、世界銀行の「人的資本プロジェクト」に参加したいとするG5サヘル諸国の意思を歓迎する。

13. 我々は、来年に東京で開催される「東京栄養サミット2020」が、栄養不良対策を加速化するための鍵となる行動を特定するために極めて重要な機会となると認識する。我々は、「サヘル地域の農村の若者のための適切な雇用創出に関するG7枠組み」の採択を歓迎する。我々は、全ての利用可能な官民ファイナンスへのG5サヘル諸国のアクセス拡大を促進することを支援する。

14. 我々は、革新的資金調達の重要性を認識し、開発のための追加的資源を動員すること及び既存資金のインパクトの増大を支援することに対する支持を表明する。我々は、学校における生理衛生管理のために開発インパクト債（DIB）といった、サブサハラ・アフリカのパイロット国における保健及び人材開発の分野における成果連動型のパートナーシップ体制の構築を奨励する。

15. 我々は、G7教育大臣・開発大臣合同会合の成果を歓迎する。我々は、教育におけるジェンダー平等の向上が引き続き全般的に必要であることを認識する。我々は、サヘル地域では、とりわけ紛争の影響を受けた地域の学校閉鎖のため、児童300万人が依然として小学校へ通うことができないこと、授業の質が引き続き重要な問題であることを想起する。我々は、教育支援への関与を継続し、パートナー国政府及びその他ドナーに対し、教育制度を強化する集団としての取組に参加し、よって基礎教育を含む教育への我々の協調及び我々の政治的・財政的支援を拡大するよう奨励する。我々は、引き続き全般的に必要とされるジェンダー平等に重点を置きつつ、教育制度及び政策の改善に向けたG5サヘル諸国のコミットメントを奨励する。

16. 我々は、ジェンダー平等及び女性のエンパワーメントに特に焦点を当てつつ、サヘル諸国における質の高いプライマリー・ヘルス・ケアの強化に向けた取組を推進していくことにコミットする。我々は、G7保健大臣会合において採択された「G7プライマリー・ヘルス・ケア（PHC）ユニバーサル・ナレッジ・イニシアティブ」を歓迎する。我々は、エイズ、結核及びマラリアという感染症の撲滅に対する我々のコミットメントを再確認し、世界エイズ・結核・マラリア対策基金の第6次増資の成功に期待する。我々は、最も影響を受けている地域社会にも行き届くことができるよう、各国の事情や優先課題に従ってユニバーサル・ヘルス・カバレッジを実現し、強じんで持続可能な保健システム制度を整備することに向けた我々のコミットメントを想起する。

17. 我々は、サヘル諸国が特に衝撃に対して脆弱であり、とりわけ安全保障上の脅威に関してそうであることを認識する。我々は、公共支出と公共財産管理の有効性及び効率性とともに、サヘル諸国における国内資金動員の強化が重要であることを強調する。我々は、IMF支援プログラムが低所得国、特にサヘル諸国における一連の政策的措置をいかに支援し得るかについて、引き続きIMFと協働する所存である。我々は、新たに発生している債務脆弱性に対処するためのIMF・世界銀行グループの多面的アプローチの更なる実施について、改めて支持を表明する。

―気候、生物多様性及び海洋に関するビアリッツ議長総括（仮訳）―

1. 議長国は、国際連合事務総長、世界銀行総裁、OECD事務総長、アフリカ連合委員会委員長及びアフリカ開発銀行総裁と共に、オーストラリア、ブルキナファソ、チリ、エジプト、インド、ルワンダ、セネガル及び南アフリカの首脳の参加を得て、「気候、生物多様性、海洋」のテーマの下で特化したG7のセッションを開催した。

2. 議長国は、同セッションが、地元及び市民社会の関係者が特に地球及び海洋の保護のために動員されている、沿岸都市ビアリッツにおいて招集されたことを強調した。「Ocean for Solutions Declaration」及び「Ocean Call」に表明された当該関係者のコミットメントは、体系的な環境課題、並びに、自然及び人的なシステムのいずれに対しても実存的なリスクを及ぼす気候危機（climate-crisis）に直面して、同人らの切迫感が高まっていることの現れである。議長国は、緊急対策を要するとの有力な科学的証拠がこれまで繰り返し提示されてきたことを強調した。2019年5月4日にパリで承認された、生物多様性及び生態系サービスに関する政府間の科学及び政策プラットフォーム（IPBES）の生物多様性及び生態系サービスに関する地球規模アセスメント報告書においては、陸・海の利用における変化、気候変動及び汚染が生物多様性の喪失の主要な原因の一部であると考えられている。その一方で、2019年8月7日にジュネーブで承認された気候変動に関する政府間パネル（IPCC）の土地関係特別報告書においては、地球温暖化、土地管理、食料安全保障・食生活及びそれを受けて検討されるべき緩和・適応のための政策対応という相互に関連した課題について強調されている。

3. この文脈において、議長国は、気候変動、生物多様性の喪失及び海洋・陸地の劣化は関連し合う3つの主要な地球規模の課題であり、平和、安全保障、開発、保健及び経済的安定を特に最も脆弱な国々において脅かすことを想起した。各国のアプローチの差異を認識しつつ、議長国は、G7及びそのパートナー国が、世界の平均気温の上昇を2℃、できる限り1.5℃未満に抑えるために、エネルギー転換及び低排出な未来をできるだけ早期に実現するための各国自身の進路は各国自らが立て得ることを認識しつつ、これらの差し迫った問題について野心的にリードする能力があることを表明した。首脳は、経済成長・繁栄の共有を促進すること、及び、各国の気候目標及び低排出のため

の戦略に沿って低排出、効率的、安価かつ信頼できるエネルギーへのより平等なアクセスを確保することの重要性、並びに、環境・海洋の保護の確保について議論した。

4. 首脳は、国連事務総長から、パリ協定の下で参加国が行ったコミットメントに沿って、低排出で気候強じん的な開発及び生態系保護に向けて、途上国への実施手段の提供を含め、気候行動及び気候資金を拡大することを目的として、2019年9月23日に同事務総長が主催する気候アクション・サミットについて説明を受けた。その文脈において、議長国は、幾つかの関係国が、チリで開催される第25回締約国会議（COP25）のモメンタムを活かし、かつ、更なる地球規模の努力が必要であることを考慮し、パリ協定に基づき自国が決定する貢献（NDC）の野心を2020年までに全体として引き上げる用意があると既に表明したことに留意した。首脳は、このCOPが、海洋の保全に重要な役割を与え、科学の主要な役割を強調し、民間部門及び市民社会によるものを含め、適応措置に強い焦点を当てたマルチステークホルダー・アプローチの必要性を強調するものであるという報告を受けた。幾人かの首脳は、途上国及び新興市場経済国によるNDCの実施を支援し、野心を高める上での、NDCパートナーシップの役割を認識した。G7の幾つかの国は緑の気候基金（GCF）の増資に対する野心的な貢献を表明し、その総額は55億米ドルに達している。他のG7諸国は貢献を確定させつつある。G7諸国は共に他国に対して、同基金の影響力強化のため成功裏で実質的な第一次増資に貢献する要請した。首脳は、G20大阪首脳宣言で最近一致したとおり、技術革新を通じて、環境と成長の好循環を加速化させ、強じんで、包摂的で、持続可能な将来への転換を主導することの重要性を再確認した。

5. これらの課題に沿って、低炭素かつ強じんな発展への道筋へ向けた「国際開発金融クラブ（IDFC）」及び国際開発金融機関の動員や炭素中立を漸進的に達成していくための長期戦略の策定を目的とした「炭素中立性連合（CNC）」といったいくつかのイニシアティブについて議論が行われた。

6. 人類の生活、福祉、食料安全保障及び経済的繁栄は、海洋及び陸地が健全な状態で持続可能な方法で利用されることに依存することから、生物多

様性の保護及び海洋保全もまた議論の中心であった。首脳は、G7メッス生物多様性憲章を承認し、また、生物多様性条約第15回締約国会議に先駆けて、個々に又は共同で、生物多様性に関して迅速な行動をとることにコミットした。G7及びG20の下で実施されたこれまでの作業の継続として、首脳は、自然を基礎とした解決策や循環経済等を通じて海洋・陸上生態系を保護すること、及び、海洋ごみとの闘いを継続することの緊急性、並びに、海洋ごみを減少させる鍵となる手段としてのイノベーションの促進及び廃棄物管理の改善の必要性を認識した。首脳は、最近のG20大阪ブルー・オーシャン・ビジョン及びG20海洋プラスチックごみ対策実施枠組の採択を歓迎した。議長国は、国家管轄権外区域での海洋生物多様性の保全及び持続可能な利用のための強固で野心的な国連条約の締結の重要性を強調した。

7. 首脳は、持続可能な人的・社会的・経済開発のための環境の管理方法を改善するという、2020年6月にマルセイユで開催される国際自然保護連合（IUCN）世界自然保護会議の目的を歓迎した。首脳は、2020年10月に中国の昆明で開催される生物多様性条約第15回締約国会議に期待する。

8. 首脳は、2019年8月29日から9月13日にかけてニューデリーで開催される砂漠化対処条約（UNC-CD）第14回締約国会議（COP14）の重要性を認識し、土地の将来の劣化を止め、劣化した土地を元の状態に戻すことの重要性を強調する。このように、首脳は、砂漠化、土地の劣化及び干ばつと闘い、生物多様性及び生態系の保護を達成する努力等を通じて、戦略的で持続可能な土地管理を実施することの重要性を想起した。2015年エルマ

ウ・サミットに基づくInsuResilienceグローバル・パートナーシップの作業も留意された。

9. 議長国は、若者の積極的な動員、並びに、具体的なマルチステークホルダーの連合及び国、ビジネス部門、科学者、NGO、若者、先住民社会、都市及び地域を巻き込んだプロジェクトにより具現化された解決志向の行動の必要性に肯定的に言及した。

10. 首脳は、市民社会代表から、気候、生物多様性及び海洋に関する具体的な脅威に対処する以下の4つのマルチステークホルダーの連合について情報提供を受けた。
—「気候及び環境のための海洋連合」：船舶輸送に関するニウラキタの高い野心の宣言及び海洋・沿岸環境保護のための海上輸送におけるグッド・プラクティスのための宣言・憲章に反映された、国際的な海洋分野の影響の制限を目的とする。
—「効率的な冷却に関する迅速な行動のためのビアリッツ・プレッジ」：各国が、モントリオール議定書キガリ改正に従ってハイドロフルオロカーボン（HFC）冷媒の削減を実施しながら、冷却部門におけるエネルギー効率性及びライフサイクル管理を向上させるという並行した努力を促進すること目的とする。
—「持続可能なファッション連合」：最近のIUCNの研究によると、特に海洋におけるマイクロプラスチックの一次汚染の最大35％の原因となっている繊維製品の環境負荷（フットプリント）の削減を目的とする。
—「生物多様性のためのワンプラネット・ビジネス連合」：アグリフード分野のための生物多様性の保全・回復に関する野心的な目標を定めることを目的とする。

━━━ 開かれた自由で安全なデジタル化による変革のための ━━━ ビアリッツ戦略（仮訳）

1. 我々、G7、豪州、チリ、インド及び南アフリカ共和国の首脳は、経済協力開発機構（OECD）事務総長と共に、2019年8月26日にビアリッツで会合し、開かれた自由で安全なデジタル化による変革を促進するための最善の戦略について議論し、それを現在の諸課題から保護する決意を改めて表明した。

2. 我々は、インターネット及びデジタル化による変革において使われる関連技術が、我々の社会及び経済発展の重要な要因であることを認識する。それは、全ての個人及びコミュニティをエンパワーする新しい方法をもたらし、かつてないほどの情報及び知識へのアクセスを提供してきた。しかしながら、社会的一体性及び民主主義的価値を脅かす否定的な影響が存在する。オンライン上の嫌がらせは、様々な形式で、特定の集団、とりわけ女性、少数派及び脆弱なユーザーを特に標的とし、多くの人権の完全な享受を制限する。

3. 我々は、言論及び表現の自由に関する権利にコミットしている。我々は、多様な視点からの情報へのアクセスは民主主義にとって本質的なものであると信じる。我々は、様々な法的及び政治的な伝統を有するが、関連するステークホルダーとの徹底的かつ建設的な意見交換の価値を評価する。我々は、「情報及び民主主義のための国際的なパートナーシップ」の設立に関する進展、及び、ジャーナリストの保護のためのコンセンサスを得ることを目的として7月10日・11日にロンドンで開催された「メディアの自由に関する国際会議」の結果について、仏議長国から報告を受けた。

4. 我々は、国家及び非国家主体による不法で悪意ある行動及び外国からの敵対的な干渉に対し、我々の民主主義国家を強化するために協働することを決意する。我々は、サイバーセキュリティ、戦略的コミュニケーション及びカウンター・インテリジェンスの分野を含むハイブリッドな脅威に対処する能力を強化し続ける。我々は、G7即応メカニズムの継続中の活動に留意する。

5. 我々は、開かれた自由で安全なインターネットのための相互の目的に向けて国際的なパートナーと協働しており、特に「クライストチャーチ・コール」及び「テロ及びテロに通じる暴力的過激主義によるインターネットの悪用の防止に関するG20大阪首脳声明」によってもたらされるモメンタムの継続に留意する。我々は、テロリストのプロパガンダに対抗するための前向きなナラティブが引き続きこの取組の重要な要素となることを改めて強調する。我々は、違法なオンライン・コンテンツ及び活動に対処しつつ、また、我々の民主主義的価値及び法の支配を尊重しつつ、インターネットの肯定的な影響を実現することを目指すインターネットのためのマルチステークホルダー憲章に関する見解について報告を受けた。

6. 我々は、データ、情報、アイデア及び知識の越境流通が、プライバシー、データ保護、知的財産権及びセキュリティに関する問題を提起する可能性がある一方で、生産性の向上、イノベーションの増大及びより良い持続可能な開発をもたらすことを認識する。データ・フリー・フロー・ウィズ・トラスト（信頼性のある自由なデータ流通）は、デジタル化による変革の機会を活かすものである。この観点から、国内及び国際的な法的枠組みの双方が尊重されることが必要である。我々は、異なる枠組みの相互運用性を協力して奨励し、開発のためのデータの役割を確認する。我々は、5Gネットワーク及びサプライチェーンにおけるセキュリティの脆弱性により引き起こされる脅威に対処する必要性につき一致している。

7. 人工知能（AI）技術は、我々の社会及び経済に根本的な変化をもたらす。AI技術は、かつてないイノベーション及び成長のサイクルを開くことができる。AIは、持続可能な開発のための2030アジェンダの達成に向けた歩みを進めるための革新的な解決策、及び、我々の最も喫緊の課題の一部への対処に役立つ重要な利益を提供することができる。首脳は、AIが、社会、世界経済及び仕事の未来を変えており、人々の福祉を向上させる潜在力を有するが、経済、プライバシー及びデータ保護に関する異なる影響、並びに、民主主義に対する潜在的な影響をもたらすかもしれないことを認識する。

8. 我々は、AIの未来に関するイタリア及びカナダの議長下での活動を認識する。我々は、人権、包含、多様性、イノベーション及び経済成長に基礎を置く、AIの責任ある発展を支持し、これを導く必要性を認識する。我々は、AIの問題に関す

る学際的な研究結果及びベスト・プラクティスを定期的に理解し、共有するためのAIに関する活動を進展させる方法を探求し続け、また、国際的なAIのイニシアティブを結集する。我々はこの関連で、カナダ及びフランスによって提案されたイニシアティブである、「AIに関するグローバル・パートナーシップ」や他の関連するイニシアティブを認識する。我々は、2019年5月に採択されたAIに関する勧告に沿って、AIを進展させるための我々の活動を支持するというOECDの意図を歓迎する。

━━━━━G7ビアリッツ・サミット━━━━━
安倍総理大臣内外記者会見（冒頭発言記録）

2019年8月26日（月）

まず冒頭、マクロン大統領と、フランスの皆さまの心温まる歓迎に、感謝したいと思います。

G7の国々は、ここビアリッツが面する大西洋から、インド洋を経て、アジア、太平洋へと一つの海で繋がっています。そして、自由、民主主義、法の支配、人権。共通の価値観で結ばれています。

だからこそ、本音で、率直な意見交換を行うことができる。世界経済から、自由貿易、そして地球的規模の課題、さらには、地域情勢に至るまで、世界の様々な課題について、今回も本音の議論をぶつけ合いました。

特に、安全保障と世界情勢をめぐっては、G7の首脳だけで、じっくりと話し合うことができました。

北朝鮮については、米朝プロセスを支持し、朝鮮半島の非核化に向けて取り組んでいくことで一致しました。そして我が国にとって最も重要な拉致問題についても、すべての首脳たちから理解と支持を得ました。

核、ミサイル、そして何よりも重要な拉致問題の解決に向けて、私自身、条件をつけずに、金正恩（キム・ジョンウン）委員長と直接向き合っていく。冷静な分析の上に、あらゆるチャンスを逃すことなく、果敢に行動してまいります。

緊迫する中東情勢については、長い時間をかけて議論しました。

6月の私のイラン訪問の際、ハメネイ最高指導者は、核兵器の製造も、保有も、使用もする考えはないと明確に述べました。ローハニ大統領からも、戦争は望んでいないとの言葉があり、対話による平和に向けた姿勢が示されたところです。

中東地域の平和と安定は、原油の8割以上をこの地域に依存する我が国の国益に直結します。

緊張緩和に向け、イランが対話に乗ってこれる状況をつくるため、そのための外交努力が重要だとの認識をG7として共有できたことは、大きな成果であったと思います。

そうした中、日本はこれからも、粘り強く取り組み、出来る限りの役割を果たしていく考えです。

目下の香港の状況についても議論しました。一連のデモによって、多くの負傷者が出ていることを、G7としても、憂慮しています。

一国二制度の下、高度の自治、法の支配及び司法の独立が保証され、香港の自由・民主・安定が維持されることが重要であり、これからも事態の進展を注視してまいります。

世界的に、貿易と地政をめぐる緊張が増大する中、不透明さを増している世界経済への対応も、大きなテーマとなりました。

下振れリスクに対しては、G7が協調して世界経済を支えていくため、機動的かつ万全の政策対応を行っていく必要性についても、認識を一致させることができました。

10月に期限を迎えるイギリスのEU離脱については、ジョンソン首相との会談において、私から、EUとの合意に基づく秩序ある離脱が実現することを強く期待している旨、直接申し上げました。

持続的な経済成長の鍵は、人々のイノベーションを活発化し、自由貿易を一層発展させていくことです。

先般のG20大阪サミットでは、自由、公正、無差別、開かれた市場、公平な競争条件といった基本原則を確認することができました。更に、デジタル化が急速に進む中で、経済発展にとって最も重要な要素であるデジタルデータについて、新しい時代のルールづくりを進めていく大阪トラックもスタートしました。

こうした取組を加速していく重要性を、G7のリーダーたちと、今回、改めて、確認いたしました。日本は、これからも、自由貿易の旗手として、自由で、公正な経済圏を、世界へと広げていく役割を果たしてまいります。

日米首脳会談では、トランプ大統領と、貿易交渉の進展を確認しました。茂木大臣とライトハイザー通商代表の間で、昨年9月の日米共同声明に沿って、主要項目について意見の一致を見たことを歓迎し、9月末までの協定の署名を目指して、残された作業を加速することで一致しました。

海洋プラスチックごみ対策など地球規模課題についても、G20大阪サミットの成果の上に、対応を進めていくことをG7として合意しました。

世界の様々な課題について、大きな責任を有する国々のリーダーたちが、徹底的に話し合い、解決策を見出していく。これが、G7サミットです。

そのためには、ロシアの建設的な関与が欠かせません。私自身、来週、ウラジオストクで、プーチン大統領と首脳会談を行う予定でありますが、G7とロシアとの対話の再開に向けて他の首脳たちと、これからも議論を重ねたいと考えています。

日本に戻れば、翌日から横浜で、アフリカ開発会議TICADを開催します。

30年近くにわたり、日本は、民間の協力も仰ぎながら、アフリカと共に、このTICADプロセスをリードし、アフリカの大地で、人材の育成や技術支

第四章

援に取り組んできました。

　今回のG7サミットでも、サヘル地域をはじめアフリカの開発が議論となりましたが、この分野でも、日本は、できる限りの貢献をしていく考えです。

　我が国は、これからも、地球儀を俯瞰（ふかん）する視点で、日本ならではの積極的な外交を展開してまいります。

　私からは、以上です。

──APECチリ2019 ホストエコノミー首脳[1]による声明（仮訳）──
「人々をつなぎ、未来を構築する」

1　我々の会議が開催されない中、またチリ政府が、チリの人々の社会的要請への対処に十分に専念することが必要な不測の事態のため、この声明は、重要なイニシアティブ、成果物並びにチリ全土において開催された数多くの会議、ワークショップ及びイベントを含む、2019年APECに関する私の考えを表したものである。この声明は、貿易、食料安全保障、中小企業、女性と経済及び金融に関する分野別閣僚会合、並びに鉱業及び保健に関するそれぞれのハイレベル対話の成果を補完する。

2　本年、我々はAPECの30周年を祝った。我々は、自主的に、非拘束的に、かつコンセンサスに基づき協力する多様なエコノミーの集まりである。これにより、我々は、信頼を築くこと、相互理解を深めること及び新たなアイディアを生み出すことが可能となる。APECは、1994年にインドネシアのボゴールで合意された、アジア太平洋地域における自由で開かれた貿易・投資という中心的な目標に向けて大きく前進した。我々の努力は、地域の成長が均衡ある、包摂的で、持続可能で、革新的で安全であることを確保することを目指している。協働しながら、我々は、我々の経済とルールに基づく国際貿易を強化する。

3　人々のニーズが進化しつつあることを認識する一方で、我々はAPECの成果を誇ることができる。デジタル技術や知識情報社会を通じたものを含め、新たな展望が生まれつつある。同時に、我々は、不平等、気候変動、テロ及び人口高齢化等の多様な地球規模の課題により効果的に対応しなければならない。チリは、APECのような多国間及び地域フォーラが、包括的かつ持続可能な解決策を提供し、人々に新たな機会を創出することができると確信している。

4　2019年に、APECの全ての委員会や作業部会にわたって重要な進展が成し遂げられた。「人々をつなぎ、未来を構築する」のテーマの下、APECは、取組の中心に人々を据えることを決意した。この理由から、2019年におけるチリの優先事項は、デジタル社会、統合4.0、女性、中小企業及び包摂的な成長、持続可能な成長であった。

5　チリは、女性と包摂的成長のためのラ・セレナ・ロードマップの完成のために取り組んだ全てのAPECエコノミーに感謝する。このロードマップは、経済的包摂に関するより広範な焦点の一部として、経済における女性の役割を包括的に優先し、促進することの喫緊の必要性を認識する。我々は、データの収集及び分析に重点を置きつつ、既存の障壁に対処し、資本、市場及び指導的地位へのアクセスを向上させ、女性の教育を支援するイニシアティブを積極的に促進することにより、APECがこのロードマップを実施することを奨励する。

6　チリはまた、海洋ごみに対処し、違法・無報告・無規制（IUU）漁業と戦うためのそれぞれの新たなAPECロードマップがコンセンサスに至ったことを感謝する。これらは、アジア太平洋地域における生態系及び生物多様性の長期的な保護並びに天然資源の持続可能な利用に向けた我々のコミットメントの証である。我々がこれから数年のうちにとる行動は、我々の地域の食料安全保障及び将来の世代の繁栄のために重要となる。

7　世界のインターネット利用者の約半分がアジア太平洋に居住している。デジタル経済は、我々全ての人々の利益のために、貿易、投資、連結性及び包摂的な経済成長を促進することができる。我々は、デジタル経済運営グループ（DESG）の設立が、APECが、アジア太平洋地域が引き続き世界経済のエンジンであり続けることを確保しつつ、これらの機会を受け入れ、リスクを管理することを手助けすることができる適切な枠組みに関して協働するためのプラットフォームであり続けることを確保するものであると確信している。

8　本年、APECは、ビジネスの機会を制限する、国境における及び国内の構造的及び規制上の障壁に対処し続けてきた。透明性を高め、ビジネスをしやすい環境を創り出し、また腐敗と戦うために協働することにより、APECは、我々のビジネスのために競争的、無差別、かつ開かれた市場を支援する。

9　チリはまた、スマートな貿易、国境及び物流と

1) チリ大統領

231

ともに、貿易円滑化及びグローバル・バリューチェーンにおける成果を前進させる取組を主導した。APECの作業は、零細・中小企業及びスタートアップ企業がグローバル化し、新たなデジタル技術を活用し、資金調達にアクセスすることができるようになることを優先し続けるべきである。

10　国際貿易は、生産性、イノベーション、雇用創出及び発展のために重要である。2019年に我々の閣僚は、WTOがこれまでに果たしてきた貢献を認識し、APECがジュネーブでの作業を支援し得る、実践的かつ具体的な方法を特定するよう実務者に要請した。チリは、APECエコノミーが、上級委員会の委員任命プロセスを勧告するという喫緊の課題をはじめ、WTOの必要な改革を追求するために、共に、またWTOの他のメンバーと協働することを求める。

11　アジア太平洋自由貿易圏（FTAAP）は、重要で野心的な目標であり続け、APECは21世紀における貿易を支援するFTAAPの作業を包括的に追求すべきである。FTAAPは、質の高い包括的な貿易協定に参加するための我々の総体としての能力を強化する、APECの数多くの能力構築の取組のための枠組みとしての役割を果たす。

12　APECは、ABACを含む、社会の全ての部門から受けとるフィードバックにより、更に豊かになる。我々の作業が、人々、特に若い世代にとって引き続き目的を有し、関連性を有するものとするため、零細・中小企業、学界及び市民社会を関与させる更なる努力が必要である。

13　我々は大幅な進展を遂げてきたが、我々が共同でできることはまだ多くある。我々は、来年の会合において、2020年以降の新たなビジョンにコミットする。このビジョンは、ボゴール目標の未完の作業に基づき、包摂的かつ持続可能な地域経済協力への我々の高いレベルの野心を維持することとなる。この目的のために、我々は、APECビジョン・グループが作成した最終報告書「人々と繁栄：2040年に向けたAPECビジョン」を評価する。

14　我々は、2020年11月のマレーシアのクアラルンプールでの次回会合を楽しみにしている。

捕鯨に関する英字紙への日本からの反論投稿の例

1. 大菅外務報道官による反論投稿（2019年1月11日付、ニューヨークタイムズ紙掲載）

捕鯨に関する12月31日付社説は、非常に重要な事実に言及していない。

第一に、日本は、鯨の保存にコミットしている。日本は、IWCで認められた科学的手法により算出された厳しい捕獲枠を設定する。これによって、日本が捕獲する全ての鯨種について、今後百年以上の持続可能性が保証される。貴紙も指摘するとおり、全ての鯨類が絶滅の危機に瀕しているわけではない。日本は、絶滅の危機に瀕している種の捕獲を禁止している。

第二に、日本は、国際法を完全に遵守している。捕鯨は、生物資源の利用に関して日本が主権的権利を有する、日本の沿岸から200海里の排他的経済水域内に限定される。捕鯨は一般的かつ国際的に禁じられていない。

日本は、2018年末にIWCを脱退する法的権利を行使するまで、30年以上にわたって、IWCの1986年の商業捕鯨「モラトリアム」を尊重してきた。「モラトリアム」は、一時的な措置として採択されたものであったにもかかわらず、一部の加盟国が、正当な環境上の懸念ではなく、科学的事実に基づかず政治的に動機付けられた反対により、これを恒久化してしまったというのが、日本の至った結論であり、その結果、やむを得ず脱退の権利を行使した。

第三に、捕鯨は、現在も捕鯨を続けるノルウェー、アイスランド、デンマーク及び米国・カナダの先住民族と同様、何世紀にも渡り日本文化の一部であり続けている。

日本のみを非難するのは不当である。日本の文化及びそれに密接に関連する捕鯨産業を守りたいという日本の考えを、「短期的な政治的利益」のための「国粋主義的政治家による策」と決めつけて切り捨てることは、礼を失する。

2. 千葉明在ロサンゼルス総領事による反論投稿（2019年1月15日付、ロサンゼルスタイムズ紙掲載）

1月3日付「鯨の保護は33年間継続中」について貴紙の社説は、非常に重要な事実をいくつか見落としており、また、海洋生物資源の保存に対する日本のコミットメントを軽視している。

日本の捕鯨が沿岸海域に限られるという点については正しく指摘されているが、その際、鯨の捕獲枠は、IWCで認められた方法を用いて、捕獲対象種の持続可能性に悪影響を与えない水準に設定されるという事実への言及がない。日本はまた、絶滅に瀕している鯨種の捕獲を禁じている。

日本はいまだかつてIWC加盟国として「ならず者」であったことはない。IWCは、1946年の創設以来、調査目的の捕鯨を認めている。日本はまた、1986年の商業捕鯨モラトリアムを遵守してきた。それが1990年までの見直しを義務づけられながら実際には見直されていないにもかかわらず。

文化の多様性の相互尊重という価値は、世界的に認められたものである。日本の捕鯨の伝統─貴紙が指摘するような「消滅しつつある慣習」ではない─は、適切な敬意を払われるべきものである。

3. 大菅外務報道官による反論投稿（2019年4月22日付、ワシントンポスト紙掲載）

4月7日付の「捕鯨は再開されるが、難あり。」と題する一面記事は、日本が国際捕鯨委員会（IWC）により定められた基準の下、全ての鯨種の保全を確保する環境に対して責任ある形で、捕鯨を実施することとなる旨指摘した。これを達成すべく、日本は、持続可能な捕鯨へのコミットメントを共有する約半数のIWC加盟国と緊密に協力してきている。従って、「日本対世界」という描写は正確ではない。

日本が30年にわたり追求してきた理想的な選択肢とは、責任ある保全措置を確保するとともに捕鯨産業を促進するというIWCの2つのマンデートに従って、IWC加盟国として持続可能な捕鯨を実施するということであった。

しかし、IWC内の反捕鯨国は、このマンデートを長年にわたり顧みることはなく、持続可能な形であったとしても、捕鯨を恒久的に禁止するという措置を課した。これこそが日本がIWCを脱退した理由であり、最近の世論調査によると3分の2以上の国民がこの決定を支持している。IWC脱退は、特定の政治グループや「右翼的な国家主義」が推し進めたものではない。

重要な点として、日本は、国際法に従って、自国の領海及び排他的経済水域のみで捕鯨活動を行い、捕獲する種の長期的な持続可能性を確保することができる程度の低い水準の捕獲枠を設定する。

我が国の経済外交 2020

2020 年 3 月 31 日　第 1 刷発行

定価(本体 2700 円＋税)

編　者　外　務　省　経　済　局

〒100-8919 東京都千代田区霞が関 2-2-1
電話 03-3580-3311(代表)
外務省 HP：http://www.mofa.go.jp/mofaj/

発行者　柿　﨑　　　均

発行所　㈱ 日本経済評論社

〒101-0062 東京都千代田区神田駿河台 1-7-7
電話 03-5577-7286　FAX 03-5577-2803
E-mail：info8188@nikkeihyo.co.jp
振替 00130-3-157198

装丁 ＊ 渡辺美知子　　　印刷・製本／シナノ印刷

落丁本・乱丁本はお取替えいたします　　Printed in Japan
Ⓒ外務省経済局

ISBN978-4-8188-2558-1　C0031

7